被遺忘的學者

常燕生教育政治論文集

陳正茂——編著

代序：
孤寂的思想家——常燕生及其教育思想

陳正茂

一、生平：半百人生歲月

　　民國36年4月，政府改組，青年黨參加政府，常燕生初被提名為行政院政務委員，繼又入選國府委員，正圖有以報國之際，豈料是年6月，常由滬返蓉，適逢水災，不意染病，雖緊急送醫，仍藥石罔效，竟致不起，於7月26日晨，因腦炎病逝於華西大學醫院，享年僅50歲。常以未及半百之齡，遽歸道山，實是青年黨和國家莫大的損失，但在國、共劍拔弩張的那個年代，常之去世，並未引起太多注意，亂世浮生，些許是動盪離亂時代使然。

　　常為青年黨領袖之一，亦是積極提倡「哲學有機論」的理論大師，畢生以宣揚「生物史觀」為己任，其「生物史觀」之主張，曾與國民黨的「唯生史觀」、共產黨的「唯物史觀」鼎足而三。不僅如此，常於國家主義思想的闡揚、對三民主義之批判、對全民教育之論述，亦皆有其深刻可觀之處。惜此一思想深邃的理論大師，在逝世近70年後的今天，兩岸三地對其了解仍不多，學界研究者亦少，此或與其青年黨背景有關。編者過去研究青年黨多年，對青年黨歷史人物也多所著墨，現特別針對常之生平及其教育思想，作一梗概介紹，裨使國人對這位在歷史上，應該占有一席之地的常燕生，有更全面清楚的了解。

　　常燕生（1898-1947），初名乃英，改名乃瑛，復改名乃惪，別號士忱，字燕生，以生於燕京故也，後以字行。常為山西省榆次縣車輞村劉家寨人，生於清光緒24年（1898）10月22日，常氏為榆次望族，當清末光、宣之際，全國財富大都集中於山西票號、而山西財富又集中於平遙、祁、

太谷、榆次4縣，榆次的富戶常家即居其一。辛亥革命後，因受時局影響，常家開設於各地之商號紛紛倒閉，債臺高築，家道由是中落。

常父親為常運藻（鑑堂），清末曾任詹事府主簿、河南商城縣知縣等職。民國後，被選為山西省議會議員、候補參議員，後又出任縣財政局局長及縣立女子小學校長多年，為人性情鯁直，思想開明通達，在清末民初即主張推行剪髮、放足、禁煙等新政。常的太夫人乃禮部主事韓大鏞（序東）之女，其外祖據聞係「讀書務博覽，不拘於一格，亦不效他人之矻矻窮年，觀其大略而已。為文辭操筆即成，若不經意，而辭意俊邁，風格道上。」常爾後之才華性行，多半得自母系遺傳。光緒29年（1903）至宣統3年（1911），常隨父宦游河南，先後旅居開封、鞏縣、周家口、清化鎮等地，因父管教甚嚴，常6歲即啟蒙識字，7歲閱《三字經》、《百家姓》，8歲從關雁秋學，讀《孟子》。14歲時，於中國經史之學，已奠良好基礎。民國元年，常撰〈孔子之道非宗教議〉，啼聲初試，已不同凡響，其後在《新青年》上刊載之〈我之孔教觀〉，即脫胎於此。5年春，山西各中等學校舉行國文會試，常拔得頭籌，高中榜首，時人譽為「山西狀元」。

是年夏，常負笈北京，入北京高等師範學校史地部，以其之才，來到人文薈萃古都，受西潮新學激盪，學問猛進；尤與博學碩儒者遊，更是獲益匪淺。期間曾與《新青年》主編陳獨秀通信多次，討論孔教問題。民8，五四運動爆發，常參加「北京學生聯合會」，與孟壽椿、周長憲、黃日葵3人合編《國民雜誌》。9年，常於《國民雜誌》2卷4期發表〈東方文明與西方文明〉一文，為其首篇公開探討文化問題之文章；此外，他還致書張東蓀，討論佛教問題，文章亦刊於上海《時事新報》之副刊〈學燈〉上。民國10年秋，常接受吳淞中國公學附屬中學之聘，南下上海，擔任西洋史課程。抵滬後，因交遊日廣，為文漸多，在《時事新報》〈學燈〉上，發表〈愛的進化論〉、〈北京與上海〉、〈反動中的思想界〉、〈虛無主義與中國青年〉、〈對於反宗教大同盟之諍言〉等文。而有關於教育制度問題之論文，則披載於《民鐸》雜誌，後彙集為《全民教育論發凡》一書；另有〈教育上的理想國〉論文3篇，

刊於《教育雜誌》，後亦編為「教育小叢書」之一。

12年夏，常回籍山西休養，期間完成《社會學要旨》一書。13年秋，接受燕京大學聘，教授歷史，編《中國史鳥瞰》，後易名為《中華民族小史》，交上海愛文書局出版。民14年，常開始其政黨和社會活動，曾組織「青年山西學會」，發行《山西週報》，對晉省提出興革建議。是年8月，陳啟天、余家菊2氏，至太原出席「中華教育改進社」年會，常與其晤談，雙方咸認為國家主義為最正確之救國主義，乃於11月中，在陳啟天的介紹下，正式加入中國青年黨。時蘇俄正推行東進政策，利用金錢和同情弱小民族之虛偽宣傳，收買大批知識青年和政客，為其赤化中國的陰謀做先鋒。有鑒於此，常乃撰〈我反對蘇俄的一個最大的理由〉，刊於14年11月16日《晨報》副刊1306號，此文後收入《聯俄與仇俄問題討論集》。在90年前，中國正開始瀰漫著親俄迎共的氣氛時，常已然體認到蘇俄共產主義亡我民族之可怕，其目光和卓識，堪稱為反共先知。

15年3月10日，旅俄華僑因受到蘇俄的壓迫殺害，北京的青年黨人，聯合各愛國團體在北大召開「反俄援僑大會」，常和李璜、聞一多、彭昭賢等人登臺講演，不料俄國使館竟嗾使中共雇用流氓搗亂會場，雙方一陣混戰，卒將暴徒擊走。該年夏，常因對教育制度不滿，乃辭去教職，創辦「愛國中學」，自任校長。7月，中國國家主義青年團在滬召開第1次全國代表大會，常當選中央執行委員兼宣傳部長。16年7月，在參加國家主義青年團第2次「全代會」後，常留滬上，供職於中青總部，主編《醒獅週報》。他常用仲安（黨號）、惠之、平子、萍枝、平生、凡民等筆名，在《醒獅》上發表政論、時評、詩、劇作等作品；又撰《世界國家主義運動史》及《三民主義批判》等書。是年12月，常撰〈中國民族與中國新文化之創造〉，刊於《東方雜誌》第24卷24號，此鞭辟入裡、擲地有聲之文章，即由今日觀之，仍跌宕有力意義非凡。

17年8月，常出席青年黨第3次「全代會」後，由滬返晉，埋首著述《中國文化小史》、《中國思想小史》、《中國政治制度小史》諸書。

該年秋，上海青年黨同志辦《長夜》半月刊，常撰〈關於真理問題的一些話〉、〈前期思想運動與後期思想運動〉、〈房龍的人類為思想的權利而奮鬥的故事〉、〈越過了阿Q的時代以後〉、〈荒原的夢〉等文章，刊於其上。18年春，《長夜》停刊，改出《長風》半月刊，常於《長風》上有〈民族精力與文化創造〉、〈蠻人之出現〉、〈悼梁任公先生〉、〈發思古之幽情〉、〈什麼是今日的反動思想〉等篇。同年春，尚編著《中國財政制度史》一書，事畢赴滬，擔任「知行學院」教授。常在「知行」執教，復兼大夏大學「歷史研究法」課程，因對當時的考據派歷史學頗不以為然，故為學生講授「歷史相對論」學說，惜未繼續發揮。本年，常尚有〈聯省自治之研究〉長文，連載於《醒獅》；此外，亦撰《法蘭西大革命史》，交中華書局出版。民國19年8月，常先後完成幾部書初稿，如《西洋文學簡史》、《文藝復興小史》、《德國發達簡史》、《生物史觀與社會》。其中「生物史觀」學說，係針對共產黨的唯物史觀而發，其主旨以民族性來解釋歷史文化之發展，而歸結到以國族鬥爭反對共產黨的階級鬥爭。此外尚有論文若干篇，刊於《中華教育界》，為其闡述教育改造理念之作。

「9‧18」事變起，常以國難嚴重至此，乃倡「野戰抗日」說，強調野戰是一切弱小國民抵抗強暴最有力的方法，可使日軍晝夜不能安枕，只要國人肯作長期犧牲，最後終能迫使敵人自動退出。本年，常尚有《社會科學通論》一書，翌年脫稿。21年「1‧28」淞滬戰起，時駐守閘北的青年黨同志翁照垣、丘國珍和吳履遜等人，以一旅之眾，抵禦日寇三面夾擊，使敵人從此不敢輕視中國，世界各國對我國亦觀感一新。常認為這是現代民族的一首動人的史詩，因作〈翁將軍歌〉以記之，傳誦一時。吳宓曾評：此歌氣格高古，旨意正大，深厚而沉雄，通體精鍊，無懈可擊，綜觀「9‧18」後兩年中，南北各地敘記國難之佳篇，應以常君此歌為首選。

稍後，常又撰〈論新詩〉一文，贊成自由解放的新詩，但對於流行各派新詩，很多走入晦澀堆砌的魔道，他不甚喜歡。民國22年，正值日軍進逼北平，政府被迫簽訂《塘沽協定》之際，常憂國感時，作〈故都

賦〉以明志。吳宓評「此賦有關於歷史國運者至重，蓋今之哀江南賦，真切詳盡，包舉無遺矣。」23年初，常任山西教育學院講席，時北平《獨立評論》上，有蔣廷黻、吳景超等學者，發表專制與武力統一中國等論戰。常撰〈建國問題平議〉，批駁蔣、吳2人，贊同胡適的無為政治，此文刊於《獨立評論》，其中論點深獲胡適欣賞，胡適在〈一年來關於民治與獨裁的討論〉文中，提到「我絕對相信常燕生先生的從民權伸張做到國家統一的議論」，可見此文影響很大。

24年7月，常赴滬參加《國論月刊》籌備工作，其時，正值抗戰前夕，朝野亟需團結合作，故該刊立場較過去《醒獅》溫和得多。常在《國論》每期都有重要的政論或有關思想文化問題的文章發表，其文本「生物史觀」的觀點，竭力反對個人主義和階級主義的理論，積極提倡國族至上的思想，為即將面臨的國族生存鬥爭作精神準備，這些文章後來編入《歷史哲學論叢》及《生物史觀研究》2書。25、6年交，國內正展開人民陣線與國民陣線之爭，常在《青年陣線》上發表文章，指出人民陣線不過是共產黨的工具，國民陣線也只是法西斯黨的化身，前者是偽君子，後者是真小人。中國今天需要的，不是人民陣線，也不是國民陣線，而是舉國一致對外的全民救國聯合陣線，把全國愛國家、愛獨立、愛自由的人民團結於一條戰線之下，但親日、親俄的漢奸國賊必須除外，真是酣暢痛快之論。

26年7月，「盧溝橋事變」爆發，全面抗戰展開，常內心悲憤，時思有以報國，然一介書生，請纓無路，不得不於啟發民智，激勵抗戰意志著手，於是發憤著書，撰就《老生常談》一書。27年春，常受聘四川大學，年底，青年黨機關報《新中國日報》遷蓉復刊，由常總主筆政。武漢、廣州失守後，汪精衛密謀與敵妥協之意已顯，時任國民政府中宣部長的周佛海，正釀製悲觀求和之低調，常對此和談濫調，於《新中國日報》發表〈此時還有徘徊瞻顧的餘地嗎？〉及〈正人心、息流言、拒邪說、惟有請政府立即正式宣布既定國策不變〉兩篇堅持抗戰到底、反對中途妥協的文章。基於中青和中共之長期鬥爭經驗，雖國難方殷，雙方暫時休兵言和，然常知道，一旦戰爭結束，鬥爭即起。為此，常決定

赴延安一探究竟，在延安，常會晤中共首領毛澤東、張聞天、陳紹禹、王若飛、高崗、周揚等人，也參觀邊區政權機關，包括「抗大」、「魯迅藝術學院」在內，行程結束後，他批評延安的政治，始終是見小不見大，見近而不見遠；小處近處非常精明，但大者遠者則看不到了。

29年元月，《國論》復刊，改為半月刊，此刊物有幾大特點：1、支持抗戰到底的國策；2、闡述「新戰國時代」或「大戰國時代」的理論；3、發行「憲政運動專號」；4、歐戰爆發後，發行《評論特輯》，這些特色都在常的鼓吹下，網羅一流的史學家或政論家所探索討論的文章。常對於抗戰，始終是樂觀的，任何前方失利的消息，均不足以動搖其最後勝利之信念。31年上半年，他寫了4篇探討戰後國策的文章，就整個世界戰局的觀察，民主國家勝利已不成問題，問題在戰後我們能否順利收復失地，確保勝利成果，展開和平建國工作，這就需要事前充分的研究和準備。而為了預防共產黨的借題發揮，常高瞻遠矚的提出「軍隊國家化」與「政治民主化」兩大訴求，曾撰〈軍隊國家化的意義〉、〈軍隊國家化的原則〉、〈軍隊國家化和政治民主化的正確意義〉等3篇文章加以闡揚。34年8月，日本正式投降，常特於是日發表〈以憂勤迎接勝利〉一文，要國人在狂歡之餘，提高警覺，居安思危。35年元月，「政治協商會議」揭幕，常與曾琦、余家菊、陳啟天、楊永浚為中青代表赴會。是年5月4日，《中華時報》在滬創刊，常亦經常為該報撰寫社論，呼籲各方相忍為國，團結奮鬥。

常一生著述甚勤，涉獵範圍至廣，其思想著述可分為4期：民國9年至12年，多著重教育問題，間亦涉及文化思想問題。主張廢止學校教育，推行社會化全民教育，要從社會學的立場，建設真正教育學，其言論見於《全民教育論發凡》、《教育上的理想國》等書。13年至17年，致力於政治革命，尤注意聯省以建國的問題，間為各書局撰述有關史學之通俗著作，如《三民主義批判》、《聯省自治之研究》、《中國思想小史》等書。18年至26年，則專心致力於思想理論的建設與鼓吹，如國家主義之哲學基礎——「生物史觀」，主張民族性為決定歷史社會的因素，著有《生物史觀研究》、《生物史觀與社會》2書加以闡揚。27年

迄於逝世，常更由社會科學的研究，進展到歷史哲學，尤重於人生觀與宇宙論二者間的論述。常平素研究以文史為主，他無意於支離破碎的考據之學，而要建立一套系統整然的歷史哲學，為新國家的創造指出積極的正確方向，常的歷史哲學觀點，乃為其體大思精的「生物史觀」。

二、思想：教育思想述評

國人咸知常創立「生物史觀」，為一思想理論大師，殊不知其早年亦為一個主張「全民教育」之教育哲學家，其有關教育主張與教育制度之論文，最早發表於《民鐸》雜誌，後編入《全民教育論發凡》一書；另有〈教育上的理想國〉等譯介文章及單篇探討教育論文，散見於《國民》、《教育雜誌》、《中華教育界》、《東方雜誌》等刊物中。

基本上，常教育思想之發軔，與其親身教學經驗有密切關係。民國10年夏，常應吳淞中國公學聘，南下教書，此期間所撰雜文至夥，然以探討教育問題居多。對於當時教育環境的不滿，係刺激其思考教育的一大外緣因素，常不諱言的說：「現在凡是學師範學教育的人，稍微有點進取思想的，大約沒有一個不希望將來出校任事之後，對於教育現狀將加以多少的改良。」另外，對中等學校教科書編撰之不滿亦如是，民國13年，其應商務印書館邀，撰述「新學制課程標準綱要」之歷史部分，即欲試行史地混合教法，以期打破關於朝代國界之狹隘觀念，進而明瞭世界人類生活共同演進之狀況。常以純粹社會科學的見地，對人類教育制度的演變加以批判，並進而創立純理的教育學，以代替現有的專講教授術的教育學，這部分的主張，他在《全民教育論發凡》書中，有全面完整的論述，現簡介如下：

（一）全民教育思想之淵源

常之教育思想為「全民教育」，全民教育亦稱為平民主義的教育，此思想之產生，為民主思想盛行的結果。五四時期，歐美各種思想傳進中國，平民主義教育思想亦於是時傳入。湯茂如對此思想在中國產生的

原因，講得很詳盡。他說：「民八以後，有美國教育哲學家杜威博士在全國各大學校講演平民主義與教育，又有國立北京高等師範教育研究科的教授和學生在民國九年創辦平民教育週刊，鼓吹教育平民主義化。」任時先亦言：「歐戰告終，民主思想大盛，中國的五四運動因以『德先生與賽先生』為骨幹，此種新文化運動實為平民主義教育思想的媒介。」

　　誠然，民國8年5月，杜威博士應北京大學之請來華講演，造成全民主義教育思想盛極一時，常此際之教育思想，肯定受到杜威一派「平民主義」教育思潮的影響。另舒新城在《近代中國教育思想史》書中也說：「代表此種希冀者（按：指平民主義教育思想，舒氏稱大同主義教育思想），為常乃惪、沈仲九、陳兼善和其本人等。」且為實現其理想，他們曾辦《教育旬刊》，旬刊宣言即由常草就。在宣言中，他們主張教育改造的原因為「要實現真正的社會平等，必先使社會上各個人，都有受平等教育的機會；因此我們主張：改造後的教育，是人類全體的，不是特殊階級的。一切有利於官僚階級，資本階級的制度，應當盡力剷除。」將來的教育是全民的，社會即教育，此為全民主義教育思想的基本內涵。全民教育的基本精神，本為打破社會上種種愚民政策，積極主張把神聖的教育，普及到每個平民身上，使「真正的平民」都受著教育，而且都受著程度相等的教育。只有如此，全民主義的基礎才能穩固，全民主義的社會也才能完全實現。

（二）全民教育之理論

　　常的全民教育理論，包含教育主張與教育制度之改革兩方面，教育主張，常認為宜將教育學意義界定清楚。常說：「現今所謂教育學者，其實祇是研究怎樣教育的問題，而並沒有研究到什麼是教育的問題。這充其量只能叫做『教授法』或『教授學』，怎樣能叫做教育學。」因不滿當時的教育學，他想到「我們要求一種進化的科學教育學，就是非以個人主觀為標準而演繹成的教育哲學，而是以事實客觀為根據而歸納成的教育科學。我們要求從虛玄的教育哲學進化到實理的教育科學，我們的教育，必須要澈底從主觀的這個主義，那個主義，這個理想，那個理

想中拔身出來，才能確然有所樹立，而這正是現今創立教育學的第一要義。」

此外，常也強調教育學必須注重教育制度方面，就理論方面言，教育學注重在研究教育的本身，而足以當教育本身而無愧者非制度而何？故無論從組織方面或演進方面，教育制度都是主要的題目。另就應用方面論，教育學雖不必以應用為目的，然其間接之影響，未始不可以促進應用之改良，若就此而言，則教育制度之研究亦甚重要。在真正教育學尚未出現前，常主張先立一個『比較教育制度學』，他認為我們今日為擴充社會科學的內容，一定要提高教育學的位置，而為使人類在這一方面的活動得到完備而又有系統的研究起見，應該有一個新的教育學出現。

而此一新教育學的內容系統，第一步應該先界定教育學的真正定義，他以為「教育學者研究一切社會中教育事業之起源，活動，變化，及其影響之全部史跡之科學也。」其強調教育學應當是研究社會上教育活動之靜的和動的兩方面之真相，靜的方面研究是教育的現象和制度，動的方面研究是教育的活動和事蹟，兩者相合就成為系統的教育學。對建立新教育學系統，常相當有信心，他相信到教育社會學出現時，應該可以為教育學開闢一個新方向。他希望能以社會科學；尤其是教育社會學來建構其新教育學之體系，而之所以強調教育社會學，實與其全民教育主張緊密相扣。

對教育制度之真義，常亦頗有創見，他說：「在我們現在的社會制度下，一般人只認學校為教育制度。殊不知就現代而論，我們除學校教育以外，還有社會教育及家庭教育兩種。」常要我們明白，教育學說和教育制度一樣，都是隨時代而演進的。教育是產生社會環境的原因，但同時又是社會環境的產物，倘若社會的組織一朝變了，教育的組織也必須要改變。總的來說，教育是應時代需要而產生的，而教育制度也是如此，某個時代，或某階層有特別的需求，就會產生其所需要的教育制度以之配合，不管是古代或現在；也不論是貴族時代或軍國主義、資本主義時代均是如此，這是常對於教育演變的基本看法。

常認為社會生活愈變愈複雜，而教育制度也隨之愈變愈新奇，變來變去，變到了現行學校制度所絕對容納不下的時候，那便是學校制度的末日到了！因此，他大膽預測，未來的教育制度，將是全民的社會教育。另就教育制度演進的趨勢及看法，常亦獨具慧眼，首先他提到教育年齡的逐漸延長是個趨勢，如幼稚教育的發達、「早教育」的提倡、優生學的進步、成人教育的漸為人所重視、補習教育的通行於各國。其次為教育活動的逐漸複雜，如各種新學校中對於工廠的設備、鐘點制的打破、科目的趨於瑣碎與複雜、學生自治之發達等。最後像教育範圍的逐漸擴大，比方學校面積之擴大、職業教育之普及、社會教育之日漸增高其地位等等，其卓識與當今教育情勢可謂不謀而合。

總之，常以為教育是應社會需要而生的，教育的社會化正是應付這個潮流的唯一法子，也是我們理想中教育可能達到的唯一方向。而且也只有社會中造成優美良善的教育環境，使處其中者一舉一動自然有教育的意味發現，這才是我們所謂『社會的教育化』。且許多科學的發明將逐漸盡數利用於教育界，到了那個時候，我們談教育的，才有真正的理想可言，常說由學校與社會接近的趨勢看來，將來學校必有與社會合而為一的一日；因為近代教育的本質，是與實際生活相接近的。

（三）現行教育制度之弊害

基本上，常對於時代的發展脈絡是相當敏銳的，對五四時期國內教育制度之觀察，常不客氣的指出，我們所謂現行教育制度，大部分係專指學校制度而言，但現行教育制度的最大缺點為：1、它將兒童及青年時期專劃為受教育時代，將成人以後的時期排除於教育範圍以外，兩時代的界限太得分明，且各有偏重之弊。2、現行教育制度，是教者與被教者間的階級太分明了，弄成一個兩橛的小社會，因此種種的弊病都隨之而起。3、專重在傳授智識一方面，而忽略了其他全部生活的發展。4、不以人類社會中最切要的兩性生活為基礎。學校制度既然是預備為適應社會生活而設，但現代教育制度竟全不顧及此，學校中竟沒有一些適應這種本能的設備，這真是現代教育制度極大的缺點。上述這些弊端，

基本原因出在教育制度的非社會化上面，根本一句話「即現在的學校是孤立在社會以外的，現行教育制度是不夠用的，因為它是非社會的。只有在真正社會中，才能達到真正教育目的的機會。因此我們不得不主張打破「非社會的」及「擬社會的」教育制度，建設「即社會即教育的」教育制度。是以，我們的口號是『教育的社會化』、『社會的教育化』。」

現行教育制度既然有這麼多缺失，那到底未來的教育制度是個什麼樣子，常信心滿滿的指出，未來教育制度演變之趨勢應有如下項要點：1、未來的教育制度是融會現今所謂「學校教育」、「家庭教育」、「社會教育」三者冶為一爐而成，不是現在三者各分離不相連絡的樣子。2、因為是三者融合的緣故，故未來的學校是沒有一定的住址的，是普及於全人民的，是凡有社會之處即有學校的，是「社會即學校」的。3、未來的學校是沒有期限的，人從落地到老死，一生都算在學校之中。4、未來的學校生徒人數可以大至無限，譬如一個幾百萬人口的大城也可以算做一個學校，因為那時電氣事業發達，必可以不出家門而接觸多少里外之事，故教室等制度一概取消。5、未來的教育制度是「做工」、「求學」、「娛樂」，3種事情融合而成，不似現在專管求學的事。常氏之言，即為「學校的社會化」，同時也是「社會的學校化」，換言之，即全民教育和終身學習之理念實踐。

至於如何由現在的教育制度，遞變到未來的教育制度，常以為提倡「全民教育」是最重要之手段。「全民教育」是人生應享的權利，人人都有受教育的權利，人人也都有輔助他人受教育的權利，因此改造後的教育是自動的不是被動的。不僅如此，教育是要負有改良社會、指導社會的責任，因此改造後的教育，是創造的不是順應的，一切遷就社會模仿社會的教育設施應當一律排斥。簡單的說，理想的教育制度，是包涵著全社會，全活動，全人生的，此乃全民教育之精義。

（四）如何促進理想教育制度之實現

常為證明全民教育並非空談，而是可以達到的，理想教育制度的根據是在「環境」與「教育」的這點關係上，人是活的，不是死的，是逐

漸變化的，不是立刻造成的，無論是品格或是技能，是智識或是體力，只有從日常生活中習慣得來的才是確實的，可靠的。所以，環境是影響於人本性最大最強的勢力。另從實際方面言之，常亦證明全民教育理想確有成立的可能，本來教育制度演進之背景，是在什麼社會中方能產出什麼的教育制度，而最大的決定教育制度演進方向及形式的原動力是經濟。至於為達到此全民教育所須採取的手段，常以為先促進社會，使其為實現教育化的手段，促進科學的發明，以為社會教育化的利器，促進社會制度的改造，以除社會教育化的障礙。理想的教育制度，只有在社會制度改造到較完善以後，才有充分實現的可能。

（五）理想的社會教育國

常的「全民教育」，目的在打造一個理想的社會教育國，在這個理想的社會教育國度裡，到處都充滿了教育的意味，此即常所稱的——環境的教育。為推銷他的理想社會教育國，常在《全民教育論發凡》書中，特別勾勒出一幅相當不切實際「烏托邦」的美麗藍圖，其主張曾遭到舒新城的批判，舒稱常的教育思想為大同主義的教育思想，並批評其教育思想為一種超人的理想，在現實世界中永不會有實現之日。舒武斷言之，常的大同教育思想，在近代中國完全不曾發生過影響，它可謂為一種「烏托邦」的教育思想，在現實世界中，不可能有此實現之條件。舒或許沒有想到，真的拜科學之賜，當今電腦資訊發達，網際網路無遠弗屆，昔時常「烏托邦」式的教育理想國，至今日遠距教學，已完全有實現之可能，不知這是常眼光超越時代，還是舒之侷限。

（六）學校教育制度之批判

學校制度既然弊端叢生，也是常提倡「全民教育」之絆腳石，所以常大膽提出「毀校造校論」之主張。常認為學校制度並非唯一之教育制度；其與教育制度亦並非有絕對不可離散之因緣。由於其主張「社會化」的全民教育，所以理想的學校制度乃為廣義的社會，而非狹義的學校。其言學校制度最大的缺點，即在不與社會的實際狀況相符，即使是

極端提倡教育社會化的學校，其成就仍只不過是「擬社會」的；而非真的社會。常認為學校制度實在是違背人性的制度，在違背人性的制度中產出的人物，決不能於實際社會有益。脫離社會而孤立的教育，將為不可能的事情。所以，學校與社會不能絕對的合為一體，即為現代教育制度的最大缺點。

（七）「毀校造校論」的創見

學校制度既然不可為，改進之道，只有重新打破；再重新建造，此即其「毀校造校」的理論。如何毀校造校，常的策略是將舊的教育制度全部推翻，然後再重新創造適合於發展新理想的新教育制度。他認為，教育只有爭脫學校教育之羈絆，走向全民之社會教育，人類的未來才有前景可言。職係之故，學校制度絕不可存，為剷除全民教育的障礙物，我們第一步破壞的戰略即為毀校。然常也知道，徒有破壞仍不足以成事，為達全民教育的理想，第二步即為建設的問題，而具體的方法戰略乃為造校。至於實行手段，為了吾人未來理想的新學校，常認為新學校的必要條件為：這個學校必須建設在真正社會基礎之上、學校與學生的關係應當終身不可分離、學校應當行公民的組織，絕對沒有教員學生之區別，大家都是教員都是學生、學校經濟應當自贍，絕對不仰給外界任何之資助、在學校中應當學習，工作，和娛樂3者並重不可偏畸。

（八）理想學校的規劃

對何謂才是造校後的理想學校？常有其一套規劃，首先為廣建宿舍，因為學校這環境，所負的責任不單是模仿社會，還要改進社會。而欲改進社會，則須培養未來社會的主力，學生之人格，故教師對學生人格的感化至為重要。教師對於學生如何人格感化，第一步為彼此了解人格，而了解人格是需要長期相處才能奏效的，故常認為，只有學校提供宿舍，才能有師生長久相處的機會，進而達到其感化人格的目的。其次就學校管理而言，常主張理想學校，萬不可再行中央集權的政策。高等教育尤其更應當養成一種自由發揮學術的學府形式，不應當限制設立的

數目和條件。常認為，理想學校即使辦的不能盡滿人意，但有總勝於無，只要有了辦理想學校這塊招牌，縱然一時不成功，將來總有慢慢改進的希望。

　　總體而言，20年代，常初執教鞭，講學杏壇，擔任中學教師方5、6年，但其對國內教育環境，觀察之入微；對教育制度；尤以學校制度感受之深刻，可以說是相當敏銳深入的。由此而引發其一系列周詳縝密之「全民教育論」、「社會教育說」、「毀校造校」之主張，吾人實不可以「大同主義」；或不切實際的「烏托邦」等閒視之。誠然，常當時之教育主張，受限於時空環境及時代背景，確無實現之可能，然放諸現在的教育環境，有相當大的一部分已付諸實現。如教育上的理想國，因電腦資訊的發達，網際網路的無遠弗屆，透過網路世界，向美國或世界各大圖書館查詢資料已輕而易舉，故常於教育理想國中所想像的一切，已甚多可行。另就他的全民教育之主張，以今日教育普及的情況看來，全民教育早已不是問題。凡此，均為吾人在90年後的今天，對常之遠見與卓識，深致敬佩之意。尤其，他不僅看到問題之所在，且能提出解決之道，這才是其過人之處，尤其對很多基本上的問題，能看其大且指出其未來可能方向。這種宏觀角度的觀察，對一個甫入社會的教育工作者而言，確實是相當不容易的。

後記

　　上文主要著墨於常燕生之生平和其教育思想，但有關《三民主義批判》一書，則頗值得介紹，該書為常於民國16年所撰，曾刊載於北京《新國家雜誌》，後列為青年黨的「黃皮小叢書」之一。此書已絕版多年，海峽兩岸各大圖書館皆無，民國45、6年香港出版的《常燕生先生文集》；及民國56年文海出版社付梓的《常燕生先生遺集》8大冊，都無收錄此書。猶憶20餘年前，編者正在幫助青年黨黨史會蒐集資料，欲編撰曾琦和左舜生文集時，李璜主席及黃欣周主委，一直念茲在茲的囑咐編者，希望能覓得此書，珠沉滄海近百年，物換星移，李、黃2公早

已仙逝多年，但該書始終遍尋不著。

民國104年3月，素昧平生的大陸同濟大學郭世佑教授來台參加學術研討會，郭教授近年來開始研究青年黨，知編者長期以來對青年黨的關注，經友人介紹特來寒舍拜訪，在晤談中蒙其告知，其幾年前到美國史丹佛大學胡佛研究室閱覽曾琦檔案時，無意間發現常這本《三民主義批判》的小冊子，憑學者直覺，他認為這應該是本重要的史料小書，乃將其書整本拍攝存檔。蒙郭教授慨允，同意編者將全書影印，20餘年未成心願終了，堪可告慰李幼老及欣周老在天之靈。

《常燕生教育論文集》，本是編者20年前繼《左舜生先生晚期言論集》（3冊）後，想委請中研院近史所出版的另一著作，惜後來因諸多因素不克如願，而此書初稿也就束之高閣，一待20年了，老實說，編者也斷了出此書之念。去年2月，與久未見面的好友蔡登山、秦賢次2氏餐敘，承登山兄一再鼓勵，勸編者重拾舊稿整理出版。未幾，又逢郭教授將常氏最重要的著作《三民主義批判》影本見贈，此因緣際會，終使本書有機會面世。因近年來，編者又收集不少常之文章，故先前欲編的《常燕生教育論文集》，其內容已不單單只有教育方面的文章，其他雜文遺篇亦不少，尤以《三民主義批判》一書的補入，內容益發充實，是以將書名改為《常燕生教育政治論文集》，較符合篇章之安排。

基本上，本書內容仍以常對教育思想、制度的主張和言論為主，《三民主義批判》，則為常對孫中山民族、民權、民生三民主義的理論，作系統性的批判；另附書信、雜文若干篇，是針對之前所有常氏文集或遺集未收錄之文章，做一補遺工作。尤其是常與《新青年》主編陳獨秀的4封信札，不僅可以看出常之思想梗概，也可視為新文化運動時期的重要史料之一，彌足珍貴，不可小覷。

編者：陳正茂序於士林

民國105年9月30日

目次
CONTENTS

上篇：

論教育

讀鮑爾文（J.M. Baldwin）
《發展與進化》（*Development and Evolution*）

遮姆斯・馬克・鮑爾文（Baldwin, James Mark）一八六一年生於 Columbia, S. C.（South Carolina），一八八四年在Princeton大學得A. B.學位，一八八七年得A. M.學位，同年得Ph. D.學位，歷任Princeton大學、Lake Forest大學、Toronto大學、Johns Hopkins大學及墨西哥國立大學等哲學心理學教授，又曾被選為萬國心理學會會長，是一個美國著名的心理學家；他所著的書見於各書目錄的如下：

1. *Handbook of Psychology*, 1889-91

2. *Element of Psychology*, 1893

3. *Mental Development in the Child and the race*, 1896

4. *Social and Ethical Interpretations in Mental Development*, 1898

5. *Story of the mind*, 1898

6. *Fragments in Philosophy and Science*, 1902

7. *Development and Evolution*, 1902

8. *Thought and Things, on Genetic Logic*, 1906-11

9. *Darwin and the Humanities*, 1909

10. *The Individual and Society*, 1910

11. *History of Psychology*, 1913

12. *Genetic Theory of Reality*, 1915

此外還有他擔任編輯而成的書報：*Dictionary of Philosoply*（1901-6）與*Psychological Review*（1894）。以上各書多已譯為法、德、義及西班牙文，就中《*Thought and Things*》是一部三巨冊的論理學名著，《哲學詞典》是哲學家所公認為最完備的詞典，最近出的《心理學史》據我所見的而論，也要算是最好的了；我從前本擬將這部《心理學史》譯出

來。因為他的內容是一種記述而兼批評的性質，與平常片斷事實的記載不同；其書現因別種關係已經輟譯，但當時因譯彼書，遂進而參考鮑氏其他的著作，此讀書錄便是參考當時的一種筆記了。

《發展與進化》一書出版於二十年前（1902），雖然稍舊，但因是科學的著作，故尚不為過時，全書三百餘頁，分為三部分：第一部講發生學的問題（The Problem of Genesis），是一個總論的性質，第二部講進化之方法（Method of Evolution），第三部講著者自己對於這些學理的批評與解釋（Criticism and Interpretation）。全書命名的意思，據著者自稱，「發展」一字是專用在個人身上的，「進化」一字是專用在種族身上的。合在一處，便是研究個人的發展與種族的進化，彼此中間的關係。鮑氏本是一個心理學家，但此書卻是從心理學、生物學兩方面的關係上而立論的。因自己學力及篇幅的關係，本篇介紹擬略去其前二部，從第三部著者自己的批評與解釋說起。

第三部的開頭，首先講「生存競爭與敵視」的性資（Struggle for Existence and Rivalry）。「生存競爭」這個名詞，據著者的意思，可以講作是為維持一個有機體（Organism）的生存（Survive）而起的競爭。他的形式有三種：（一）為求食而起的競爭，即是因個體的出生過多，或食物的供給太少而起的「馬爾薩斯式」（Malthusian form）[1]的生存競爭；（二）兩生物間任何形式的爭鬥行為；（三）因適於環境而得的優勝，其間或伴以對別的有機體的爭鬥或否。第二種形式裡邊又可以分作「競爭」及「捕掠」兩種情形，競爭裡邊影響於次代最大的即是雄求雌的競爭。第三種的形式是個體對環境的競爭而不是個體彼此間的爭鬥行為。這可以說是真的「求適應的競爭」（Struggle to Accommodate）。第一種的形式我們可以叫他做「求食的競爭」——廣義的食——；第二種形式可以叫做「求勝的競爭」；第三種形式我們便可以叫做「求適的競爭」。

「在最近的進化學說裡邊，自然淘汰的意思大部分都注重在第二第三兩種形式的競爭，而很少還有引馬爾薩斯的主張的」。最近的研究，

---

[1]　馬爾薩斯即《人口論》（On population）的作者。

可以證明環境的逼迫及生物間彼此捕掠的行為比因食物或其他生活必需物而起的競爭影響遠過之。從社會的及有意識的方面看，我們想另用一個較廣泛的名詞來表示這種競爭，這便是「敵視」這個名詞。這個名詞內容甚廣，連生物學方面的生存競爭也包括在內。「敵視」的內容可分三種：（一）生物學上的敵視，即生存競爭；（二）個人的或心理的敵視，即嫉妒等行為；（三）實業的敵視，即經濟競爭。第一種前已講過，如今先講第二種心理的敵視。

心理的敵視是起於兩個個人之間，對一共同目的之競爭，他和生存競爭所以不同之處有兩端：第一，這種敵視的行為，其本身並非最終之目的，不過是達更大目的之一種手段，故與生存競爭不同；第二，生存競爭的影響是間接的，必須借助於傳種行為才能達其效果，譬如優勝的個體若不留下後裔，則他的競爭仍然不算優勝，心理的敵視則不然，其效果是直接的。在這種行為中包含個體為自身的快樂利益而起的各種敵視行為，其與前舉之第二種求勝的生存競爭所以不同者，即在此全是限於心理的有意識的舉動的範圍之內，與彼之盲動者不同。這裡邊尤有一件要解釋的，此所謂個體的心理的敵視者，其個體乃指一個總體而言，因生物欲一方面從事於對他之競爭，則一方面便連帶而起與對目的相同的夥伴的協同的要求，「個體的競爭是協同生活的主要元素」，這句話是不錯的。總之，生存競爭是受自然淘汰的指導，是屬於生物學的；而此則是受社會環境及習慣的指導，有個人自由選擇之餘地，是屬於心理或道德的。

經濟的鬥爭是敵視中的又一形式。他的內容有兩種：（一）是個人的鬥爭，又可以叫做「自由的」鬥爭；（二）是委託一種組織或一個人代辦的競爭，又可以叫做是「約束的」鬥爭。自由的競爭是一種以個人意思為主體的競爭，雖是以個人利害為指歸，但有時也可以兼顧及社會的公益，譬如在工廠制度之下，也少不了許多為保護工人利益快樂而設的法律等事。約束的競爭是各個人為共同目的而各制限其個人欲望而起的一種組織的競爭。凡一切行動都委之於團體，而個人不單獨行動。這種競爭的結果便出現「團體淘汰」的事實，即是減少某團體的勢力，而

增進其他一團體的勢力。這雖然純是社會上地位的變動與生物學上的生存競爭無關，但其實這種競爭從嚴格的意義說，實在是智力的競爭，智力的競爭便不能說與生存競爭無關了。

而且在這種競爭裡面，還可看出有幾種生物學的趨向：第一，因團體的或社會的競爭之結果，遂致社會性發達而摧滅個人的競爭；第二，這種競爭的結果，必產生國家統治的形式，因國家是各種統治形式中最適宜的一種；第三，這種競爭不但是團體對團體的競爭，抑且是階級對階級的競爭，於是有純為經濟目的而起的協作組織，如勞働者組織了來抵抗資本家，雇役組織了來抵抗雇主的一樣；第四，因個人的衝突，而影響及於社會制裁的損害為全部所分受。就以上三種形式的敵視看來，生物學的敵視，大部分是屬於本能的，但有意的協作更可幫助他們的利益，第二種個人的敵視及第三種中自由的經濟競爭，更可表現出社會及團體意識，已經發展到某階級以後，而生的有意的協作情形，至於最後的約束的經濟鬥爭，更是獲得實利的方法中最高妙的一種手段了。

以上就原書的意義演繹如此，據我看來，鮑氏所舉的三種敵視的形式，實即是生物進化的三種形式，第一期生物學的生存競爭，多是屬於本能的；至第二期個人心理的競爭時代，便已是有目的、有意識的競爭，但還缺少有統系的計畫；至第三期第一類個人的經濟競爭時代，便不但是有目的、有意識，而且更有了達這目的的手段計畫，至於團體的經濟競爭，則更是經過選擇以後才採用的一種手段，可說是生存競爭──廣義的──發展的一種最高形式了。

以上講完了生存競爭的各種形式，以下再講後天遺傳的問題。據鮑氏講，拉馬克派（Lamarckian）的後天性質遺傳論的根據實在不很強的。拉馬克派所可根據的論點只有以下幾種。第一，他以為自然淘汰的結果，不應當產出不完全的本能──連現在已經完成，而從前曾經過不完全的一時代的本能在內──因為不完全的本能，對生物並無用處，何以能免於自然淘汰？但這話在主張「淘汰說」的人看起來，有四個理由：一、就個體適應的方面看，應當把有機體當作一個整的，不應當分析他那一部有用那一部無用，因為分析開雖然無用，而與別的機官湊合

一處便有用了。二、智力發展到某種程度，也可幫補這種不完全的本能。三、智力及個體適應的能力合在一處，可以使本能適於淘汰。四、有許多本能也不是一生下就如此的，並有待於後裔的漸次添補。

　　拉馬克派的第二個論點便是說：就古生物學上的發展看來，有許多骨骼的構造其初起時並無用處，顯然是從無用的器官逐漸才變為有用，這豈不是反對自然淘汰說的一個最大的證據嗎？但據主張淘汰說的人看來，這話也不很對，一者骨骼是受外界環境影響最微而變化最少的，如果後天遺傳在這個上面表現出來，則在別的機官上面更應當表現得明白，何以我們並不看見？二者即使這個證據可以拿來反對淘汰說，也還待許多別的未知的證據都應用了才行。三者「有用」這個名詞的意義很複雜，未嘗不可指出許多用處來。四者機體的或間接的淘汰說，可以用來補助自然淘汰之不及。五者有許多器官也許從前的用處和現在的用處不一樣，當時也許自有當時的另一種用處。此外拉馬克派還有一種更消極的論點，即是說照地質學上地球的層次看來與自然淘汰的速度並不相應。因自然淘汰的作用是非常之細微緩慢，若照他的速度進行，恐怕現在地球上還不見得是這樣複雜高妙。這種其實更用不著辯論，因為即使照他的話證明自然淘汰說之不成立，也不能反過來便說後天性質遺傳說為對的。

　　拉馬克派的主張往往對於整體機體因受環境勢力──如服毒藥飲酒精──而及於後代的影響，及一部分機官所受外部的影響──如毀傷肢體──二者中間的區別弄不清楚。第一種影響於後代是淘汰派的人所承認的，不過他們以為這反到可以證明拉馬克派的說不對。譬如父母好飲酒的生下兒子來，並非也都好飲酒，只是神經組織卻不免因父母之嗜酒而受損害罷了。至於第二種部分的變異到是不可少的，因為在組織極複雜的有機體裡邊，如果兩親的某部受過損傷，則其變異必影響及於原形質的某部，於是便傳到第二代來了。[2]

　　以下便講到遺傳性的起原的問題。遺傳是個什麼東西呢？簡單說

2　我所知道，這話也靠不住，譬如父母肢體受損的，生下兒子未見得也是殘障者。

便是缺乏變異性而已。這種遺傳的情形，即使在極簡單的細胞分裂裡邊，也可以看出來他是生物的本來即具的性質的，至於後來的變異，那都是受環境的影響的。但是在最近的研究裡面如Bailey, William和Adam Sedgwick諸人，都主張變異性是生物本具的，而遺傳性卻是受自然淘汰的限制而後得的。但無論兩種主張是誰對，都與拉馬克派的主張無關。

拉馬克派還有一種哲學上的辯護，即是萬有目的論（Teleology），他們以為生物進化是有一定的塗向和目的的。他們以為每代的生物，經過求適作用而得的性質──假定他可以遺傳──都是順著一條路走的，故可以叫做目的論；而反過來，自然淘汰派人所主張的，卻是一種盲目的機械的偶然論。這種目的論的思想在近代著作家中似乎都埋藏著一點。他們往往把個人有意識的計畫，對於進化過程的影響拿來和目的論混在一處講，這其實有兩個大誤點：第一，進化的過程中自然不能缺少有意識的個人目的的幫助，但是這不能和萬有目的論攪在一處講，萬有目的論是把全宇宙當作一個總體而說他的進行是有目的的，與此當然不同。第二，即使承認個人的有意識的目的及後天獲得的遺傳都是真的，但是進化的全體結果，仍然是依賴於盲目的自然淘汰作用，所得的結果絕不能恰如個人目的之所期。譬如自殺者，雖是人人都承認想殺了自己，但是自然者的統計，仍是有一個概然的限量，不因個人的意識而增減，因此把個人的目的行為和萬有目的論混在一起講，是不對的。

此外對於拉馬克派援引進化的目的論，來作後天性質遺傳說的辯護，還有一種可以反駁的地方，即是「生物學的現象──部分的變異──是遵守一種概然律的；簡單說，在自然界中沒有這麼一個東西，是全出於偶然的或非預定的。」自然淘汰的變異作用，確是遵循一定的法則。由此觀之，則自然淘汰所造成的概然律，未始不是認識進化目的的一種媒介。故目的論，轉可以證明自然淘汰之說。然則個人的目的行為是否能影響於全部的進化過程呢？那是在兩種情形之下可以的：第一，個人的適應行為為大多數所同感的，這時個人的行為便不止於個人而卻是大多數的先鋒了；第二，個人用感化手段去促進群眾，而不是由於物質的遺傳作用；在這兩種情形之下，個人影響於進化是可以的。

　　以下講思想的淘汰作用（Selective Thinking），即是要曉得「思想的潮流的趨向如何」（The Determination of the Stream of Thought），我們可以分三部去講，第一、先講思想淘汰的材料，即是何種材料可以供給思想的變異作用；第二、講淘汰作用的性質功用，即是講怎樣可以使某種變異獨佔優勝；第三、講淘汰作用的標準，即是講那一種的變異是可以佔優勝的；以上三條中最要牢記是「思想變異」（Thought Variations）這一個名詞，不要和生活學方面的變異弄混亂了。

　　「我以為人人都應該承認心理的發展，是有賴於常常不斷的吸收新的材料——這種材料不僅是重複從前的經驗，而卻是有一種『變異』的意味加於他們」。除了這種日常經驗的變異作用以外，想像作用（Imagination）有時也是很有影響於思想的變異上。我們若研究思想變異的材料，最好用一種鳥瞰法，將思想進化的層次次第回溯起來，如同古生物學家將他的化石排成一列，而發見他進化的趨向一樣。若用這種方法去研究，則我們可以發見下面幾個層次：第一、我們發現思想的進行線，是一種實際事實的反現，內在的關係與外在的關係全然一致，知覺與記憶合而為一；在這種情形之下，個人的變異力似乎很微的，因為所根據的是真實的世界，故彼此的材料大部相同。第二、思想的發展，連鎖各分子而成為某種的組織，這便已侵入信仰的區域，與直接的事實不免有衝突的地方。第三、則思想的進行線，更進一步而入於純粹的理想，更不必以實際事實為材料了。

　　我們說空想是思想進化的原因似乎是錯了，因為我們曉得，我們的智識絕不是從空中樓閣的幻想得來的，好逞幻想的人，我們往往叫他做收不住心的人，絕不能發明什麼的；反之，只有苦心孤詣的人，才能產生有價值的思想。然則思想的材料究竟在何處呢？有一派人主張，心意自己可以決擇自己的思想路徑，自己可以規定自己的形式等等，這些話固然很容易懂，但是說不通的，我們即使採用康德的範疇說，說智識都要受過先天的範疇的排列作用才能成功，我們誰也不能斷定說，只要有了範疇，而不用向外界搜尋材料便能成為思想。

　　然則思想的材料究竟出於何處呢？我們先要認定：一、不是由空

想而來，二、亦不能與個人已有的經驗相差過遠，思想的材料，即是以固有經驗為根據，而向環境為系統的發展，這叫做「系統的決擇」（Systematie determination）。根據於系統的決擇，向物質的或社會的環境為自動的適應（Motor Accommodation）的結果，便成為思想的淘汰作用。既然曉得思想淘汰是以固有的經驗——習慣——為根據，後加的變異都須要同化於固有的思想系統之內才能發生影響；又曉得淘汰的作用總離不了環境的根據；故思想的淘汰作用有兩個標準，一是內在的「習慣標準」（The test of habit），一是外界的「事實標準」（The test of fact）。這兩個標準是互相倚賴的。習慣所組織的材料必是已得了事實的保證的，事實的材料若不能與固有習慣融合，也不能侵入思想的範圍之內。因此我們便曉得，我們所認為外界的「真理」（Truth）者，必是受過這兩層標準的試驗都能通過者才得成立。

我們既然曉得，凡是受淘汰的思想，必是以舊有的思想為根據發射（Project）出來的，然則這種根據（Platform）的作用是什麼呢？我們可以說就是「注意」（Attention）。只有借重「注意」的力量，才能把各種的材料加入我們思想的系統之內。所以凡是有候補受淘汰作用資格的思想，都必須是在「注意」內得了根據的。我們試用公式來表明「注意」的功用如下：「注意」——A+a+a'。這A，代表注意力所及的全部材料，a代表注意中的特別材料，a'則代表注意力所集中的最分明的一點。這個公式可以使我們對於「根據」二字的意義更為明瞭假使經驗的材料連A所注意的範圍都勾不上，則這種材料便沒有候補受淘汰作用的資格，這種材料便不得謂之思想出發的根據。凡是一種新的經驗，被認為是真理的時候，總不外兩種情形：或者是認為與固有的經驗是一件東西，否則與固有經驗面目雖不一樣，但認他是固有經驗的一分支，總之無論如何，新材料必與固有材料融合成一個系統，才能影響於思想；其間的媒介，卻全靠注意之力哩。

以上淘汰作用的功用講完了，以下再講標準問題。那一種運動是最適於淘汰的呢？以我們看來，淘汰的作用是不能脫離環境的約束的，故最適於淘汰的運動，實在即是最能夠實際表示環境的事實的。環境是怎

樣，適應也是怎樣。故決定淘汰的方向的，即是環境的事實。但是在這種物質的環境的約束之外，還有一種要素，也可以決定淘汰的方向的，即是個人的已竟組成的習慣。必須是與固有習慣同化的知識，才有受淘汰的價值。從這個根據上發展，個人漸漸脫離環境的限制而建設他內在的標準。還有社會對於個人思想淘汰的標準也很有影響，個人生於社會之中，受社會的感化力最大；我們往往以為個人思想的最初一級必是與他人不同的，其實不然，個人的思想最初並無特別的色彩，只是以社會的思想為思想，後來慢慢進步，才有了獨立支配自己思想的權力，然而究其實終不能脫社會環境的窠臼。故決定思想淘汰之方向者，社會與有力焉。

現在我們進而研究到萬物發生的問題，這個問題包含有兩方面：一是「如何」的問題，即是問「物」的起源（Origin）是如何；二是「甚麼」的問題，即是問物的本質（Nature）是什麼。我們先看「物」（Thing）究竟是個甚麼東西呢？我們曉得近代的哲學有一種傾向，即是凡遇到「這是甚麼」的一個問題之時，他的答案必是要去分析這個東西的內容（Behavior），雖然有許多舊派的學者，把實在往往當作一個整塊去看，但其實是無效的，因為當作整塊去看，結果還是同不看一樣。故我們曉得所謂「物」者，即是指他的內容而言，代表物之真相者，即是他的內容。因此，「我們曉得這一件東西的內容有多少，即是我們曉得他的真相有多少」。

然則我們用甚麼方法來曉得這些物的內容呢？顯然是有兩種方法。第一種，我們能夠曉得一種內容，因為我們在這一時間必是曾經把他攝住過的，這是科學的研究所常用的方法。凡我們若要曉得一件東西，必須要先曉得他是在那裡做什麼的，或者將要做什麼？假如他甚麼事也不做，或者我們不曉得他做甚麼，則我們絕不能說我們已經曉得這個東西了。我們也不能因為曉得別的東西的內容，便也曉得這件東西的內容；我們更不能自己捏造一些新的內容給他；故所有分析的作用，全是要在一個囫圇體中，而找出他的特別不同的內容來。但是物的內容卻是常常變的，假使他要不是常常繼續不斷的變化的話，則終究不過是一個整個

的概念，而不成其為「物」。物的真相即在他的事業（Career）的延長上，我們若只從橫截面上去看物，而不從無數橫截面的累積上去看物，仍然不算真明白了物是甚麼，故第二種方法便是要從物的由來，變化，生長，發展上來認識物。

這樣研究的結果，我們便曉得凡是稱為一種「物」的，這兩個元素——起源和本質——都不可缺一，抑且不可偏重其一而忽視其餘的；近代進化論者，往往專講起源的問題而不管本質，以為曉得物之起源是如何，便可以曉得物之本質是怎樣了。殊不知我們曉得物之起源者，乃是用「回溯」（Retrospeetive）的方法，進化論者以為物之內容永遠是如此的，我們曉得他從前是如何，便也自然曉得他將來也是怎樣，因此只要用回溯的方法曉得了物之起源是如何，便可以曉得他的全部內容了。殊不知物之所以為物，即在他能夠有永遠不停的新的發展，若物而只限於過去的資料，而不能日日增加內容，則其物必是死了。故單用追溯的方法來研究物之內容是不夠的，這樣研究所得的結論只是一種假設，譬如化學家用分析的方法，研究空氣的分子是由氮氧二原質合成的，以為這樣曉得空氣的由來，便曉得他全部的內容了。

但是到了後來，又有一種新的發現，才曉得空氣的組合物中，還有一個未知的元素叫做「氬」（Argon）的在內，那麼以前以為已經知道了空氣的內容的，此刻便靠不住了。所以欲知物之全部內容，除了用追溯法以研究物的起源之外，還須兼用「預測法」（Proshective）以研究物的本質。因為凡是一種物，總離不了這兩種的範疇——已然的與概然的。預測法之能夠成立，就因為凡物都是有一種概然量的。譬如一部荷馬（Homo）的史詩，推其源不過是二十六個字母湊成的，為什麼這樣一湊便湊成一部文學的名著，不這樣一湊便湊不成什麼東西呢？固然二十六個字母的湊合法是無限的，我們不能說一定都湊成史詩的樣子，但是我們卻可以預想，經過荷馬之手所湊成的文章，絕不會成了小孩子一樣胡拼的字。但是這種預測法，卻不是閉著眼的空想，依然是要以自然科學為根據的，不過讀的方法不一樣：一個是往回讀的，我們叫做進化論；一個是往前讀的，我們便叫做進化論的假說了。總而言之，我們的

經驗是有二重性質的，一個是回溯，一個是預測。

根據上節的結論，我們曉得，凡是物都有追溯和預測的二重性質，然則我們用什麼方法去研究他呢？這便到了科學方法的問題，我們所得的結論，是用一種「創生式」（Genetic Mode）[3]的方法去研究才行。普通科學裡，研究一切事物都是根據已有的經驗而立出許多規則來，他們對於事物的研究有兩條假設，一是統一性，即凡事物都有一致的趨向，故根據已有的經驗而可以範圍一切；一是法則性，凡一切的經驗都是有秩序的，故可從此找出他的一定不易的法則來。這樣的方法，我們叫他做「反創生」的方法（Agenetic Science）。這種從經驗中歸納出一個範疇，又把這範疇去駕馭未來的經驗是靠不住的，因為經驗的內容是日日發展並非一成不變。故我們最要緊要區別這兩點，一是經驗所得的法則，一是由此產出的後來的經驗。

上法的失敗，乃是因為他要以靜的規則，而用於動的現象的緣故，故我們不得改變這種方法，而另用一種「創生式」的方法來代替他。這種方法第一步的主張，便是要打破向來因果論的謬解。「創生的論理是不能換位的」，譬如說A=B我們不能換過來也說B=A，這是一條緊要的理，不可忽略。我們假定yx之後必然有y，則我們不能因此便說y之前必然有xy，也不能說xy之後，除了Z之外不能再有別的。譬如說，水是氫氧二原質合成的，則我們不能便說，除了氫氧之外，不能再有別的東西可以產生水，也不能說水分解而還為氫氧以後，則氫氧二原質不能再合而為別的東西。這並不是完全蔑視因果的法則，不過反對把這種法則濫用罷了。我們所需要的科學，即是這種活潑潑的創生式的科學，而不是那樣呆板的反創生的科學。

第二步的主張是說，真正屬於創生的事物，當其未生之前必非預構，及其已生以後，亦不可追索。因為假使把「創生」當作有秩序的變化講，則其結果仍然是一種反覆循環的，而不是滋長的。在我們看來，全部的歷史就是一種創生的科學，尋常的史家，好以因果法則來推論

---

[3] Genetic通釋為「發生學」，此處因「發生」意義不大明顯，故改譯。

歷史，以為歷史的事實是連鎖不斷的，從第一個環可以直數到第末一個環，這純粹把歷史看作是一種「追溯」的科學。此外還有另一派的人，他卻持另一極端之說，以為歷史全是與各種孤立的、雜亂無章的事實所湊成。這兩種主張，以我們看來都不對的，因此便有第三派的主張，就是說，歷史是一種「自動的」（Autonomic）現象。固然因果法則可用以解釋已過的現象，但除此以外，還須有別的成分才行。故全部的歷史應當是「創生的」歷史。有一派人如皮耳松教授（Professor Karl Pearson）之類，主張歷史的現象，可全用生物進化的法則來說明，這話固有一部分理由；但未免太看重環境的影響，而忽視人類內部的心理的要質，不足以解釋歷史的全部現象。

通常的科學研究，只曉得從橫截面去觀察事物，而不曉得觀察他的縱截面，所以結果只得了幾條死的規則，而不足以盡物的真相。真正創生式的科學，應當對於回溯和預測兩方面的性質都照顧到，從已有經驗中，歸納出的規則固然不可一概毀棄，但也不可即執以為萬世不易之準則；須知物的內容是日新不已的。除了直接觀察他的事實現象以外，雖可用相似的現象來比擬，但總不能拿以前的規則，完全適用到後來的現象上去的。不過也不可完全拋棄固有的法則不管，因為新的發展總是建築在舊的基礎之上的，凡物都有這兩重——追溯和預測——的性質，有了這一個，便少不了那一個。

以上鮑氏書中的大旨略略述完了，此書主要之處，在第二部講進化的方法，但因第三部有許多是鮑氏個人的創見，故僅就此部介紹出來。此書內容兼括心理生物兩科的學說，述者於此兩科俱無研究，所述當不免有許多謬誤之處，讀者如能讀原文，還是讀原文為好。

文章出處：《民鐸》第3卷第4號（1922年4月1日）。

毀校造校論

一、論教育上有改良與革命之異

　　現在凡是學師範學教育的人，稍微有點進取思想的，當其在校之日，大約沒有一個不希望將來出校任事之後，對於教育現狀將加以多少的改良。及其既出而任事之後，固然中途墮落，將從前願望一概拋棄的也不在少數，然真能實踐其言，從事改良教育者，也並非無其人。就中國教育維新後之歷史而論，雖然僅僅不過二十幾年的光景，教育上的主義、方法、制度，已經不知變了有多少花樣，這不是由於教育界志士仁人的努力改良的結果是由於什麼？這樣努力改良的結果，其收效之程度究竟如何，這真是值得一為研究的問題了。

　　我們與其懸空立論，憑一己的主觀來批判現在教育的成績如何如何，不如且就二十年來教育維新的史蹟上所留給我們的印象一為考察，似乎倒是較為妥實可靠的方法。從已往五千年的中國歷史上看來，我們曉得除了微細的變動不算外，中國的教育制度，曾經經過有三次絕大的革命：第一次是春秋末年的打破王室的庠序學校，而創立私人講學的制度；第二次是漢以後隋以前四五百年之間，將古代的遊學制、村塾制，漸漸融會化合而產出一種科舉考試的制度；第三次便是一九〇二年，經過拳匪事件之後的廢科舉立學校。這三件大變動，雖然在教育制度史上的價值看來，是一般的重要；但是若只就嚴格的革命意義而論，則前兩次變動，仍是漸漸演進的結果，只好算做改良，不能叫做革命，只有第三次一九〇二年的事件，才好算做突然的有意的改革，才好算做革命行為。

　　雖然我們生在二十年之後，過慣了現代學校生活的人，看起這種改革來，自然覺得是理所當然，不足為怪；但是設如我們閉住眼，置身於二十年前的社會，試設想以數千年傳統的教育制度，根深柢固已經深入人心甚久，一旦以一紙輕輕的命令，遽然全部推翻，而反將異國的制度

全部移殖過來，這是何等偉大的事業！這種革命的事業，我們不但在中
國教育史上找不出相等的情形，即在西洋教育史上，也難得遇有這樣突
然變異的奇蹟。我們所以要指出這回事件的重要，並不是想對於當時的
改革家有何恭維之意，也非認這回事件在此處有特別可以注意研究之必
要，只是要想提醒一般研究教育演進史的人，使人相信只要時機所迫，
在教育史上，也可有不必待天然的漸變，而可以用人力有意地使之全部
突然改變的前例。換言之，我們從這一件事例的經驗看來，知道教育上
也有改良和革命二種手段之不同，知道教育上也可以容納革命的手段。

　　從這一次有意的革命以後，中國教育還經過好幾次有意的改革，但這
種改革，卻只能算得改良（reformation），不能算得革命（revolution）。
從軍國民主義到實利主義，從日本式教育到英美式教育，從中央集權到
地方自治，從嚴格干涉到自動自治，這不能不算是巨大的變動，然而若
和一九〇二年的大革命比較起來，就不免渺乎其小了；因為後者是將固
有制度根本的推翻，而前者卻僅僅是在現行制度之內，附屬的枝葉的改
革；因此我們雖然承認這些改革家的熱心毅力是狠可佩服的，然而卻不
能不說他們算不了革命的人物。

　　假如溫情的改良手段，可以奏革新之效，我們也何樂而必採取根本
推翻的激烈態度，然而我們從近幾年來的教育情況看來，使我們不能不
顯然感覺這種溫情的手段之不足以應付潮流。且不說別的；只就近幾年
來學校風潮的蔓延看來，我們便可以感覺，不但日本式的教育，已成明
日黃花，去題太遠，即英美式的教育，雖然正在時來運至當行出色之
際，然而已到日中則昃，月滿則虧，前途的危況已經看得見了。不信，
倘若執全國的學生而一一問其對於所處學校之感想，恐怕不滿意於日本
式教育者，固然已佔全數之全數，即不滿意於英美式的教育者，也已經
十分中佔有九分以上，然則目下之所謂教育改革者，也不過「以五十步
笑百步」而已，這豈是我們所滿意期望的改革嗎？

　　關於這種改良與革命手段之收效究竟如何，且待後文再講，此處只
要先明白教育上也有改良和革命二種手段之不同：改良是溫情的，調和
的，枝枝葉葉去用力的；革命是激烈的，澈底的，從較大處著眼的，二

者截然不同。只因已往對於教育改革的種種議論，都只能算做溫情的改良一派，因而最容易使人誤認，以為舍此一途以外，更無第二途可走，所以我們特意指出，在改良以外還有革命一途。在這裡我們所要大家承認的，只是承認在教育上，有使用革命手段的可能；至於革命與改良二種手段，究竟誰適誰不適，那是另一個問題，下文再表。

二、論改良之不可能與革命之必要

改良與革命雖是兩種截然不同的手段，然而只要藥當乎症其為治病則一。我們並不說改良的手段是絕對不適用於教育的。但是假若時機到來，有僅恃改良不能應付之勢，則卻也不能閉著眼，不看還有第二種的手段採用的必要。近二十年來的中國教育，可以說是改良又改良了，倘若這種改良可以收效的話，也就該是收效的時候了。然而別的姑且不論，只就近年來風潮一端而言，據《教育雜誌》第十五卷第四號常君道直所統計，為數已經可驚；常君所統計者，僅學校以內之風潮，其主因為被教者與教者之衝突，此外尚有已經費問題為主因之教員索薪風潮尚未被統計在內。這兩種風潮之蔓延擴大，在改良主義者看起來，或不免以為僅僅一時的現象，只要待政治修明追及歐美的時候，此等問題便可連帶解決。

然而據我們看來，此兩種風潮之起，實現行教育制度——即從歐美移殖過來的學校教育制度——根本上不可避免的缺點，非一時枝葉的改良所能奏效。學校以內的風潮起於教者與被教者二者的衝突，在現行教育制度之下，教者與被教者二者之間，天然有階級的區別不可漫滅，猶如在現行經濟制度之下，資本家與勞働者二者之間天然有階級的區別不可漫滅的一樣。這種階級一日不撤除，階級間互相存在的異類意識一日不能消滅，即是讎視的心理一日不能減少，即是衝突的原因一日不能去掉。最顯著而為人所忽的例，如同在任何學校之中，教員與教員間的友誼非常自由，非常活潑，然而一遇與學生接觸，則即在極解放的學校，極通脫的教員，也不能不存一二分拘束之念，這正是異類意識在那裡作

崇。看官不要忽視這樣微小的例，要知許多鉅大的風潮，其起因都是從這種細微不合的地方來的。

據我們個人的經驗而論，學校風潮之起，固然原因各各不同，然其間總有一個共同的；而且是主要的原因，即是教者被教者間的誤會，在學生社會之中，總以為教員全屬混蛋，所行所為，全不合理。在教員方面，其對於學生的誤解程度，也不下於學生之對教員，這時倘若有一個人在兩方面都有相當聯絡的，他必可以聽見許多極端相反的猜疑譏罵，這種猜罵，在旁觀者平心靜氣看起來，很容易指出其不合理之點，然而在當事者之間，不但是年輕氣浮的學生，即老成練達的教員，也難免紅頭漲臉舞爪張牙，來數說對手方的不是一氣。自我們平常的眼光看來，這種情形自然是很可笑又很不可解，然而自研究群眾心理的人看起來，卻很有理由可說。

其起源全由於誤會，而誤會則由於隔閡。隔閡卻是現行教育制度下必然的結果，因為他先造成了兩個相對的階級，便不能禁止他們產生階級的意識。所以在現行教育制度之下，教者與被教者之間的衝突——極少說讎視——是絕對免不掉的。解決這種衝突的方法，目前只有一種最為妥善，便是絕對的壓制，然而這種方法，是否教育上所應當採用的，似乎不足一辯；除了這個，再沒有別的好改良辦法了，若有，除非是澈底的革命了。

再看對外的風潮，即所謂索薪風潮者。其主因固在經濟之缺乏，其較遠之主因，則在政治之不良，政局之不定，然自我們看來，則學校經濟之不能自給，實為現代教育制度之最大的缺陷。現在的學校，在社會上仍然還在裝飾品的地位，因為他須完全倚賴外間的資助。因此教育事業常握在資助者之手，不為國家主義的虎倀，即為資本家的走狗。老實說起來，教育事業，自始即為社會上治者階級的點綴品。大約除了游牧時代的教育，確為生活所必需而設的外，一到國家制度成形以後，教育便與生活的意義日去日遠；貴族社會之提倡教育，是用以裝他們的體面。國家主義時代的提倡教育，是藉以牢籠人心齊一天下的風俗，資本家的提倡教育，是預備替他們作機器，作宣傳廣告，——從有歷史到

今，教育不曾有獨立發生價值之一日。這種原因雖多，但經濟之不能獨立，要算最大之主因。

經濟不能獨立，自然不能不俯首下心於社會上治者階級，而為一階級作宣傳的走狗了。因此，從獨立自由的理想上看起來，經濟不能獨立，實現行教育制度致命之傷點。想要改革此弊，也非根本解絕不能為功；因為在現行社會制度上，教育本就在裝飾品的地位，這種根本情形一日不變，教育的裝飾品的地位一日不能解除。現代教育制度立足於軍國民社會與資本社會二者之交點，一切組織之發動，均以此二種社會為背景，但一思及此情形，便可想見，若欲使教育前途，副於我們所期望之理想，斷非枝葉之政良所能奏效。前節所舉之例，僅就一時所最聳動人目的事件一為剖析；今再試為詳說現在教育制度不能僅恃枝葉之改良所能奏效的理由。

我們欲知其故，須先認明現在社會上各種已稱發達之事業，無一不為有機體之組織，其各種組織相互之間，皆有至密接之關係，而此各種組織，則皆根據於一種社會理想之背景所產出，牽一髮則全身動，正是現在社會事業的情形。經過幾千年演進後的教育制度也是如此。在這種情形之下，決非枝枝葉葉的改良所能奏效，是無庸細說的，因為要改良一件，便不能不牽動他件，便不能不牽動全體，所以真正是從事改良事業的人，其結果必悟到非從全體下手來改良不可；否則其改良事業，便只是粉飾塗附，換湯不換藥而已。

老實說起來，現在所詡為已奏改良之效的社會事業，無一不是粉飾塗附，換湯而不換藥！教育上何嘗也不然。要知現行教育制度，其本身乃從西洋數百年來演進而成，本身自有其獨立的組識系統，在這種制度下的一事一物，絕不是獨立的一事一物，乃是這大原則下的一個輪子，若不從根本地方著手，只拿這幾個輪子換來換去，結果只有越牽掣越不靈，斷不會越變越好。譬如國文教授，我們想完全廢止講文、選文、作文，而改用閱書研究作札記講修辭學等，似乎僅是國文教員的責任了，然而試想圖書館的設備若不充足，則自由閱書很難辦到，廢止作文，則分數必難評定，圖書設備與經費有關，分數廢止與畢業標準有關，這兩

種問題的根本的解決，便非現行教育制度內所能辦到。

又如考試和記分扣分，乃是我們對於舊教育中最痛恨的兩件事，但是倘若一方面要求廢止考試和分數，一方面卻仍舊按一定的期限畢業拿文憑，則我們寧反對廢止這種桎梏式的考試，而和主張廢考的人宣戰了。主張政革的人不明白這個道理，只想從零零碎碎的地方來分頭解決，結果只有失敗；因為每次失敗的緣故，結果使意志薄弱的人，漸生懷疑改革之念，多一次改革即多一次失敗，多一次失敗，即使懷疑改革的信念多增強固，結果便是使勇於改革的志士，一變而為與時代潮流隔絕的保守派，甚至要用全力來阻遏改革的進行；我們看政治界中二十年前維新急進的人物，到現在都變成頑固無比的舊黨，那是由於什麼緣故？可知教育界中，現在也正有這一般的趨勢哩。

三、論學校制度之起源及其弊害

今欲論此題，當首先判明教育制度與學校制度之異點：本來教育與學校二義，範圍有廣狹之不同，一見即知，不必細論。但習慣上，人因學校教育是專門為教育而教育之時期，與前之家庭教育，後之社會教育均有不同，故一談及教育，即以為舍學校外無他途。學師範學教育之人，其將來志願，不外於學校中覓一教師之位置，其所懷之抱負，不外辦一理想之學校。學校與教育二字在學者心目中久已視為同義之歧字。故本文前段所指教育制度之改良、革命云云，亦均徇俗。但就學校制度而言，其實除學校而外，其他之教育制度，並非不佔重要。以下數節即在指明學校制度並非唯一之教育制度；其與教育制度亦並非有絕對不可離散之因緣；學校制度雖為社會演進中自然造成之結果，但時至今日，已弊害百出，非改不可；與學校制代興之教育制度，現在已具規模，我們應當盡誘掖輔進之責任，樂觀其成。以下一一分別剖析之。

在進入本文之先，當先為我們所欲論之學校制下一界說：因本文標題以「毀校造校」為名，我們所欲造之「校」，其內容當然與所欲毀之「校」不同，故此處不得不先將現有之學校制之特色指明，以免後文論

點混淆。以我們看起來，此種制度之特色亦至為簡單易曉，即：一、有一定之地點與特設之機關；二、受教者須劃出其一生中固定之幾年，專從事於此種生活；三、有一部分人專門從事於教人之事業；四、經濟不能自贍必須仰給於外界之幫助。雖學校特有之性質不止此幾種，但其最重要之點已不外此了。

我們且看現在世界所流行的學校制度，是否從遠古以來已經一成不變的呢，還是後來慢慢才演進出來的呢？以我們從歷史上研究的結果看起來，學校制度在教育制度演化史上，並不是惟一的制度。家庭中父母對子女的教育，宗教上教主對信徒的教育，部落中酋長對從屬的教育，族團中長老對後輩的教育，職業上工師對學徒的教育，以及一切從實際生活中，學習維持並發展生命的技能智識的教育，它們的出現都在學校制度成立之前；或者雖然同時存在，而其在實際社會生活中，所效的教育的職能遠過於學校教育。在這種時代，學校並無獨立的價值，它只是附屬於家庭、宗教、部落、族團、職業之下的一種作用，並沒有獨立的從事教育的機關，獨立的從事教育的人；然而我們卻不能說，那時代的人是沒有受過教育；那時代只是沒有學校，並不是沒有教育，他們的全生活便都在受教育的時代，全社會都是施教育的場所，全活動都含滿教育的機會，全體社會的分子，都是施教育的人，同時也便都是受教育的人。

學校制度為什麼脫離社會的範圍而獨立發展，這種原因應當從古代畸形的社會組織中去留意。學校制度的發展雖在現代，而其建設的起源，則應當託始於貴族時代。彼時的私塾便是現代學校的雛形，私家教師便是現代學校教師的前身。學校制之發生於貴族時代，與其說由於生活的需要，不如說由於虛榮心的驅迫較為妥切——雖然虛榮心也是生活所需要的。學校只是一個輸入智識的機關，智識在貴族的眼中，也不過是一種裝飾品罷了。我們在研究這種學校制，在貴族社會中發生的情形時，須要切記著一件事，便是：這種獨立的教育機關，只是在一小部分的貴族社會中的產物，大部分的平民社會，他們的教育生活，仍然是普遍於全生活之中，並沒有特殊的機關，特殊的時期，特殊的教師與學生，然而他們也照舊的生活了。

假令不是社會組織有了變更，則這種雛形的教育機關，也許終於雛形而不能更有所發展，如同中國的舊式教育便是這樣。但在歐西則因國家主義的發達，連帶而使學校制度亦為大規模之發展。在國家主義下的國民，是以軍人生活為標準的，他對於國家的關係，猶如兵士對於軍隊的關係一樣，這種特殊的標準，自然不是在普通生活中所能達到的，所以不得不劃出特殊的時期來受特殊的教育。學校制度之所以特別的發達，正是由於這個緣故——因為在這種社會組織之下，所要求的並不是一個人，乃是一個機械，所以不得不離開社會，而獨立創造這一個「機械養成所」。

到了現在國家主義的社會已經過去，而資本主義與之代興，在舊式社會中所含有的教育制度便不能全適於用了。雖然資本主義下的教育目的，仍然和國家主義者一樣，所要求的不是一個人，仍是一個機械，但新式機械和舊式機械有很不同的地方：後者所欲訓練者，只是一個簡單的背槍的人，而前者所欲訓練者，則為熟練的工徒。觀於現在學校組織之力求與社會接近，則可知離社會而孤立之教育，將為不可能之事情了。

然而我們尤其應當不要忘了一件事，即是：雖然在現代社會之中，學校制度在表面上，似乎佔教育生活中最重要之部分，然而按其實際，則現代人生一大部分受教育之時間仍不在於學校。我們切不要忘記，人生在進入學校之先，所經過的還有一個家庭，在出了學校之後，所歸宿的還有一個社會。人生六十年的生活史，內中有十分之一是家庭時期，十分之六是社會時期，所有在學校受教育的時期，極多也不過佔全人生的十分之三；若是就最初級的義務教育期而認，連十分之一也佔不著。若是真認學校教育為必需的東西，則這種時期也未免太短了；否則這種教育在全教育生活的位置，也就不能認為重要了。

若欲講明現在學校制度所發生之弊害及不適之處，非泐為專篇不能詳盡；而在現代一般視學校為唯一之教育制度的眼光中，欲申明此點尤為困難。我們現在只得就最重要的幾點提出來說一說，至於詳細的說明請俟異日。學校制度最大的缺點，即在不與社會的實際狀況相符。即使是極端提倡教育的社會化的學校，其所成就的也不過是「擬社會」而不

是真的社會。因為學校的根本組織上就不與社會相符。社會上並沒有特設的場所，特聘的教師；並沒有畢業的獎勵，考試的限制；並沒有指定的功課，呆板的時間；而這些之中，最重要的分別卻是：第一、社會的組織是以親子愛情兩性愛情的家庭為本位的，而學校生活則偏偏驅使子弟離去家庭而為單調的生活；第二、實際社會中，經濟的行為佔最重要之部分，人生因生活競爭之劇烈，而益覺其生活之真實，學校生活則幾乎將經濟生活完全置之不顧。學生則依賴學校，學校則依賴其他界之資助，人生最重要之衣食住三問題，在學校中幾無絲毫練習之餘地，這樣的生活是假的不是真的，因為他沒有經濟的需迫，便沒有在生活上為自己奮鬥的覺悟，因而不感到人生之真實。

從這兩點看來，學校制度實在是違背人性的制度；在違背人性的制度中產出的人物，絕不能於實際社會有益。現在無論何國，凡能在實際社會上活動的人物，其所以成就，絕不是靠幾年的學校生活而成。學工業者必先入工廠，學商業者必先當學徒，甚至於從事學問的人，苟欲為遠大的成就，也必須待之於離去學校之後，自己用力的研究。為什麼學校不能和工廠商店研究所的職能一樣，為什麼學校不能代替了工廠商店，研究所的位置，為什麼有了社會，還要有另外的學校，有了學校，還要有另外的社會，學校與社會不能絕對的合為一體，這便是現代教育制度的大缺點。這種缺點的由來，是從國家主義下的制度發生的，國家主義下所要求的生活是軍人的生活，也就是違背人性的生活，一個學校中有教職員以監督學生，也正如一個軍隊中有將佐以率領士卒的一樣，如今雖然時移世轉，教師對於學生不能行使舊日軍隊式的威權了，然而階級的不平等依然還照舊存在。

社會中早已打破貴族平民的界限，學校中還仍舊保持教師學生的區別，這種區別在大多數的教育家的眼光中，或者還以為是絕對不可免的，我們也無須十分辯論，我們只要問，既然在社會上，人人是都有學習的機會，也都有教授別人的機會，既然在社會上，我們承認人人對於各方面的學識是有長有短的，即是在某方面，人人都可以教人，在他一方面，又人人都應當受教於他人，何以一入學校，便應當畫然的分作兩

種絕不相渉的級階，學者絕無教人的機會，教者也絕無受教的機會？若是在純粹的理論上講起來，不但受教者應當向教者要求教人的權利，就是教者也應當提出得到學習的機會的權利了。

四、論現在正是革命的時機

本節之意在講明，何以現代為教育制度應當澈底革命的時期，惟欲說此意，必須先就教育制度演進之歷史，一為敘述始能得其要領，今茲未能詳述，姑略言之。教育制度為社會中各種制度之一種，其演進之歷程與全體社會演進之歷程息息相關；尤與社會各種元素中最重要之經濟制度的演進有密切之關係。現代學校制度，之所以成立發展，並非人為的結果，實與現行的經濟制度互相適應。就中國而論，在上古貴族政治的時代，而學術集中王室，到後來井田制破壞，自由貿易興起之後，學術也頓時分散，而遊學之風大盛。秦漢以後，因商業發達的結果，而遊學制繼續存在，因農業發達的結果，而有村塾家塾制之發生，這兩種制度到後來合併而產生所謂科舉制者，一脈相傳直到一千多年。至於最近二十年的教育革命，是因於新經濟制度的壓迫，則更是顯而易見的事。至於歐洲方面，也同樣的可以看出，教育制度與經濟制度相伴的關繫。

在希臘時代，教育制度有斯巴達、雅典兩種型式：斯巴達因其社會生活為公共的，故教育制度亦純為公共的組織，雅典則商業極為發達，貴族制度亦甚穩固，故其學校所學，但為音樂競技之類，皆貴族社會所需要者，而遊學之風亦盛。羅馬的初年是一農業的國家，故它的教育也仍是以家庭為主，有一種與私塾性質相近的學校叫做「Ludi」；直到後來變為大帝國之後，才輸入希臘的學校制度。中古時代教育，是教士和武士二階級的專利品，因為當時施行佃奴制的結果，故只有豐裕的地主、貴族、教士等才有受教育的機會。到了文藝復興以後，佃奴得了經濟上的解放，陸續變為經營自由貿易的市民，自由的市府陸續興起，遊學之風又盛，結果產出近代幾個有名的大學。而同時因封建制之崩壞，中央集權的國家主義漸興，於是才有了普及教育的運動。現代的學校制

度，正是這兩種主義——國家主義與社會主義——合併促成的結果。

　　從上文所言，我們已可知道，教育制度的演進與社會全體及社會中之經濟制度的演進有密切的關係，則於現行之學校制度，何以能演進到如此情形之理可思過半。現在的經濟制度，是大規模的工業制度，資產集中於都市，人口也集中於都市，此時的教育制度，因連帶的關係，而也有自然集中的趨勢。在農業本位的時代，人民分散於鄉村，故其學校也自然分散於鄉村，鄉村的學校規模當然是小的，故古代只有私塾，並無如現在一樣的學校。到了現在，人口既然集中於都市，都市所憑藉的勢力，自然遠非鄉村可比，故其一切設施，自然都有大規模的趨向，教育制度也因之自然日趨擴大。從前的私塾不過一個教員十幾個學生，現在的學校教員多至成十成百，學生多至成百成千；從前的私熟科目不過一種兩種，現在的學校科目有多至數百種的；從前的私塾簡直沒有什麼設備，現在的學校設備非常豐富；其餘類此的異點不可勝數。總之，現代學校與從前私塾的比較，正如現代的大工廠對於從前手工業的比較一樣，相差不止天壤。現在大規模的學校，要比中國的一個小縣大得許多，這都是經濟制度演進後的結果。

　　既知教育制度之演進與經濟制度之演進有相伴之關係，則我們但須知，此後經濟制度將朝何方面而演進，即可知教育制度此後將有如何之變更。關於經濟制度之演進問題，我們非經濟學者、社會學者，自然不能為十分中肯之斷定。但從大勢看來，我們也不妨略略預言其趨勢。在這裡我們卻要引用一種雖然受過許多駁論，而終有其不可磨滅的價值的學說——便是唯物史觀。照因格爾（Engels）的意思：「在社會裡的一分子，所用維持他們生具的生產，和在他各個人之間，交易這些生產品，因而分出許多不同的工作的方法，這個包括生產和運輸的全部技術。照我們的意見，這個技術可以決定交易的方法，生產的分配，……又可以決定社會階級的區劃，治者與被治者的關係，以及國家，政治，法律等的存在。」[4]

---

[4]　abreole印行的信札第257頁。

　　這個意思總括起來便是：生產和運輸的技術的演進，可以決定經濟情形及其他社會各種制度的演進，這話我們是可以承認的。試看現在的經濟制度以及教育制度，所以演進到如此地步的緣故，是否由於蒸氣機的發明？以我們看來，未來經濟制度的演進，也全要看生產和運輸的技術的演進如何。若要從這一方面觀察，則我們也可以略略斷定：十九世紀的生產運輸技術為蒸汽的，而二十世紀的生產運輸技術將為電力的。將來的經濟制度，必全受電力工業的影響，也正如現在的經濟制度全受蒸汽工業的影響一樣。

　　電力工業的規模必較蒸汽工業尤為擴大，這是可以預想的，擴大的結果，必使都市範圍也隨之而延長。結果是鄉村與都市合而為一，雖然明明是鄉村的都市化，但從反面觀察，我們也不妨就說是都市也鄉村化起來。這樣鄉村的都市化的結果，雖然是使都市的範圍延長，但結果也就是使都市的中心分散。在現在蒸汽工業的經濟制度之下，都市的集中是不得已的，因為一切生產的行為、運輸的行為、分配的行為，都是以集中為較便利；但是到電力工業的時代就不然了，我們可以憑藉電力，使全世界縮為咫尺，使人和人可以不出家門而得到聚合的機會，使全都市成為一個大的工廠，假如這些話都可以實現，那時候我們為什麼還要有集中的教育制度呢？

　　這樣的趨勢，我們從社會和教育兩方面都可以看得出來，在社會方面，我們看見工業技術的進步，電氣事業的推廣，實業組織的擴大，一方面又帶著第四階級對於現行資本制度不滿意的呼聲，共產主義的傳佈，都市改造的運動，這都表示一種舊制度已經破裂而新制度正在醞釀蛻變的氣機。在教育方面，我們已經看見，學校制度的破綻百出，雖然並無人敢倡全部推翻的論調，但局部改造的事業到處都看得見。在建設方面，則學校的工廠化已成為一般的趨勢，成人教育，職業教育等漸佔重要之位置，屬於社會教育系的圖書館，講演，旅行，戲劇，電影，露天學校等，其位置亦漸為一般教育家所承認。以我們看來，未來之教育制度的趨勢，是以社會教育代學校教育，因為無論從必然的；或理想的論調看來，社會教育都是較學校教育為適合於將來的社會的。我們如欲

為新理想而從事於革命的奮鬥的話，再也沒有像現代這樣最為合適的時
機的了。

五、論我們理想中的教育制度

社會的進化，雖然大部分是必然的運行，但也並不是絕對的不容許
有人為的，理想的分子攙雜在內。我們在可能的範圍以內，總要努力用
人為的力量去矯正進化的方向，縮短進化的徑路。因此，我們除了指明
天然的必至的趨勢以外，對於理想的方面也須加研究。我們懂得了我們
所需要的教育制度是怎樣，才可以從事於指導進化的方向的責任。在此
處我們且撇開理論的方面不計，一來為節省篇幅，二來在以後我們對於
這些問題，當均有詳細之研究，故不必在此多述。此處我姑且將年前，
為我們一個在擬議中而未經發表的團體——「教育改造社」——所作的
宣言之一段節出，以代從新的敘述，這個宣言是經我們同志數人所承
認，欲宣布而未果的，如今錄在下面：

> 我們對於將來的教育提出幾個原則如下：第一、我們相信
> 要撤消民族上地理上種種的隔閡誤解，必須於教育上先剗除這些
> 隔閡誤解的種子；因此我們主張改造後的教育，是世界的，不是
> 部落的，一切軍國主義的人造的溝牆，應當根本打破。第二、我
> 們相信要實現真正的社會平等，必先使社會上各個人都有受平等
> 教育的機會；因此我們主張改造後的教育，是人類全體的，不是
> 特殊階級的，一切有利於官僚階級、資本階級的制度，應當儘力
> 剗除。第三、我們相信人生沒有可以不受教育的時候，教育的目
> 的，一方在預備將來；一方即在圓滿現在；因此我們主張改造後
> 的教育，是全人生的，不是有時限的，一切學校的入學畢業等限
> 制，應當完全撤消。
> 第四、我們相信理想的人格，是應當精神和肉體一致發達
> 的，理想的人生是求學，做工，和娛樂三者具備的；因此我們主

張改造後的教育，是完全的，不是偏枯的，一切偏重求學的現存教育，應當立地改變。第五、我們相信人生是活潑潑的人生，人人應有自由發展的機會；因此我們主張改造後的教育，是自由的，不是拘束的，一切形式的規模，強制的功課，應當澈底解放。第六、我們相信教育是人生應享的權利，人人都有受教育的權，人人也都有輔助他人受教育的權；因此我們主張改造後的教育，是自動的，不是被動的，一切教者與受教者中間的階級，應當相互混合。

第七、我們相信教育不是社會的應聲蟲，是要負有改良社會、指導社會的責任，因此我們主張改造後的教育，是創造的，不是順應的，一切遷就社會、模倣社會的教育設施，應當一律排斥。最後，我們相信只有根據於科學真理的教育是真正的教育，我們希望未來的教育學發達而成為一種真正的依據客觀標準的科學；因此我們主張改造後的教育，是科學的、理智的，而不是非科學的、玄想的，一切因襲的習慣，荒謬的思想，應當用全力來攻擊。這是我們對於教育改造的八條原則，總起來一句話就是：我們要主張「人的教育」，它的最終的目的便是：「人生的圓滿的發展」。

像這幾條平淡無奇的原則，並不是我們獨創，現在任何的教育家都能懂得他的意義和需要，但是他們卻弄錯了一件事，便是以為像這幾條平淡的原則，是可於現存教育制度之下實現的。這個實在是大錯而特錯的思想！老實一句話，在現存教育制度之下，絕不用想有實現圓滿理想之一日，因為在根本組織上，現存教育制度是與那八條理想絕對不能相容的。我們試舉一個例來說：譬如在前列原則第二條所說，各個人都要有平等受教育的機會，現在的教育家何嘗不都是這樣的話，但是現在的教育，果然能完全不有利於特殊階級嗎？入任何的學校必須收相等的學費，學級越高學費也越重，小學中學或者尚有免費入學的規定，沒有一個大學不收費，而且收很重的費的，這個是教育平等的表示嗎？

任何學校都有入學的考試，學校越好，考試越嚴，每年有一萬的中學畢業生，但絕沒有一萬的大學學額，是顯然不許一部分人有升學的希望了，這個是教育平等的表示嗎？像這些弊病，都是根於現行制度之本身而生，決非枝葉的補救所能奏效。因為現在的學校，是孤立於社會之外的，無論這樣學校如何擴充，絕不會容納盡全部社會的人，當然不能不有入學考試的限制；現在的學校又是非實際生活的，他不得不依賴外界的資助，慢慢的變成商品化的學校，因此學費又不得不成為重要的問題。像這樣弊害，我們實在無法避免，有之，則只有一刀兩段根本改革。我們所理想的教育制度是「學校即社會」，不是「學校擬社會」，更不是「學校非社會」；這樣「學校即社會」的理想，絕不是在現行教育制度之下所可以實現的。

六、論我們所可以採取的戰略

在進入本文之先，我們且引一段「教育改造社」的宣言：

> 我們自己曉得以上所提出的八條原則，並不是甚麼新奇的、自創的意見；我們曉得這些所說的意見，在我們以前或者同時，已經有許多的人早已發表過或者正在計畫著作了；但我們對於這些先進者的努力的精神，雖然不能不表示相當的敬意，但從他們所持的方策和所得的結果看來，卻又不能不致以無限的惋惜。我們以為這些先進的改革家，未免太看輕這件工作了，他們以為這幾條的理想，是本來含在現存制度的可能性中的，是靠現存制度範圍以內的改革所能達到的，這一種籠以內的改革，短視的運動，我們認為是徒然毫無效果的勞力；我們以為，建築在軍國主義、資本主義上頭的教育制度，絕不會達到與這些主義相反的效果，我們以為，要達到未來的新的理想，必須明目張膽毫無顧忌地將這種舊的教育制度全部推翻，然後再從新創造適合於發展新理想的新教育制度。在舊的制度未曾根本推翻以前，不但新的理

想無從實現，即新的制度也無從單獨建設起。因此我們對於實現這些理想，所提出來的第一步方策，便是要主張：「教育的革命」——對於現存教育制度的根本的革命。

　　雖然如此，我們覺得單靠教育的革命還是不夠的，我們承認教育是社會組織的一種，與一切全部的社會的組織有連貫而不可分離的關係，社會的組織若是不變，單靠教育的自身，也絕不能希望達到真正圓滿的理想的改革，因此我們覺得，要求真正圓滿的理想的教育改革，還應當求之於教育之外。因此我們同時便應當還抱有一種：「革命的教育」的主張——為輔助教育革命起見，鼓吹一種革命的精神，革命的信仰。「教育的革命」、「革命的教育」，我們認為是改造進行中兩大不可缺的車輪。

　　從這一段的宣言看來，我們在現時所應採取的戰略也大略可知道了。我們承認在現行制度之下，所有枝葉的改革，都不足以達到真正圓滿的理想。我們承認在某種主義上，建築的教育制度，自有其獨立完全的系統，若欲蛻變而為他種制度，不能不經過根本的變動。我們並不否認進化的原理，我們承認照現時教育制度演化的趨勢看來，即使不加以人為的努力，也終久會走到新的道路上去；但我們以為這樣天然的進化是盲目的，他只是順著必然的勢力進行，一切善惡是非都非所問，若不加以人為的理想的努力，難免不走錯方向，出於我們所期望者之外。我們相信教育在人類史上出現的第一章，即是人類對自然抗爭的大勝利的第一章；從必然的世界到自由的國家，我們相信必須而且只有遵著這一條教育的大路；但必須教育的本身，先從必然勢力的支配中解放出來，才可以談到引導別人的事。

　　我們覺著人為的努力是不可少的，因此我們才提出這「教育的革命」、「革命的教育」的根本破壞一切的主張。我們的第一步戰略，總括起來便是這「毀校」兩個字。我們實行這兩個字的手段是這樣：第一、我們應當盡力宣傳根本破壞舊日教育制度偶像的權威的學說，務使一般人澈底了悟在舊皮袋內絕不能盛放新的好酒的真正意味。第二、我

們個人凡真正信仰新教育理想的，應該實行退出學校另作我們的教育事業。第三、我們確信教育應當澈底革命的同志，必須聯合起來，結一個強有勢力的革命黨，明目張膽與仰鼻息於資本主義、軍國主義下的教育者宣戰。

第一步破壞的戰略實行了，我們才可以談到第二步建設的問題。我們在第二步所採取的戰略也只是兩個字：便是「造校」這兩個字。我們實行這兩個字的手段是這樣：第一、我們應當忠實的研究未來社會改造的趨勢，及所需要之教育制度為何，而將研究的結果盡力宣傳之。第二、我們應當贊助一切含有改造性質的事業。第三、我們應當於舊學校之外，建設試驗的新學校。但因為舊的制度是有獨立的系統的，故非等破壞事業宣傳成功之後，不能有圓滿的建設事業，所以我們還有一點希望於從事教育改造的人，與其在現在建設非驢非馬的新學校，不如專心致志來先做破壞的事業。

七、我們最後的覺悟和新學校必要的條件

如果大家必定喜歡專做建設事業的話，則我們應當預先奉勸他幾件事情。第一、我們應當首先有一個新覺悟，也可以說是最後的覺悟，便是：「絕不在已成的舊的學校內，做新的改革的事業」，舊的學校我們即使不加以破壞，也只好任其自生自滅，若欲藉以達到我們新的理想，結果只有「勞而無功」四個字，這是我們最後的覺悟。第二、假使要造一個新學校的話，我們相信至少要履行底下的幾個條件：

第一、這個學校必須建設在真正社會基礎之上；學校即是真正的社會，不是社會的附屬物；學生即是真正的公民，不是公民的兒女。第二、這個學校與學生的關係，應當終身不可分離，學生應當生於斯，長於斯，婚嫁於斯，食息遊樂於斯，舉家庭託足於斯。第三、學校應當行公民的組織，絕對沒有教員學生之區別，大家都是教員都是學生。第四、學校經濟應當自擔，絕對不仰給外界任何之資助。第五、在學校中應當學習，工作，和娛樂三者並重不可偏畸。凡能履行以上幾條的，我

們才可以承認為新的學校，否則請各辦其事勿來相混。現在的世界，自命為有新理想、新主義的教育家也不少了，我們為宣明旗幟起見，要預先聲明，絕不可與此等灰色主義者合作，免致彼此不便。假使我們有一個黨的話，我們的黨裡第一條規則，便是要規定：「不收現在學校服務的人入黨」。

文章出處：《民鐸》第4卷第5號（1923年7月1日）。

全民教育論發凡（上篇）

在進入本文以先，應當先說幾句不相干而又必要說的話。我堅決的信仰著吳稚暉老先生的一段話：「就是說，文藝信仰之學，用大膽的情感，什麼都造起空中樓閣。玄哲之學用著論理，慢慢將一座的空中樓閣，能升天入地，去求得假設。於是把假設了得到反應至信的一部分，叫他獨立了，別起一個名目，叫做科學。」這樣把情感學，玄學，科學，三段分立各還其本來的真正價值，實在是至公允的裁判。我雖然十分主張盲目的情感不如論理的玄學；而空想的玄學，又絕對比不上實證的科學；然而科學的實證，不能不先有待於玄學的假設，與夫引起論理假設之興味者，必先之以盲目的情感衝動，這卻也是事實上必不可少的階段。無論是信仰或者懷疑，是奇異或者煩悶，總之一座科學的堅城，其最初發軔的情形，必離不了是受盲目的情感的驅迫。哥白尼的「太陽中心說」，也許是起於對教會舊說的懷疑，達爾文的《物種原始》，也許是受了世界上萬有種類的複雜趣味的引誘，牛頓的「萬有引力律」，不用說是見了蘋菓落地而引起的奇異之情所驅迫出來的；自然科學已竟如此，社會科學更不必說。

因此我們凡倡一說，立一論，其背後自然不可解的盲目的情感為牽引，是無容為諱的。不過我們萬不可學那些不長進的寶具，永遠把含有成立科學的可能性的真理，使它停滯在情感或者玄想的地位上罷了。因此我們倘若有了一種不可驅迫的情感之說，我們第一步的責任便是要「責成玄學鬼帶著論理色彩去假設」，成為大膽的玄談，第二步我們便又應當責成科學神，帶著證據的法寶來證成這個玄談的真實性。我是很狂妄而且不知羞愧，敢大膽地宣言區區這一篇似通非通的文章，裡面也是自然從情感進到科學中間所必不可少的一種階段。我敢堅決地發誓，在中國今日成千萬的師範生之中，我也是差不多自十年以來，久已傾心信仰教育大神的萬能，而且志願在他面前，作永久的犧牲者殉道者的一個人，這個心情到現在我自信還是不曾改變。理想的學校，新的學校，

模範的教師，熱誠的教育者，這樣美妙的甜蜜的，天鵝絨似的沉酣的迷夢，在我的腦中也和在許多知道的不知道的朋友的腦中一樣，不知作過了多少次數。

簡單一句話，在未出學校門以前，未腳踏於實際教育者的地位以前，對於教育的懷疑的見解，發誓也沒有在腦中浮過這麼一瞥。然而空想到底是空想，而實際到底埋沒不了實際，五年首尾的教師生活，南北東西幾個學校的奔走，在於我是不幸而又幸的，得以站在旁觀的地位，仔細經歷了幾次大大小小的學潮。我自信因為我是賦性怯懦的緣故，卻使我在這好許多的學潮經歷之中，得以始終保持冷靜的觀察力，不曾被階級的意識潮席捲了去。我假如是站在學生的地位，我始終地承認，凡在一切學潮之中，學生固然是未嘗錯的，而教員卻也不能便說他是有什麼大錯的緣由；反過來，我現在是站在教師的地位了，我卻又堅決地主張，不但教師在學潮中不曾做過有錯的行為，即學生也同樣的不能算錯。我很大膽地卑視那些被階級的意識席捲了的人，我根本上懷疑為什麼自己站在學生的地位，曾經攻擊過教師的不德的人，而到了自己站在教師地位上的時候，卻仍然要照樣抄襲自己所攻擊過的人的墨卷。

尤其奇怪的是，一面做教師一面做學生的人，在那一方面把教師的人格看得不值一錢，在這一方面卻又要求學生尊重自己的人格。然而我們卻不妨加以原諒的，因為這不是他自己願意如此，也不過是階級意識在那裡作祟。是誰使這種階級意識得以發榮滋長，這樣一問，便不得不歸根到教育制度的問題上了。因此五年以來，我這種對於教育制度的懷疑的信念，伴著自己的年齡經驗逐漸增長，五年以來我還不曾找到一件可以打消我這種懷疑的信念的證據。自然，這種懷疑，只是出於盲目的情感的驅迫，我是不必替它掩諱的，然而情感便不許使它有帶上論理的色彩，找到真實的證據的要求嗎？這話似乎任何人都不能說的。至於我自己呢？只因為在反對這種情感的方面，始終找不到安心立命的地方，我已竟決意為這種盲目的懷疑，大膽去嘗試著開闢一個實際的領土。

若是自己替自己吹一下，或者也可以說是，秉著無所為而為的精神，來做這個差不多勞而無功的事業，其實呢完全不是那麼一回事，不

過人生在世不可無一事以安其心定其身，我們雖然尚夠不上鄉下老頭兒的資格，也不妨在柴積上日黃中閒來無事瞎嚼一陣罷了。「告人此路不通行，也使腳力莫枉費」；在成千上萬的師範生之中，派出一個「旁逸斜出」的探路者，似乎尚不為不經濟的辦法。至於在本篇之中，我們至多的努力，也只能做到帶著論理色彩的玄談而已。若是欲想替它裝上科學的金漆招牌，那便拿證據，找材料，須要跳出書房門外，腳踏實地去做去，克己一點說，也要十年的歲月，誇大一點，那便「皓首窮經」也未見得真能成就。然而此事雖未可必，此心卻不妨有，我們且拿著這一片妄想之心，來做了一步做一步罷。閒話少說，且表正文。

一、總說——重新創造教育學

現今學術界有一件最可奇怪的事，即是教育事業在人群中發達了若干年，尤其是現在一般社會，把教育是看作最神聖的事業的時候，卻始終沒有產生出一個真正的完全系統的教育學。誠然，我們也曉得從古到今，關於教育的著作多至不可勝數，差不多要「汗其牛而充其棟」起來；尤其是自海爾巴脫以來，大家公認為是教育的科學已經成立，因為他曾根據了心理學所顯示的原則，創立了許多特用的方法，這是把科學的方法，應用到教育上的第一聲。我們尊敬海爾巴脫對於教育方法所貢獻的成績，我們尊敬自海爾巴脫以後，許多學者對於這方面繼續努力，所得到的可驚的結果。我們尤其願意承認，這確是把科學方法應用到教育上的好現象之一；但我們卻終免不了有一點懷疑，像這樣便可以稱得上「教育學」這個名詞嗎？

照字面上講起來，教育學是研究教育的學問，這句話若往前分析，至少總應該包含「教育是甚麼」，或者「教育是如何一件東西」，這兩個問題在內。就實際上看起來，姑無論物理，化學，生物等自然科學，其研究之對象皆止為學問之本身，即各種社會科學如社會，經濟，政治，宗教之類，也漸漸都脫離了應用的範圍，而進入於本身的純理的研究。「某種事物的科學」之正當的解釋，即「研究某種事物之現象及理

法之學問」，已成為一般之常例。至於應用方面呢，雖不必定為科學家
所不願談，然即談而不必佔全體重要之位置，則非惟科學系統之所本
然，抑亦其所當然。故不祇聲光電化之學與留聲機，照像鏡，無線電，
綠氣礮之內容毫無關係；即其應用較多於純理之學問如社會，經濟之
類，亦斷不是專談些社會主義，社會政策，共產，集產，公有，私有等
問題便算解決。不過應用必先於純理之研究卻是事實，觀星術必先於天
文學，鍊金術必先於化學，農林園藝必先於植物學，其他一般學問也多
是如此。所以學術有專以應用為目的者，此不足為悲觀，惟留滯於應用
之地位，而永不思再前進，乃足為悲觀。由應用之地位誘掖之使進入於
純理的科學，這正是專門學家的責任。

　　現今所謂教育學者，其實祇是研究怎樣教育的問題，而並沒有研究
到什麼是教育的問題。這充其量只能叫做「教授法」，或「教授學」，
怎樣能叫做教育學。一般人未嘗不知此義，不過他們多以為教育只是應
用的技術，別無理法可言，關於這個問題，我們下文再細講。總之，我
們覺得應用與純理並無根本的區別，凡應用之科學發達到極點時，自然
進入於純理的研究，一種學問只有應用方法的研究乃其未經進化之證，
況教育事業乃社會制度之一種，其本身發展遞嬗之跡，豈無一二理法可
尋，謂其絕不能有成為純正科學的可能，未免過於武斷了。因此，我們
不滿意於現今通稱的教育學；而想別尋一個以研究教育之現象及理法為
目的之教育學出來。

　　或曰，現今除了專講應用方法的教育學以外，並不是沒有更高深的
研究，我們不是還有所謂教育哲學之一科嗎？倘欲超出應用的範圍以外
而有所研究，那麼求之於是便已足了。這也是似是而非之談，姑無論教
育哲學現今所研究之內容，仍不過是「天性」、「本能」、「刺激」、
「反應」等等生物學，心理學上的問題，對於教育制度之本身並無關
係，即使有時根據社會學來研究到教育的目的理想一類的問題，也並未
應用純粹的科學方法來整理，只是照例的玄談空想，有何用處。從已往
教育的進化情形看來，這些玄談空想卻也未始不稍有用處，有許多教育
制度、教育理想的改進，受這些玄談空想之影響很多。然而這種影響是

好壞兼全的，那些哲學家的主觀空想，給教育事業以謬誤之結果者也不在少數。這樣情形可以證明教育學尚在未進化之地位，他尚脫不了哲學的迷籠。

從古以來的教育學家大約可分兩大類：一種是專究應用方法而不管根本理法的，這種可命之為實際的教育學者，那一種則專事空談而不管有無科學的根據，這一派可命之為玄學的教育學者；前者是已發達而非純正的，後者是甚純正而未發達的。我們對於前者不必反對只求補充，對於後者卻應當設法改造，使應用科學方法成為真正之科學。我們倘欲使教育學完全發達，必須使教育與哲學家分家；無論從盧梭，海爾巴脫一直到斯賓塞，杜威，他們的議論我們一樣要敬謝不敏。教育上必須要澈底從主觀的這個主義，那個主義，這個理想，那個理想中拔出來，才可以確然有所樹立，這是現今創立教育學的第一要義。

於是我們可以姑且大膽的，胡亂武斷的替真正教育學下一個確切的定義：大凡一種學術的確切的定義之出現，必須待本學已竟發展到差不多有了完全系統以後，才可用歸納法歸納出來。教育學既是現今尚沒有這麼一件東西，它的究竟有否成為科學的可能，亦尚是一個待決問題，那麼確切的定義之描述，自然不但我們這樣淺學；即高深博大之教育學者亦恐難以斷言，因此在確切的定義之前，必須加上一個大膽武斷的冠詞，乃是不得不如此的辦法。不過在我們想起來，教育制度為社會各種制度之一種，是似乎無甚問題的；研究教育的學問與研究其他社會各種制度之學問，可以同等看視俱為社會科學之一，似乎也尚勉強說得下去。然則教育學雖尚不發達，而未嘗不可不准照其他已發達之社會科學之定義，為教育學借來一個相當的帽子。若果如此辦法可以通得下去，則我們姑且假借社會學的定義——因為社會學似乎較為更概括一點，與教育更可接近——來替我們的教育學也下一個定義。那就是說——教育學是研究教育的組織和演進之狀況及理法之學問。再詳細一點，則可以說——教育學是研究教育事業的起源、發展、構造、功用，及理想之學問。

教育學與社會學在一方面看起來，似乎是不能相提並論的，因為就字根而論「社會」（Socio）是一個名詞，而「教育」（Educi）則是一

個動詞，這無異於說社會是一件東西，而教育只是一件事，東西可以作科學研究之對象，而事若不附離於東西時，是否自作研究對象之可能則是一個問題。故此有許多人以為教育本身並無可研究的價值，它不過社會內附屬的事業之一種，它沒有單獨研究之可能。然而這話似乎也無足深辯的，我們現今所有的社會科學之中，那一種不是事業？經濟不是事業嗎？政治不是事業嗎？宗教不是事業嗎？那一種事業又離得了組織？組織與事業譬如物質與能力一樣是不能相離的。譬如社會雖是一件東西，然而除了它的組織以外，我們卻也還可以把它的演進狀況來研究。那麼反過來說，教育雖是一件事業，卻是除了它的演進狀況以外，難道不許再過問到它的組織。至於教育的組織，或者可以說較經濟，政治，宗教等組織略為簡單——然而在未經詳細研究以前，亦尚未可斷定——但簡單便不是不能研究，故此拿社會來比擬教育並不算大過。

　　但或人又許有一種駁難：「在過去的現在的教育，有特設的機關之時，特別提出研究，或許是可能的事情，但足下不是主張將來的教育是全民的嗎，是即社會即教育的嗎，倘若到了那個時候，教育事業已不復為特別的組織，我們又何從而提出為特別研究之對象？」這話雖也似乎有一部分理由；不過我們要知道，組織是一件事，而機能又是一件事，我們所理想的未來教育制度，是不要有特別的組織，而不是不要有特別的機能，就社會一般的組織，而研究其對於教育方面所貢的機能，這正是教育學最重要的目的之一。譬如現今政治上也有無政府的運動，難道到了那個時候，便不需要政治學了嗎？

　　本篇的目的，既不是專講創造教育學的問題，又不是預備作一個系統的教育學之雛形，因此關於這些定義及內容種種，可不必在此討論，在此處只是想提出一個教育研究的新方向，使大家注意。我們在教育史上，所最為詫異而又引為羞辱的一件事，即是數千年來所謂教育的專門學者，無一不是社會上治者階級的走狗，所辦的教育，無一不是替治者階級宣傳的教育。他們的思想行動，無一能超出於現行教育制度之上。而比較的大膽高識的議論，反多出在教育界以外的哲學家——如盧梭，斯賓塞等。這些專門的教育家，美其名曰專門實際不事玄談，殊不知教

育的根本理想不曾解決，你們所辛苦造就的成績究竟有無價值，這還是一個問題。所以我們覺得，除了實際方法的研究以外，也須有對於根本理想的研究的一部分。而這種研究是絕不可委之於哲學家之手的，是絕不可但憑主觀的空想來解決的，我們必須要從教育制度的演進方面，尋出它一貫的理法，然後憑之以解決一切才是正理。這樣的事業必須委之於教育學家，而這樣教育學家卻絕不是受雇於一階級，為他作宣傳的教育學家所能勝任的。

為什麼教育學必須注重於教育制度方面呢？第一是就理論方面，我們的教育學既然是注重在研究教育的本身，而足以當教育本身而無愧者非制度而何，故無論從組織方面或演進方面，教育制度都是主要的題目，因此他可以當教育學研究之對象而無愧。第二是就應用方面，教育學雖不必以應用為目的，然其間接之影響，未始不可以促進應用之改良，若就此而言，則教育制度之研究亦殊重要。近來所謂教育學家者，往往有不問制度只談方法的傾向，甚至有鄙變更制度為不足道的。我們誠然也看不起那些三三，四二，升格，改部，種種無事自擾的行為。我們誠然也很願意看見科學方法充分應用到教育方面，使教育學成為心理學的應用科學。然而僅此一部工夫是不夠用，那是顯然的。至少在施行方法以前，所據以施行方法的環境如何，是值得注意的。倘若制度不良，縱有良法美意也難保不事倍功半。況在我們的根本理想未確樹以前，我們何據以為施行方法的標準？

若就廣義講起來，方法也就是制度之一種，故方法有了改良的需要時，也就是制度有了改良的需要。譬如杜威所提倡的實驗教育法——注意不是莫伊曼的實驗教育學——其實便已根本打破舊教育制度的束縛，乃是受了經濟演進的影響，不知不覺而發出來的適應現狀的主張。一切方法皆可作如是觀，因他除了個人的理想以外，背後都有社會的需要作背景的緣故。至於不以社會需要作背景的學說思想未始沒有，然其不能發育光大見於實際是可斷言的。以往的教育學說及方法，因其終有一二分主觀理想在內，未能盡向客觀的社會中去採取至當的標準，故其主張終未能完全符合社會的需要。我們現在直接從教育制度中去採取理想豈

非至必要之事，因此除了從個人心理，從生物演進上，採取教育的理想及方法以外，我們也需要從社會環境上，採取同樣的理想的方法，這不但在純理的教育學上應當如此，即在應用的教授法上也應當如此的了。在現在真正教育學未能出現以前，我主張先立一個比較教育制度學——現今雖有比較教育制度一門，但全非其旨——仿照比較宗教學一樣，從古往今來各種的制度上，比勘出他們的異同來，這是創立教育學的第一步。只有用比較的方法，才能打破人侷促的眼光，不至於為一階級的制度所拘。在目前大家只知道死守一種制度，認作神聖不可侵犯的時候，這種比較參稽的工夫，尤其是不可緩的。

本節的意思，並不是要詳談創造教育學的問題，這個問題果然重要，也有特別另講的必要，但不必在此處講起。我們此處只是提起一個歷史的，比較的，研究之端緒，為本文先站下一個腳步；即本篇也並不是要完全作一個教育學的系統的雛形的敘述，因為我們現在還不敢斷言，一個完全的教育學的系統，究竟應當是怎樣。因此，我們只是一種普通論文，不足當作科學的敘述，這是在題前也已竟說過的話，不過總想儘我們所能應用的科學智識，拿來充分應用到本文裡邊，以求其稍能站得住腳罷了。

二、教育制度之歷史的考察

從歷史上考察教育制度自然是必要的，而且是可靠的，但卻也有好些難題，首先應當提出的便是，怎樣才算做教育制度的問題，這個問題看似容易其實頗難。在我們現在的社會制度之下，一般人只認學校為教育制度，然而這話是說不通的，不必遠追往古，即就現代而論，我們除學校教育以外，也還有社會教育及家庭教育二種。我們難道不承認圖書館，講演會，戲劇，電影等等是教育制度？我們倘若承認了這些社會教育的設施算做教育制度之一種，那麼我們對於家庭教育又應當持何種態度？在一般人看起來，家庭教育似乎算不得一種制度的，所謂制度者，自然是以有所設施為主，家庭的教育，大多數在無形之中，不用說沒有

特具的設施，抑且幾乎可以說，沒有特行的舉動，那裡可以說到制度二字。這話原本不錯，不過我們倘若編人類教育史而遺去家庭之一章，這怎樣能見出它的完全面目？由此看來，家庭教育似乎不能因為它沒有特具的設施便略去不講。

我以為解決這個難題，須要把教育制度的定義看作有廣狹兩種：狹義的定義，我們說凡有為教育目的而特備的機關才算做教育制度之一，那便學校社會兼包而家庭在外，甚或可以說，凡有教師有受教者的地方才算做教育制度，那便社會教育也須退避三舍，只有讓學校教育惟我獨尊，像這些定義都可以因人因地，便宜制定；至於廣義的呢，我們拿教育制度這個名詞，只當作教育之質地方面講，與它的機能方面相附而行，因此凡能具有教育機能之處所，我們便可以都叫做它是教育制度，這種講法雖然似乎自我作古——在我淺學是如此說——然而卻也不大悖乎理，且可盡包乎事，故我們便採取這個定義。若如此講去，則不但從文明社會的游藝社交，到野蠻社會的跳神踏月，一概可算做教育制度的內涵，便連貓犬群嬉，猨狙族聚，也不妨替它加上一個教育制度的美稱，如此說來才算圓滿無漏之義。

不過這種定義在頭腦清利的科學家看起來，終竟是不妥的。充此定義之所至，豈不是盈天地萬物之繁，都應當包入教育制度之內，那麼一部教育史，我們又從何處說起？我以為這是無妨的。教育史之所研究者雖在制度，而其著目之點則在機能。同樣的制度不妨具有異樣的機能，我們只著眼在它的對於教育方面所貢獻的機能，對於其他方面可不必顧。同一家庭，一方面為政治之單位，一方面為經濟之單位，一方面又是教育之單位。我們的教育學只管它作教育的單位的事實，那些政治經濟的機能，可以讓給政治學家經濟學家去研究。換言之，我們只要在普通制度中，找出它的含有教育的意義的方面作研究的資料，這便是教育學研究之正軌。如此說來，似乎科學家之所疑，又不算做真可疑的事。不過這裡卻連接著又生出第二個難題出來，究竟怎樣才算做具有教育的機能？究竟怎樣才算做含有教育的意義？換言之，即教育之定義究為如何，這也是個值得討論的問題。這個問題粗看似乎不甚繁難，因為差不

多任何一種教育學的著作之中，都有幾句替教育學下的定義，我們若是將它們搜集了來比較參稽，大約總可以得出一個較為妥切的定義。

不過這種比較參稽的工夫卻是很不容易的，所搜集來的資料，比較起來不是彼此相差太遠，便是彼此相差不遠。相關太遠者，孰去孰從令人無從捉摸自然是很棘手的了，相差不遠者，則又表示其受一時代的暗示所成，令人懷疑其所言之確實價值。我們要明白，教育學說和教育制度一樣，也都是隨著時代而演進的。在太古之時，教育出於無意識的行為，故無所謂教育學說。等到社會上漸漸認識教育的價值的時候，才漸漸有教育學說產生出來。社會越演進，生活越複雜，教育的價值也越被人重視。所以教育學說的演進，大可以分出三個時代，我們給它起個名字，叫做無意識時代、半意識時代、全意識時代。落實說起來，即在我們現在，也還脫不了半意識時代的束縛，我們的學說一半也還受著時代的支配。若在唯物史觀家看起來，沒有一個時代的學說，不受環境的支配的，這話施在教育學說上，卻也有幾分可信。我們要曉得，教育的目的只在要養成社會上所需要的人，在貴族社會的時代，社會上所需要的是雍容揖讓的紳士人，故有所謂文雅教育（cultural education）的主張；到了國家主義的時代，社會上所需要的是糾糾桓桓的軍國民人，故有所謂軍國民教育的主張；再到了資本主義的時代，社會上所需要的又成了逐什一之利的商人工人了，於是職業教育的主張，乃又應運而生出來。時代的變遷，影響於教育學說者既如此之鉅，因此便給我們敘教育史的以一個難題。

因為教育是應時代需要而產生的，在某一時代有特別的需要方面，即有其不需要的方面。在那時代中的學說，一定是只認能達到所需要方面的目的的，謂之含有教育的意義，而對於達到所不需要方面的目的的，則不認之為教育。譬如貴族社會的教育家，一定只認雍容揖讓的紳士教育為教育，至於那些終日裡踢拳弄棒的武夫生活，與夫磕算盤掉戥子的商人生活，背斧拖鐮的工人生活，農人生活，都不在他老夫子的注目之下。到了後來這些被壓迫的社會，漸漸伸起頭來也出了幾個咬文嚼字的書生，才把他們自己階級的教育，抬起來和這些紳士們得以分庭抗

禮。既然古往今來的教育學說，是這樣趨時附勢，那麼我們若據以為典
要，而採入我們的教育史裡邊，豈不是要埋沒許多當時所不注意的方面
的事實。若是完全撇開古人的緒論，來自己另創一種定義，這原也是一
種痛快的辦法，不過便令人連帶的想到，我們自己的學說，是否也受時
代的支配的問題。在我們比較的相信唯物史觀的人，頗以為這種情形是
無論何時不能免的。我們只能努力在我們的時代思潮之下，創造一種比
較的認以為圓滿的定義，這便是較妥當的辦法，至於若求萬年保險，那
不但是不可能，簡直是夢想。

　　說到這裡，我們便不妨替教育下一個粗疏的，大膽的，而又認為是
確是適當的定義了。諸君切不要誤會，以為我們在題前扭扭捏捏說了無
數不相干的話，「將軍欲以巧勝人，盤馬彎弓故不發」，我們這樣盤馬
彎弓了半天，似乎都為的是這一個巧字，那麼結穴到這一句話的時候，
一定是穿楊貫札一字千鈞，那就錯了。我們給教育下的這個定義，只是
一句極膚淺，極平常的老話，從斯賓塞到杜威以來，代代相傳的老話，
叫做「教育即生活」。或者稍著一點痕跡道是，「教育之目的在發展完
全的生活」。諸君不要看得這句定義太膚淺了；話雖是老之又老，若是
詳細追求起來，卻也有無限花樣。什麼叫做生活？什麼叫做完全？怎樣
才叫做發展？像這些問題都不是一句兩句話所能弄清楚的。好在我們底
下還有一章書，要爽爽利利把這件問題還它個來龍去脈，那麼我們在此
處便不妨索性省事一點，少說幾句。簡而言之，單而言之，並它做底下
的幾句話：就人之一生說，完全生活是徹始徹終的，因此從小到老都算
做可以施教育的時代。就人之職業說，完全生活是不拘一格的，因此不
僅讀書、作文算是教育的事業，便引車賣漿只要他經過這一番造成引車
賣漿之才的手續，便算他做含有教育的意義在內。就人之素質說，那自
然精神、肉體、社交，三者缺一不可，都可歸入教育的可能範圍之內。
就人之活動說，求學、做工和娛樂三者，也是缺一不可，因此絕不可單
拿求學的事業算做教育，而把其他二種置之度外。

　　想得到的只有這四項，想不到的一齊歸入下節去補敘。那麼我們的
「教育制度之歷史的考察」，這一節書的範圍大約就可以如此定了。不

過史之闕文久已如此，我們若欲求堂而皇之的欽定教育制度，到還可以找到三五分資料，若欲求引車賣漿之流的教育方法，那便翻遍五車書也未見得有一二行可靠。因此在我們這一節書內，只得就一時代當權階級的教育制度，略為敘述一下，至於搜逸補漏，則須待之於專史。我們要知道，當權階級的教育制度，是有意識的有組織的，而被壓迫階級的教育制度，則純是出於天然的發展，且支離破碎不成統系，依靠這一點分別，則我們撇下其他階級，單將一時代當行出色的教育制度略為敘述，似乎也不算過分。

從教育制度的演進痕跡考察起來，大約可以分作以下的幾個時代：——第一是教育制度未獨立時代，第二是宗教教育未分時代，第三是貴族時代，第四是農業社會時代，第五是國家主義時代，第六是資本主義時代。第一個未獨立以前的教育制度，我們為什麼叫它做未獨立的呢？就因為這時代的教育，純是出於天然的要求，並沒有人為的意思在內。他們的目的呢？也老老實實為生活而生活，而且多半是為直接生活而生活，那些雍容揖讓周旋折旋的虛花頭還都沒有出現。雖然裝飾先於實用，斯賓塞老先生已首先說過，而且差不多已可認為可信的真理。所以澳洲土人之花面文身，美洲紅人之披毛插羽，當其樂育後進，未嘗不以此為最先學習之要務。然而畢竟打魚獵獸其為學習更為重要，這是我們生當數萬年後的人可以據理推知的。因為數萬年前的野蠻老祖宗，畢竟比不得我國春秋的君子，歐洲希臘的哲人那樣舒服寫意。他們沒有輿臺皂隸為之服役，工虞農賈為之供養。一樣的兩肩承一口，生下來便有自己為自己找飯吃的義務。試問這些找飯吃的本領，不從學習又從那裡得來的呢？

因此縱然也許有一二鄉黨，論齒的長老大酋，論功行賞得此安坐而食，但這都是積資得來的，當其幼時卻也一樣的下過苦功。林中逐鹿，水底摸魚，父以是詔其子，兄以是誥其弟。騰趍跳躍，越澗翻溝，不必有志於體育，而體育自在其中。解衣推食，敬老恤幼，不必有志於德育，而德育自在其中。觀星授象，測影知時，則天文學自在其中，排陣點兵，誅茅分賞，則數學自在其中。避水患之頻臨而掘溝壕以禦之，則

幾何學自在其中。逃風雨之侵襲而建宮室以禦之，則建築學自在其中。
刳木為舟，剡木為楫，則航海學自在其中。弦木為弓，剡木為矢，則軍
事學自在其中。依故老之傳說，談洪荒之往蹟，則歷史學自在其中。辨
土脈之肥瘠，察地形之亢濕，則地理學自在其中。鳥獸蟲魚，博聞強
識，則生物學自在其中。水火工虞，觸類旁通，則理化學自在其中。甚
或毀瓦畫墁，圖物象形，擊土塊以為聲，操羽毛而為舞，則藝術自在其
中。又或迎神奏曲，集眾陳辭，懷古興歌，哀吟寫怨，則文學又在其
中。凡此種種俱不必待興學校，崇師儒，粉條黑板陳於前，記過扣分督
於後，而自然按部就班，相觀而善。何也？以其迫於生活所需要也！

我們也知道，學問愈進則愈專門，社會愈進則愈複雜。數萬年前野
蠻老祖宗粗枝大葉的生活，斷非我們數萬年以後的子孫所得而傚效。因
此舉古人之生活即教育，斷非以此即示範鵠於將來，而謂羲農黃堯之
古，可復於二十一世紀。不過古人亦有他古人之長處，他們的教育純是
出於生活的需迫，雖無後世人為之精巧，卻亦無後世人為之矯揉造作，
正如盧梭所極口稱讚的自然教育，雖非盡合於事理之當然，卻也不無一
二可採之處。古人的教育如茹毛飲血，雖然樸儚，卻是真的；後人的教
育如粉墨登場，雖然工妙，卻是假的。苟知此意，則取古人真樸之精
神，而傳以後人工巧之設施，豈非相得益彰，我們所主張的未來教育制
度之真意不外乎此。

第二個宗教教育未分時代的教育制度，教育在原始社會中原是不獨
立的，我們若欲追求它的獨立的起源，應當託始於宗教制度大成以後。
教育與宗教在神權社會中原是一物，我們在他處曾經說過：教育「只是
附屬於那些家庭、宗教、部落、族團、職業之下聊備一格」的，那麼
說，它是和家庭、部落、族團、職業等原是一物也都可以，為什麼要專
與宗教扯在一處呢？這其中有個分別，如家庭、部落、族團等本身並不
足作教育之目的，則附屬於其下所學習者，也不過是維持生活之方法，
這都可以歸入職業之類。而在原始社會中生活簡單，職業之地位既不重
要；且亦無精密而統一之組織，其影響於生活者，絕不如宗教之重要。
宗教在半開化社會中所佔的地位，不但凌駕職業而上，抑且凌駕政治而

上。每一個上古的文明國中，宗教師總佔首席。在政治，經濟，教育等沒有特別組織以前，宗教已有了很精密的機關和儀式。在古代社會中，宗教負有很多的義務，它代理著政治，代理著經濟；並且代理著教育。保存固有的文明，傳授已得的智識，維持傳統的信仰，而尤其在造成一個統一的人格，像這些現在都是教育所負的責任，而那時都在宗教的手中。試問在古代能夠專心研究學術的是那一種人呢？保存圖書及一切文明的產物以傳之後世的是那一種人呢？自懸一種理想的人格之標準而強後進以赴之的是那一種人呢？可知現在所謂教育的重要精神，已一多半含之於那時的宗教裡邊。

再單就制度方面講，則其遞嬗之跡尤為顯然。就我國而論，宗教之「教」，與教育之「教」，二字本出一源。三代教育所重惟在禮樂，音樂本即宗教之副產物，其目的在極神人合一之致，禮則「五禮」之中祭禮最要，此外婚喪嫁娶之節，在凡有宗教的國家，都是宗教家的職務。可知中國古代教育，即由宗教遞嬗而來，詳觀《禮記》中〈禮器〉、〈祭義〉諸篇其義自見。而後世崇師重儒之大典，所謂臨雍、釋奠、養老、乞言，其實都是宗教的儀式。甚至於二千年後，七、八歲的小學生上書房，也還先要向大成至聖先師位前奉三個揖，而天地與君親師並列為私書房崇拜之對象。在我國以外之各國，則歷史上的教育事業，無不先操之於宗教家手中。直到十九世紀的末期，教育與宗教分離問題，還在德、法兩國引起重大的紛擾。直到現在，屬於宗教團體的教育事業，還佔世界教育的一大部分，可知教育與宗教之淵源由來非一日了。

第三個是貴族時代的教育制度，貴族時代與神權時代，大體上常是相伴的，其不同之點，即在此時代人權已超過神權而佔第一位。社會上顯然分作數個階級，而優勝的階級為維持自己階級的地位及信條起見，乃有教育制度之創立。這種制度的內容，顯然離直接生活——即衣食住等——相距甚遠。因為貴族階級，是不要縈神於生活問題的。我國春秋的卿士大夫，常有其分得之采邑，希臘、羅馬的貴族亦有奴隸為之服役。因此其教育之目的，遂非為生活的，而成為奢侈的。它的目的乃在造成所謂受社會上尊敬的君子人，這是現在文雅教育一派的起源。在這

種教育之不，禮自然是最要緊的，因為不懂禮節，便要失了他們的身分的緣故。此外音樂及其他科學智識也有許多要曉得的，但所以需要的緣故，都不外乎為虛榮起見。在這個時代，智識的傳授已與品格的陶冶同被看重，不似在宗教教育時代，對於智識的輕忽了。對於技能方面呢，則除了交際所必要技術如舞蹈，競技之類，別的簡直沒有。到了這個時候，教育便成為一種獨立的事業，有了獨立的組織和專門的人才了。

　　為什麼要這樣的發展呢？這正是基於貴族社會的特殊情形。貴族們的生活是很高貴又很安逸的，絕不肯紆尊來從事於教育子母的事業，而且他們所需要的教育，又是較專門的，不是隨隨便便不教而能的。因此不得不發展一種專門以教育為目的的事業，有專門的組織，專門的機關，專門的人才。這種教育的機關，從歷史上考起來，大約有兩種形式：一種是國家或社會公立的，一種是私家成立的。前者如中國古代的國學，及希臘之公立學校，後者如中國的家塾與希臘、羅馬的私家教師教僕等。大約就歷史的痕跡考來，公立的反較私家的恆為先起。這因為古代政府乃自神權政治遞進而來，神權時代政治及教育恆為統一的，故貴族政治之初期，亦承此趨勢而有統一的教育制度。但自貴族階級完全發展以後，漸漸王權下移，政治有分化的趨勢。貴族階級所需要的教育亦漸複雜，有非公立學校所能全具其內容者，因之私家教授制乃日發達，自此種制一成立，而教育遂全變為傳授智識之機關，離人格陶冶之義愈趨愈遠。同時教育亦遂變為優勝階級的附屬物，為之作宣傳的器具，無復與宗教未分時代的尊嚴地位了。

　　老實說，貴族社會實在是一個畸形的社會，因此他所產出的教育制度，也一定是個畸形的教育制度，不過這種畸形時代，卻是各民族所共同都曾經過的，因此我們才有注目它的必要。如今我們且翻回來看看那時代，普通的社會下產出來的制度，即農業社會的教育制度是如何？本來貴族階級也是農業社會的產物，它的教育制度也是間接受農業社會的支配，不過只是農業社會中一畸形的組織，我們若專究了它，最容易忽略了農業社會的本來真面目。若欲究普通農業社會的教育制度的真面目，最好是擇貴族制度已竟消滅的時代一為考究。這種時代在西洋史上

差不多找不出來的——除了羅馬帝政的末年，有一時代是如此——因為西洋的貴族制度消滅最晚，而機械工業又發達最早，兩時代幾乎相銜接，而農業社會之真面目遂被湮沒。但在東方如中國及印度，則俱可考出這種情形的，因為中國自秦漢以後，貴族階級即已剷除，印度之喀私德（Caste）雖至今尚存，但因其平和時代較多，而農民之生計較裕之故，階級之區別遂不致阻礙民間教育之發展，故從此兩國考察，大可見農業社會下教育制度的真面目。

大約農業時代最普通的教育制度，便是私塾村塾等制，決難產出大規模的近代學校制。這因為農業社會的基礎，是站在分散的農村上面，彼此聯合的力量是比較薄弱的，他們也不需要有更大的組織與更深的效能，故這種淺陋的村塾，恰好應他們的需要。在印度天氣炎熱的地方，則露天教授更為合於農民的脾氣。在中國則各種學塾，有似乎專為應科舉而設的，其實並不盡然。大約上一級的書院，乃是一種專門的科學教育——廣義的科學——這自然是稍有文化的社會中所同具的，與農民無多大之關係。至於下一級的學塾，這才是真正農業社會的教育制度。它的目的在授平民以簡單的知識，讀書習字自然是最要緊的，算術也有時為附屬科目之一，此外尚有關於常識的科目。《三字經》、《四言雜字》，再進則《龍文鞭影》、《幼學瓊林》一類的教科書，便是應這種求知的需要而出現的。這種學塾自然不會有更大的發展的，因從農民的經濟力，從農民的需要上，都不許他為再進一步的要求。

中國的科舉考試制，便恰可調劑這種不平等現象之一部分。此種制度雖然就目的、內容兩方面論都無可取，但能使農民社會不阻礙其上進之路，卻也未嘗無可取的地方。故實際上仕祿之途，雖仍然以地主貴閥等有力求學之家之子弟為較易登進，但如農民能刻苦不輟，亦未嘗不可一旦平步登雲，這是現在資本社會中之教育制度所斷難比並的。不過這種制度也是農業社會的產物，現在非此時代，自然不必作復古之想。不過我們若欲見農業社會中教育制度之真面目，便應當往這一類制度中去求，而前節所舉之貴族教育，不過一時的畸形現象，且是從游牧時代過渡來的殘餘現象，真正健全的農業社會——如中國——這種現象是不會常存在的。

我們且再看一看另一種的畸形制度，便是所謂國家主義——或軍國民主義——下的教育制度。這種制度的發展期是很短的，地域也並不普遍，但因他在現行教育制度中，尚佔有多大的勢力，故足以引起我們的注意。這種制度是站在農業社會與資本社會中間的一種畸形的發展，亦猶之貴族制度是站在游牧社會與農業社會中間的一種畸形的發展一樣。在這種制度之下，所要求的乃是一個簡單的背槍的機械，目的是統一的，方法是單純的，所以最適宜於大規模的教育制度。本來自人類知有爭鬥以來，這種制度便已不絕地存在，我們在農業社會或工業社會中，都能看出兵是四民以外的一種特殊階級。不過從附庸蔚為大國，從偏邦進為正統，卻要算從這時才起的。這種制度當然是不甚合於人類生活的本性的，故非有特殊的鑄造所不行。

落實說起來，國家主義本是一種變形的宗教，本是代宗教而興的一種新信仰，故在此主義下蔚成的教育制度，恰如在神權時代的教育制度一樣，負有代天宣化的責任。但它這個「天」，已不是那虛靈不昧的上帝，而換了實際的國家。它的教育的目的，不是要造成一個順自然本性發展的人，而乃是造成它理想中的人。近世大規模的學校制，本是應這個需要而起的。在這種制度之下，教師對國家與官吏的地位相等，對學生與軍隊長官的地位相等。其餘一切組織均與此主義相應，這是顯然的事實，不必細讀。總之，這種制度既不合人性之自然，又無必然的經濟的基礎，現在眼看就要衰落殆盡了，我們還要重噓已死之焰，也就不必了。

最後便到了我們現在社會所實行的，而且是方興未艾的教育制度，便是所謂資本主義時代！——或稱大工業社會時代——的教育制度。自農業社會一變而為工業社會，人類生活的各方面都起了絕大的變化，從平靜變為活動，從單純變為複雜，從分散變為集中，這些都非牢守舊日的信條所能應付。而尤其可令人注意者，即直接維持生活之方法，變為許多專門的技術，非經過特別訓練不足以應用，因此教育的內容和形式，便都不能仍舊保持曩日簡單的狀態。漫說盧梭的離開社會，純任自然，復返於原始社會的學說要算妄想，就退一步來說，我們只求恢復到農業社會的農村學校，也是不可能的事。

在表面上看起來，國家主義的主要教育制度是學校，資本主義的主要教育制度也是學校，兩者似乎沒甚分別，但實際上是絕不相同的兩件東西。我們試把日本和美利堅兩國作個榜樣，或者把我國第七次「全國教育會聯合會」所議決的新學制草案，和已往的舊學制作個比較，這些都可以使我們了解兩時代根本精神不同之點。二十年來的中國新教育制度，正演了這一齣《讓成都》的好把戲。現在的美國所以教育上的新花樣層出不窮者，正是為應付這個潮流起見。我們看了這種趨勢，則對於將來教育制度演進的方向，也就大略可以明瞭了。總之：——社會生活愈變愈複雜，教育制度也就隨之而愈變愈新奇，變來變去，變到了現行學校制度，所絕對容納不下的時候，澎地一聲，那便是學校制度的末日到了！

文章出處：《民鐸》第5卷第3號（1924年5月1日）。

全民教育論發凡（中篇）

三、理想的教育觀

我們在上篇第二節中，已經從歷史方面把教育制度已往的發展變化之跡給大家指出，如尚有未詳盡者，可與〈毀校造校論〉一篇參看自能得其要領，至於此種發展之結果將到何等地步，我們從教育制度之歷史的考察中，能否發現其所以演進之一般理法，而使我們得以根據此既往發現之理法以推測將來，這些問題都讓我們在下篇「理想的教育制度」節中討論，此處不必煩讀。我的本意以為，只有根據這種歷史上顯現的事實，而歸納出來的理法是可靠的，因此我們餘外更用不著再有討究，但是如果採用這種辦法，則一部分喜歡用玄學的辨證的朋友便不免有些不滿，何以呢？歷史上顯現的事實，只能證明為什麼是如此的問題，並不能證明為什麼應當如此的問題，難道不許我們於必然的演進以外，矯以人為的努力嗎？難道不許我們打破了歷史的軌道，而自發揮其理想上的教育制度嗎？像這些都是免不了的責難，而我們在此處，為避免自由思想家的責難起見，想另從別一方面入手，建設一種理論上教育理想的系統。換言之，即是本文關於教育哲學的一部分。但是即在本節之中，我也想處處拿歷史的事實作理論的基礎，絕不敢憑個人的臆見以妄發議論，這是要請讀者注意的地方。

本節所討論的既係理想的教育觀，換言之，即理想上之教育應當具有若何條件，則推論上之所應討究者實有二事，一是理想，一是教育，然二者實無分別之可能。蓋理想係用以形容教育者，並非謂將舉教育問題以外之理想而一一討究之，則可知本問題之中心仍在「教育」一端。故本節之責任，即在從理論上把教育的涵義弄得十分清楚，還它一個本來面目，則理想上之教育，應具有若何條件自可不辨而明。蓋凡一事一物之出生於世間，自必有其所以出生之必然原因，此必然原因即是該事

物真正的價值，蓋苟世間不需有此事此物，則此事此物自然斷無出生之餘地，此事此物既已出生，則自然在世間必有其相當之用途，此用途即可謂之為該事物之本身價值，雖環境是時時變化的，到了需要變化了之時，則以前因應舊時需要而出生之事物，至此或因需要變化而停止進行（滅亡）；或轉變而別呈他種之效用，藉以自存於世，皆屬事理之所應有者。然苟此事物不至中途滅亡，則無論其繼續發展，因時勢之需要而變出許多不同的花樣，呈出許多各別的效用，吾人苟就此許多不同的花樣，各別的效用，綜合起來一為研究，則該事物本來之涵性自見，而其價值亦自然易明。

　　根據此事物之正當價值而發展之理論系統始得謂之理想，否則僅空想而已。理想與空想之分別，即在一能施之於未來之實際而脗合，一則僅成為不合於實際之理論耳。我們現在談到理想的教育觀，便也應當如此下手。我們應當首先看教育是因何發生的？換言之，它的出生的必然原因是什麼？這個問題似乎頗好回答。現在一般學者講教育的起源，往往要追溯到動物時代的類似的行動，雖說在動物時代，牠們確是純粹出於本能，並非有意地曉得要如此行動，但就其形跡而觀，我們不能不認為也是教育行動之一種。然而其所以發生如此行動的原因在何處呢？老貓為什麼要教小貓以捕捉之術呢？老犬為什麼要教小犬以撕鬥之技呢？這顯然容易回答，無非為著生活上需要有如此的訓練罷了。乃至於野蠻部落中，林中逐鹿，水底摸魚，父以詔子，兄以誥弟者，亦無非都為著生活起見，才有此無意識或半意識的教育行動出現。

　　蓋生物一生唯一的目的只在對付環境——消極的叫做適應，積極的叫做改造——這是無庸解釋的事實。越是低級的生物，牠的對付的能力越小，只有順從著環境的束迫逆來順受，更無多少自由活動的餘地，因此牠的生活便是簡單而又簡單的，只有依著本能如常地生活著，那自然用不著教育，教育也不會在那時代出現。到了稍微高級點的動物，如同貓犬猨狙的時代，牠們的生活不能像從前那樣簡單了，所以不簡單的緣故，就因為牠們的生活力漸漸加增，對付環境的能力便隨之增大，牠們對於環境不能像從前的那樣，老老實實一味逆來順受了，牠們不免多少

要施點適應或改造的手段，來對付對付環境，雖說牠們仍然在本能生活之中，未必便真正有意懂得對付環境的意義，然而經過幾千萬年受著這種逐漸加增的生活力和環境掙扎的經驗，幸而逃得過天然淘汰的種族，便自然依著保存種族——維持生活——的需要，於各種複雜的本能之外，產生一種教育的本能出來。

各種本能譬如前線的兵士，教育本能便是指揮官，他的責任是在補助或矯正前線兵士作戰的行動的不足或錯誤，使各人對於前敵的目標——環境——更加清楚些。有了教育的本能，才有了修改各種本能的器具，才有了由本能變為智慧的機會，才使生物對於環境的關係，有由被動進為主動的傾向。所以我們說，教育的出現，乃是生物對自然抗爭大勝利的第一章，因為從此以後，我們的生活才有了自己主張的能力，我們以後才是「對付環境」，而不是「環境對付」。自此後到了人類社會，生活力越發展，對付環境的能力越大，所需要教育的效用便越多，蓋因生活力之發展，其與環境之關係愈加複雜，則一切應付之行動，有非僅恃本能所能濟事者，非經過長時間的訓練不可，而此種訓練——或學習——之需要，遂使教育之價值在社會中日益增高。由此觀之，我們對於教育是因何發生的這一個問題研究，結果所得的答案，當然便可以說，教育是因訓練生活而生的，它的出生的必然原因，便是生活的需求，它的真正的價值，便也在這個能補助生活對於環境抗爭的能力上。

說到這裡，我們還應當補著解釋一段。我們說教育是為訓練生活而生的，或者便難免有人指責說，生活不過是教育目的之一種，除此以外，非生活的教育目的也何嘗沒有。我們有的是為宗教信仰的教育，有的是為心靈高尚的教育，有的是為社會榮譽的教育，像這些都不是單說訓練生活所能包括的，便是在野蠻社會中，裝飾先於實用，也是顯然的事實，可見單說為著生活是不夠的。這話應當如此回答；我們所說的生活，不是單單指穿衣喫飯的生活，此外關於精神的部分，關於社會的部分，都在我們所指的生活範圍之內。譬如貴族時代的習禮學樂，當然與穿衣喫飯性質不同，然苟人而不具備此條件，則必不能在貴族社會中立足，因此習禮學樂便也自然變為生活必需條件之一，而為教育所不容不

注意者了。這個問題且待下文談到什麼是生活之時，再來詳細研究，此處只提明此點，以免來或者的責難。

從上文看來，我們便自然可以明白，事實上教育的目的，只是「訓練生活」四字。但訓練二字，較為狹義，容易被認為只是被動的受人教導才算做教育，事實上老貓犬教導小貓犬的行為固然要算是教育，便是老貓老犬從日常經驗中，學習改良或促進自己生活的方法，也何嘗不是含有教育意味的，所以要把「訓練」二字改作「發展」二字，才能充分表示出他的意思來。至於這「發展」二字用得到底得當不得當，那且擱在後文再講。我們現在依理論的順序，自然可以替教育得到以下的定義：「凡生物發展自己生活的行為都叫做教育」，或者取狹義的解釋，將動物時代一切本能的類似教育的行動都撇開不算，只把成為有意的行為以後的一段才算做教育事業，那麼我們的定義便可以更嚴格點，這似乎更容易使人了解教育的本來價值，便是說：「凡生物有意地發展自己生活的行為都叫做教育」。

依前一定義，則教育應當從動物時代數起，依後一定義，則只有在人類社會進化以後，才有教育出現，我以為兩個定義，只有寬窄的不同，並無根本的衝突，故此可以任意採用的。但是無論採取那一種定義，在或者看起來不都覺得有點太廣泛了些嗎？若是果然把「發展生活」當作教育的定義，則實際上生物的行為，那一件不是作發展生活用的，我們又何以別教育於其他行為？為回答這個問題，我在這裡應當先提出一件事實請大家注意：我們要曉得，事實上的教育和學說上的教育，截然是兩件事，事實上教育機能的發展，和學說上教育定義的發展，並不是相伴而行的。我們在上文中已經指出，在動物社會中，類似教育的行動早已存在，但在動物社會中，牠們自己並不懂得什麼叫做教育這一個意義，假如牠們也有學術名詞大辭典，我敢保你在這個辭典上，一定找不出「教育」這一個名詞。所以我們才把牠叫做無意識時代，因為牠們事實上雖有了教育，而學說上尚無教育的緣故——動物時代本無學說，此姑不論。便是在人類社會的野蠻人中，對於教育的意味亦尚未十分周到，不過略知學習的必要而已。然而略知比較起全然不知

來便高明得多多，因此我們便替它另起個名詞，叫做半意識時代，以別於全然本能的無意識時代。這種半意識的教育學說，從野蠻人社會起慢慢地一步一步發展，這便是伴著人智進步的我們人類，對於教育意味之認識的逐漸發展。

嚴格說，我們現在也還在半意識時代，不過在我們是認識的這一半，已經比不認識的那一半多，而在野蠻人方面，所認識的只有那一點點罷了。我們既然曉得，人類對教育意味的認識是逐漸發展來的，便可悟事實上教育雖自始已與生活糾纏不開，自始已負有發展生活的全付責任，而在學說上，我們認識教育與生活之關係，卻祇是近幾十年來的事，或者可以說，即現在也還未完全認識。那麼我們乍聽見這一個定義，自然要覺得未免大而無當了。其實就理論上說來，用發展生活當作教育的定義並不為甚過。我們在前篇已經說過，機能與組識是兩件事，我們現在擴大來也可以說，機能與行為是兩件事，同樣的行為不妨有許多各別的機能，凡發展生活的行為都具有教育的機能，都可以算做教育的事業。但同時也不妨都具有別項的機能，都算入別種事業之內，這原可並行不悖的。因此，我們這個定義，並不算過於廣泛，只有其中用字是否確當，我們且待下文另行分別討論罷了。

我們既然承認這個定義尚不為無據，則要知我們所描述的這個定義，只是事實上的定義，我們由這個事實上的教育定義出發，便可以渡到我們理想的教育的定義上去。因為我們已經明白了教育的本來面目和正當的價值，則就此已知之事，作根據而樹立我們的理想，是可以免除空想之譏的。我們這種理想的教育觀，仔細說起來，也非一言兩言可盡，現在姑且籠統下一個簡單的考語，然後再依次解釋下去。我們的理想的教育觀的籠統考語就是要：「發展理想的生活」。單就這句話看，似乎總不至於惹人挑眼的，至於什麼叫做生活？什麼叫做理想？怎樣叫做發展？理想的生活是什麼？發展理想的生活又應當怎樣？這些問題以下分講。

我們先看什麼叫做「生活」這個我們在前文也已講過，生活便是生物來對付環境的事實。心理學家拿一個刺激、一個反應來說明生活的意

味，和我們的意思大概相同。我們在這裡且撇開一切關於生物與環境的
主從關係的爭論，我們不管他是生物來自動的對付環境呢，還是環境強
迫著生物去想法對付呢？總之生物的對付環境是一件事實，這一件事實
我們便把他起個名字叫做生活。既然生活的意思，是指生物對付環境的
事實，則可知生活的意義，絕不止限於衣食住等直接問題，因為餓了要
喫飯，固然是一種對付環境的事實，而喜歡了要唱歌，卻也是一種對付
環境的事實，感無信仰之苦而祈禱於宗教，也是一種對付環境的事實，
學繁文縟節以求周旋於社會，也是一種對付環境的事實，因此我們前面
說，關於精神的部分，關於社會的部分，都在生活範圍之內，也是不能
算錯的。

　　生活的性質我們把它分作兩種：一種叫做無意識的生活或本能的生
活；他一種叫做有意識的生活，或理智的生活。我們可以說，無意識的
生活是環境為主動，生物為被動的；到了有意識的生活出現以後，生物
才漸漸地從環境對付的地位，升到對付環境的地位。因為到了這個時
候，生物才有補足或糾正自己行為的能力，才得自由以對付環境，這種
補足或糾正的能力便是教育。所以教育的出現，是生物有了意識生活的
一標徵，所以我們說，他是生物對自然抗爭大勝利的第一章。到了教育
的能力十分發展，我們的意識可以完全左右我們的生活的時候，這才有
理想的生活可言，所以教育又是發展理想生活的必要的手段。

　　我們再看什麼叫做「理想」？我們說理想是生物脫離了本能生活以
後才有的，這話大概不能算錯。生物從「環境對付」的生活，進化到
「對付環境」的生活，他的惟一的標徵，便是有了理想。我們不必把理
想用作是只有系統的主張才算數，凡是有一種目的懸在那裡，而想設法
以達到者，在我們都謂之理想。因此我們所謂理想的界限是甚廣的，不
過正當的理想，須於根據事物之正當價值而立論始有可實現之希望，否
則便只能算做空想。所謂事物之正當價值者有兩個條件，一個是合於事
理之真，一個是實際有用，能根據此兩種條件者，始得謂之為理想。

　　我們底下再看「發展」這個詞的意義，我們先要了解生活的真價值
並不在一成不變，它的真意義正在這個「變」字上。從簡單的生活到複

雜的生活，從本能的生活到理想的生活，從被動的生活到自發的生活，這些都是慢慢變著來的，這樣的事實便叫做發展。生物的發展生活大約有兩種方式：一種是無意的發展（被動）；一種是有意的發展（自動），前者是順環境的逼迫盲目進行的，後者是自己先有一個目的，而後向之進行的；這兩種方式的區別，自然便在一個是無理想，一個是有理想上。自從生物進到了有理想的生活以後，教育便與發展成了一件事。因為達到理想生活的方法只有一種，——便是教育，所以教育之意義便與有意的發展之意義成為一致，我們用有意地發展，作為教育的定義，便是這個意思。但是因為向來人類對於教育意味的認識是極為狹隘，把教育當發展講，總有人覺得不甚合式，他們替教育下的定義是，預備生活而不是發展生活。他們所以採取預備這個名詞的緣故，一是要把教育的時期限於成人以前，二是要把教育的方法限於特殊的行動以內。這都是受了時代思潮的暗示，把眼睛太束小了的緣故。

他們只看見在現行學校制度之下，學校與社會截然是兩件東西，學校的分子與社會的分子截然是兩種人。在學校受教育的，不許他有同時在社會活動的權利，在社會做事的，又無須再有入學校的必要。學校成為少年人的專利品，少年生活在一般人看起來，是專為做成人生活的預備用的，那麼自然不得不把教育當作預備的意義講了。他們卻不曾從已往教育制度演進的歷史上看一看，學校制度並不是唯一的教育制度。學校制度是軍國主義的社會下的產品，他的一切組織方法都多少帶點軍國主義的色彩。軍國主義下的社會，所要求的人乃是一個背槍的機械，這種機械不是順人性的自然發展所能達到的，因此不得不犧牲一部分的光陰去專做預備的工夫。同樣在貴族社會中，私家教師的發達，也是因為在貴族社會中，所要求的生活的條件，多有非順自然發展所能達到，非假以預備工夫不可的緣故。

我們並不是說，發展的意思便全不含有預備的意義在內，一個人學習騎自行車，還得費一天半晌的預備工夫才能見效，何況要學習著堂堂地做一個人。只是把預備的工夫和生活截然分作兩段，把預備的方法和實際截然分作兩種，這卻是很不妥的辦法。（所以不妥的理由在下篇再

講）尤其是把教育的意義，僅僅限於預備的意義，那更是萬講不通的事。所以即在現行的有限時期的學校教育之下，也還另外有無限時期的社會教育發生；在現行的有特殊方法的學校教育之下，也還另外有無特殊方法的家庭教育存在。由現在學校教育之尚不能全盡了教育的責任的情形而看，可知以預備一詞，代表教育的意義，是極不妥當的。反言之，我們拿發展來表示教育的作用卻是沒有語病，這個緣故且等我們下文，把理想的生活解釋清楚，自然可以曉得。

底下我們看到理想的生活是什麼，這個問題可就多了。我們在上文解釋理想的時候已經說過，真正的理想應當根據於兩個條件，一是、是否合於事理之真，二是、是否實際有用。然而即使有了這兩個條件也是很難入手的。所謂真與假、所謂有用與無用之分別，難道果然就都是一成不變的嗎？自實際主義的哲學家看起來，所謂真理本即是有用的別稱，而事物之有用無用又是時時不同的，因此強欲懸一理想，以範圍百世，本是絕對不可能的事。即使在非實際主義的哲學家，雖承認有客觀的真理存在，然所謂客觀真理之標準者亦言人人殊。況且教育本是社會事業之一種，不能如自然科學所研究的一樣，但以求真為旨歸，它必須兼顧到是否實際有用的方面。因此，我們談到理想的生活這個問題，便不能但憑主觀的這樣想那樣想便算了事。我們必須一方面參酌生活的本來意義，一方面按之現在的實際情形，兩者不至矛盾牴觸，始得有真正可靠的理想之可言。

但是我們一方面不要忘了一件重要的事，在人類社會中，我們自己認識自己生活的意味，實在是很遲而且很窄的。人類生活了數十萬年，而對於自己的生活發生疑問，發生研究的心理，卻是極近極近的事。便是在現今的社會中，也還有十分之七八的民眾，他們對於生活的意味依舊日用而不知，依舊不求甚解地混了過去便算。只有幾個聰明好奇的朋友，他們才肯發生疑問，才肯對於這個說大又不大，說小又不小，說要緊又不要緊，說不要緊又要緊的問題上瞎用心。他們第一次用心去找生活的來源，但是喫虧在所憑藉的智識太缺短了，他們只看見環境勢力的偉大，於是不知不覺便把自己的價值無端縮小，反拿什麼自己以外的神

呀，佛呀，胡亂崇拜，到好像自己的生活是別人所給的一樣，這便是宗教時代的生活觀，這一說未免把自己的價值太貶小了。

到了社會稍稍進步的時候，又換了一班朋友，他們看從前所說的那些話太不像實在了，為什麼要把自己的生活糾纏到什麼神呀，佛呀上去，這似乎有點豈有此理，於是他們才第二次用心去找生活的真意義，但是又喫虧在他們沒有找到相當的方法，他們只知道憑著自己一些簡單的腦筋，去上天下地胡思亂想，你創一個方式，我變一個系統，鬧得來呀呀乎，實在不清，問他們主張的證據在那裡，他們是難得回答得清清爽爽的，這便是玄學時代的生活觀，這一說又未免把自己的地位太蹈虛了。於是到後來才有第三班的朋友出來，他們曉得前兩班朋友的錯誤，只在一個不肯從實際去找證據上，於是才變了從前的老花樣，另闢一個新奇而又平正的法門，定要尋根究底把生活弄成他大削八塊，然後一塊一塊找他的真正的原形。他們於是從各種生物的比較形態上，看出生物是逐漸進化的，我們人類的生活，不過是生物生活之一種，也是從進化而來；而且還有更往前進化的趨勢：——這是生物學上的生活觀。

從各種生理組織的解剖上，看出人只是一個細胞的集合體，一切思想言動，不過都是各細胞所組織成的神經機關、血液循環機關、消化機關……交互發作的機能，並無神奇不測之處——這是生理學上的生活觀。從心理的研究上，看出人類有各種精神的機能，這各種精神機能統合起來，便成為完全的人格，我們的生活，便是這種統合的精神機能，對於環境的刺激之反應：——這是心理學上的生活觀。從群己的關係之研究上，看出個人是不能脫離社會而獨立的，個人的思想言動無一不受社會環境的影響，而且欲判斷個人之價值，亦非以社會為標準不可：——這是社會學上的生活觀。此外如同從天文學上，看出人只是太空中一片浮漚上微末的生聚，從化學上看出，人只是幾十種原質的混合體，從物理學上看出，人的一切生活也都是受著物理勢力的支配的……像這些舉起來可以舉不勝舉，我們此處不必細說。

以上各方面的研究，雖然論點不同，然而有一點相同的地方，便是這些結論都不是憑空杜撰的，都是辛辛苦苦從實驗得來的，你要問他證

據何在，他能給你一個真真確確的證據，因此我們才認為，與以前的那些宗教的生活觀，玄學的生活觀不同，我們叫他一個名字做科學的生活觀。就我們現在的智識而論，科學上所發現的生活觀是比較的可靠的，因為他有實在的證據。我們要描述一種理想的生活，萬不能於這些科學所發現的結論以外別尋根據。我們現在的責任，只是要把各種科學上，所發現的不同的生活的涵義統合起來，成為有系統的組織，這或者就是現代哲學家所應做的事罷。

由以上各種科學對於人（生活的主體）之研究之結論綜合起來，我們可以得到一個對於人格之完全的涵義。曉得了理想的人格是什麼，才曉得理想的生活是什麼。第一，我們從生理學上曉得了具有五官，百骸，神經肌肉的才能算做人，因此我們理想的人格的第一個條件，便是應當使生理上各種機關，成為平均的適度的發達——體育。第二，我們從心理學上曉得，人類具有感覺知覺的機能，從生物學上曉得這些機能的發展，確是生物進化的標徵，又從社會學上曉得，感覺和知覺的充分發達，又確是現今社會所急需要的，因此我們理想的人格的第二個條件，便是應當充分發達這些感覺知覺的機能——智育。

第三，我們從心理學上曉得，人類的精神作用，除了關於知識的方面外，又還有關於感情的方面，我們又從生物學、社會學、倫理學、美學諸方面曉得了這種感情的作用，也是人類發展所不可少的，因此我們理想的人格的第三個條件，便是應當使這些感情的機能也有適當的發展——情育。第四，我們從心理學上又曉得，除了智識和感情以外，還有一種意志的作用，我們又從生物學、社會學上曉得，這種意志的作用，也是生物發展上必不可少的，因此我們理想的人格的第四個條件便是，應當使這些意志的機能也適當的發展——意育。

以上都講的是個人方面，我們又從生物學上曉得，人類之所以戰勝其他動物者，就在這個能合群上，我們又從社會學上看出，個人與社會之關係至密至切，決無離群索居而能生活者，我們又從倫理學上曉得，惟一判斷事物之善惡價值者，便在社會的需要（先天價值說是哲學家自欺欺人的話頭，不足道的），因此我們理想的人格的第五個條件便是，

應當使個人了解社會之需要，而有獻身於社會之勇氣——群育。第六，我們又從社會學上曉得，社會的生存全賴多數人的工作互助的，我們又從倫理學上曉得，不工而食者謂之掠奪階級，掠奪是最可恥的，而且終必淘汰的，因此我們理想人格的第六個條件便是，應當使各個人都具有相當的技能，有自謀生活的能力——技育。

由以上人格之各方面涵義統合起來，我們便可以得到一個理想的完全人格之涵義：理想人格是有個人及社會兩方面的，個人方面應當使身體與精神一律發達，精神方面知情意三方面都當有適當的發展；社會方面我們一者應養成愛群的心理，二者應養成為群效力的技術。苟能具備此幾種條件者，則我們謂之為理想的人格。在教育上養成此理想的人格之作用便謂之德育，德育是統合完全人格而言的，我們通常把德智體三育平列是不對的，試問智識愚塞、身體衰弱的人，怎能謂之為全德。

我們依上述的系統，可以列表如下：

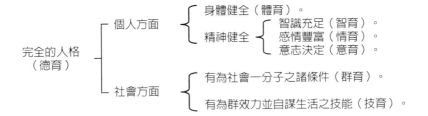

但以上一表不要看得過板滯了，須知個人與群眾是分不開的，所謂個人方面身體、知識、感情、意志等，其標準皆視社會而定，所以理論上最好是把群育作為總綱，以代德育，像那些體育、智育、情育、意育、技育，都不過群育的一種內涵罷了。這些枝詞姑且不必多說，我們以上既然將理想的人格之涵義曉得了，那麼所謂理想的生活是什麼，自然不待煩言。理想的生活只是要把這些理想人格中應具的條件一一都讓他充分發展到適度的地位而已。至於如何而後可以達此目的，那便是教育的職務，能盡此職務者，便是理想的教育。

我想以上的說法是很平淡的，我們的教育家絕不至有人反對此種解釋。他們的意見與我們不同之處，只是在承認在現行教育制度之下，可

以達到這個目的；我們的見解卻有些不同，我們根本承認現行教育制度，不是發展理想生活的利器，非從新改造不可。我們在下篇中，將有一節專討論現行教育制度，乃至教育理想的不合之處，關於我們所認為理想的教育制度，也另有一節專述之，在此處我們姑且擱下筆，讓諸君仔細思索思索，再來談以下的問題。

文章出處：《民鐸》第5卷第4號（1924年6月1日）。

全民教育論發凡（下篇）

四、現代教育制度之弊害

我們在前篇所敘述之理想的教育觀之內容，都是極平常極膚淺的意思，凡研究教育的人都能懂得，而且也不至於引起多大的反對。但我們的意見所以與當代教育學家不同者，乃在一般的議論，雖承認理想的教育觀大致不過如此，而卻以為就現行教育制度之下，自能達到這個目的，而在我們的管見則以為，現行教育制度根本上有幾種缺點，若不澈底改造，恐難符我們所預期的效果。因此我們在這一節裡，不得不將現行教育制度之幾種缺點一一指出，兼考察及其缺點之原因，以及此後改造之大略趨勢，以供留心教育制度者之參考。最要緊的是，平心靜氣將一切成見掃除，則現行教育制度之本來價值自見。

我們所謂現行教育制度者，大部分當然係專指學校制度而言，因為學校制度在現今社會中，所負的教育責任最大，而位置亦最高的緣故。至於學校教育之界說，則我們在〈毀校造校論〉文中也曾略略提過，此處不必繁述。因為它乃是大眾共知的一種事物，用不著畫蛇添足來越外解釋，若欲求詳細之定義，則不妨俟之於將來，我們有力成為專書之時，此處尚無需此。至若學校教育之外，如家庭教育、社會教育之類，我們也有時要談到它們，不過主要的著眼點則在學校罷了。

我覺著現行教育制度的最大的缺點，便是在它將兒童及青年時期專劃為受教育時代，將成人以後的時期摒除於教育範圍以外，兩時代的界限太得分明，且各有偏重之弊，原來學校制起於貴族的私塾，而大成於軍國主義時代，它本是一個畸形的教育制度，這是在本篇的第二節以及在〈毀校造校論〉中，我們都已說過的。在這兩個時代——貴族及軍國——他們所要求藉教育之手，養成的並不是完全的人格，而是一種畸形的人格。貴族時代所要求的，乃是會擺闊架子的紳士，而軍國時代所

要求的，則是一個背槍的兵，這兩種人格都不是順人類本性自然的發展所能達到的，這是顯而易見的事。試問我們人類初生下來的時候，誰又知道頭是怎麼一個磕法，槍是怎麼一個放法？因此他不得不劃出一個時代，來專為學習這種花頭之用，這便是我們青年的監獄——學校——之所以出現的原因。而也就是學說上，把教育的功能僅限於學習，更誤認為僅限於預備的所以然之故。

在貴族時代，他們要請一個先生來教他們的子弟學作揖、學打躬、學吟詩、學繪畫，因為這些事情都是非學不能會的。到了軍國時代，要教子弟們怎樣成群結隊去殺人，那自然更非學不可了。所以學校制度之出現，乃有其不得不然之原因，我們本不必怪它，所應怪者，乃在時代的需要已過，而猶不思為改絃易轍之圖耳。就理論而言，所謂完全人格者，當然包涵全人生而言，斷不能謂只有成人才能算人，而成人以前之兒童時期便不能算人。但歷史上的事實，卻與我們的理想並不一致。人類認識自己的意義是逐漸展開的，不但橫的方面如此，即縱的方面也是如此。在野蠻社會中，只有成人才算做人類，成人時期以前的兒童，以後的老人都不算做人類。兒童的被忽視自不必說，即老人的待遇亦極悲慘，有的部落中甚至人一至老年便被同伴殺食，或者活埋，這是最極端的例。到了半開化社會，人類智識稍進，對於人類認識的範圍也逐漸擴大，老年人便漸被人尊視，敬老養老之觀念漸發達，這雖仍然是不以平等待遇之一種，但比較上已經十分好了，只有兒童的待遇，許多年來卻不曾有甚進步。

無論古代或是近代，法律上兒童都被認作是父母的所有物的，——到近來又被認作是國家或社會的所有物了——都是無獨立的人格與自由的意思的。無論生活權，財產權，參政權以及其他等等成人在法律所享的權利，兒童都無分參預。在我們社會中自然都習以為當然，恬不足怪。但我們倘使對於人類社會進化史上，所有爭權利的歷史想一想，則我們在今日提出這個「童權」的問題，似尚不為過分好奇。最切近的比例，如同婦女問題，五百年前若有人說婦女也應當和男子一樣，享有種種平等的權利，一定要被人駭怪的，但是現在呢，男女平等卻成為一

般的原則了。兒童和成人的比較，自然不能說便與男子和女子的比較一樣，但兒童也應有他天賦的權利，這是理論上所不能否認的。

我們往常都以後兒童時代，是專為成人生活的預備時代，因此便忽視了兒童時代的獨立價值，種種強兒童以就成人，所謂「揠苗助長」的行為，都出現在教育以內。殊不知兒童與成人的關係，正如成人與老人的關係一樣，他不過時代的次序有先有後，先一時期種種活動與後時期有很大的關係原是不錯，但若因此遂以先一時期之生活，乃專為後一時期之預備者，則無異於謂成人之生活，乃專為老年生活之預備；或謂人之生活乃專為死後之預備一樣的不近情理。我們要知道，人的生活是活的、是發展的、生長的，並不同紮紙人兒一樣，未紮成以前和既紮成以後有顯然的區別。兒童，成人與老年，皆生活發展過程中之一形式，我們把他分為三名稱——或者再加上幾個名稱——是為稱呼便利起見，在生活發展的本身，卻是渾然一個體的。

通常人以為兒童的身心兩方面，都不如成人成熟，因此不認為有平等的權利，殊不知成人中間，彼此也有身心的差別，有時成人與成人之差別且較兒童與成人之差別為大，何以我們在理論上，仍承認凡成人均應享一樣的權利？蓋身心的差別是事實的，平等的權利是倫理的，兩者原不能併為一談。從前人曾以事實的差別來反對女子的權利、平民的權利、勞工的權利，但到現在這些說話，已都慢慢地不攻自破了，只有兒童的權利，還被這種事實的差異說，所障礙不能發展。直到近代才有幾個敢替兒童說話的人，如愛倫凱女史，蒙特梭利女史都是。蒙特梭利在他的《Advancen Methods》書中，說得尤其痛快。她說我們成人對於兒童的一舉一動都不肯尊重，往往加以呵叱禁止，我們假如設身處地，一旦走入大人國裡，他們的桌子有我們的房高，牀有我們的樓大，我們要爬不能爬，要坐不能坐，而且時時還有比我們強悍的大人過來將我們敲擊幾下，呵叱幾聲道「不要如此胡鬧」，你想我們所感的苦痛是怎樣？

現在兒童在我們成人社會中所受的待遇便是這樣，她這話真是痛快淋漓，雖不曾明白提出童權的問題，然而這種不平等待遇之何等悲慘，從她的話中我們已可想到了。這個問題應當是現代社會的一個重要問

題，尤其是教育家所不可不參預的一個問題，我們想將來另輯《童權》一書，來專研究這個問題，此處無須多贅。我們在此處只要曉得，理論上兒童生活也是全人生活之一部分，我們應當尊重他們的自由獨立生存權，但是在實際上，我們卻全然沒視了這一層，我們從來不想到兒童也應有自由獨立的權利。然而事實上，這種情形終久是不能常存在的。第一呢，因為兒童是成人的先一時代，我們在這個時代所給予他們（指兒童）的種種矯揉造作的教育，對於人種全體遺害甚大，這中間不知屈沒了多少天才，這是心理學家及自然派教育家所曾經告訴過我們的，我們現在既然智識進步懂得了，其中的利害關係，則即使僅為我們成人社會打算，那兒童也有解放的必要，因此現代所謂新的學校，便都有趨於自由活動之趨勢。第二呢，因成人生活之日益複雜，非比貴族時代及軍國時代之一模型，可應用於多方面，因此強迫兒童以就成人之範圍，非惟不應當，抑已成為不可能的事了。

因此近代教育的學說，便拋棄了智識本位說，而注重於能力本位說。教育的目的，是要使兒童具有自己辨別，思索及學習的能力，而不僅僅是死記許多公式定理了。因此我們敢大膽斷定：即使不用人為的鼓吹，循以上兩種自然的趨勢走去，也自然會使現行教育制度完全變形，這個問題我們在下節另有討論。此處我們只承認這種劃兒童時期，為專受教育的時代的現行教育制度，是不合理的制度罷了。反過來說，現行教育制度之另一不合理方面，便在將成人生活完全摒除於教育生活之外，原來教育事業之起源，是由於生活上的需要，這是我們已知的事實。古代生活極為簡單，故教育之應用範圍亦因之極狹，逮後來雖因生活之進化，而逐漸擴張其教育範圍，然終未能澈底明瞭全人生都需要教育的道理。我們在現在大多數人民之中，還是承認成人時代無受教育之必要的。因此成人時代也是一樣的缺少一件權利，他們便是缺少教育的權利。我們以為教育是全人生中必不可少的東西，因為學習是全生活中，時時刻刻都必需要的事件。

我們前面非難兒童時代預備說的不對，並非是輕視學習的重要，我們是以為複雜的生活，是應當向複雜生活中去學習的，矯揉的，規板的

生活中，斷不能學得適合真正社會的方法。因此我們主張，以學習的意義，參入實際社會生活之中，我們的口號是「教育的社會化」和「社會的教育化」。現在的兒童是專門生活在非社會化的教育制度中；現在的成人是專門生活在非教育化的社會制度中；這兩項都是我們所應當排斥的。單就教育一方面說，這種非社會化的教育制度，將成人生活和兒童生活劃然分作兩截的制度，不能不認為現行教育制度最大的缺點。事實上，現在社會教育的逐漸發展，成人教育的為人注意，都可以證明無教育的成人生活是不夠用的了，我們現在正需要一種另外的新生活，而首先的便是需要出現一個新的教育制度。

現行教育制度——特別是學校——的第二個大缺點是，教者與被教者間的階級太分明了，弄成一個兩橛的小社會，因此種種的弊病都隨之而起。原來現行學校制本專為兒童而設，而教者之權為成人所操，成人與兒童既毫無平等關係之可能，則在學校中自然不能不成為兩種不同的階級。抑學校制本託始於貴族時代之私家教師制，在那個時代兒童如同父母的器物一樣，而教師即是請來改製的工匠。父母把兒童交在教師的手中，正如把玉石交在玉人的手中一樣；教師對於兒童愛怎樣的切磋琢磨有全副自由的權柄，也正如玉人的對於所治的玉石一樣。到了軍國時代，不過把兒童的主人，從父母手中奪到政府手中，關於託付教師以改製兒童的全權的一件事，還是和貴族時代一樣的。在這種情形之下，當然不容有撤廢階級的思想存在了，然而這種情形是好是壞呢？

我們平常的思想，總以為受教者的程度低，教者的程度高，斷沒有平等的可能，殊不知事實上並不是如此。在任何學校之中，斷沒有教師比學生樣樣都高，學生比教師樣樣都低的，教師比學生所長的，不過是一二科目，而在其他的科目之中，學生亦有比教師特長的。教師所以能安然據在教師的交椅上者，不過是因為他年齡比學生大，或者曾經從某種學校畢業，已經得到一種資格，然而這兩種都不足為教學分級的理由。年齡的區別，不足為程度高低之標準，是顯而易見不必細說。即以資格而論，我們在學校中所學得的，都不過一種或幾種專門的知識，故有此資格，僅足證明其此數種專門學識，比未得資格者強，不能謂其事

事都比未得資格者強。蓋人類生活方面極為複雜，智識極為繁多，雖以四、五十歲之成人，與四、五歲之兒童比較，亦必有成人所不及知，而為兒童所習知者，故嚴格的以程度區別階級絕辦不到。

故可知現在學校制度中，教學階級的劃分，並不是依於嚴格的論理，或依於天性的不同（如男與女，動物與植物），他所依據的乃是歷史的習慣，歷史上不承認兒童是一個人，極少說不是一個自由獨立的人，因此才另設一種階級來管理他的。這種階級的不合理，在較高級的學校中更容易看出，譬如此處有一個中學──不必更說大學了──那中學學生私下又辦一個平民小學校──這是很平常的事──那中學學生在平民學校中很有階級的威風，不但能自由自治而且能管理別人，但是一到中學裡，便被人認為是沒有自主能力的了，必須聽之於上面教師階級的管理了，因此這一大團的中學生，在一方面是極無能力的，須待別人管束的，同時在他一方面，卻又是極有能力的，並能管理別人的；而且有時也許這些中學的教師，他們同時是他大學的學生，在他們大學之中，他們也是被上面的教師，認為是無自治能力的，非管束不可的；反之，即平民小學的學生之中，也許有回家之後對於他的小弟弟、小妹妹施行保護之權的，這樣如同唱戲一樣，換一個地位，便換一個態度，諸位請想，這是何等滑稽的事呀！

誠然在學生地位若不加以管束，往往有逾越範圍的舉動出現，但這是誰之過呀？人類的惡根性時時刻刻要發作的，但是有一個救治的方法，便是使他自己對自己負責任。我們時常聽說學生在受課時有偷懶的舉動，但從沒有聽說他在教別人的時候也一樣的偷懶，這便是負責與不負責之不同。無論那一個團體開會，無故不到的總是會員，從不聽說有會長無故不到的，這便是負責與不負責之不同。在平民學校之中，那中學生是負責任的，在中學之中，他們是不負責任的，這便是因為所處地位不同的關係。由此可見，學校中教學階級的區分，無論在教授方面或管理方面看起來，都沒有必要的理由。我這些話叫現代教育界的人看起來，一個個都不免要大罵我大逆不道，但是良心逼我不得不說這些話，奉勸諸位教育家還要平心想想。

我們反對學校中階級的區別，並不是不要管理，我們的意思，只有把管理的權柄完全交在被管理者的自己手中，才能養成真正的好自治習慣。這個道理，近代的教育家也都知道，而且他們也已採取學生自治會一類的組織，以應付這個需要了，不過沒有澈底主張而已。現在學生自治的種種毛病，誠然不少，若把學校完全交給學生自己去辦，誠然難免亂七八糟，但這並不足為反對自治的理由。請問在成人社會裡，採用民治政體的國家，還不是也時常鬧些笑話嗎，為什麼我們不主張取消民主改為君主？要知道真正自治的能力，必須從真正自治中學得，自治雖一時紊亂，然日久經驗自能改善；被治雖表面穩當，然其實暗地壞處更多。

在現今學校制度之下，那一個學生不是在校中緊守規矩，出校門後即為所欲為？若說人性本是壞的，只有充分壓制之一法，那麼政治上便不必採取民治的主義，還是專制較好；但是專制與民治究竟孰好孰壞，已有歷史為之證明，不必再來辯護。而且即使我們承認惡人非被人管理不可的一句話是真的，那麼請問，誰又配有管理別人的資格呢？是不但學生不能自治，即教師的治別人及自治之權，我們也應當一律否認才是，那又何取乎現在這種不澈底的辦法呢？現在的教學分級制，無論從那一方面看，都不是合理的，必要的，它不過是基於古代否認兒童人格之惡習而遺留下來的一種制度而已，此我們所以認它為現行教育制度的第二個大缺點之故。

現行教育制度的第三個大缺點，是專重在傳授智識一方面，而忽略了其他全部生活的發展。原來學校制之起源，即僅為傳授智識起見，在貴族時代已是如此。古代人把教育與學問混作一談，即在現時也是如此。他們只承認學問智識有教育的必要，教育的責任也僅在傳授智識學問上面。但這話是不合理的，我們前面已經知道，教育的目的，應在發展全人生，所謂全人生者包涵知、情、意、精神、肉體、個人、社會諸方面，斷非僅知識方面的發展所能代表。自有人類以來，所有的活動皆是全人生的活動，斷非智識一部的活動。特古人以為他種活動不需要與教育發生關係，只有智育一部分才有教育的需要，因此教育便僅成了智育的代名詞。到了近代，社會生活日益複雜，各方面活動都需用教育的

事實日益顯著，於是理論和實際兩方面，教育都不得不有除舊布新，擴小成大的趨勢。

杜威一派的社會的教育學派，及美國近來許多新學校的運動，都是應此需要而起的。有的學校甚至以刷牙列為學課之一，可見教育的觀念已有大變遷了。所以我們說，現代教育應當包涵「學習」、「工作」、「娛樂」三方面，不可以仍限於學習知識一事，這原不患無人贊成。只不過我們以為，若欲這個主張完全貫澈，非將現在學校制膨脹得擠破了不可。只有教育的完全社會化，才能達到這個主張的真正目的，這恐怕就是與當代教育家主張的不同的一點了。

現行教育制度的第四個大缺點，便在不以人類社會中最切要的兩性生活為基礎。我們知道，性的本能是人類本能中最佔勢力的一種，我們社會中種種制度，種種活動，都很受它的影響。撇去兩性生活而欲了解人類社會的真相，是絕對不可能的事。學校制度既然是預備為適應社會生活而設，姑無論此說的是否，要之，學校中對於此種為社會基礎之兩性的生活斷不能全然無視。然而最可駭詫者，現代教育制度竟全不顧及此一點。這個也有緣故，原來教育自始即認為專為兒童而設的，兒童又是公認為無性欲之可能的，自然對此問題不加注意。然而我們知道，兒童時代並不是全無性欲，他的性欲只是轉變一種形式，由兩性之愛變為親子之愛，這種親子之愛，對於兒童一生性格的影響非常之大，然而學校中竟沒有一些適應這種本能的設備，這真是現代教育制度極大的缺點。現代的學校，因專為傳授智識的機關，故對此責任都委之於家庭方面，因此家庭教育遂於學校教育之外另樹一幟。我們的社會所以不致於全然變為乾燥無味之生活者賴有此制。然而教育與家庭分離，終是很不方便的。尤其是受高等教育的，不得不拋棄家庭來作獨居的生活，這損失實在太大。我們以為理想的教育制度，斷不能捨家庭生活而不顧，我們以為理想的學校，應當包涵親子的生活，夫婦的生活在內，然而這非現行學校制度所能勝任，也是明明看見的了。

現行教育制度的第五個大缺點，是全然缺少經濟的基礎在內。現在人都知道，經濟的需要是社會演進的最大——即使不是唯一的——原動

力，較之性欲的要求猶有過之。然而在學校裡，卻全然忽視了這一件
事。兒童從初入學以至卒業，對於經濟的意味全然不能領受，學校中全
然不曾有供給這一方面經驗的設備——那些假工場假商場不算的。我們
假使承認學校教育是為預備將來入社會生活用的，請問這樣為社會最大
原動力的經濟生活，不曾有一些經驗，這還算什麼完滿的教育。原來學
校制託始於貴族時代，貴族的子弟是無庸縈心於經濟問題的。到了國家
主義時代，教育的目的是養成軍人的生活，軍人生活是受俸給的，當然
也無縈心於經濟問題的必要。這是我們學校教育，所以完全忽略了經濟
的問題的主因。

　　然而到了目下已入資本主義的社會，生活的競爭是非凡劇烈的，學
校中不管這個問題是不行的了，於是職業教育、生活教育之聲轟然而
起。然而單只這個是不夠的，社會上的經濟生活，不僅是須有專門的技
術，而是兼須有對付的能力；現在的學校職業教育，充其量只能養成專
門的技術以供謀生之用，而怎樣的謀生度日應付生活卻是學校所辦不到
的，這樣學校便不能算已盡了生活教育的責任。所以然的緣故，蓋由於
現代教育家，尚不承兒童有經濟生活的必要，猶之乎不承他有性欲生活
的必要一樣。然而我們即使撇去兒童本來應有完全生活之享受——即
連經濟生活也應當享受——的問題不談，專就為將來成人生活的預備立
論，試問在預備時代無此種經驗，則至成人時代如何能應付此種繁複之
生活，因此我們不得不認為，這也是現行教育制度的大缺點之一了。

　　或曰，現在成人社會的經濟競爭，乃是不得已之事，成人受這種經
濟的壓迫的苦已經夠了，兒童社會無用縈心於此問題，得以安心求學，
正是他們的幸福，你必要指此為不合，難道定要率率數千萬的兒童以入
此苦海才快意嗎？答道：正是如此，假使兒童將來與成人社會絕不發生
關係，那麼成人自成人、兒童自兒童，成人所受之苦自無強兒童以必受
之理。然而兒童是要預備入成人社會的，成人的生活遲早必有加於兒童
身上之一日，苟不於兒童時代預先獲此經驗，豈非正中了「以不教民戰
是謂棄之」的老話嗎？況如果以現在成人社會的經濟關係是不合理的，
那麼不妨使兒童社會的經濟關係成為合理的，不合理的經濟生活是苦痛

的，合理的經濟生活不但不苦，而且可以促進奮鬪的精神，我們何懼而不為呢？

以上五種我們所指為現行教育制度之缺點者不過舉舉大端，若就此五端詳細分析之，尚有無數弊端包括在內，如因求學年齡的限制，而有所謂畢業的制度，使學生視學校生活如傳舍，不以真正生活視之，對於教育的效果損失極大。又如因學校中無經濟生活之經驗，於是學校乃成為社會的寄生品，恒仰社會為之供給，每年人類社會對於教育支出多大的金錢，固然為文化起見不能謂之損失，然以較之我們理想的教育制度，使教育得包含經濟生活在內，不復賴外界為之供給者，則不得不謂之為損失了。這些弊端，詳細說來，很多很多，暫不必煩述。

以上這些弊害，若綜合觀察起來，有沒有一個總的原因呢？答曰有的，這個原因便是在教育制度的非社會化上面。根本一句話，現在的學校是孤立在社會以外的。因為他的原形，本是一種特殊教育的機關，如今硬要把他拿來作具備各種教育機能的總機關，他是不配的，就譬如拿著瓦罐當鑼敲的一樣，自然要左支右絀了。我們相信：教育的本旨是發展生活的，無論這個發展的意義解作是訓練也罷，學習也罷，預備也罷，總之，只有在實際生活中，才能學得實際生活的方法。現在的教育制度——特別是學校制度——是不配負這個責任的，因為他失卻了實際社會幾種必具的素質。

實際社會是生於斯，長於斯，終於斯，不許人隨便混過去的；學校制度卻是僅僅幾年間的過渡生活，人可以隨隨便便混過去的。實際社會是民治的，大家都有權利都有義務的；學校制度卻是有劃然的兩種階級，不許有自由參政的機會的。實際社會是多方面活動的，學校制度卻是僅束縛於學習一方面的活動的。實際社會上父子夫婦共同生活，得以滿足本能上各種欲望的，學校制度卻是強迫許多正在生長的青年，拋棄了愛液灌溉的生活，來度那種乾枯的、無味的生活的。最後實際社會是立於實際經濟的基礎之上的，而學校生活卻只是一個闊大爺的遊息玩樂之所，拋棄了經濟的基礎，我們還感得什麼實際生活的意味！

學校制度既然如此，而回顧學校以外的二大教育系，家庭教育與社

會教育，亦不足滿我們的希望。家庭所貢獻的教育的機能本來很少，現在的家庭制還不足以負很多的教育責任。至於社會教育則許多制度不過剛剛發生，正在需要培養灌溉的時期，目下也還不能全副我們的希望。因此我們不得不說，現行教育制度是不斀用的，因為他是非社會的，即使在極力模倣社會的，學校也不過做到擬社會的地位而止。但我們主張，只有在真正社會中，有達到真正教育目的的機會，只有在實際社會中，才能教育出實際社會的人才來；因此我們不得不主張，打破「非社會」的及「擬社會」的教育制度，而建設「即社會即教育」的教育制度。我們的口號是「教育的社會化」、「社會的教育化」。欲達這個目的，只有根據歷史的事實，順自然演化的趨勢，大膽推倒本來是系出偏邦，而多少年來無賴地僭竊在教育制度的正統寶位上的學校教育制度，而用全力以扶起真正天潢貴胄，而現在困在草野年輕幼小的社會教育制度來承當這個大統，關於這些復辟的具體計畫的說明，留在下節再講。

五、理想的教育制度

現在的社會，是一個過渡時代的社會，凡百事物都在重新蛻變之中，教育自然也是如此，凡在過渡時代，新理想的出現最多，人人都想拿自己的新方案，來代替舊有的弊病百出的老招牌，現在的教育界也是這樣。我們看見現在關於教育上的新方案、新理想也多得很了；單就教育事業方面說，這個法，那個法，這個制，那個制，這個計畫，那個計畫，實在多得不得開交。雖然在我們看起來，這些計畫多半是舍本逐末，遷就現行制度而設的，然而這些新計畫之紛紛出現，總可以表明一種教育上改造的新氣運，足以表明現行教育制度，已經不合時勢的需求，有了改造的必要了。我們這一篇意見，自然也是許多改造方案中之一種，是否有一得之愚可取，抑或盡屬扣槃捫燭之談，那要待將來教育學者的評判，此際不必多所顧慮。我們在這裡，只要表明我們這個方案所取的態度是如何的，因為這是一個方案有無價值的根本條件，所以有預先說明的必要。

　　凡是一個理想，大半是憑主觀方面的見解居多，尤其是在現在未脫離哲學的迷籠的教育上主觀式的理想尤多。我們並不反對含有主觀分子的教育理想，因為教育畢竟是一種人為的事業，是人類戰勝自然的工具，那麼它的本身當然不能不許有超乎客觀的理想摻雜在內。但理想畢竟不能不依於事實的背景，這也是我們所應當承認的。尤其是一種制度的演化，它的發生所待的條件是很重要的，倘若條件不具，雖有多少高尚的理想未必能濟甚事。我們本著這個意見，在本節中，我們便不欲提出許多具體的計畫，來描述一個幻化的理想教育制度，這樣的描述並不是不可能，然而與事實是無補的，你不能從事實上證明這個完美複雜的理想教育制度有成立的可能，這理想便不免仍是空想。

　　因此我們在這裡，便只是想從教育制度演化的實際中，指出它的一種必然的趨勢，然後審查它這種趨勢，是否與我們的主觀理想相合。質言之，我們所努力的是，欲實現理想的當然論，與事實的必然論之調和。而在我的意見上，這種調和是很容易辦到的。因為我相信，正當的理想便是完全與實際的要求相合的意見，而倘使這種意見，果然完全與實際的要求相合時，那麼事實上，自會有應乎這種要求的事物出現，即使不用人為的鼓吹。因此在本節中，我們仍想以實際演化的趨勢為主，來敘述未來教育制度的幾個特點，這便是我們所認為是理想的教育制度，而不是一般人所期望的，從個人幻想中虛構出來的一個理想的教育制度。

　　我們在前節中，曾經指出，現行學校制度的幾種弊端，而概括之以弊害之總因，為學校之非社會化，又曾戲言，現行學校制度之得佔教育制度正統的地位，乃由篡竊得來，資格不配；這並不是故意周納的罪名，實在學校制度之所以不能應付社會上教育之要求者，即在此二端。理想的教育制度，是為發展全人生而設的，而學校制度當初卻是為造成貴族的一部分的風格而設，這個範圍的廣狹已大不同。到了國家主義時代，依然不過從造成一二貴族的機關擴充，到造成多數兵士的機關，從狹小的紳士家塾，擴充到廣大的國立學校，說到應付全人類、全人生的需要依然是不夠的，因為教育的起源，本是為應付人生需要教育的要求

而生，這種要求是普遍的，不單是貴族和兵丁有要求教育的必要，便是貴族和兵丁以外的全社會、全人生都有要求教育的必要。

因此從古以來，教育制度的發展並不止一種，各級各業的人民中，都有他們自己的教育制度，都在進行他們的教育事業。然而我們數千年來的教育學者，卻只認那看得見想得出有機關有場所，堂而皇之的欽定學校為教育制度，他們卻不肯回頭來看看，幾萬年來無形無響之間，在全民社會中進行的許多不曾有特別組織的教育事業，原來也都是教育制度之一種。學校不過是這許多種教育制度中的一種，它有機關有運氣，因為它所依附的階級是貴族，是軍國主義的政府，因此它便可以一爬，爬到教育制度的正統地位上去，然而憑它的本身性質，是不配應付這一切社會上教育的需要的，因為它並沒有具備社會上所有的要素。現在在許多進步的社會裡，社會上要求的條件日益複雜，學校教育的左支右絀之形便也日益顯著。

教育家左一個新方案，右一個新方案，連續的提出，雖然內容花樣各各不同，然而有一個共同的趨勢是很顯而易見的，他們不過都是想要作擴大學校的運動——從年齡短縮的學校，擴充到年限延長的學校，從活動單簡的學校，擴充到活動複雜的學校，從容積狹小的學校，擴充到容積廣大的學校——不過都是感於學校教育之不足以應付廣大繁複的社會要求，而欲應此趨勢以為改造而已。然則頭腦清利的教育家，便應當趕快悟到這一步：我們所希望擴充的學校制，倘充其擴充之量至於極，那只有將學校制漲破之一日；我們只有將學校年齡擴充到全人生，將學校活動擴充到任何事業，將學校容積擴充到全社會。

換言之，以全社會、全人生的全活動為理想學校之極致，才可以應付這廣大的社會的要求。這雖然滑稽地說也可以仍叫它做「學校」之舊名——此〈毀校造校論〉之所以談造校之故——然而這畢竟是有點近於詭辨的。試問不要畢業年齡的限制，不要專限於求學，不要有特定的場所和特設的機關，這還成什麼學校，所以我們與其呼它做學校，倒不如呼作「教育化的社會」之為切合了。這種教育化的社會，正是我們理想的教育制度完全實現的形狀。照現在教育家在實際教育上所努力的趨向

看來——即是擴充學校的趨向——這種理想遲早必要達到的。我們現在的責任，只要努力的揭開這種趨向的最終點，使大家認清這個目標，好快快地想縮短路徑之法，使這種理想得以早些實現罷了。

我們在現今各種關於教育的新方案上，很容易看出這種演進的一般趨勢來。這種演進的趨勢，可以分作三方面：第一是教育年齡的逐漸延長，如同幼稚教育的發達，早教育的提倡，優生學的進步，成人教育的漸為人注視，補習教育的通行於各國，這都可以表明舊日限制年齡的學校教育，已經不夠應付社會的需要，而必須延長的了，這是第一種趨勢；第二是教育活動的逐漸複雜，如同各種新學校中，對於工廠的設備，鐘點制的打破，科目的漸趨於瑣碎與複雜，學生自治之發達，學校對於社會之中心運動，各種娛樂事業——如戲劇、電影等——之加入學校範圍，這都可以表明舊日專限於讀死書的學校教育，已經不夠應付社會的需要，而必須複化的了，這是第二種趨勢；第三是教育範圍的逐漸擴大，如同學校面積之擴大，職業教育之普及，社會教育之日漸增高其地位，這都可以表明舊日侷促狹小的學校，已經不夠應付社會的需要，而必須擴大的了；這是第三種趨勢。這三種趨勢總起來只是一個趨勢，便是教育的逐漸趨於社會化，因為教育是應社會需要而生的，現在的教育制度太不能應付這個需要了，這是各種新花樣所以應時發生的緣故，「教育的社會化」正是應付這個潮流的惟一法子，也就是我們理想中，教育可能達到的惟一方向。

但不但「教育」有「社會化」的需要與趨勢，即「社會」也有逐漸「教育化」的需要與趨勢，現在的社會離教育的理想太遠，所以弊害百出，我們在上段所舉的諸例中可以看出，教育的逐漸接近社會的趨向，也可以同時看出，社會的逐漸接近教育的趨向，近代有名的「花園都市運動」，便是促進這個「社會的教育化」的一種利器。我們須知「社會的教育化」的真意味，並不是指全社會的人，從早到晚都抱著本書去死讀的意思，那只能叫做「社會的書本化」或者「社會的學術化」，並不能叫做社會的教育化。只有全社會中，造成優美良善的教育環境，使處其中者一舉一動自然有教育的意味發現，這才是我們所謂「社會的教育化」。

現在的社會，因為科學的發明，對於「教育化」的幫助著實不淺，最顯著的如同留聲機及活動電影的發明，使我們的教育界得到莫大的恩賜，現在這些發明在教育上的利用不過初試其端，還不曾有過甚大的貢獻，但我相信不過數十年之內，許多科學的發明，將逐漸盡數利用於我教育界，到了那個時候，我們談教育的才有真正的理想可言。

從以上各段的舉例看來，我們理想上的教育制度是如何？也就不煩言而自解了；我們不承認現行的學校制度為理想上的教育制度，我們雖承認就現行學校制的演進的趨勢看來，終必有達到我們理想的鵠的之一日，但到此時候學校的原始特點實已破滅無餘，非復與今日之所謂學校制者根本同是一物，強被以學校之名實屬無謂。且即使這種自然的演進，可以完全達到我們理想的鵠的，然而自然的演進，是著實緩慢而且十分確定的，與其萃數十百年全世界大教育家之心力來改良學校，使應付自然演進的趨勢，以逐漸達到我們理想上的鵠的，則不如趁早不要把眼光侷促於學校制度之內。我們且撇開學校教育的正統觀念，來看看同時的學校教育以外的教育制度，有無可以供我們獎掖誘進，以能達我們理想的鵠的的。我們尋找結果的答案便是「有的」，這便是一向人所不注意，而目下漸漸要伸出頭來的「社會教育」。

本來社會教育的涵義甚廣，便是學校教育也不能不算社會教育的一種，不過學校教育因機遇好的緣故，乘勢利便爬上教育正統的寶位，於是遂妄自尊大，忘記了他本是社會教育手下的一公子，而竟以自己與社會教育及家庭教育鼎足而三，而且隱然以自己為正統，目其他二者為旁枝起來。我們的趨炎附勢的教育家，也跟著隨聲附和一昧替學校教育瞎捧——這自然是因為大多數的學者，都吃著是學校教育的飯的緣故嘍——可憐那越在草野的社會教育，數千年來被人視為引車賣漿的同類，我們的教育學者從不拿正眼來看一看，直到現在社會日益複雜；那頑固的學校王爺應付不下這革命的潮流來，弄得手忙腳亂，朝下一道變法上諭，夕納一個改良條陳，終久是難得使人滿意，才不得已拉出這個社會教育叫他作議事大臣來幫一幫主子的忙，可憐那沉淪了幾千年的社會教育，到此才稍有出頭之日。

　　然而這樣的待遇便算已滿足了嗎？我們以為絕不然的。我們相信從原始教育發生的意義，從社會上對於教育事業的需要的理由，以及從歷史的演進看來，這把「教育正統」的交椅，總是社會教育他家裡的，學校教育只是半途跑出來的一個三花臉，他得到正統的位置是徼倖來的，是暫時的，現在當此革命潮流洶湧之日，我們的稍明白事理的教育學者，應該明白承認他學校教育不配作教育的正統，我們應該承認，社會教育是我們真正的主子。我們應當借歷史的證據，和社會的要求這兩件法寶，把現坐在龍位上的假國王趕走，而從八角琉璃井中請出那個真國王來；我們應當明白，現在的教育所以弊害百出的緣故，都是這位假國王本身的毛病，無論他怎樣宣布改良、宣布立憲，總是不中用的。我們只有請出真的國王來，才能醫治了這個大病；我們並且須曉得，我們這位真主子是十分共和的，十分大度的，能殼包納許多不同的主張在內——便連學校教育也可包括——不像那現在站在龍位上的學校教育的度量那樣狹窄，什麼東西都容不進去。因此我們要大膽地作「復辟」的運動，只有明目張膽地承認社會教育是教育的正統，而且與我們未來的理想鵠的，是最容易接近的，用全力來促進他的勢力，擴張他的地盤，改良他的組織，這才是我們現代教育家所應當做的一件事。至於那學校教育，我們縱然不去澈底推翻他，也只有任其自生自滅罷了，而且假使我們這個「勤王」的社會教育國組織成功之時，那不能應付時事需要的學校教育，斷沒有不來投降在我們旗幟之下的。

　　我們理想的社會教育國是這樣的：——在一個廣大的社會中，這社會被許多科學的發明所幫助，得到了緊密而連接的關係，感到了彼此無比的親切，在我們這社會中到處都充滿了教育的意味——環境的教育——我們可以隨時在一里半里之內，得到一個豐富的小圖書館，我們可以在十步五步之內，找到一塊甜美的小公園，我們在每一個村落間，都可以找到有科學家在小小的實驗室內工作，我們在每一個街市間，都可以找到有藝術家在窄窄的藝術場內表演，我們可以藉無線電話的力量，不出門而聽到大音樂家的奏技，大宗教家的說道，大學者的講學；我們可以藉無線電報或其他交通利器的力量，於半分鐘內得到了萬里外世界

公立大圖館內，我所需要的珍藏的書籍，我們可以藉光學的發明，在天空中看到了當日的世界新聞，我們可以藉電視與電影、戲劇結合的新發明，在每家的牆壁上看到了萬里外所欲看的大戲劇院的舞蹈。

我們不要熱鬧翻天的大都市了，全世界便是一個大都市，我們不要烏煙瘴氣的大工廠了，全世界便是一個大工廠，我們的農田同時便是我們的校園，我們的街市同時便是我們的博物館，我們的人每日裡有正當的工作，正當的娛樂，也有正當的學習，——自然也有每人應得的正當的麵包嘍，——我們的學習機會，是隨時隨地都可得到的。那什麼簡陋的補習學校，簡直是博物館裡的標本，我們的小孩子也不要進什麼牢什子的學校了，他可以從到處聽得見的談話中，得到了正確的言語智識，從到處看得見的標誌中，得到了正確的文字智識——自然只有文字中基本的二十八個字母（以世界語來說）十六條文法是需要人教的，別的都可以從習慣中去學習了，——從豐偉廣博的博物院或大影戲院中，得到了正確的歷史知識。從半點鐘內環遊地球的飛行中，得到了正確的地理智識，從隨時隨地的田園中，得到了正確的博物智識，從隨時隨地的藝術生活中，得到了正確的審美知識，此外如同倫理道德以及算術幾何之類，自然更易從日常生活中學習的嘍。

我們倘若對於某一種學術，意欲為精深的研究呢？那麼或者坐上飛艇，立刻到某地的研究室中，隨著某大學者去作實驗，或者更舒服一點坐在家中，隨便打個無線電話，自有世界公立大圖書館，藉極快的傳達器替我們送來所要用的書籍儀器，或者隨手撥一撥牆上的電話機，便可以與千里外的某大學者談話。倘若是從事於職業的呢，那自然某一種職業，即是某一種的職業學校，我們在工作中隨時可以得到學習的意味，這樣學來的智識才是確實的，不像現在學校的樣子，一出校門便什麼也忘記了。到這個時候，我們自然不需要什麼學校了，我們的全社會便是一個大學校，我們從受胎到涅槃，生於斯，長於斯，死於斯，工作於斯，娛樂於斯，學習於斯，我們一輩子過得是學校生活，也就是一輩子過得是教育生活，但這個學校生活，卻不是現在那樣背家庭，離鄉里，埋頭書本，乾燥無味的學校生活！

　　從上文看來，我們所理想的教育制度是容易明瞭的，他只是把現在的學校制度，一方面扯大延長，使它的年限和容積都與全社會、全人生相等，一方面將學校制度所有種種缺陷——如缺少性生活的經驗之類——都除去了使較接近於社會；一方面也將社會制度所有種種的缺陷——如缺少教育意味之類——都除去了使更與學校相近。一方面可以謂之為「學校的社會化」，他方面又可以謂之為「社會的學校化」，這兩方面努力接近的結果，便是社會與學校全然合為一致。這種全然合為一致的境地，我們將何以名之呢？則名之曰「社會教育」。現在的學校制度是只顧了教育而忘了社會的——結果也就不成為理想的教育了，——現在的社會制度是只顧了社會而忘了教育的——結果也就不成為理想的社會了——具此二者之優點而無其缺點者，只有社會教育，現在的社會教育制度雖然簡陋，然只是具體而微，並不是根本有毛病，那麼倘使我們的教育家，把已經改良學校教育的力量都拿來用在促進社會教育上，其前途一定不可限量可想而見。

　　我們在前段中所描寫的理想教育制度是很淺近可笑的，因為只有詩人，藝術家，及科學發明家，才有偉大的想像力，我們既不是詩人，又不是藝術家，又不是科學的發明家，當然不能對於一個未來的教育制度想像得十分真切。不過我總相信，這個描述絕不是空想，是確可以達到的，而且到了真正達到的時節，必比我這想像的描寫更偉大，更複雜，更真實些。但我們從這貧薄的想像描寫中，也可以略看出一二。我們所理想的教育制度是古已有之的，我們只要翻開上篇第二節〈教育制度之歷史的考察〉中，未獨立以前的教育制度一段，便可以明白我們所理想的教育制度，是與我們幾萬年前老祖宗所曾有的教育制度是一樣的，都是想從環境中獲得教育的效果，而不用那些畸形的設備的，不過所差者一個無意，一個有意，一個純任自然，一個以人為為主罷了——這兩個區別很要緊，這是我們理想的教育制度所以根本與野蠻時代不同的緣故。所以就表面上說，我們也可叫這個理想教育制度的主張做「教育的還原論」。我們的「教育的還原論」，便是要掃除盡這些自貴族社會以來，因特殊階級的特殊生活而產生的特殊教育制度，老老實實還到他本

來的為生活而教育的面目，這個本來面目，只有在渾渾噩噩的野蠻社會中，可以找得出來罷了。

但這個名詞若用起來，或許易使人誤會，以為我們是傾向於自然的教育說，想打破人為的羈絆純任天真的，這並不然，我們雖亦主張從自然生活者去獲得教育，但所謂自然生活者意義甚廣，並非不包涵社會生活在內。我們的主張乃是一種「環境的教育」，只有改良環境，使人於日常生活中得到真正的教育效果，才是確實的方法，那些人為的注射是不成功的。我們覺得於社會以外別設學校，無論如何是容納不進全社會、全人生的人的，只有使社會變為一個大學校，自始至終，自西至東，教育的澤才能無所不被，對現行教育制度的偏枯而言——偏於少年的，偏於學習的，偏於經濟充足的——我們理想的教育制度，是包涵著全社會、全活動、全人生的，這是〈全民教育論〉所以成為標題的緣故。因為此問題非成為專書不能討析究盡，本篇不過發端而已，故贅曰「發凡」。

「但你這個理想的社會教育國之描述，不太有點偏於幻想了嗎」？小心謹慎的人一定要這樣地問。我堅決地答道：「不，不，我相信我所描述的事實，只有太不及了的地方，決沒有太過了的地方。我可以從兩方面來證明我的理想成立的可能」。第一、我先從學理方面證明，這樣的理想是可以達到教育的效果的。我們的理想教育制度的根據，便在「環境」與「教育」的這一點關係上。我們承認環境是影響於人本性最大最強的勢力。一個人生下來固然有善惡智愚等不同傾向，但好的環境能使善的傾向日益發展，而惡的傾向被其阻抑，智者愈趨於智，而愚者亦較為變得智了些；惡的環境則恰與此相反，這是我們一般可以承認的。

一個人生在貪懶的社會裡，他能彀凡事賣五六分力氣，已經算很勤奮的人，但他若生在一般都勤奮的國裡，他必能賣出十二分的力氣來。教育的效果不過在變化氣質上，但先天的氣質我們是很難得變化的，我們只有在環境上面努力，使他好的氣質得以儘量發揮，而惡的氣質不至發榮滋長，這是我們所可以努力的地方。不但社會同自然界的一切裝點算是環境，就是我們應用了優生學的方法，去改良種族也算是改善環

境的一法。人是活的，不是死的，是逐漸變化的，不是立刻造成的，無論是品格或是技能，是智識或是體力，只有從日常生活中習慣得來的才是確實的，可靠的。便是在現在社會中，視學校為唯一的教育制度的時候，試問我們一生的品格，技能，智識，體力，是靠在學校中所獲得的多呢？還是在學校以外的日常生活多呢？是學校中所獲得的確實呢？還是日常生活中所獲得的確實呢？我們的小孩子並不曾受過一點半點課本上的言語智識，但他長到五、六歲的時候，自然會說得很流利的中國話，然而我們的大孩子，在學校中讀了七、八年英文，有時還達不出一段很清楚的意思來，這是人為注射與環境習慣的分別。我們在地理課上讀過了多少大都市的情形，不如我們到上海遊歷一次所認識的親切，這是人為注射與環境習慣的分別。我們在倫理課上讀過了多少接人應物的禮儀，不如我們去到交際場中走過這麼一次，這是人為注射與環境習慣的分別。

現在的新教育學說，新教育方案，都漸漸知道實際去做比空談學理容易得益的多，因此如設計教學法，如「格里」學校制，便都注意於實驗的方面，這可以間接證明我們「環境教育說」的非屬空想。但我們卻想更進一步，我們以為現在新學校的注重實際經驗，雖似較從前空談學理者為好，但仍然是不夠的。他只是實驗的方法，而不是自然習慣的方法。實驗是有意的，人為的；習慣是自然的，環境的。譬如學化學在化學室中作實驗，雖較教室中課本的講授為較易獲得確實的智識，然而不如他到化學工場中做技師的時候，所得的智識更是確實。又如學商業學，雖然在學校設的實習商店中，較教室中紙上的空談較易得益，然而假使他去到普通商店中去作一個學徒，他所獲得的智識必更確實。

這猶就智識方面而言，若以品格及技能的陶冶而論，則真的日常生活與假的實驗生活之差別更為顯著。我們在學校自治會中，所學得的公民道德，斷不如我們在真正民治國家下做一個公民所學得的那樣真實。我們雖可以在學校演劇場中練成演戲的技術，但到了市場上大劇院中，在千萬的觀客之前奏技的時候，我們便感覺到，不能像學校中同學面前奏藝時那樣可以隨便了。這因為實驗的行動，無論如何，總是「擬」

真實的，不是真實的，使人不能感到真實的意味，則於此事物之實際內面，必不能真實攝到。譬如我們在學校的家事課中，儘可以裝成父母子女的完備家庭，但是實驗一終，你東我西，父母與子女毫不相干，這樣的關係，即使在正實驗時，也感不出父母對子女的真愛來，感不到真意味的做作，便不過依著教師書本的指導，照樣畫葫蘆而已。但我們若去到真實的家庭中去參觀一回，便知道父母對子女的愛，是決非假扮所能領略的。

因此我們覺得，只有環境才是教育的利器，只有日常的真的生活才是理想的學校，只有習慣才是理想的教授法。固然自然的環境與教育目的相衝突的地方多得很，然這時我們的力量便可都拿來用在改善環境上。我相信一個人從小到老，倘若生在一個到處都是李白，杜甫，彌兒頓，拜倫的空氣的社會中，即使他沒有受過半點鐘的文字教授，他也必能謅出幾句詩來。因為我們有了環境教育說為根據，故此，我們相信，我們的理想教育國，是確實可以達到我們所理想的教育效果的。

但是怎樣才可以達到呢？假使你不能證明這個理想有實現的可能，則這個空想豈不終於是空想嗎？因此我們的第二步，便要從實際方面證明，這樣理想確有成立的可能。說到這裡，我要請讀者翻回頭去將上篇〈教育制度之歷史的考察〉一節，重新看一遍，我們在那篇中，只敘述一個教育制度在歷史上演進的大概，還不曾進而討究其演進之一般理法，但我們從那裡便可以看出來，這演進是依據於他所處的背景的，在什麼社會中方能產出什麼的教育制度，而最大的決定教育制度演進方向，及形式的原動力還是經濟。我不是馬克思的完全信徒，但比較上，是贊成唯物史觀說的；即使我們不贊成唯物史觀的說法，而經濟情形對於社會各種制度的影響為極重大，我們總不能不承認的。

我們對於教育制度的演進的理法，很容易拿經濟情形來解釋的。為什麼在游牧的社會中，不會有固定的學校出現，因為那時代的人，都生活在一種「遷徙往來無常處，以師兵為營衛」的社會中，當然不能有固定的學校發生，這是情理所必至。為什麼在中國及印度這樣廣大的農業國中，便有類似私塾的制度發生，這因為在農業社會中，生產的單位

都是分散的，他們沒有近代那樣大都市，那樣幾百萬人集合的大處所，他們的欲望是簡單的，生產力是微弱的，社會統制是散漫的，在這樣的社會中，只能產出一個個以農村為單位的小學校，決產不出近世規模閎大的大學校來，這也是事理之當然。到了我們現在的大工業社會中，生產的原動力都集中於大都市，這大都市中人口是眾多的，生產力是豐富的，統制是精密的，有了這種集中的經濟制度，自然會有集中的教育制度與之相應。

所以在我們現代為經濟中心的幾個大都市中，其學校之偉大閎麗，決非往古農業社會的私塾教師所能夢到。我們現在的學校，不但形式上受了工業制度的影響，即精神上也受了工業制度的影響，我們現在的學校，已脫離了人與人的關係，而進為制度與人的關係。我們的學校，只是一個大工廠、大商店，學生是它的原料，教員是它的技師，上課是它的作工，課室是它的工場，粉條黑板是應用的斧鑿，分數成績是品類的標誌。我們的學校，既不是以大多數的學生為主體的，又不是以較有智識經驗的教師為主體的，它的主體只是一本薄薄的章程，幾條稀疏的規律，全學校的人成天到晚受著這章程規律的支配，碌碌地轉個不休，正譬如受汽力發動而旋轉的輪機一樣。這樣的制度，好的方面，是能應用科學的管理法，以較少的努力產出較大的效果；壞的方面，則埋沒了人對人的關係，而成了規律的奴隸。但縱然不滿意這種情形的呼聲很多，然而要改變是很難的，因為它背後有必然的經濟基礎在那裡。我們現在雖然有意恢復個人的講學制度是辦不到的了，因為我們的科目，我們的教法，我們組織都太舊了，不能應付這樣經濟社會的需要了。

從以上看來，我們對於教育制度的演進的理法的解釋，也就很容易回答了。教育制度的演進，也和其他社會制度的演進一樣，是被決定於經濟制度的情形的。我們倘若理想未來的教育制度是怎樣，我們必須先了解未來的經濟制度是怎樣。說到未來的事是怎樣，自然是一件很危險的事，我們不是預言家，不是先知，怎能知道未來的情形是如何？然而我相信，社會的演進也同天體的進行一樣，是有理法可尋的。我們現在雖然不能明明確確預言一千九百五十年的社會是怎樣情形，——我相信

這是現在社會科學未進步之過——但從現在一般的事件內，未始不可找出一點半點線索來。我們也許憑這一點線索，找到未來的環結，但也許不幸而找錯了，所以說是很危險的事。

我們在現代社會一般情形中所找出來的一點線索，是看見現代社會因科學的發明，而使都市與鄉村逐漸接近的事。現代關心世道的社會學家，都憂慮大都市的發展過甚，致影響於農村之減滅，這是不錯的。但我們可以想像，一個幾百萬人口的大都市，絕不會絲毫不依賴農業生產的供給，這是無疑的。那麼農業絕不會因大都市的發展而消滅，這是無用杞憂的事。假使有一天農村全數消亡，而農業也絕不會消亡的——除非將來工業的發明，可以全數代替了農業物的功用——因為有供給與需要的經濟關係在那裡，人類絕不是傻子，絕不會看見大利不往那裡趨，白白地餓死的道理。那麼大都市的發展，就不過是農村的滅亡，而絕不是農業生活的滅亡，它不過將從前分散在各地的農村，都收集來圈攏到一個大都市裡面罷了。

我們假使想像，這樣大都市的無限制的發展，它的結果將到如何地步？假使北京這一個大都市，算它有一百方里的面積，然而北京城外，四周以種田種菜為生的農村，與北京市民發生交易的關係，至少也當在四百方裡面積以內。這四百加一百的面積，才是北京這個大都市的真正面積。假使北京膨脹到日本東京那樣大，有它的三倍，那麼連它的供給區域合算在一處，便應當有一千五百方里的面積。再若膨脹到英國倫敦那樣大，有它的七倍，那麼它便應當有三千五百方里的面積。在現在的情形，都市的主體與它的供給區域是分離的，顯然可以看出兩者的不同點來——一個是人多而地少的，一個是地多而人少的，但這並不是都市的本來性質如此，這全是受了生產器具和交通器具的影響的緣故。

我們現代的生產器具主要是汽力，以汽力為生產的器具者，必需要集中的人力、集中的場所、集中的製作分配機關，這幾種需要便決定了我們現代大都市的性質。在現代的大都市中，生產者與生產所的距離是不能很遠的。而況我們現代的交通器具，也尚不能有超過我們都市的面積的速度，我們還不能於一小時內從天津走到北京，再遠的地方更不用

說了。因此我們的工人，必須擠在幾百方里以內的一個小區域內，才能達到早出晚歸的做工目的。而尤其更要緊的是，許多消費者非住在都市上，不能得到他所欲求的消費品，這是我們的人口集中於都市的原因，也就是都市不得不與四圍的供給區域分離的原因，也就是都市不能無限制地發展的原因，但這並不是都市本來的性質是如此，是顯而易見的。假使我們能將生產器具與交通器具改良，這種情形立刻要變的。假使我們的生產器具有了分散的傾向，我們的人口就可以不再集中於都市；假使我們的交通器具更加神速，則都市可為無限制的發展，而鄉村與都市亦自然無隔離的必要。

現在這種傾向並不是沒有，日本的學生每天從橫濱到東京上學的很多，中國假使有了日本那樣便利的交通，則住在通州往北京來做工，亦不是辦不到的事。我們看了現在交通器具日益進步，覺得想像一個無限發展的大都市並不是幻想的話。我們現在坐飛艇，幾分鐘內可以飛過英法海峽，我們從大西洋到太平洋，藉長途電話的力量，可以隨便談話，我們的無線電報，幾分鐘內可以繞地球一周，那麼假使中國的科學，有了超越這個以上的建設，則把二十二行省攏合作一個大都市並不是不可能的。我們現在的都市，到那時如同家屋一般，我們的農村便是我們的隙地。從北京到上海不過需驟馬市大街走到正陽門那樣的時間，我們現在一刻鐘內，從英租界可以走到半淞園，那時也許以同樣的時間，可以從成都到西湖遊一下，如果這個理想可以達到的時候，我們還要現在集中式的大都市做甚？

然而這並不僅是汎汎的理想，我們從現在科學進步的情形看來，不過幾十年中，這種情形自然會達到的——其實就以我們現在這一點科學成績而言，如果社會組織有了合理的變動以後，這種理想也很容易實現的，我們現在並不是不能於幾點鐘內坐飛艇到西湖一遊，只是沒有錢買不起票罷了。這單就交通器具的進步而言，已使我們對於前途很有樂觀的希望。倘若生產器具因電力應用的影響，不必定集中於一個場所，那麼山坳水泊有風景即有工場，這樣我們的工人便不必往都市裡跑，而那種殺風景的煤煙炭霧自然永不會見，我們的詩人也就不必慨歎於科學的

討厭了，——我對於電力工業的內容知道得很少，但我相信它與汽力工業必有不同之點。而二十世紀必為電力支配之世界，如十九世紀之為汽力支配一樣，我們研究教育制度改造的人，對於此事不可不注意。我想倘若將來有到美國學習的機會，對於此事必當加以充分的研究，如其他同志能對於此點予以幫助，自然更好。——這豈不是更有希望更可樂觀的事麼？

到了這個時候，我們的人口無集中的必要，我們的教育制度當然也無集中的必要。但卻不是恢復於舊日農村學校的陋態，我們是有比現在學校更偉大更雄闊的教育制度。我們是把全社會變作一個大學校，我們可以到更大的圖書館中閱書，更富的博物館中遊覽，更精的研究室中研究，更多的運動場中體操，更複雜有趣的日常社會的講堂上，學得立身應物的真正知識；我們並不是毀棄學校，我們是把現行學校制度的劣點除去，而單採用它的優點，且把它的範圍推廣放大便了。我們倘若曉得，現代有名的大學校，比舊日的私塾有大至幾百倍的，我們便不必驚異，未來的學校，定要比現在的學校大至幾百倍幾千倍了。到那個時候，倘若我們的經濟組織也有了合理的變動——照現在的一般變化看來，這自然也不算空想——我們應用科學的原理與教育的原理去配置一切社會上的事物，我們的農田，我們的家屋，我們的工廠，我們的工作方法，我們的社會生活，我們的政治生活等等，都依著科學與教育的原理去配置好了。那麼「環境教育」的理想，有何不能成為事實之故？你定說這是空想麼？那麼請看幾百年以前，那樣狹小的農村怎會變成現代這樣大都市，那樣侷促固陋的村塾怎樣會變作哈佛、耶魯這樣的大學？一個人只要肯從歷史的比較的方面去用一番心，他必能分別事實與空想之不同的。

六、如何促進理想制度之實現

本節之中，單討論怎樣使這種理想的教育制度實現的方法，大凡一種制度的演進不多乎兩方面：一種是循自然之軌道以進行的，一種是加

以人為之努力的。人為的努力雖不敵自然努力之偉大，但若善用之，總可以促進或縮短其進行之路。本節的意思，即欲研究我們生在此時，苟表同情於此種理想制度，而欲促其實現，當採取何種態度。換言之，我們現在盼望改造教育制度的教育家應如何下手？在研究人為努力的方法之前，對於自然演進的道理也不妨看他一下，因為我們承認教育制度的演進是有理法可尋的，我們即使絲毫不用有意去鼓吹，也會自然達到這個境地的，不過來得或者緩慢一點罷了。

為什麼曉得不用有意的努力，也可以自然達到理想教育制度出現的境地呢？這其間有兩個解釋。第一個是就現在生產和交通方法的進化方面看出來的，我們在前節已經看過，決定教育制度演化的方向的，是生產和交通的方法；我們現在大規模的集中的教育制度，是大工業社會下必然產出的教育制度。我們又看出，從現代生產和交通方法進化的趨勢看來，這種集中的大工業社會，其範圍必一天比一天擴大，必有一天將全世界合為一大都市之一日。但這種擴大從反面看起來也就是分散，因為我們到處都是都市，所以不需要一個特殊的人口集中的都市，因為我們在都市以外再沒有田園，所以我們的都市便是田園。在這種社會之下，我們的教育制度的容積要比現在大多少倍，但用不著集中了。因此從工業演進的趨向看來，我們教育制度的演進趨向是不會走錯的。

第二個是就現在社會組織的變化方面看出來的，我們現在的社會制度，是大工業生產方法底下必然的制度。我們的資本集中的情形，引起階級不平的呼聲，是人人所知的。但這種資本集中的將來究竟伊於胡底；卻沒有人能知道。只有社會主義的祖師馬克思，曾告我們這種資本集中的結果，便是社會主義國的出現，我相信他的話是不錯的。因為無限的集中結果便是分散，無限的不平均結果便成為平均，這並不是什麼玄學上鬼名詞，乃是事實當然如此。所以大工業的發展並不是社會主義之敵，而正是社會主義之助手。我相信只有在工業十分發達之國家，才能產出真正的社會主義國來，像俄國和中國這樣工業幼稚的國家，結果只能產出偽的社會主義國，決產不出真的社會主義國，所以雖以列寧之堅忍雄毅，也不得不讓步而採取新經濟政策。

　　但工業的發展乃是自然的趨勢，雖在十分幼稚的國裡，雖在一般妄想以農業立國的國裡，大工業制度也終久不能不隨潮流而建設起來──但是自己建設，抑或待人家來替我們建設卻是一個問題了，──因此社會主義國之出現乃是遲早間必然的事。我們現在的主要教育制度──學校──實在是資本階級的教育制度，非有錢的人不能完成全部的學業，就這一點看來，此種制度已不配稱我們的理想制度，但假使社會組織不能變更，則此種制度亦不會消滅。我相信只有在社會主義的國度裡，這種理想的教育制度才能充分應用，但社會主義國是可能的，而且必然達到的，所以我們的理想教育制度也是可能的，而且必然達到的。我相信每一種社會組織之下，都有他特殊的教育制度，譬如農業社會有村塾制度，工業社會有學校制度，那麼未來的社會主義的社會之下，自然也需要一種新的教育制度了，我們的理想教育制度便恰好補了這個缺。──關於理想教育制度與社會主義之關係，此處不能細講，留待後論。從社會制度的演進的趨向看來，我們的理想教育制度也是自然會達到的。

　　曉到了自然演進的趨向如何，我們對於人為的努力便應當更有了信心，更添了些勇氣，因為我們相信，在這件改造的工作之中，我們是必操勝利之券的了。我們現在所要作的，只是研究應當採取的改造的手段有些什麼罷了。我以為我們應當採取的手段，大別只有兩種：一種是促進社會使實現教育化的手段，一種是促進教育使實現社會化的手段；後者是我們教育界中人所獨任的，前者呢，雖非教育界中人所能獨任，而我們教育界的人，也不可不參加於此工作的。怎樣可以促進社會的教育化呢？有兩件根本的工作，是不能不預備的。第一是促進科學的發明，以為社會教育化的利器。我們既知道，科學的發明可以影響於生產及交通的方法，而生產及交通的方法，又可以決定社會制度以及教育制度的性質。我們又知道，我們所理想的未來教育制度，有許多地方是非藉科學發明的幫助不可的，因此我們現在有志改革的教育家，應當用全力贊助科學的事業，或者直接加入科學界──尤其是自然科學界──作一個研究者、發明者，或者間接鼓吹科學的信用，培養科學的人才，以及用其他方法幫助科學的發展等等，尤其在我們這樣科學程度落後的國家，

愈有用全力來贊助的必要。

　　第二是促進社會制度的改造，以除社會教育化的障礙。我們前面也看過，社會制度與教育制度是相應的，我們所理想的教育制度，只有在社會制度改造到較美善以後，才能有充分實現的希望。因為現在是階級的社會制度，所以教育制度也是階級的，我們要希望有全民的教育制度，不能不先希望有了全民的政治制度，全民的經濟制度，所以社會制度的改造是不可緩的。我們的教育家應當直接投入社會改造的總運動中，或者社會上一部分制度——如政治制度，經濟制度……改造運動中作一分子，或者雖不加入其他運動，而對於他們的運動，應當加以贊助和同情。

　　以上兩個手段是促進社會的教育化的根本的手段，此外就目前現狀而論，有幾件事業也不妨去作的。第一是改良都市的運動，現在的都市因為純任自然發展的緣故，不滿人意之處甚多，所以改良的運動也因之蠭起。如花園都市運動（Garden City Movement）其最著者。我們都市的教育家，應當贊助這個舉動，或改良舊城市，或建築新城市。總之，以利用科學的發明，使鄉村的美質逐漸加入都市內為主，此種美善的環境，對於教育大有關係。在我們中國都市尚未發達的國家，對於這個問題，尤當「未雨綢繆」，自必「事半功倍」。第二是改良鄉村的運動，鄉村所以比都市好者，在於與自然的環境接近，其不如都市者，在物質的享受較缺。我們現在鄉村的教育家，對於鄉村的改造應當加入贊助，務使與都市逐漸接近，得以享受與都市同等的物質生活。倘若在鄉村能夠享到與都市同等的物質生活，而又無都市的侷促狹湫的弊病，那麼我們的人口絕不會集中到都市去，而我們的普遍的社會教育制度也就可以成立了，但這非藉科學發明之力不可的。我們再看怎樣才可以促進教育的社會化呢？這個問題是我們現在教育界的人士，立身行事最重要的問題，不可不可以注意。據我的意思想來，我們所可採取的手段大約有以下幾種。

　　第一、是就學校制度為改革的運動，將學校以內種種非社會化的特點除去，使逐漸接近於我們所理想的教育制度。這是在現行制度之下，

較易採取的辦法，也是一般所已經無意中採用過的辦法。但我們必須注意，學校制度有幾個根本的不可逾越的、非社會化的，特別如教師學生階級的區別，畢業年齡的限制，缺少親子愛情及兩性愛情生活的內容等等，是很難得除掉的；所以就固有學校為改革的運動似易實難。不過現在學校制度在教育上的權威是很高的，倘若在學校的名義之下，為這樣的運動，也許可以免除一般的疑慮。

第二、是以鄉村為根據，建設一學校式的模範鄉村，我們的理想的教育制度是「即學校即社會」的，但從學校制度而採取一切社會的特點是很難的，不如以社會為根據，而採取學校的種種優點較為容易，因為社會大而學校小，社會能容納了學校，而學校不能容納盡社會的緣故。我們現在若欲使全社會為教育化，是非全盤改造後不能的，但一部分的改造卻並非不能做。

我的意思，目下的農村為社會上一小單位，我們倘欲建設理想的教育制度，不妨先從這裡起實驗。我們可以創立這麼一個團體，或以學校名或不以學校名——為免除社會的懷疑起見，以學校名最好，為表示特殊性質起見，不以學校名亦好——但無論如何，主其事者必須明白，我們的團體與學校有根本不同的地方。以這個團體為根據，逐漸吸收鄉村的青年，少年和兒童，凡加入這個團體的——循俗之名亦可叫他做學生——在團體內都得到許多富有教育意味的經驗。同時對於團體以外的鄉村自治，也應當以友誼的或一分子的態度來設法促進。一個鄉村是很小的，人口是不多的，只要十幾年工夫，使全村的人都了解而習慣於我們的新生活，則我們的理想教育國便可以建設起來了。倘若這種運動逐漸推廣於各農村中，則接近的農村自能彼此聯合，而大的教育國也可以出現了。但農村的規模太小，力量太薄弱，所以充分的實現我們的理想是較困難的，只要能差不多便算成功了。

第三、是以都市為根據而為社會教育的設施，這個與前段農村中所採用的方法當然大同小異。都市所以勝於農村者，在能力充足可以充分經營，困難者在情形複雜，較難運用自如。非先有努力的宣傳運動，使大多數了解，此種教育政策之需要，是不能成功的。

　　第四、是以全力來促進社會教育的前途，加增它的內容，提高它的地位，推廣它的面積，使它一躍而為教育制度正統的地位，我們的改造教育家，對於此事總應當用全力來做的。

　　以上四種方法，是就一時所想到的而言，自然不免有缺漏之處，好在實行方法非本篇主要所討論者，且其實亦隨時隨地方法不同不能預先固定，故不必再說但我們以上所說的方法，都是就我們的主張已經有了相當根據，為一般教育家所承認之後而言，至於在目下這種主張，僅是一種粗枝大葉的紙上空談，既不為一般教育家所注意——承認與否自更不必說——又其未來之生命如何亦尚難保——或者竟不過成為一點文章的遊戲而已——在這個時候我們喜歡對這個問題加以注意的人——尚不敢說贊成不贊成的話——應當取何種態度呢？我以為我們所應取的態度是這樣：

　　第一步自然要先「研究」，凡注意於這個問題而欲看的究竟的教育學者，都應當把他們一部分或全部分的工夫花在這個研究上。我們一方面就已往教育先哲的書籍中，看看是否有與我們相同或者正反對的理論，而審查其是否。一面就歷史上為精博的研究，對教育制度之演進發展之痕跡十分明瞭，且從事而發見其當然之理法。一面就現在各種教育上的新運動，為精密的調查，看它有無大致的趨向，及這個趨向是否與我們的主張相合或相背。一面就各種社會制度的內容為大體的認識，再就專門家的判斷，而看其對於教育制度現在及未來的關係為如何。一面就各種形式的學校教育，與各種形式的社會教育為比較的研究，看其彼此之優劣如何。對於這些研究所得的資料，我們都應當以極審慎、極公平的，為真理而求真理的態度出之，既不可有依賴舊習的心理，又不可有武斷和迴護自己主張的心理。倘若經過這樣的研究之後，如果站不住自然會自己取消，如果站得住，再為第二步的進步。

　　倘若第一步的工程做完，而此說尚站得住的話，便應當進而至於第二步的態度，便是「實驗」。研究所得的無論如何徵實，如何精密，終是理想的空中樓閣，它的真正的價值，總應當從實驗的結果去判斷。我們不妨如前文所舉，先就一個鄉村或一個都市，為這種教育即社會的生

活的實驗。實驗的結果，許我們的主張成立，或者不許我們，或者部分的加以修改，都是可能的。倘若經過這樣實驗及修改之後，我們的主張有確實成立的可能，然後我們再進而執第三步的態度。這態度便是「宣傳」。我們或者著書立說，或者組織團體等等，這都是人所能想到的，可不必細說。於是我們才可進而為第四步實際的運動，這便是前文所已舉的幾種辦法了了，這種辦法同時並進之後，再加以自然的演進，我們的理想的教育制度自然會建設起來。

到了那個時候，我們才從「必然的世界」，踱到了「自由的國家」；我們才有了與自然抗爭的大利器；我們才可以用教育的力量改良我們的人種，──我以為優生學也是教育的內容之一──改良我們的生活，發展我們的前途，我們才可於地球上實現了理想的天國。──這天國是幾千年的宗教家，所朝夕盼望來到的，也是我們幾千年來的教育家，所朝夕盼望來到的。但是我們的教育家已經搶了先著了，已經摸到了開天國之門的鑰匙了，我們的鑰匙上面刻著兩個光耀的大字，叫做「教育」。我們這一篇文字的目的，便是希望把這個鑰匙，能夠分給人人使用，不要專便宜了少數人，倘若這個希望可以用任何方法達到，無論它與我們本篇的主張衝突與否，我們都要叫它做「全民教育論」。

〔附言〕

　　本篇最後的幾節，因為趕《民鐸》出版的期限起見，未免有未盡詳析之處。現此文及其他同性質的文字數篇將彙為一書，由學術研究會出版，在彼書中，著者將別為後論一篇，專究本文所解說未盡易惹疑問之處，引申而補論之。但此問題甚大，以著者之讓陋，所見必不能甚當。我們中國素以重視教育為傳統的思想，現在國內智識階級，幾無不多少與教育界有點關係，倘若肯費些工夫來對此問題；或其他同樣的問題來考究考究，其收穫必然可觀。我以為我們的教育倘若要真有效果，不但需要有實際的教育家，也需要有偉大的教育學者出現──別的事業自然也一樣──我們必須希望在我們中間，有了海爾巴脫和杜威這樣偉大的

教育學家，我們的教育才有了生氣，才不是純粹抄襲的作品。在
這樣偉大的學者出現之先，我們應當先盡驅除的責任，我們希望
有美麗的花枝出現，也須先有幾個肯做盆中泥土的人，我們基督
要來了，但為他墊平道路的施洗約翰是誰呢。我盼望大家起來做
墊平道路的運動，好預備我們的基督降臨。

文章出處：《民鐸》第5卷第5號（1924年7月1日）。

理想學校的先決問題

我們「平民教育」這一次改組以後，所抱的方針，就是多談問題，少論主義，只問「應該怎樣」，不問「為著什麼」。所以我也不敢來高談什麼教育原理，只就我們日常辦教育的一件最平常的問題來討論討論，就是理想學校的問題。記得從前有一回和一位朋友談天，他突然問了我一句：「倘若要辦一理想學校，第一的應當具備的條件是什麼？我當時很覺得難以回答他這句話，但是想了一想，我就毅然回答他說：我看起來，理想學校的第一個必要條件就是：在校寄宿」。

我當時回答的話不過是一時的見解，還恐怕不很合理，但是到了近來，我偶然從一本書上：《A New School in Belgium》，看見了一段論新學校必備條件的文章，他的第二條便是：新學校是一個寄宿的學校（The New School is a Boarding School）我始覺得我這個意見竟許是不錯，所以把他寫出來向大家請教。教育根本的原則是甚麼？拿後天改變先天，後天的影響力最大的東西是甚麼？環境。環境怎樣可以改善人生？排除壞的環境，換上好的環境。所以倘若環境不改良，縱然天天說改造理想，改造人生，到末了終是一句空話。

拿普通教育的眼光看，家庭的環境呢？還是學校的環境好呢？拿中國目前的情形看，家庭的環境好呢？還是學校的環境好呢？倘若我們不承認環境的勢力便罷，倘若我們不承認學校的環境好便罷，如果還能夠承認這兩件事情時，那麼請想想，現在不寄宿學校的學生，在家庭的環境之下，所受的影響是怎樣。固然家庭也有比學校好的，《A New School in Belgium》內中也曾說過：家庭的自然影響，倘若這種影響是完滿的，比最好的寄宿制學校還要更好。（The Natural influence of family, if that influence be Sound, is invariably preferable to that of the best boarding-School），但是這種家庭可惜不是能希望於一般人的。

教育是為一般而設，不是為少數例外而設。固然杜威博士也曾主張學校與社會的聯絡，學校不是要建立在魯濱遜飄流的孤島上，是要建在

幾百萬人聚集的城市中。但是聯絡究竟與混合不同，學校不單是社會的小學生，還要是他的老前輩。學校所負的責任不單是模倣社會，還要是改進社會。社會的種種好事業，好風俗，好習慣，固然學校應當負保存的責任，並且要負促進的責任，但是不能說社會喜歡賭博，我們也就提倡學生打麻雀、推牌九；社會喜歡纏足，我們就提倡女學生蓮步珊珊，社會喜歡抽大煙，我們就公然擺開煙舖。

諸君莫笑我是一時憤激之談，如今：職業教育的新潮流中，還有提倡學生做「重利盤剝」的借據的呢。從前有一位先生也曾把這個問題，問過杜威博士，他回答的話，是在中國這種惡社會裡頭自然另是一說，我想在外國那種好社會裡頭，恐怕也得另是一說呢。而且教育的成功條件，環境固然佔一大部勢力，人格感化也不算不重要。教師對於學生，無論用什麼方法，第一步總是要彼此了解人格。了解人格是要長久的相處在一處才能成功，絕不是搖鈴上課，打鐘退堂的短少時間所能奏效。所以就現在不寄宿學校的一般狀況說，我敢斷定無論如何絕不會收教育上的最大效果。在不寄宿的學校，若談到「訓育」二字，簡直是傷心之外無他說。沒有工具而妄想作出好東西，這是絕不能有的事情，我們應當深深懺悔。

懺悔還是第二步的事，最要緊的是立刻改造這種制度。寧可少招幾班學生，少聘幾位教員，少添幾種科目，不可少蓋幾間寄宿舍。寄宿舍的成功不成功，我敢決定理想學校將來的命運。可是話又說回來了，實行固然要緊，理解也不可不注意，因此明白寄宿制的必要，也是第一件要緊的事情，這是我所以作這一篇文章的意思。但是還有一件要聲明的，我是說理想學校必須要寄宿，不是說有寄宿的都是理想學校，寄宿到實行以後，教師所負的責任更大，應辦的事情更多，倘若不能實地去作，結果生了壞影響，反來埋怨寄宿制，那就不是這篇文章的本意了。

文章出處：《平民教育》第26號（1920年12月20日）。

教育家懷疑的態度

　　有人說：「新思潮只是一個新態度」，我說這話不錯。從這話引起來，我們便可以說，教育界所受新思潮的影響不是別的，只是大家改變一種新態度，這種新態度，不是別的，便是懷疑的態度。從前以為八股文章是「代聖立言」，現在對他懷疑了；從前以為科舉制度是甄別人才惟一的捷徑，現在對他懷疑了；從前以為除了中國以外沒有學問，現在他懷疑了；懷疑的結果，造成一九〇二年（清光緒二十八年）的廢科舉，辦學校。從這一懷疑之後，新進的教育家便分了兩派，有勇氣的仍然往前懷疑，無勇氣的便到此為止，到此為止的，便變作了民國的「遺老」、「遺少」；往前進的仍然懷疑不止，對於教育宗旨懷疑，對於辦學務的人懷疑，對於一切前清末年的學制懷疑，懷疑的結果，又造成一九一二年（民國元年）的學制改革。

　　有勇氣的仍然往前懷疑，教育界的思想又顯然分了兩派。一直到一九一九年的五四運動爆發之後，這兩派的關係完全破裂開了，於是新懷疑家一舉而攮去舊懷疑家的位置。這一次的懷疑面積最大，對於孔孟的學說懷疑，因此斷絕學校讀經的根株；對於舊式的古文策論懷疑，因此起了國語運動，對於軍國民教育懷疑，因此有廢兵操的提議，對於教師的專制懷疑，因此處處鼓吹學生自治；對於學生以讀書為惟一天職的說懷疑，因此有「學生聯合會」的干涉政治，對於男女不相授受的說懷疑，因此有解放學制男女同學的事實。現在，五四運動已經過去一年多了，五四運動所淘汰過的新懷疑派、舊懷疑派、不懷疑派，現在且不必提，他們早已被五四以後懷疑的呼聲遮過，他們的時代已經過去了，現在不是他們的時代。如今且說五四以後產生的新新懷疑派，前途究竟怎樣。這裡有兩條路，一條路是迴旋的，走來走去走到老，也逃不出原來的地方；一條路是前進的，走一步進一步，前一條路名叫「襲故」，後一條路名叫「懷疑」。懷疑啊！懷疑啊！這是新教育家應持的態度。

　　我們應當懷疑一切學術，一切思想，一切制度，乃至懷疑教育的本

身。我們應當問教授法如此對嗎,課程如此對嗎,學校的組織如此對嗎?我們應當問學校制度天生就是這樣嗎,教授方法天生就是這樣嗎,一切習慣遺傳下來的法則天生就是這樣嗎?有疑的要疑,無疑的也要疑,大家疑的要疑,大家不疑的也要疑。我們儘可以懷疑不要組織,不要學校,不要教育。當你懷疑的時候,同時便是你要求解答的時候,懷疑而得了解答,解答便是懷疑的結果。解答許這件事情存在,你便仍舊讓他存在,解答不許他存在,也應當即時拋棄。懷疑而沒有解答,應當繼續懷疑,繼續研究求解答。沒有正確的解答,不能便承認這事正當的存在權,應當仍舊懷疑,直到得了解答為止,這便是教育家應持的態度。懷疑啊!

文章出處:《平民教育》第27號(1921年1月10日)。

我所望於（教育博物館）者

十一月十四日，我在高師週刊紀念號上作了一篇〈一個提議〉，內容是要求教育界共同提倡創設一個「教育博品館」。在當時以為照現在教育界經濟窘迫的情形看起來，不過是一種夢想，絕不會見之事實的。隔了幾日忽然聽得教育部居然有籌備「教育博物館」的意思；又隔了幾日居然看見教育博物館籌備員向各校徵集成績物品的公文。我不知道是我的意見發表在先呢？還是教育部的籌備在先呢？總而言之，這可以算一件很重要的事情，所以我再把自己的意思寫出一點來。

本來「教育博物館」——我所說的教育博品館與博物館意義一樣——這個名詞，有兩種意義；普通所指的，是為一般人灌輸智識用的，我那篇文章內所說的，是為教育者實驗學術用的，這兩種截然不同。這一次教育部所籌備的，我不知道是屬於那一種，但看他的公文內的意思，大約是第一種為普通人民設的博物館。這一種我也認為很緊要，並且比通俗圖書館緊要得多，所以我欣喜祝望他的成立，但是又恐怕成立以後，失了博物館本來的精神，所以願意拿自己的一點見解作為貢獻。

以下是我對於教育博物館所希望能辦到的，因為一時不能作有統系的研究，所以先就所想到的隨手寫出來。一、教育博物館既認定是為社會教育而設，便應處處抱定這個宗旨，不可隨便敷衍。二、館址應設在最適中最熱鬧的地方，不應當像京師圖書館一樣，安在最偏背的地方。三、陳列的物品，應當準市民生活的必要而搜集，不可東拼西湊，因為博物館是教育的性質，不是古董舖的性質。四、陳列的物品最要是與改良市民生活有關係的東西，如同衣食住等新考案最好。五、其次專門輸入常識的物品，自然也很要緊，但是總以與北京市民發生直接關係的，如同北京附近地理形勢模型等類為要，因為館址既設在北京，當然要顧及北京的住民。

六、陳列的物品以直觀易解的為主，最好是模型物品，其次是圖畫，最下是表冊之類。七、陳列次序，應當悉心研究，不可隨手亂擺，

最好是各種物品，都按他原來進化的次第排列，使人一看發生歷史的興味。八、過去歷史的老古董──如某陵的碑，某人的字畫之類──最好是少要，必不得已，陳列的時候也要使他與現代生活發生關係，就是不要把博物館，變作古物陳列所。九、陳列的物品，件件都應當有說明書，說明其來源製作法等之外，尚可加幾句評語，略含引誘或勸止之意味。最好是多請幾位說明員常駐館內，隨時對於參觀者加以說明。十、館中應當專聘幾位技術家，單管製造模型的事，因為這項東西，必須準社會之需要來專門製造，不能用現成的裝門面，這類技術家如中國沒有，不妨到外國去請。十一、最好是把博物館和圖書館合而為一。十二、博物館萬不可向市民要入覽券的錢。以上十二條，是我一點草草的意見，暫說到這裡為止，以後想起來再說。我希望教育博物館快快成立，敬祝博物館的發展與進步！

文章出處：《平民教育》第27號（1921年1月10日）。

未來教育改造趨勢之觀察

　　學校的社會化與社會的學校化，教育是產生社會環境的原因，但同時又是社會環境的產物，因為是互相因果的緣故，又所以倘若社會的組織一朝變了，教育的組織也必須要變，當然要變。在上古農業社會的時代，村塾家塾的制度最為普通；而如在印度等地方，露天的教授也甚流行。這時社會的組織是分散的，故教育的組織也是分散的。到了手工業特代，社會的重心漸漸從農業轉到商業，故教育的制度也有變為流動的趨勢，中古時代的學者，大半從遊行各地時領受教育，現在世界最古的大學如巴黎大學等，起初多是遊行教授的團體。自後蒸汽工業起來，交通器具改良了，人口集中到大的都市，社會的組織變為密集了，故教育的制度也隨之而變為密集，學校的制度，國民教育的制度，專門大學的制度，都是蒸氣時代的教育所必須的，當然的。

　　再看中國歷代教育制度變遷的痕跡，也自然顯出一種相應的樣子。上古封建時代，井田時代的教育，有庠序學校等制度，那時的學校須知與現代學校很有不同的處所——帶有貴族主義、家庭主義的特質。井田是公有的，故學校也是公立的。井田是初期農業社會底下的共產制度，故學校的統系也有半分散、半集合的性質。後來有志復古的人，往往把復井田、興學校，當作兩件並提的事情，可見二者間的關係了。中古以後，井田廢，阡陌開，商業興起，於是教育制度隨著社會組織的更變有兩種分化的趨勢。一種是隨著私有農業的發達，家族的制度的鞏固，故有私塾——尤以族學為盛——的教育制度。一種是隨著商業的發達，交通運輸的便利，故有游學的教育制度。這兩種制度的合併，產生近世的科舉考試制度，一直維持到十九世紀末年。至於最近的國民教育制度，是採取歐美日本的成法，受經濟變動的影響，更是顯然易見的。以上的詳細情形，可以讓研究教育史的人去研究，不是我們現在援引的目的；我們只要曉得結果一句話，就是：「倘若社會的組織一朝變了，教育的組織也必須要變，當然要變」。

　　二十世紀以後的社會組織，將有劇大的變動，這是我們一般所看出來的。並且這種變動的方向，大約是趨於「共產制度」、「電汽工業制度」，也是可將預定的。然則與這種社會組織相應的教育制度，將要取如何的變更，應當取如何的變更，這不是現在負教育責任的人，所應當熱心研究的一件事麼？現在的社會組識，彼此牽制得很密切，故倘若全世界的組織變了，絕不會有一國仍在例外，因此我們中國人不能因為學步的稚弱，便拋開這件問題不講。最近的國人也似乎有些覺悟，頗有幾篇文字討論到這個問題，如沈仲九先生在《中華教育界》，梁任公先生在《改造》的論文，張東蓀先生最近五月十日在《時事新報》的〈時評〉等，——我如今把我的一點意思寫出來。

　　近世的教育制度，濫觴於文藝復興以後，而完成於普魯士弗烈得力大王時代，正是軍國主義和資本主義兩種合並的結晶品。以後雖然有了分化的趨勢，如法德諸國，軍國主義的色彩較重，而英美諸國，則偏重於資本主義，究竟是兩種主義都帶些的。中國因為本身發達較後的緣故，維新以來，雖然探取歐美日本的教育成法，只得了他的不好處，卻沒有得了多少好處。自一九〇二年（清光緒二十八年）到現在，二十年來的教育制度都是取法日本，日本又是從德國學來的，故中國過去的教育制度，可以說是屬於大陸派的，是較偏重於軍國主義的。然而中國的國家組織，並不能像德國、日本那樣強固，因之軍國教育的好處都不能見，而機械的不自然的毛病卻到處發現。最近教育經費的困難情形，教員罷工的大風潮，直接是表示政府無力維持教育，間接即是表示軍國主義下的教育制度的破產，以後無論政治變遷到什麼地位，我敢斷定靠政府來振興教育是絕對無望的。

　　我推測以後中國的教育制度，大約是要從軍國主義過渡到資本主義，因為照中國現在社會狀況的趨勢看來，在最近二、三十年以內，偽資本主義——或說是不完全的資本主義——必要發現。那時許多應運而生的資本家，為博振興教育的美名起見，一定要多辦學校，於是教育的中心，便從國立學校移到私立學校，從政府移到資本家手裡。現在教職員們因為政府不肯維持教育的緣故，已竟有主張請資本家出來維持的；

不要忙，這件事情眼前就會實現！

本來在民國三、四年時代，黃任之氏等主唱的實用主義，便已是趨向資本主義的一種表現，只因那時袁世凱在位，政治的組織雖不清明，卻還強固，故一時軍國主義與資本主義也還處於相對等的地位。直到最近幾年，政治勢力分散，軍閥的橫暴，政府的軟弱，都可以表示軍國主義的末路；而同時實業漸漸發達，資本家漸漸多了，資本主義有了「與君代興」的資格，教育界一般的眼光，遂也從德日式轉到英美式。試看近二、三年來，教育界中日本出身的學生和美國出身的學生的勢力消長情形，也可見教育界心理的一斑了。最近幾年教育界本身的風潮，也可以說是軍國主義的失敗，和資本主義代興的一種表現。

我從前以為這是對於教育制度根本的不滿意，現在覺得這個觀察未免還嫌過早，此時一般人的不滿意的心理，還祇是對於軍國主義的不滿意，並非對於舊教育制度全體的不滿意，大家還抱著一種離開日本往美國走的希望，英美式教育的破綻還未顯露，大家對他還未失望，不過失望終久是會來到的，將來總有拿現在厭棄政府辦教育的心理，來厭棄資本家辦教育的一天，因為中國將來要發達的資本主義，一定和過去發達過的軍國主義一樣，都是偽的，在這種主義下產生的教育制度，只會有他的不好處，不會有好處，而且世界的社會組織變更的時期將要來到，縱然是真的資本主義也成了過去的潮流了

試看一、二年來，各處學校引用的美國出身的教員，也都不能令人滿意，又如某某華僑辦的大學內部的暗潮，都可以表現將來英美式資本主義的教育，充其量也不過如此。要知這都不是人的問題，實在是制度的問題，美國的留學生固然不壞，日本的留學生又何嘗有什麼大不行的地方，在目前的教育制度底下，無論請何等大教育家、大學問家來也不中用的──試看杜威、羅素來了一年多，大家聽聽也不過如此──等到有一天，大家從對人問題的迷夢中醒過來，眼光轉到制度的本身上頭，「呵！從前種種歡迎這人菲棄那人，歡迎這派菲棄那派的問題原來都錯了，但教育為什麼仍舊辦不好呢，莫非是這個制度應當改革罷？」那時才是真正教育改造的時期到了。這雖然是二十年後才會求到的事情，但

我們現在不可不充分研究，充分鼓吹以作將來改造的預備。

　　未來教育改造具體的形式如何，我們雖然尚不能預測，並且將求難免各帶地方的色彩，也不可一概而論，但大致的趨勢總還可以略微看出來，大約離不開兩種背景：一種是看未來社會組織的變化如何，一種是看現在教育制度的弊害如何，未來的教育制度，便是適應和利用當時社會的組織，為矯正已往教育制度的弊害，而產生的制度。我如今姑且把這種大致的趨勢，分作幾條寫出來。

　　一、未來的教育制度是融會現今所謂「學校教育」、「家庭教育」、「社會教育」三者冶為一爐而成，不是現在三者各各分離不相聯絡的樣子。這種教育制度我們現在無以名之，姑且叫他做「學校」，但須知與現在所謂學校的意義大不相同。二、因為是三者融合的緣故，故未來的學校，是沒有一定的住址的，是普及於全人民的，是凡有社會之處即有學校的，是「社會即學校」的。三、因為如此，所以未來的學校，是沒有期限的，人從落地到老死，一生都算在學校之中。四、因為如此，所以未來的學校，便同時負有兒童公育，養老送終的責任。五、因為如此，所以未來的學校，有經濟獨立的能力，不必受外界的幫助，每個學校即是每個獨立的小社會。六、因為如此，所以未來的學校，生徒人數可以大至無限，譬如一個幾百萬人口的大城，也可以算做一個學校，因為那時電氣事業發達，必可以不出家門而接觸多少里外之事，故教室等制度一概取消。七、未來的學校，沒有教育者、被教育者之分，教員也是學生，學生也是教員，按程度的高下遞相授受，大家共同處理學校的事務。八、未來的教育制度，是「做工」、「求學」、「娛樂」三種事情融合而成，不似現在專管求學的事。

　　以上八條的內容，總起來便是「學校的社會化」，而同時也便是「社會的學校化」。現在的學校和社會是彼此分離的，將來的學校和社會是彼此融合的；社會就是學校，學校也就是社會。至於怎樣由現在的教育制度，變到未來的教育制度，中間所經的途徑，我推測大約有兩種：一是自然的：目下英美式資本主義的學校，和社會的聯絡已是很密切，「學校的工廠化」，更是實用主義教育家所熱心倡導的，而自十九

世紀末葉以來，社會教育的位置已漸漸被人注意，漸有和學校教育同等重要的趨勢，將來「喧賓奪主」，總有一天，到那時學校教育自然便同社會教育會融合。一是人為的：此中又分兩項：

A. 由公眾的勢力幫助這件事的進行，最近經過社會革命的國家，對於「全民教育」都很注意，兒童公育，平民大學等制度都是新制度的先聲。

B. 由個人的努力，建設理想的新學校，作為未來的模範，這是我們所可以從事的。我們固然要求「全民政治」，我們卻也要要求「全民教育」；沒有全民政治產不出全民教育，沒有全民教育，全民政治的基礎也不會穩固，政治和教育是社會上的兩個輪子，缺一不可。新進的教育家啊！不要空談什麼社會革命了，來談談我們的教育革命罷！（此稿因限於篇幅及自己現時的學力，故祇能大概說說，作為一篇發凡，以後想單抽出其中每項，作個比較詳細的研究，以供讀者參考）。

文章出處：《平民教育》第38號（1921年9月25日）。

打破隔閡人性的教育制度

　　近幾年來中國教育界一般的現象是鬧風潮，於這諸種風潮之中，最可令人痛心疾首的，還不是因教育經費缺乏，外交失敗，武人專橫等所起的對外的風潮，卻是學生教員中間，因種種原因而起的學校內部的風潮。因為對外的風潮縱然十分令人憤慨，令人絕望，究竟這是教育以外的事，另外有負這種責任的人，不能歸咎於教育界，因此教育界只有同心合力對付這件問題便已夠了，與教育界自身無甚影響。惟有由學校自身所起的風潮，其原因、其範圍都在學校自身以內，無法諉過於別人，於此而不能使風潮絕跡，即是表示學校自身無消滅此事的能力，即是表示學校自身有必然的發生此事的種子，即是表示學校前途的無望，因此教育界中，令人最痛心疾首的便是這件事情。

　　學潮的起源和影響，因各校的環境而異，本不能求一個普通該括的原因來從事說明，但據我的意思看，各種不同的原因之中，畢竟也還有一個根本一致的最重要的總原因，便是學校制度的問題。我們曾經過學生時代，我們也經過教員時代，我們在學生時代曾經過幾次的風潮，我們在教員時代也還同樣的經過風潮到幾次以上。這幾年的學校生活，耳所聞的，目所見的，差不多日日在風潮震撼之中，和我同樣經過這種時代的教育者、被教育者們，大家對這問題的感念如何，我不可得而知。據我自己看來，大多數的風潮的主因，恐怕多半是由於教學兩階級彼此中間的誤解所致，這個觀察我自信是不誤的。

　　這樣的觀察，恐怕多數人要不以為然，以為太覺得寬恕了些，其實我們並不是純粹主張性善論的。教員中間，學生中間，有許多的害蟲，其作惡由於「故」，而非由於「誤」，這是我所承認的。不過一件事情，能鼓弄得成了一種風潮的時侯，非是在大多數心理中，已經有了適宜發生的情形不可，在大多數的心理，多分沒有究全自主的能力，與其歸罪於多數人本身，不如還是歸罪於造成此的環境好些，所以研究學校風潮的人，不可忘了學校本身的制度問題。

現在的學校制度，真是最適宜於發生教學風潮不過的了，因為他顯然把教員和學生分成兩個對抗的階級，分成對抗的階級還不算，還要使他們兩個階級之中，嚴重分別，永遠沒有彼此融合的機會。四角方方的教室，一個人站在高處向南，幾十個人坐在低處向北，這樣分明的區劃，怎能不使身當其境的人，顯然的起一種階級的感覺呢？教員和學生除了教室以內規規矩矩地對面說幾句話之外，簡直平素還要避道而行？偶然有大膽的破壞向來的習慣，彼此也到一處談談，但所談的也還是照例的規矩話，彼此裝出極正經的樣子，這種樣子不是平素知己朋友談心時所看得見的。學生的思想意見怎樣，教員簡直不知道，教員的思想意見之於學生亦然，平日既已因隔閡而發生誤解，因誤解而發生仇視，一有機會，自然要不停的發作了。

如果不信這話，為什麼有許多人在學生時代，一遇風潮總是說教員不好，而自己當了教員之後，又處處責備學生呢？有人說這是教育者的變節，但變節兩字豈是隨便可以拿來誣蔑人的，許多的朋友，他的純粹，是一般可以信過的，但他的意見的急遽變化，又如此之著，這是因於什麼緣故呢？不是階級的限制所造成的嗎？再舉一個反證的例，為什麼女子學校的風潮比較的少呢？為什麼這些比較少數的女校風潮之中，十分之八九又都是對於男教員而起的呢？這不可以想得出來嗎？女子和女子的聯絡比男子較勝，雖在階級的對抗之下，師生的感情實在比男子親密，女教師和女學生做朋友，這是尋常的事，男校師生之際，如此的能有幾個呢？這或者總是女校風潮所以比較少的原因罷。

我們總不能說，人性生來就是相惡的，師生間的關係，註定了就應該仇視的，對於人造的原因，總應當想法子改良改良罷？如果真要想法改良的話，則我們願意在下期提出一個「毀校造校」的問題。我以為風潮（茲就學校風潮而言之）這一事，可以從心理學上境遇和反應之法則說明之，學校的風潮，就是學生對於某種境遇而生的反應。心理學上說：若有某種境遇存在，就必有某種反應發生。所以若是有致風潮之境遇存在，就必定發生風潮之反應，沒有惹起風潮的境遇存在，而能發生風潮，這是自有學校以來，絕對沒有的事，若是有了惹引風潮的境遇存

在，而不見風潮發生，這也是絕對沒有的事，以例言之。（編者按：此
文似乎未完）。

文章出處：《平民教育》第39號（1921年10月10日）。

怎樣建設新教育學

　　教育事業是與人類以俱來的，但直到今日，教育在學術的研究上，仍未脫離了「術」（Art）的地位而進入於「學」（Science）的地位。我們現今雖有教育學之名，但考其實際，不過是討論些教授的方法和這些方法根據的原理而已，這種研究只能謂之教授法，充其量也只能謂之為教授的科學。換言之，即將教育事業在應用方面，加以充分的科學的研究而已。超乎此種應用科學之上，將教育事業的全體，當作一個整個研究的對象，用純正科學的方法去研究，檢討，這些教育事業的起源，發展的真相，發展的法則等等，將教育完全成為一種獨立的純理的科學，則不但未聞有此事實，抑且未聞有人作此主張。

　　現在大部分常人乃至學者的意見，似乎都以為教育並無成為純正科學的需要，他們以為教育只是一種實際的事業，研究的目的也只求應用於實際為止，過此以上，是不必的而且不可能的。但他們忘記了，教育乃是人類社會中各種有力的活動之一種，他的地位是與「政治」、「經濟」、「宗教」等並列的。在政治等方面，我們已經有了政治學，經濟學，比較宗教學等，為什麼在教育方面我們不應該有一個純正的教育學，以研究這種人類自己教育自己的真實理路呢？

　　在社會科學中所包含的各種支派，如同政治家，經濟學等，最初也都是一種應用的科學而已。我們最初想到政治學或經濟學這個名詞，不過以為是研究怎樣改良政治或經濟的現狀，使實際上更加有效而已。但後來人類的知識進步，研究的興味增高，這種枝節的、淺近的研究，不復能滿足人類求知的慾望，於是政治或經濟才有提高為純正研究理法的學問的資格，而成為今日之政治學和經濟學。今日的政治學和經濟學，不是僅僅研究怎樣去從事政治，怎樣去管理人民，怎樣去發展財富，怎樣去懋遷有無的等等應用問題，他們已經更進而研究到政治和經濟權力之由來，這些事業在人類社會中活動的經過，他們的理法，他們的趨勢等等更深遠的問題上去了，這樣便成為純正的政治或經濟科學。當政治

和經濟已經由應用科學進化到純正科學的時候，教育卻仍留滯在應用科學的大門上，天天在那裡研究怎樣去教，怎樣教得好等等枝葉問題上，這些努力當然都是需要的，然而我們還有更需要的事情在後面。

在現在從純理方面去研究教育的已經有了教育哲學，這是我們已經知道的。我們從盧梭讀到斯賓塞，從裴斯塔洛齊讀到杜威，我們的教育哲學著作有那麼一大堆高，然而這仍是不殼的。哲學不過是科學的初步，是一種未進化以前的科學，我們現在要求一種進化的科學教育學，就是非以個人主觀為標準而演繹成的教育哲學，乃是以事實客觀為根據而歸納成的教育科學。猶如從虛玄的政治哲學和經濟哲學，進化到實理的政治科學和經濟科學一樣，我們也要求從虛玄的教育哲學，進化到實理的教育科學，這個要求並不過奢。

現在把教育的研究純放在心理學家手裡是非常危險的一件事，我並不是說，心理學家的研究是不確實，他的成績是不大，但單單心理學的研究，是會使教育成為極狹小的一部分事業，再不會有更廣大的發展的，尤其是現今這樣的研究法。教育的研究本來是根據於三種科學：一社會學，二生物學，三心理學。而這三種科學在與教育的關係上，都可有純理的與應用的兩方面。應用的方面是要研究怎樣施行教育的方法，他的注重點在被教育者，因此無論在社會學，生物學，以及心理學，所注重者都在研究被教育者的情形以供教育的實施，在這種要求下，特別是被教育者的個人身心的狀況，心理學家在這方面，貢獻了絕大的成績，使教育的技術發展成為純正依於科學的技術，在人類事業中給予了一種最良好的努力，我們對於這個功績是非常讚許的。但是他一方面講，因為這種應用的技術科學之充分發展，以致將教育學者的眼光，束縛到極小極小的點上去，他們以為教育的科學從此已經算成立，他們以為教育研究的正當方面，業已找到不必再找了，他們以為超乎這種應用技術的科學的研究之外，再不會有甚麼教育科學了，教育的研究在這個固定的形式之下，一天一天凝固下去，再不會有更廣大的發現了。

這些心理學家同時便是教育家——他們也號稱是教育學家，但依我們看來，他們夠不上被稱作真正的教育學家——掌握了教育研究的全部

事業，他們以實行家而兼作研究家，他們的研究是為實行而研究的，實行是目的，研究是手段，他們並沒有超乎應用以上的目的，他們並沒有更大的野心，他們把教育的科學的研究，當作一種技術上應用的常識，猶如牙醫生需要知道牙齒的構造和病源治療法一樣，他們所需要知道者不過如此。這樣把教育放在實際教育家的手裡，把教育當作醫藥一樣的看待，是教育所以永遠不能脫離應用科學的窠臼，而進化成純正社會科學的真正原因。

歷史上稍微有思想的教育著作，都不是出於實際教育家之手。盧梭是一個多方面的思想者，斯賓塞是一個著作家，而杜威則是一個大學教授。他們三個人又都可算是一種哲學家。教育僅僅在哲學家口裡，演成虛玄的哲理雖是教育的不幸，然試想若無此等哲學家之越俎代庖，來替教育說兩句題外的話，則教育研究將充滿了應用的技術討論，更不見有根本原理的發揮，豈非更無新路可走。所以從此一點看來，我們畢竟還得向這些哲學家道謝。況且從這些哲學家的著作看來，我們又可以發現一條明顯的進路。盧梭是一個純粹空想的學者，他的《愛彌兒》是一種哲學家的幻想，並沒有什麼實在學理的根據的。到斯賓塞便不然，斯賓塞是一個進化論的社會學家，在他的學問系統之下，他想以各個科學的研究為出發點，而建設一個綜合的哲學系統。他雖然沒有建設「教育原理」的野心，但在他的《教育論》的一本小冊子之中，他替教育學指示了一個新方向，他把教育的基礎拿來建設到社會學的研究之上，這種工作在後來看起來是很重要的。到了杜威這個趨勢便更顯明，他的《學校與社會》幾乎已經不能認作是虛玄的哲學著作了。從盧梭的《愛彌兒》到杜威的《學校與社會》我們拿來比較，發現何等的差異，這個差異是很有趣味值得注意的。就是見得教育的純理研究，已經漸漸走到一條正路上來了，順著這條路自然的發展，便產生了斯密司的《教育社會學》。

斯密司的《教育社會學》雖是一種粗枝大葉的嘗試工作，雖然尚未替這一門學問建設起完備的系統，然而已經可算替以後的教育學者開闢了一條新路。他把教育從心理學的基礎上奪回來，建設到社會學的基礎

上。心理學所能討論的，不過是教育的技術，而社會學所討論的，卻是更廣大的原理。沒有將原理弄清楚以前，一切心理技術上的努力，都不過是枝葉上的問題，都不過是牙醫生的修牙而已。然而教育不僅僅是修牙一類技術的事情，教育是人類社會活動中極大的一個動力，他代表人類活動的一個大方向，他對於未來人類社會的命運上有絕大的影響，我們對於這一個社會動力，應該不能隨便忽略過去的。

　　人類因為有管理和組織的本能和需要，因而發生了政治行為；因為有生產和交易的本能和需要，因而發生了經濟行為；因為有信仰和崇拜的本能和需要，因而發生了宗教行為；因為有求知和傳知的本能和需要，因而發生了教育行為；這四種行為，在人類社會中所效的功能是相等的，每一個都表現了他特殊的功用，都演成一種特殊的制度。研究這種政治的制度和功用的，謂之政治學；研究這種經濟的制度和功用的，謂之經濟學；研究這種宗教的制度和功用的，謂之宗教學；研究這種教育的制度和功用的，自然也應當謂之教育學。但是環顧今日，政治、經濟、宗教都已逐漸成為一種獨立的學問，都已成為系統完備的社會科學了，而教育學則尚沉滯於應用科學的地位，沒有人將他提高位置，未免太不公道了。

　　我以為我們今日為擴充社會科學的內容，為提高教育學的位置，為使人類在這一方面的活動，得有系統的完備的研究起見，應該有一個新的教育學出現。這個新教育學的內容系統，當然不是我們這裡所能談到的，不過可以大概將我個人的意見，略略陳述一下。我以為第一應該先規定教育學的真正定義，普通以為教育學只是研究怎樣教育的方法和學問，在我們則以為，此種定義是不夠的。我們應當替它下個更廣大的定義。「教育學者，研究一切社會中，教育事業之起源、動因、活動、變化及其影響之全部史跡之科學也。」當然這個定義是很粗疏的，但恕我們並非在這裡做教育學，不過略略舉一個例以說明教育學大致應該是這樣，因此也就不必深求。總之，教育學應當是研究社會上，教育活動之靜的、動的兩方面之真相，靜的方面，研究的是教育的現象和制度，動的方面，研究的是教育的活動和事跡，兩者相合就成為系統的教育學。

　　定義既定，再進而談到教育學的系統，我以為一個理想的教育學，應該有如下的系統：第一部是教育學的靜的研究，所要研究的是，教育形成制度以後之各種形式、組織，和他的功用等等；第二部是教育學的動的研究，所要研究的是，教育從起源到今日所有演化的情形，以及其演化之原因影響等等；第三部是歸納上兩部分的研究，綜合起來，給他發現相當的理法；第四部則可以應用這些理法，來解決或者醫治當前的教育問題。如今把著者個人計畫中的一部新教育的系統提出來以供大家參考，當代不少教育學專家，希望對我這個計畫加以指教。

　　我現在計畫中的一個新教育學的系統大致是這樣，總論：何謂新教育學？第一章、社會科學之體系與教育學。第二章、舊教育學之謬點與新教育學建設之必要。第三章、新教育學是可以成立的麼？第四章、新教育學之內容、範圍及系統。第五章、新教育學之研究方法。第一部：教育學之靜的研究——教育靜學。第六章、現代人類與教育。第七章、現代教育制度之解剖。第八章、現代教育之效能及範圍。第九章、學校教育制度。第十章、家庭教育制度。第十一章、社會教育制度。第十二章、私人傳習的教育制度。第十三章、專門技術訓練與教育制度。第十四章、高等學術研究之設備。第十五章、現代教育制度之綜合的觀察。

　　第二部：教育學之動的研究——教育動學。第十六章、生物天性與教育。第十七章、教育之起源。第十八章、教育成立之要素。第十九章、教育演進之動因。第二十章、教育演進之狀態及趨勢。第二十一章、宗教與教育。第二十二章、家族，家庭與教育。第二十三章、政治，國家與教育。第二十四章、經濟與教育。

　　第二十五章、個人理想與教育。第三部：教育組織及演進之根本理法——教育理學。第二十六章、教育在生物天性上之根據及可能性。第二十七章、教育與人類心理學。第二十八章、教育與人類社會學。第二十九章、教育組織之一般理法。

　　第三十章、教育演進之一般理法。第三十一章、教育之綜合的根本理法。第三十二章、教育與生物之將來。

　　第四部：應用教育學。第三十三章、從教育演進史上觀察一般教育

之缺點。第三十四章、從現行教育制度之研究上觀察現行教育組織之缺點。第三十五章、吾人所提出之補救法。第三十六章、教育制度演進之必然性。第三十七章、教育制度之將來。結論：教育學與教育制度之迴顧與前瞻。第三十八章、吾人所受教育制度之恩惠與苦痛。第三十九章、從完備的教育學產生完備的教育制度。第四十章、完備之教育學乎，其希望在將來。

　　以上這個計畫自然是很粗淺，貽笑大方之至。並且一種學術的新建設，也決非耳食不學如著者所能勝任，不過在這種希望之下，應該大家向這一方面努力罷了。我相信到教育社會學的出現，教育學已經是開闢了一個新方向，我們現在並不是要自起爐竈，去建設一個新教育學，現在新教育學已自己在那裡建設起來了，我們只要往前發揮光大便夠了。有嘗試精神的朋友們，快快往前努力。（附註：凡注意此文者，請參考拙著《全民教育論發凡》一書，商務印書館出版）。

　　　　文章出處：《中華教育界》第17卷第3期（民國16年9月）。

外患聲中教育界應有的覺悟

　　十七年來，教育界的無生氣，不為國人所重視，莫過於今日了。最近南京雖有召集全國教育會議之舉，但當此時局俶擾之際，加以外患襲來，國民的心目視聽都集中在濟南慘案上面，對於這個偌大的全國教育會議，注意的分數自然少了。所以在名義上這個會議雖然冠冕堂皇，而在實際上一般人看起來，還不如前幾年的什麼「教育會聯合會」，什麼「中華教育改進社」的年會，比較引人重視些。這當然是為環境所限，也不能怪主持的人不得法，不過回想前幾年教育事業在全國大出風頭的時候，不禁有天上人間之感罷了。

　　但是這也不過就表面的觀察看來，覺得今昔不同而已，若就實際上看起來，則今日的教育事業固然消沈，昔日的教育又何嘗有什麼真正的成績效果？十幾年來中國的教育事業以江浙為中心，而江浙教育界所擅長者，不過是門面的舖排與花樣的變換，今天這個制，明天那個制，今天這樣教學法，明天那樣教學法，入其門表冊爛然，像煞有介事，按其實際，究竟安心立命之處安在，恐怕能回答者就很少了。固然以內地之陳腐呆板的教育狀況看來，求能一日有如江浙，也未為不善，但是江浙化之教育風行全國已有十餘年，何以國家現狀仍然如此，教育不能改造環境，這教育有何用處？這不是我們今日值得注意的問題嗎？

　　在我個人看來，中國十幾年來教育事業之不能得到實際的效果，最大的毛病是在宗旨不確定，太隨風倒了。因此忽而實利主義的教育，忽而民治主義的教育，忽而國家主義的教育，忽而又軍國民。一種主張，平均施行不到五年，即推倒之而另換一新花樣，各種制度和教學法亦然。教育是百年的大計，他的收效在百年之後，若是像這樣以學校為試驗之地，以學生為試驗之物，朝秦暮楚，一日數變，怎能期望他有效力呢？這是中國教育失敗的第一個原因。

　　其次教育內容之但憑新奇，不能適合時代的需要，也是一個失敗的原因。中國的舊式書生向來喜大言而忽略實際，到了教育制度改革之

後，依舊是這般書生掌握教育界和知識界的權威，因此理想多而不切於實際。實際的社會已是兒號女哭，民不聊生，而教育上卻還在講什麼完美的人格，優裕的生活。結果教育上所教的都是些對策題上的材料，於實際情形一些不合。此外因為崇拜外人，投合騖新的心理起見，凡是西洋有一種新制出來，必有人投機大介紹特介紹，是否於實際情形切合不問也。像這種情形，結果弄得教育自教育，實際自實際，兩者渺不相關。教育界每年出產許多人才，而實際上還是使國家一天比一天敗壞，外患一天比一天加多，這豈不是中國教育界的大羞恥嗎？

時至今日，中國的教育家應該痛加悔悟，因為若再不悔悟；國家是非亡不可了，民族也無法保存了，無產階級和有產階級同樣的要受壓迫了。這次日本占領濟南的事實發作以後，比五卅還慘暴的現象暴露在我們的眼前，比二十一條還大膽的手段公然實現了。我們的教育家到此還不覺悟嗎？教育是幹什麼的？這個時候不用著教育，還有什麼時候用著教育？最近的「全國教育會議」各代表也覺悟到這一點，提案逐漸接近現實了。不過中國這個時代是個非常的時代，單靠那些通行的教育宗旨、教育方針等，還不足以應付這個時局的要求，必須要有通權達變的辦法，才足以挽救時局的困難，樹立未來的希望，這是當今教育界的最大責任。

怎樣的改造教育，那就第一不能不先從確定教育的方針做起。以前國定或公定的教育宗旨之類，大多是抄襲成文，拿別人國家的東西整個的端送過來，什麼完美的理想，什麼高尚優美的生活，都是與實際毫無關係的。我們今後應當痛悔前非，應當把求高尚、求完美的種種空想根本打破，應當面對面的接觸了現實，應該把教育方針建築在現實基礎上。我們應當知道，中國今日是一個窮國，是一個弱國，是一個亂國，是一個愚國。我們沒有像歐美列強一樣的昇平富庶的環境。我們的當前問題不是怎樣過舒服的生活，而是怎樣過比較現狀略為好一點的生活。在這種要求之下，我們就不能不打破向來不切實際的空想，而別樹一種適合當時此地的要求的教育方針。

我們要求的新方針是什麼呢，我們為根本只有一條，有以下幾個原

則。就是應該打破平均發展，造成完全人格的虛想。中國現在還不是要求造就完美的人的時代，而是要求造就適合於時代要求的人的時代。本來所謂完全平均圓滿發展的理想的人格者，就不過是教育家腦中的一種幻想，實際上很難找出這麼一個人來。不過在常態的社會裡，需要中庸分子較多，故教育上努力以造就平均發展的健全分子為目的，當然很能應付社會的需要。但中國今日是個變態的社會，這個社會的危機不是許多平凡分子所能應付得了的，我們今日所需要的不是多數平凡的庸眾，而是少數傑異特出的天才。我說這話或者有人要罵我是貴族式的頭腦，違背了德謨克拉西的教育的精神，但是事實是如此，怎能否認。

譬如在美國大學裡，所需要的只是一個按部就班，留心功課的好學生而已，因此在學校裡的學生儘可以做書呆子，做闊少爺，學學開汽車，打撲克，賽球，游泳，便足以應付社會的需要了。至於在中國則不然，中國今日的政治社會腐化萬端，還不能不讓大學生來出頭干涉，因此你責備大學生應該專心讀書，不問分外的國事，這是不對的。明知在青年時代，過分干涉分外的事，犧牲了學業，是一件戕賊青年的事，但是環境需要這個未成熟的人出頭，倘若沒有這些未成熟的人出頭，則國事不知敗壞到何地，將來縱使造就出許多完美的人才，國已亡了，有何用處？況與其完美平庸而無補於國事，無寧偏枯不備而有益於實際，兩害相權取其輕者，環境如此，怎能以王道平平的手段，來應付這個萬難的時局呢？這一條原則樹定之後，我們的教育設施，便可以打破一切咬文嚼字之弊，向應付實際環境的路上去走。就我個人的觀察講起來，我覺得現今中國的教育，應該努力往以下幾條的路逕走。

第一、應該注重少數天才的培植，我說這話並不含有忽視平民教育的意味，在今日愚昧的中國社會之內，提倡義務教育，普及教育，當然誰也不能加以反對。我所懷疑的是，單單這樣恐怕救不了中國的急。我不相信四萬萬人，將平民千字課讀完之後，便可以將中國改變到怎樣好了，我不相信全體國民，都受過了小學教育之後，便會立刻有好的成績出來。因為我們親眼看到，許多受過了大學教育的中國學生，對於自身的生活還是一切因循舊習，絲毫沒有改變，對於國事更不必說了。中

國的人民是很循順、很服從的，是很好的作戰兵士，現在所缺少的是將領，是民眾指導者，是國民的領袖。我所說的並不是最少數的一、二領袖，而是站在上級和下級之間的中級領袖，中國太缺乏這種人才了。

中國的高等教育設備太簡單，太缺漏，簡直連常識的供給都不夠，怎能造成有用的人才。留學生就機會的比例看起來已經很少了，而跑到他國之後，所學到的又都是人家國內應付實際的智識，回到中國一點也用不上，這樣人才破產，實在是中國貧弱亂愚的最大原因。因此以後的教育，應該極力提高高等教育的內容，充分的設備，使學者可以從中得到養成實際人才的材料，這是比普及教育還重要的一件事。因為高等教育完備，社會上領導分子增加，則下層教育不必由國家提倡，也可由這些領袖分子的努力，自動的發展起來。若是儘管小學教育普及，庸眾有了智識，而社會上缺少真正有學識、有訓練的領導人物，則這一大批的小學畢業生，還是依然茫無出路，幹不出一個什麼名堂來的。

第二、中小學教育應特別注重自然科學的研究，中國至今日，所有一切貧弱愚亂之現象，歸根到底，還是由科學不普及，物質文明不發達之過，這話大約已成為公論。譬如假使物質文明發達，生產事業充分發展，國人何至於貧？科學發明既多，武器改良，何至於弱？交通便利，生計優裕，何至於亂？家給人足，有求學之能力與餘裕，何至於愚？只因中國人數千年來，受重文之弊習過深，學校中設備、教授，皆偏重文科，甚至自然科學之研究，也一切以紙上空談出之。近年雖屢次提倡改良，但通都大邑之學校或稍有進步，而內地偏僻之區，則仍沿重文之習，忽視自然科學，我以為從此以後，舉國上下應一致發甚深之覺悟，明定普及科學教育，發展物質文明為教育之宗旨，從小學校起，即加重數學及理化生物等智識之訓練，中學以上尤應極力發展科學教育，以自然科學研究設備之充分與否，定學校成績之優下。一切政治，文藝等文科學問，讓少數天才去研究，大多數的人民，先培養科學常識再說。蓋文科學問本不必定在學校方能學得，以中國文人之能力及習慣而論，對於文科學問，只要圖書館等設備充分，儘可從自修獲得智識，而自然科學方面，則非有充分之設備不可。換言之，即非依賴學校之力不可。故

依我個人之見，此後五十年內之教育，應依下列之系統為之。

大學教育 { 理科──理科中學（高、初中）──理科小學。
              文科──文科中學。

以上簡表有幾點應說明：一、教育系統以理科為正統，以文科為旁統，理科自小學以至於大學，上下一貫，文科則小學儘可不設，中學也只設少數而已。二、小學中，在前期自應以國語，數學並重，到後期中，即可增重理化，生物等智識，而國語史地等，但略備一格而已。國語及史地固也很重要，但此類功課可由自修得之，不必多耗學校教學時間。三、普通中學應專重自然科學之教授，全部課程中，自然科學及數學應佔分量四分之三，而國文及其他文科功課僅佔四分之一即足，甚或完全不設都可。吾人應根本打破國文求通求好之迷信，當知今後五十年中之中國人，所需要者不在能做好文字，而在能自謀生計。因此國文程度，但使能做半通不通之文字，寫白字連篇之信件，供記帳之用，即足，文字之充分修養，讓諸少數天才可也。四、每省應特設文科中學一所，但僅可限於一所，此中學內設備應十分充分，教員亦聘請最優秀之學者為之，較今日之文科中學程度，應高至至少三四倍以上。此中學招生不限資格，但憑極嚴格之考試內容，亦可略仿舊日書院制度，使學生自由研究，並給津貼──理科中學不給津貼，且要收學費──如此則人自爭往文科中學，但因限額極少，取材甚嚴，故所取定皆最優秀之天才，讓少數優秀天才去研究一切文科學問，有所造就，原無不可。而大多數學生則應專受自然科學之洗禮，他年庶可有建設物質文明的世界之能力也。各縣各鄉村應均建設圖書館一座或數座，此項圖書館即有代替文科小學校任務之重要資格，每圖書館中應設指導員一人或數人，其地位與小學教員相等。凡不願入理科中小學之學生，皆可於此中自由研究，以備受文科之考試。

總之，文科注重考試，理科注重學校訓練，以理科為正統，以文科為旁枝，如此行之五十年，待國民稍稍富庶以後，再普及文科教育，尚不為晚。吾人在今日應覺悟中國國家已處於乞丐之地位，乞丐眼前所最

需要者為吃飯問題，並非做文章問題，文章做得不通，無害於事，飯吃得不飽，或無飯可吃，則問題甚大。不過中國原係世家大族，今日雖然不幸墮落至此，但世家書香門第之臭架子，終不能毅然拋去，文采風流之念，亦未能斷然絕於胸中。雖有吳稚暉先生之提倡拋棄線裝書，提倡物質文明，然倡者自倡，掉文者仍自掉文。如此下去，此「文采風流」四字，必將國民壓至不能復起之地位而後止。故為拯救國家及民族之危亡起見，勢不能不根本打破「重文輕實」之觀念，以自然科學教育昭示國人，庶幾乞丐終有變成富翁之一日，既富之後，再研究「文采風流」，亦未為晚也。

文章出處：《中華教育界》第17卷第5期（民國16年11月）。

普及教育與平民生活

　　一個國家想使她的基礎建築得很穩固，非使全國國民都受有相當的教育不可，這已經是人人公認的道理；尤其是實行民主政治的國家，倘若教育不能普及，那政治的基礎就非常薄弱，隨時有動搖的危險，這更是明白易見的事實，所以「普及教育」的口號在今日提出來，沒有一個人能夠反對的，用不著我們細說。不過在今日我們卻不妨提出來一個問題，這個問題也還有一問的價值，就是什麼是普及教育？再明白些說，我們要普及於一般平民的，究竟是些什麼教育？一般的意見，往往以為文字就是教育，所謂普及教育者，就是將一些年紀小的兒童，都趕入國民學校的教室裡去，使他們熟讀「商務」或「中華」編輯的教科書，將一般成人都拉入平民學校，補習學校去，使他們熟讀平民千字課等類的書；這樣教育便算普及了。但是這樣的教育普及之後，國家是否就可以立刻強盛？人民是否就可以立刻安樂？文化是否就可以立刻普遍呢？沒有人能回答這個問題。

　　文字當然是開闢人民智識的一把重要的鑰匙，但人生的需要不僅智識，開智識的鑰匙不僅文字這一把，教科書之類的文字，也不能盡了開智識的主要責任，這三層道理卻不可不知。我們曉得，在今日歐美以至日本，他們的教育所致力的，並不僅僅在一種智識的傳授，比智識還要重要的，有一種生活的或者文化的訓練，從這種訓練裡樹立了國民的模型，國家的根本就全繫於這種國民的模型訓練。譬如，受過英國教育的訓練的，自然養成一種紳士之風；受過美國教育的訓練的，自然養成一種活潑實際的平民氣質，受過日本教育的訓練的，自然養成一種忠君敬上的軍國民習慣；這都是各國的特殊的國風，這種國風是教育所訓練出來的，但不是僅僅傳達智識的教育所能訓練出來的。

　　即就智識而論，人之一生所得智識並不專靠文字，文字以外種種直觀的領受，環境的刺激，口耳上，器物上所得的經驗，都是文字所不能代表的。中國今日，一個大學生的書本智識固然比老農多，但實際的智

識卻遠不及於老農。在個人生活上，在國家發展上，實際的智識都比書本的智識遙為重要。所以書本的教育，僅能造成高等流氓的增多，於國計民生都無大的好處，這種流弊，是我們今日所親眼看見的。再就今日的文字教育而論，教科書之類的著作，對於平民生活實在關係甚少，大家教者以官樣文章去教，讀者以官樣文章去讀。無論低至於國民小學的教科書，高至於大學的講義，比起從前科舉時代的高頭講章和闈墨，行卷，實在都差不多。最明白的證據就是人讀了無興趣，一個學生寧可以抱一本小說去偷著讀，但決沒有抱一本教科書去偷著讀的，這就是教科書與人生不發生交涉的證據。一個人一生的品性，道德，智識，學問，有幾何是從教科書中得來的？大家都回想得來。

從小的地方講，教育的目的是要養成一個健全的個人生活，從大的地方講，教育的目的是要養成一個篤實的國民品格，現在中國的教育，這兩種的責任都不能盡。我們不知道受過了中國今日的學校教育之後，將要養成何種的人物？我們所看到的，是許多錯雜凌亂的結果，既沒有預算，也沒有統計，盡是由偶然的機遇所造成。一個人從學校裡出來之後，還是從前的一個人，甚至於變得更懶惰，更奢侈，更自私自利起來，這就是中國教育的目的嗎？我們更不知道中國今日的學校教育，對於未來國民品格的指導上，能夠盡了若何的責任？我們將養成何等的人物？我們將造成何等的國民趨向？甚麼是中國今日最需要的國風？沒有人能夠回答我們。因此我們的學校，只能憑自己的自由去造就人才，結果所造成的人才甚至彼此衝突抵消，國家不但不蒙其福，有時反受其禍。

中國自實行科舉制度以來，一千多年之中，養成了一種特殊的「士」的階級，這一種士的階級，在好的方面講，自然是讀書明理，可以「修身」、「齊家」、「治國」、「平天下」。但是壞的方面卻非常之多，舉其著者，第一、是因為讀了幾句死書，所以弄得人情世故，都不曉得，成了「四體不勤，五穀不分」的高等廢物；第二、因為自命有治國平天下之才，不屑與平民為伍，所以驕惰兼具，結果除了走作官的一條路外，竟無第二條路可走，也不肯去走第二條的路。第三，在書院制度之下，將許多高等廢物聚集在一處，既無正當的職業和工作可做，

只好「群居終日，言不及義，好行小慧」，結果學仕不成，就只有退而為土豪劣紳訟棍之流以魚肉鄉里，這都是舊式教育制度之下當然的結果。

然而那時還有相當的可以補救這種流弊的法子，那時實行的是科舉制度，科舉制度是很平民的，無論甚麼一窮如洗的士子，只要一舉成名，便可以飛黃騰達。在未成名之前，儘可以半耕半讀，雖不入書院，不專攻書史，也還有上進的希望。因此許多平民的子弟，在平時還能不失農家的習慣，不到一領青衿到手，不會就擺起「相公」的面孔。有些不忘本的人，雖到了一麾出守的時候，因為原來本是農民出身，所以還能略知人民疾苦，做出些利國利民的事業，這是舊教育制度的長處。

自清末採用了歐美的學校教育制度以後，舊教育的長處便完全沒有了，而短處卻仍舊保存下來，並且越發發揚光大。現在的學校教育，因為是集中的，並且是按年計資的，所以有志受教育的只好完全離開家庭，拋棄本業，來做一個純粹的學生。無論因為收費過高的緣故；平民子弟多無力求高深的學問，即令平民子弟有求學的機會，但這些子弟一入學校，便處到另外一種環境，生活習慣都照著舊日士大夫階級的做法，完全忘了他們農民的本色，結果受教育越深，士大夫的習氣也越甚，對於平民生活自然完全不了解，等到學成以後，絲毫不能為家庭，為鄉里所用，依舊變成洋舉人，洋進士。

並且中等以上的學校，既集中於都市，因此一受高等教育，即不啻將許多農民子弟帶入都市，傳染了都市的惡習，再也不肯並且不能回到鄉村裡去了，結果以前所舉舊式讀書人的三種弊病非兼具不可。並且從前的科舉教育，三年之中全國不過出產三百六十個進士，幾千個舉人，現在則全國中等以上的學校，每年要吸收十餘萬的學生，這十餘萬人結果都是高等廢物的材料，再連小學生計之更不得了了。這樣教育越普及，學校越增多，全國的治人分子越多，分利分子越多，得國家焉不亂不窮呢？

所以致此的緣故，就是由於今日中國的學校教育，只曉得教人以智識，卻不知教育的目的，不僅在於求智識，一個人僅僅有了相當的智識，還不能算一個完全的人，必須有了相當好品性、好氣概才算是完全的人。為國家的需要打算，更應該注重在品性的陶冶，或者說是國民風

習的養成。一個國家要想使國本鞏固，就非有可以分擔國家責任的好百姓不可，這就是教育的主要功用。在從前書院制度之下，有時還講些正心誠意的理學功夫，那些功夫雖然未免迂闊，然就當時士大夫階級的需要講，還不失為適合，今日的教育連此也沒有。

固然在今日有些比較進步的學校，也還有他們特殊的訓育方針，有的傚照美國式，實行學校市等等公民化的訓育；有的完全放任，提倡自由活潑的精神；有的拿主義或者革命化去引導學生；此外也有嚴格施行軍事訓練的；也有極少數的學校，還拿正心誠意等理學做訓育方針的。這許多訓育方針的本身，宗旨好壞我們不去管他，我們先問問那一種方針，是適合全民的需要的。中國今日尚未進於都市的生活，學校對於農民的子弟，一律教他們受都市化的公民教育，所學的技能全是工業化的技能，於目前本身就毫無用處，這種方針已經不甚適合當前的需要，至於其他方針之不合更是顯而易見。並且就國家的地位講，始終沒有一個統一的培養國性、國風的訓育方針，就令這些上舉的許多方針，都有一部分存在的價值，也未免太零亂，太牴觸了。

其次，即以求智識而論，今日中國的學校教育，也不能盡了他們完全的責任。中國學生今日所需要的智識，和其他各國學生所需要的，並不能完全相同，這一點辦教育的人，似乎多數並未注意。甚麼是應該給予學生的智識，並沒有絕對一致的標準，只有事實上合乎這國的需要的，便是這國國民所需要的智識。中國國民今日最需要些什麼智識？便須要看中國今日的國情是如何。中國今日是貧國、是弱國、是愚國、是亂國。貧弱亂愚四字便是中國今日的病源，教育方針自然要認定以救治這四種病源為目的。單就智識的教育而論，自然也應以解決此四種問題為對象。譬如為救治貧窮起見，我們應該教學生以何種的智識？救治弱愚亂，應該教學生以何種的智識？這才是適合國情的教育。

然而今日中國的教育則不然，一張科目表上，應有盡有，如像醫生開方一樣，不去按症施藥，卻照例將價值貴重的藥一律開在單上，只求好看，不顧實情。而且各種智識無非紙上談兵，學農業的儘管高談化學肥料，卻不知自己本鄉土脈的肥瘠；學音樂的，雖能深通西洋音樂，卻

連鄉下的普通音樂也不懂。這樣的教育，好一點的，只能算個西洋化的都市的好百姓，壞一點的，便成了高等廢物而已。他們不知道，中國今日百分之八十五的人民，還在以農業為生產本位，而教育所教導的，卻完全與這些鄉村的農業生活毫無關係。

再就文字的教育而論，平民間自有他的文字，如同小說，唱本，繪圖，故事之數影響之大遠過於教科書，今日學校的教育對於這些完全不去注意。固然在今日的學校之中，已經公開教授小說，但是他們之所謂小說，乃是歐化的道林紙精印新式標點的小說，仍然是文人學士的專利品，與平民生活毫不相干。學生們從這些名著裡面讀上一千遍，也不能了解真正中國平民生活的一片段——雖然他們有些也自命是描寫平民生活的寫實派，或者代表無產階級的作品的。小說尚且如此，教育書自更不必說了。所以即單就文字的智識而論，這些教科書也絕不夠用。

從以上所說的諸層看來，可知中國今日教育之不能收到相當的效果者，實在有其真正的原因。我們今日欲改良教育，使達到救貧，救弱，救愚，救亂的目的，就不能不注意這種原因，明白了這種原因，則我們的方案才可以提出。我們的方案是什麼呢？仍然是「普及教育」。不過我們的所謂教育意義，和現今一般所認作教育的略有不同，我們不以為教育的功用是專在教人智識，我們更不以為教育的功用只在教人讀文字，我們更不以為教育的功用是在教人專讀教科書式的文字。我們以為教育應該有更大的意義。甚麼是更大的意義？我們以為中國今日既已陷於貧弱愚亂的境地，要想挽救這種頹運，就非從教育著手不可。因為教育是精神的事業，要想使一個國家能夠自己站得起來，固然實際方面應該設施的事情非常之多，但最先一個前提，須要她的國民先能夠自己站得起來，有意志去信仰國家的命運，有勇氣去擔當國家的困難，有智識去解決國家的問題。

換言之，能夠深深了解了國家的文化上和實際上的種種事情，而深切的發揮一種同情，這才是國民覺醒的第一步，也就是教育的第一個目的。在一個全民政治的國家，這種基礎應該放在全體國民身上，有一個國民不能達到以上的條件，這國家的基礎就仍然不算十分穩固。因此我

們以為普及教育當然是必要的，不過絕不是僅僅普及教科書或者平民千字課的教育，還應該有更廣大的意義含在裡面。因此我們以為，今日而言普及教育，應該注意以下幾件事情：

第一、是求國民文化的普及，一個國家，當然有其立國的特殊精神，要求國家基礎的穩固，必先求全體國民都能分擔這種精神之一部，才能與國家的生命滲合一致。中國雖說是五千年文化的古國，但全體國民之中，能夠了解這種文化的有幾個人。還不是僅僅少數的讀書人嗎？大多數的平民，還不是連歷史的印象都沒有嗎？我們今日欲求普及教育，就不能不先注意這種事實，怎樣才可以使中國歷史的，文化的精神普及於大多數國民。但我們的意想，並不是要強迫大多數平民，都來強記什麼前唐、後漢的歷史事實，更不是強迫大多數平民，都向故紙堆中鑽索考究。我們要知道：要想使平民了解文化，就不能不先使文化接近平民。譬如已往平民之中，也並非沒有他們的歷史，什麼《三國演義》咧，什麼說唐咧，什麼唱戲上的忠孝節義咧，什麼彈詞內的才子佳人咧，都是他們的歷史。

這種歷史當然有許多不正確的，並且觀念錯誤的，我們當然要改正他，但我們雖可改正他的內容，卻不能不注意採用他的形式。我們要知道，教科書式的和經傳式的文字，斷難引起平民的興趣，甚至歐化式的小說，也是與平民毫不相干的。若想使文化普及於平民，不能不就原來流行於平民間的各種體裁的文字加以改作，以新的精神和材料，輸入舊的體裁之中，舊式平民讀本裡特殊的風格和情趣應當儘量保存。以與舊式平民刊物同樣低廉的價格分散與平民。這種文化的工作，比現今一般繙譯創作等等工作都偉大得多。此外更應該注意到，文字以外的實際普及文化的工作，如同戲劇，電影之類，對於平民的印象尤非常之大。

第二，是求國民情緒的增高，情緒是一個人活動的源泉，國民情緒是一個國家活動的源泉。凡是進步向上的國家，她的國民一個個一定都是生機活潑，終日往積極有為的方面去想去做。中國今日最危險的，便是這種國民情緒的消沉。我們隨便走到那裡，無論是都市或是鄉村，無論是上等人家或是下等人家，都看不出一些活潑的氣象，這種情形比什

麼都可憂慮。中國現在尚未發展到工業生產的時代，所有的都市都是勉強模倣西洋人的情形，只得了許多壞處，卻得不到一些他們的好處，這種環境當然只能造成憂鬱的人生，我們姑且不提。單就安頓全國大多數平民生活的鄉村而言，在從前本來自有他們的發舒情緒的種種設備，如同草臺戲咧，目連戲咧，秧歌咧，社火咧……，自從新的文明一來，這些娛樂一概都停止了，甚至寄託信仰中心的廟宇和偶像，也要廢止改作學堂，或者拉雜摧毀了，這樣一來，農民的生活便完全失了中心，感情便完全失了寄託，結果不是消極隳喪，但是挺而走險，這種危險實在是不可以計算的。

我們以為這些種種舊習，與其說是為智識的理由而存在，毋寧說是為感情的理由而存在，我們今日僅憑一些智識上的反對理由，便要武斷地拿這些平民生活的寄託物一概禁止摧毀，實在是不合理至極。我們今日當有覺悟，須知中國之國本在大多數鄉村生活的平民，欲使這些平民強健起來，去擔當國家的責任，不能不首先注意發展他們的情緒。因此那些舊式的平民娛樂和信仰的設備，不但不可禁止摧毀，反而更應當幫助他們發展光大。我們可以替他們加入些新材料，新內容，但仍然須注意保存他們的舊形式，舊做法，這個原則在智識方面與在感情方面一樣的可以應用。

普及教育的目的，當然不止這兩種，但這兩種往往為人所忽略，故我特別提出來講講。欲想從事於這種事業，除以政府之力督促發展外，民間有志者不妨先有這種結合，比方什麼「國民文化協會」之類，一方面可以編輯許多適合平民的小冊子，廉價供給平民，一方面可以籌辦許多平民娛樂的機關，巡迴各地去供給平民的需要。這兩件工作都要注意，必須是真正平民式的，若像已往的平民教育，發行些平民所看不懂或不喜歡看的小冊子，舉辦些平民不能自動享到的娛樂，指導些平民談不到的問題，那就未免只是些門面的工作，與普及教育的真正意義，仍然相去很遠了。

文章出處：《中華教育界》第17卷第11期（民國17年5月）。

印象主義的歷史觀（歷史教學法的一章）

　　歷史是什麼？這個問題說起來是很長的，因為有許多專門的歷史學家或歷史批評家，他們終身所研究的就是「歷史是什麼」？這一個問題，他們的解答也很複雜而歧異。本來一種科學的定義和範圍，往往是隨時代的觀念演進而不同的，尤其是尚未進入嚴格科學的軌道的社會科學。歷史是敘述各種實際現象的，連社會科學的資格都有點夠不上，故其定義和範圍之複雜更加利害。舊日的歷史，無論是東方的或西方的，大都是以帝王或英雄豪傑的個人活動為主，而對於全社會的活動不甚注意，這因為歷史本是從文學的詩歌傳記蛻化而來，古代文學多取材於個人的浪漫故事，故其變為歷史之後，仍保存舊日的形性。稍進則知歷史的主要點不能僅限於個人；因此才推廣於全部政治活動，如同行政的建設，戰爭以及黨派活動之類。更進則知單以政治活動為內容，還不足以盡歷史的職責，於是更推廣及於全部的人類活動的事實，如同社會、經濟、文化、思想等等，這是晚近歷史學的主要趨勢。有些好奇的歷史家還以為未足，他們覺得既稱歷史，就不能單講人類的活動，在未有人類以前，如同生物的演進，自然的變化，都應當歸於歷史所敘述的範圍之內，像威爾斯（H. G. Wells）的《世界史綱》（*Outline of History*）便是採取這種編述法的。

　　這樣的做法，無異於將天文學、地質學、生物學所做的工作，統同歸納於歷史範圍之內，名義上是將歷史的範圍擴大，實際則將歷史的獨立性消滅，變為各科學的附庸。因為歷史所敘的事實既盡為各科學，所研究的事實，各科學既不能取消，歷史就無獨立存在的價值了，名為天地萬物，宇宙萬象，無不可包於歷史之內，實際上就沒有歷史這樣東西了。因此，威爾斯在《世界史綱》的開頭，雖然標奇立異，敘了許多地球上未有生物以前的地質變化，和已有生物以後，未有人類以前的生物演進狀況，但到了有史時代以後，他仍然不能不側重於人類的活動，對於那些地殼的變化和生物的爭鬪便無暇敘及。若照威氏的歷史觀念看

來，則自有史以來，這六、七千年中的地質和生物現象，也不能說毫無
變化，毫無歷史記載的價值。就創造宇宙的造物主看來，一座島嶼的沉
沒於太平洋，一隻馬匹的出現於美洲，其重要或比秦始皇的築萬里長城
和旭烈兀的屠戮報達（Bagdad）尚有過之，然而歷史家對於這些現象不能
不省略不敘，或者敘而不以重點出之，可見事實上有不能一概而論的了。

依我們看來，寫歷史的是人類，讀歷史的也是人類，歷史是有目的
而作的，與他種科學之純粹為科學的態度稍有不同，歷史的目的就是為
著人類，有時只為人類的一部分——如同國家、民族、宗教、階級等等
——至大的範圍也不出於人類。而且歷史所敘事實，雖盡屬過去的事
實，但其目的則為供現在人類的參考而設，故凡不與現在人類有關係的
事件，只能略而不敘。敘述的詳略，也應以與現在人類關係的深淺輕重
為標準的，不能不一概讓之於其他科學，而歷史的範圍，就暫時直接限
於人類活動的範圍之內，這是折衷的辦法。

但講到人類的活動方面，也難免有許多的難題，從前的歷史家單以
人類的政治活動為主要的材料，已如前述。現在的新派史家雖然攻擊他
們的不合理，但以何種材料為代替，則仍然是不清楚的。因為人類的活
動是多方面的，政治的活動以外，如同經濟的活動，文化的活動，性慾
的活動，乃至打球、吸煙、跳舞、狩獵之類，都不失為一種活動。歷史
的敘述究竟應該側重那種呢？這個問題，是因歷史家的目的和興趣而各
各不同的。有些注重思想的歷史家，則往往側重於思想的敘述，有些相
信唯物史觀的歷史家，則好已經濟為歷史敘述的中心，大多數的新派歷
史家，則多抱平等待遇的觀念，將人類的各種活動，一視同仁地敘述出
來。約翰生・亨利（Johnson Henry）的《歷史教學法》（*The Teaching of
History*）中，替歷史所下的定義，便是抱這一視同仁的見解的。他說：

> 就廣義的說起來，歷史是曾經遇到過的無論什麼東西。歷史就是
> 過去的本身，不管過去是什麼，但是過去不能直接觀察的。我們
> 所知道的，一定要從時間，機會，同人類的遠見等，所保存下來
> 的從前狀況同事實的遺跡方面研究得來。所以當我們要造成一個

歷史觀念的時候，我們應該注意的就是這種遺跡，研究他們的方法，同研究所得的結果，無論那種過去事實的遺跡，統可以當他為一種可能的材料。我們平常說植物史，動物史，甚至無生物的歷史。但是普通所謂歷史，總是專指人類的歷史。研究的材料，就是人類在世界上的生存，各種思想，各種感情同各種行為，所留下來的遺跡。

——何炳松先生譯文。

他這種主張自然是很持平，可以代表現今史學新潮流的主張。他雖然承認一切過去事實的遺跡，都是歷史的材料，但仍不能不讓步說：「普通所謂歷史，總是專指人類的歷史」。但他一面又承認，所有人類在世界上的「各種思想，各種感情，同各種行為所留下來的遺跡」，都是歷史研究的材料。我們這裡應該特別注意，上面所引這位著作家的話，倘若是僅指歷史研究的材料而言，這是不錯的，但若由此便認為，歷史就是一切過去人類遺跡的陳述，那就還有考慮之餘地。我們必須分別歷史的材料與歷史本身的不同之點，在選取歷史的材料的條件上，我們應該打破昔人專限於政治活動和英雄事業的狹隘之見，坦白地承認所有人類過去的一切活動，乃至人類以外的自然遺跡，都有可當作歷史材料的資格。但是一部歷史的構成，卻不能將所有材料一齊漫無選擇地堆積鈔錄進去便算盡其能事。

歷史是主觀的，相對的，而不是客觀的，絕對的，這話最容易引人誤會和攻擊，所以我們不能不略加說明。普通的觀念，總以為現今歷史已脫去主觀敘述的時代，而進入科學的客觀敘述的時代了，至少也是應該往這條路上走的。然而他們忘記了，歷史與其他科學的性質上的根本相異之點。無論何種科學，所求的總是普遍的，抽象的原理，而歷史所描寫的卻是特殊的，具體的各個事實。固然近來的歷史家，也努力想將歷史變成一種純粹的科學，努力向省略各個特殊事實，而追求普遍原理的方面走，但這種努力是有限制的。我們並不是否認人類的過去活動，能求出普遍一致的法則。但這種工作已經由社會學和其他一切社會科學

去作，而且作有相當的成績了。倘若歷史家的努力不過和社會科學家的努力相同，則何必需要另外成立一個歷史學？倘若歷史學的努力是和其他社會科學不同的，則其不同者在那一點呢？我們難道能於一切政治的，經濟的，教育的，宗教的，乃至整個社會的普遍原則之外，另尋出不同歷史學的法則嗎？

譬如馬爾薩斯的人口學說，是一種經濟學上或者社會學上的法則，做歷史的人固然應當明瞭這種學說，但絕不能在歷史上，將這一條學說寫上去便算盡其能事。經濟上可以寫人口與食物的增加比例不同，因而必然發生何種結果等等抽象的理論；歷史則不能如此。歷史上只能將因人口和食物增加比例不同的各個具體事實敘述出來，以供贊成或反對馬爾薩斯的主張的人的參考。簡單說起來，歷史的任務是具體事實的敘述，而不是抽象理論的排列。倘若一部歷史只寫些理論和公式，則根本就失去歷史的性質了。因此任何科學都需要有歷史的幫助，而歷史本身不能成為科學。天文學家觀察過去星象的記錄，生物學家考察已往生物的材料，都是歷史之一種。凡是科學的記述的方面，都可以算屬於歷史的範圍的，但到了建設理論和法則的時候，便超出了歷史的範圍了。

既然歷史的任務在具體事實的描寫，則我們就要明白，無論何種偉大的歷史家，斷不能將所有過去一切具體的事業——即使僅限於人類的活動——都一齊收攝起來，絲毫不遺漏地寫成一部空前的歷史。因為具體的事實是複雜的，變化的，多方多態的。歷史譬如攝影，攝影對於被攝的人物，各部分有陰陽顯晦之分。歷史對於過去的各種遺跡的敘述也有陰陽顯晦之分，既然歷史對於過去史跡的敘述不能無所輕重，則其輕重的標準何在，就不能不說是根於歷史家主觀的見解。有些不求甚解的人，一聽歷史是主觀的這句話，就不免聯想到武斷錯謬等等的壞的方面去，但他們不知道，自古至今沒有一部歷史，不是由主觀的見解，去選取材料而寫出的。因為歷史的材料萬不能全部收入歷史，勢必經過選擇，既然經過選擇，就必然的攙入主觀的成分。

專門以考據自詡的歷史家，誤信歷史是求真的意義；於是拼命搜集些人所不注意的斷簡殘編，一一綴拾起來，自命為對於歷史有所發明，

殊不知他這種成績只說是史料，不能就謂之歷史。歷史乃是將這些許多
亂凌無序的史料，加以選取和組織而成的。選取和組織就是人為的工
夫，就是主觀的。因此真的歷史不是對於過去事跡的敘述，乃是將過去
事跡，經過人為的選鍊而表現出來的。近代印象主義的藝術家，以為好
的藝術不僅是對於自然的複寫，乃是將自然的現象加以主觀的融鍊，而
用另一形式表現出來，所表現的並不是自然本身，乃是藝術家對於自然
所感受的印象。好的歷史也應當是如此，所表現的並不是過去的本身，
乃是歷史家對於過去所感受的印象。過去是雜亂無章的，歷史家從這雜
亂無章的許多事實之中，選擇了他所認為重要的事實，將他貫串組織起
來，使人讀了得到一種普遍的概念。這概念不是用公式寫出的，而是用
具體的事實襯託出來的。他的方法是藝術的方法，不是科學的方法，這
也可以謂之為印象主義的歷史觀。

　　不過所謂主觀的印象者，不要誤會為僅屬於歷史家個人的主觀，藝
術的表現是純屬於藝術家個人的印象，歷史則不然，這是歷史與藝術不
同之點，所以歷史不能謂之為藝術之一種，和他不能謂之為科學之一種
是有同樣的理由。歷史所表現的乃是某一時代，某一部分人類，對於過
去事跡所感受的印象。固然也有主觀極強的歷史家，純粹按他個人對於
過去事實的解釋，寫出一部代表個人見解的歷史來，但這類著作是很少
的。大多數的歷史著作，都是代表某一時代，某一部分人對於過去事實
的印象。譬如司馬光的《資治通鑑》代表當時儒家人治主義的見解，威
爾斯的《世界史綱》代表歐戰後一部分智識階級同情世界主義的見解，
信從唯物史觀的人，拿經濟的眼光去寫一部經濟的歷史，信仰國家主義
的人，拿國民的活動作中心寫出歷史。這都是一部分人主觀的見解，歷
史家受了這種主觀的見解的暗示，因此對於歷史的解釋自然不同，選擇
材料和組織的系統也各各不同。所寫出的歷史只代表他們對於過去事跡
的印象，而並不就是過去事跡的本身。

　　有些反對歷史是受主觀支配的人，自然要反問為什麼我們不能拋棄
一切的主觀成見，讓事實去還他事實來。我們的回答是，事實的本身已
經過去，我們絕對不會看到他的真面目的，我們看到的只是現代人類對

於過去事實所感受的印象。就是自命為毫無主觀的歷史家，他們所寫出的歷史仍是主觀的。譬如現代史家反對古人的專寫英雄和帝王，而主張要寫民眾的活動和文化的進展，但這也是一種主觀。北魏的造像，宋元的詞曲，在從前歷史家不認為重要的，現代的史家卻認為很重要，因為現代史家的主觀變了，所以所印象出來的事物就不同了。司馬遷寫項羽一個人的活動費了九千字，現在卻只要幾百字就可以了之，因為時代的觀點是不同的。不但時代可以改變歷史的內容，一切地域、人種、國家，以及其他種種，都可以改變歷史的內容。豐臣秀吉的進攻朝鮮，在日本和朝鮮人所寫的歷史中要成篇累頁去描寫，在中國人的歷史只占一兩頁，在歐美人的歷史中，或許竟全無位置，這是因民族或國家之不同，故對於這件事的印象，有深淺大小之異。一種病菌的出現於某地，在寫微生物學史的人，要費上幾十頁的篇幅去敘述，但普通歷史中完全講不到，這是因歷史家目的之不同，故對於這件事的印象各有不同。雖是自命至公至正的歷史家，他對於自己所寫出來的歷史，也還是經過主觀印象的歷史。

因為他不能將過去一切事跡，都完全無漏地敘述出來，假使他反對歷史敘述個人的私生活，就因為在他的主觀中，這種私生活的印象是極淡微的。但大部分的歷史並非代表歷史家個人的印象，而是代表一時代，一部分人的印象，我們前面已經說過，某時代，某部分的人，何以會將對於歷史的印象更變，就因為他們對於事實的需要不同，因為他們對於現前事實的需要不同，故對於過去的事實中，希望抽出與現代事實有關或相類的事實來，加以歷史的敘述，以供目前生活的參考，這是歷史的真正目的。因為人類的需要不同，故其對於過去事實的印象的深淺大小也不同，因而歷史的內容、定義和範圍，是隨時隨地而不同的。歷史的內容，定義和範圍是相對的，不是絕對的。

不過歷史與倫理的教條也不同的，雖然歷史因人類需要之不同，而隨時隨地異其內容，但他絕不能平空由幻想構造出來。歷史家對於史料儘可因主觀印象的不同而放大或縮小，但他絕不能不根據事實而平空捏造材料。歷史的表現是印象的，但其印象之背後，有實際的事實在。我

們縱然不能完全了解過去事實的究竟真相是如何，但一定是有這種事實，才能投射我們以影像，沒有事實的敘述是小說，不是歷史。由上面看起來，我們可以曉得，歷史既不是科學，又不是藝術，也不是倫理教條。然而他卻須具備了科學所需要的真，藝術所需要的美，和倫理學所要求的善。歷史家用科學的方法去搜集正確的真的史料，拿自己的時代，自己的社會所公認的標準——或者他個人主觀所認的標準——去選擇史料。然後拿藝術手段去組織描寫出，來使讀者能清澈地，了解了他對於這些事實所有的印象，可以幫助他的時代和他的社會，對於當前環境的應付和解答，——這才是歷史家整個的任務，這才是真正的歷史。換言之，真正的歷史是要具備真、美、善三個條件的，缺一不可。浪漫主義的歷史家只注重了美，而忘記了真和善，教訓主義的歷史家只注重了善，而忘記了真和美，近代考據主義的歷史家，又只注重了真，而忘記了美和善；完全的歷史是印象的，他的條件是又真，又美，又善。

　　文章出處：《中華教育界》第18卷第1期（民國17年7月）。

教育觀點上的歷史學科

　　為什麼中小學校之內，定要教授歷史的科目呢？這個問題雖似乎不成問題，但卻是值得研究的。提到這個問題，我們就不能不先從教育原理方面去研究，研究教育的目的是為何？古今教育學家對於教育目的的主張各有不同，幾乎人各一義。斯賓塞爾（Herbert Spencer）在他有名的《教育論》（Essays on Education）中，主張教育的目的，是在預備完全的生活。所謂完全生活者，依他的分類，可分為以下五種活動：（一）直接有關於自己生存者；（二）間接有關於自己生存者；（三）有關於子女之教養者；（四）有關於健全國民資格之養成者；（五）有關於閒暇時間之消費者。他的主張有點傾向於個人主義，因為他本是個個人主義的哲學家。現今美國派的教育學者，大抵和他的主張相同，不過較他更為精密而已。如美國哥倫比亞大學師範院教育學教授龐錫爾（Frederick Gordon Bonser）在《設計組織小學課程論》（The Elementary School Curriculum）中，分析人類的活動為以下四類：（一）生命健康之保存與維持，其方法在應用生活上之物質的必需品，及對於身體為相當的愛護。（二）人生必需品與奢侈品之生產與交換。（三）與他人合作以維持保護的與調節的設施（如法律的），而增加公共幸福，並保護社會生活之制度——如家庭職業學校等。（四）閒暇時間之娛樂的利用。又「美國教育聯合會」改組中等教育委員會，規定中等教育的目的約有七條：（一）健康。（二）基本知識。（三）家庭中之善良分子。（四）職業。（五）公民職分。（六）利用閒暇。（七）道德。

　　又美國「北部中央教育聯合會」（North Central Association），分中等教育之目的為最終目的及特殊與直接目的二種。其最終目的分類如下：（一）保持身體健康。（二）善用閒暇時間。（三）成就從事職業之行為。（四）成就對家庭，團體及國家之行為。以上兩種規定，雖係專指中等教育，其實與普通教育目的也很有關係。我們只要稍微比較一下，就可見後來這幾種說法，大體上都仍不出乎斯賓塞爾的範圍。大抵

英美民族在思想上多偏重於個人主義，故在教育上也以個體為本位，以發展個性為教育終極目的。他們雖也承認國家社會等群體組織對於個人有關係，教育不能不注意及之，但所以注意，仍是以個體利害為出發點，而不是以群體利害為出發點。

他們以為只有個體是真實的，群體則不過個人集合的假相罷了。殊不知若說假相，則群體固然是假相，個體又何嘗不是假相。個體也不過是許多細胞組織所集成的假體罷了，若從真實方面去觀察，則個體固然實在，國家社會等群體組織又何嘗不實在。從近來社會心理學和群眾心理學發達以後，才曉得社會不但有實際的組織，並且有獨立的心靈，並不是將每個人的心靈聯合起來，便能構成社會的心靈。所以我們在承認個體的真實以外，必須同時也承認群體的真實。再就生物進化的目的看來，真的進化並不僅是個體的進化，而卻是群體的進化。現今有許多事實，若單就個體的出發點看來，不但不是進化，反而是退化的。如同分工合作原理之推廣，以致個人失去了普遍技術的能力，變成了專攻一門瑣細職業的機械。又如政治和社會制裁力的進步，使個人失去許多自由。這些就個人主義的觀點上看來，都不能說不是退化，然而就社會的觀點看來就是進化了。

生物進化的趨勢，所表現給我們的就是個體的群化，以至於群體的真正成立，如同蜂蟻珊蝴蟲，有孔蟲等生活狀態，就是個性今已消滅，變成了大的群體之一部分了。這也可以說是真正的個性發展，因為將小我已經擴充成大我了。所以就生物的進化趨勢看來，最終的目的乃是消滅個性以造成群性，或者說消滅小個性，而發展大個性，教育既為發展生活起見，就不能不注重這種事實。不過進化的原則是漸變的，我們雖不能反抗潮流，卻也不能「揠苗助長」。今日人類的進化既未到個性完全消滅，群性完全成立的時候，我們教育的目的，自然也不能完全抹殺個性以遷就群性。不過不可單注意個性，而忽略群體的利益罷了。因此，我們對於教育的目的，就主張依據下列的理論程序而規定。

生物進化的趨勢是小我——個體——逐漸組織化（Organization）融洽化、（Association），而促進大我——群體——的實現。教育的最大

目的，就是適應這個趨勢，一方面使個體能夠生存和進步，一方面使個體與群體發生關係，另一方面則促成群體的成功。因此我們主張教育應該有三部分目的：第一是維持個體的生存和進步的，其中可分為以下數項：（一）個體生理的鍛鍊。（二）養成維持個體生活的技能。（三）養成維持個體生活的智識。（四）發展個體的創造能力。第二是維持個體與個體間的關係，或個體與群體間的關係的。其中可分為以下數項：（一）家庭的維持和後代的教養。（二）職業的交換和經濟的互助。（三）交際的禮貌和常識。（四）各種智識上或實際事業上的互助。第三是養成或促進群體之成功與發展的，其中可分為以下數項：（一）精神上個體的群化。（二）組織上個體的群化。（三）實際行動上個體的群化。

關於第一部目的的，在現今則有生理學，體育，職業教育，自然科學，藝術等科。關於第二部目的的，在現今則有教育學，家事學，遺傳學，職業訓練，社會常識等科。關於第三部目的的，在現今則有政治，公民，法律等科。雖然現今學校的課程，尚未能依此標準而增減，有時不免遺漏。但依理論上看來，若想完全達到教育的整個目的，則非具備上列的諸種學科不可。歷史在這種理想的教育系統中間占甚麼位置呢？不用說，自然是屬於最後的「養成或促進群體之成功與發展」的這一類了。真正拋棄了個人主義，而實現大我的群的生活，最緊要的前提，不在實質而在精神。因為只有組織和行動上構成了群的形式，而精神上仍保持著個人自利的思想習慣，則真正的群體生活必不能出現，至多只能做形式的聯合而已。

聯合與融化是不同的，前者只是個人相互間的聯絡關係，後者則是真正的構成了水乳交融的大群意識，這完全須靠心理的建設。歷史便是建設群體意識的最有力，而幾乎唯一的工具。在已往，歷史誠然被各時代的人利用工作種種偏私的工具，替帝王辯護，替宗教宣傳，替特殊階級作嚮導，然而這並不是歷史本身的過。即在近代教育家的眼中，對於歷史的功用也還是不能認得很清楚，他們只看見了歷史的許多瑣屑的功用，而忘記了它還有更重大的意義。現在我們對於這些瑣屑的見解也不妨研究一下，作為講到我們的見解的襯託。而且這些見解當然也各有他

一部分的理由的。從前以及現在有許多教育家，對於歷史在教育上的價值，多是從個人的觀點去解釋的，他們的說法，約有以下數種：

第一種意見以為歷史可以訓練學生的記憶力，舊式的歷史，常常以許多無謂的人名、地名、年表夾雜到裡面。舊式的教授法，也往往特別注重使學生熟記這些名詞，就是根據這種原理而來。這種教法的不當，已為一般所公認。記憶力固然應當訓練，歷史固然也是訓練記憶力的較便的工具，但歷史絕不能單注重記憶的方面。單重記憶的歷史教授，不但使歷史本來的大目的因而隱沒，而且使學生走入一層枯燥機械的道路，萎縮了青年的創造力，利不敵害。如果歷史的功用僅止於此，則歷史早就應該摒棄於教育之外了。第二種意見恰與第一種意見相反，有些人以歷史在教育上的功用，不在訓練學生的記憶力，而在訓練想像力。歷史上有許多豐富的事實和有趣的活動，可以供青年的想像和吟賞，這是不錯的。但這樣一來，便把歷史的功用看得尚不如小說、稗史、詩歌、圖畫之大，故訓練想像不妨為歷史的教育功用之一，但決非其主要之功用，則可以斷言的。

第三種說法是以為歷史是可以訓練學生的判斷力的，歷史上有許多善惡是非的事實，可以供青年的判斷，也是不錯的。並且一件事情發生的原因，和將來的結果，給學生完全了解之後，對於推理力無形增進許多，這種功用比之前兩種都較為重要，我們應該承認。不過世間的因果關係，往往較歷史上所記載的複雜得多，歷史所給我們的因果判斷，往往是一種牽強的，疏闊的。他們只是將許多並不密切的事實，勉強構入一種人造的因果關係之內。受這種紙上的訓練太久了，往往養成一種迂闊的觀念，於實際的真正因果倒反看不清楚。如同相信唯物史觀過甚的人，往往拿這種見解去勉強解釋一切的事實，結果反將真實的真相隱晦了。要知事實的因果，絕不就像紙上的因果那樣簡單。因此受歷史的推理訓練過深的人，反變成一事不通的書呆子，歷史如果僅有這一點功用，也就早該落位了。

還有第四種意見就是倫理道德方面著眼的，他們以為歷史可以供給我們許多好的教訓，使我們可以「鑒古以知今」，舊式歷史家和教育家

都抱有這種見解。他們要教學生從歷史，找他們立身處世的模範。不錯，歷史上的確可以找到許多這種事實。但歷史的事實絕不都是好的善的，無論就人物上或事實上，歷史都不能替倫理道德供有力的證據。歷史的事實並不是惡人都受罰，善人都成功，況且歷史上的人物性格行動，大都是複雜的，沒有絕對的善，也沒有絕對的惡，——因為事實本來如此——因此很不容易向歷史去找尋善惡因果的模範。與其這樣，還不如向小說稗史去找。其實就是小說，自從受過自然主義的洗禮以後，這種極端理想的模範人物和行動也很難找出了。

第五種的見解是主張歷史可以訓練學生求真理的能力和方法的，這是科學化的歷史家的主張，他們以為歷史的任務是傳達過去的真相，使學生了解過去的真相，並且學會自己找尋這種真相的方法，乃是教育上容納歷史學科的唯一目的。歷史並不能如實地傳達過去的真相，我在〈歷史的印象主義〉一文中，已經詳細說過。教育的目的是否單以教人明白過去真相為目的更是疑問，過去的真事實如此之多，即令真能令學者全部了解，也無一定了解之必要的。至於歷史研究方法之訓練，固應為歷史教授的目的之一，但此不過一個副目的，學歷史的主要目的絕不僅此，是很容易明白的。

還有一種意見——第六種的意見——以為歷史教授的主要功用，是在激發學生的興趣，這是站在美的觀點來講話的。這種見解不待批評自易知其謬誤，歷史不僅是人類的娛樂品，與戲劇音樂不同。我們在學校中教歷史，絕不是來替學生開游藝會，來說大鼓書，我想這是大家總可承認的罷。此外有一種較重要的意見——依我們的排列算他第七種——以為歷史是在供給人類以有用的智識，以便為生活的指導和參考。這是拿真與善的觀念結合在一處的。我們為什麼要教青年們學歷史？因為我們要教青年了解了過去，因為現在和過去是分不開的，因為我們的青年將來或者現在，是時時刻刻要生活著的，而一切現在的生活環境都在在與過去有關。不明白過去，便不知道我們現在生活的由來，便不知道我們生活的方向，便不能從過去的謬誤中幫助我們現在的糾正，因此我們必須要學習歷史，必須自未入社會的青春時代起便學習歷史，這是歷史

所以在教育上占主要地位的理由。

這種見解我們自然無可非難，不過這仍是站在以個人利害為本位的出發點。我們知道歷史上有許多事例，是不能於我們個人的生活有較好的幫助的。歷史上教我們殺身成仁，但殺身一事是於個體有害無利的，無論你怎樣曲解，無論怎樣拿樂利主義的眼光去計算個人的幸福，但殺頭究竟是慘事，站在個人本位的觀點上計算起來，究竟是不合算的。倘若歷史的目的，是完全教人改善個人的生活，則最好教人都做鄉愿，都做庸眾，自然永遠不至為他人犧牲自己，自然個人生活可以永遠舒服快樂，然而歷史所教的並非如此。老實說起來，歷史上有許多教訓是正與個人本位的利害觀點相反的，歷史教我們怎樣為他人服務，怎樣互助，怎樣愛鄉里，愛國家，愛人類，怎樣為群眾幸福犧牲個體的利益。——這些都不是純粹站在個人本位上所能解答出來的。因此歷史雖是為解決生活的困難而設，但所謂生活絕不是單指個人的生活。

由上看起來，普通所有對於歷史在教育上的意見，都不無可以非難之處，所謂歷史的重要目的，都不成其為重要，因此有些燥妄的批評家，就不免要根本懷疑歷史的價值了。他們懷抱很極端的意見，以為歷史根本不必教的，甚至人類根本就不必有歷史。他們以為歷史是束縛人類的創造力，想像力，使人們只知後顧，不往前進。人類因為有歷史，才有了保守性，才不能充分進步。尤其是青年不應該受歷史的教育，因為青年本是有勇氣能開創的，一受了歷史的束縛之後，便不免減少許多勇氣變成庸人了。這種說法是由於誤認人類的本性是善的，或者有無限能力的。他們以為只要順人性的自然去發展，不必加以人為的陶冶，結果反倒好些，殊不知事實決非如此。

人性善惡的問題，是人類根本需要教育與否的問題，我們暫時不必討論，實在也用不著討論，因為事理是很顯明的。即單就智識和能力而論，人類今日在精神和物質生活上，所有種種的較良生活，都是由於幾千萬年的經驗辛苦學來的，絕不是先天就是有的。野蠻人比我們歷史少，但野蠻人的生活也比我們退化得多。禽獸根本沒有歷史，禽獸的生活也就不容易進步。一個現代人所以稱為「文化人」的緣故，正因為他

所接受的社會遺傳比非文化人多的緣故。沒有歷史（廣義的），便沒有社會遺傳，沒有社會遺傳，便沒有累積的文化，便沒有一日一日的進步。不受歷史經驗的幫助，而能發獨立發展的天才，不過是一種夢想而已。

因此我們對於歷史在教育上的功用是不能否認的，不過它的真正最大的功用是甚麼，卻是個待解決的問題。我們的意思，以為要想考察歷史真正最大的功用，不能但從個人本位著眼。就個人本位上去觀察，無論如何解釋歷史，總不會完全適應個人的需要的。歷史最大的功用還是在群的方面，尤其是在建設群體意識的方面，歷史有唯一的功用。個人本位主義的教育家，也承認歷史可以幫助個人建設群眾生活的習慣，但他們的著眼仍是從個人本位出發。他們以為個人的需要群體生活，乃是由於為幫助個體生活的便利起見，這個意見仍然錯誤。群體生活有時不但不便利個體生活，反而於個體自由和利益有衝突，但我們仍需要群體生活，可見群體生活不是單為個體生活的便利而設的了。在生物進化的大法上，個體是真實的，群體也是真實的，兩種都是時時刻刻在進化，兩種的進化是關聯的。而且就通盤計算起來，個體的進化不過就是群體進化的預備，個體進化的最終目的，乃是構成整個的群體生活。教育是不能和這個方向違背的，在這個目的之下，歷史的功用是非常之大的。

歷史是幫助我們拋棄個人種種狹小的自私的見解，而走入一個廣大的群眾團體生活的最得力的工具。我們平常曉得個人的整個人格，也是由許多過去、現在；此處、彼處片段的心理過程所構成的，但許多片段的心理學現象，怎麼統攝起來構成一個整個的總人格，這就全靠記憶的作用。因為我們有記憶的作用，所以我們能夠把過去的我，現在的我，整個地融成一處，構成一個獨立的人格。群體是由許多零碎的個體集合成的，個體不但是實質上有獨立的形體，即在精神上也有獨立的心靈，怎樣能把這許多孤立的心靈聯合在一處，構成一種廣大的總人格，是歷史所效的最大的功用。無論任何偏見和奇詭的歷史，他們所給予我們的，總是這種普汎的同類意識。儘管最舊式的歷史家，著力要描寫「超人」，但在我們的眼中看來，我們總發現他「超人」的性格少，還是「人」的性格多。因此歷史的第一步功用，是使我們自然地發生了同類

意識，使我們覺察了我不是孤立在世界上的，在我的前後，在我的左右，都有許多許多和我相似的人類在那裡活動著，他們活動的方式雖然與我不盡相同，並且也彼此各各不同，但我仍然可以分辨出他們是我的同類來，因為在根本的人性方面，是彼此無有不同的。

歷史第一步，教我們發現了群眾，第二步便將我自己放在群眾中適當的位置上去。我學了歷史，曉得我是現在公歷紀元之一千九百二十九年，在我的時代之前，已經有若干年；曉得我現在亞洲大陸東端的中國，在我的國家之外，還有許多國；曉得我的祖先是誰，曉得我的生活是怎樣來的，曉得我與周圍的同類、異類有何種複雜的關係？──這樣，最終的結果，我就不是從前自命孤立的我，我不自主地便被推入群眾的組織中去了，我已與群眾的榮辱休戚共分其命運了。一個獨立的齒輪已經套上了大機器的機括，不得不隨著全體動轉了。歷史便是消滅獨立的人性，而變成合群的人性的最有力的工具。在極端個人主義者看來，這真是大逆不道的，然而在社會進化的觀點上看來，卻是非常有功的。

這是我們所認為歷史對於社會的唯一價值，就教育的意義看來，對於未入社會的青年，讓他們早點明白社會的一切，明白自己在社會中的地位，養成一種與群體共分榮辱休戚的心理，促進群化的作用，是非常需要歷史的幫助的。凡未受過這種陶冶的民族，往往養成一種自私自利的個人主義，「各人自掃門前雪，休管他人瓦上霜」，這種自私的個人主義的發達，小之則促進民族之滅亡，大之則妨礙世界的進化。我們無論為宇宙，為人類，為國家，為民族起見，都不能不用力打倒這種個人主義，尤其是在教育上要首先打倒。打倒的方法須要澈底更換教育的觀點，幾十年來英美式的個人主義的教育哲學，是非根本取銷不可的。教育是為群體而設，不是為個體而設。教育所要發展的是群體的生活，不是個體的生活。教育的目的，是幫助小我的消滅，與大我的構成，是促進整個的，有機的群體意識之出現。在這一點上，我們不得不需要歷史的幫助，不得不努力祈求歷史的幫助，這就是歷史在教育上最偉大的效用。

文章出處：《中華教育界》第18卷第2期（民國17年8月）。

新法考試的先決問題

　　最近北京高師教授張耀翔先生講演「新法考試」，據聞北京中小學界教員往聽者至數百人之多，可見一斑教育界對於新方法、新學理要求的迫切了。我以為今後教育的實施當漸趨於客觀的，科學的學理，而拋棄從前單憑主觀的，習慣的一切方法；而負這種改良舊習的責任的便在師範學校，所以此後的師範學校，對於客觀的教育學應當特別注意，如實驗心理學，智力測驗法之類，都應當特別提倡，這話以後再另講。

　　我對於新法考試的意見，便是覺得在適用這種考試之先，必須有幾個先決的問題：即是一、所授的教材是否都適於學生之需要，若以學生不感需要的教材，而強迫學生用機械的記憶，恐怕利不敵害；二、於這種考試以外，平時還讓學生有自由發表評判意見的機會沒有（按：這層張先生也曾說過）；三、是否另有方法以幫助學生於課本以外別尋智識，及養成將來自求智識之能力；以上三種問題既決，則新法考試的價值便能成立。

　　不過以我們看來，考試究竟是一種不得已的辦法，如果學校的教材處處能令學生明白自己對於他的需要，不費鞭策而自去用心，則考試可以不要；如果學校的教材包涵一切學生環境中日常見知的全部事物，而不僅限於教室內書本上，乃至教室外的書本上的智識，則考試簡直更無從考起，這豈不是更根本解決的辦法嗎？必不得已而不廢考試，則與其用有意的，有形的臨時考試，毋寧用無意的，無形的平時考察，但目下所謂平時考察，仍然是一種小考的變相，而且其無客觀一定的標準，也與舊法考試同。怎樣能創出一種平時測驗的器具或方法，教學生的平時的智力，體力，用心的程度，特殊的嗜好，以及增加的效率等，都利用測量或統計等方法，赤裸裸地毫無錯誤地表現出來，這便不能不望之於近代的心理學家了。

　　文章出處：《教育雜誌》第14卷第1號（民國11年1月20日）。

讀塞耳博士演講錄的感想

　　美國哥倫比亞大學教授塞耳博士（Dr. T. H. P. Sailer）最近來到北京，在北京高師演講「現代教育的趨勢」，據他說現代教育趨勢有三種，即是（一）教育與社會的影響，（二）特別訓練，（三）認識的動機，我們讀了他的講演筆記之後頗生些感想。最近教育的趨勢，實在一言以蔽之，可以說是，教育與社會逐漸接近的趨勢。杜威博士的社會的教育說，就是代表這一派趨勢的最精學說。但一般人往往對這種學說誤解，以為教育只要模倣社會的一切便滿足了。因此社會上獎勵戰爭，學校裡便研究殺人的器械；社會上崇拜金錢；學校裡便模倣市儈的行為；充其量在中國舊式吸大煙纏足的社會裡，學校也要公然開放這一切才好。

　　這種誤解實在是社會的教育說前途的危機，如今據塞耳博士講來，美國的學校對於學生的智識，對於學生的體育，對於學生服務社會的精神，甚至一刷牙之微，凡是家庭和社會上所不能得到訓練的，都是學校的責任，這真可以使我們明瞭社會的教育之真諦。因此我們又聯想到，照這樣學校與社會接近的趨勢看來，將來學校必有與社會合而為一的一日；因為近代教育的本質，已超出古代專研書本的學問的範圍之外，而與實際生活接近，從這一點看來，我們覺得教一課刷牙，比讀一課明太祖打敗陳友諒的史實重要得多，將來教育的趨勢必往這一方面走。其次如塞耳博士所講，美國人對於能力測量，心理測量等學問的發達，也可以使我們注意。現代的教育實在尚未到純正科學的地位，因為沒有客觀測驗的標準之故，這些發明很可以幫助真正教育學的創立，我們不可忽視這個問題。

　　文章出處：《教育雜誌》第14卷第1號（民國11年1月20日）。

對於杭州大學的希望

　　記得前清末年新興學之時，一般教育界的議論，有所謂國民教育與人才教育之爭；以我們現在看來，這兩種教育何嘗不都是要緊，就以目前現狀而論，國民教育固然差得太遠，即專門的人才亦何嘗不極感缺乏，所以提高與普及實在都是必要的。年前浙江省議會裡，有人提出建立杭州大學的動議，我們聽了頗為歡喜。因為目前的教育一項，實在萬萬不可再行中央集權的政策了。高等教育尤其是應當養成一種自由發揮學術的學府的形式，所以更不應當限制設立的數目和條件。即使辦的不能盡滿人意，要之有教育總勝於無教育。因為只要有了這一塊招牌，縱然一時不成功，後來還有慢慢改進的希望，否則任是什麼英雄豪傑，也不能毫無根據而做出事來。

　　浙江的省分，以人才說，已經濟說，都應當有自辦大學的需要，不知為什麼緣故，以前一般學者都跑到省外去，不肯回頭看看自己省內的事情。現在中央集權教育制度的迷夢總算打破了，大家曉得教育是地方自治的事業，因此才有了創辦大學的提議，這是浙江人的一種覺悟，我們應當替他鼓掌。最後一句話就是說，我們雖然說惡教育總勝於無教育，但我們終久希望杭州大學的前途，要朝著新的方面，理想的方面走，不要弄到末了，變成一個藏垢納污的養老院。

　　　　文章出處：《教育雜誌》第14卷第1號（民國11年1月20日）。

中等教育原理

　　《中等教育原理》（*Principles of Secondary Education*）這一部書，是由保羅孟祿博士（Dr. Paul Monroe）所編輯，由美國三十二位教育專門家分撰成的；全書七百餘Page，於一千九百十四年出版，是研究中等教育的一部最完密最詳盡的書；他的理論都是由各專門家，積多少年的學識經驗而得，非尋常空談一切者可比。全書分二十一章；其目次如下：（一）緒論，中等教育的意義與範圍，（二）中等教育的歷史，（三）歐洲的中等教育，內分法德英三國，（四）合眾國的高等學校制度，（五）高等學校的組織，（六）私立的中等學校，（七）青年的心理與生理，（八）道德及宗教的教育，（九）本國語，（十）古文及古語，（十一）近世語，（十二）自然科學，（十三）數學，（十四）社會科學，（十五）美術與音樂，（十六）家事科，（十七）職業教育，（十八）生理及衛生的教育，（十九）運動，（二〇）高等學校教育之社會方面，（二一）中等教育之改造。書中各篇材料有一少半是從孟祿博士所編輯的《教育學辭典》（*Cyclopedia of Education*）中輯出來的；其餘各篇都是作者特為本書而撰。執筆的人如David Snedden，Franklin T. Baker，Clarence A. Perry，Ellwood P Cubberley諸人，均美國教育界名宿，杜威博士也在內。

　　編輯的宗旨，據孟祿博士的序中所說，是因為中等教育的範圍太廣，宗旨目的又非常複雜，沒有一個專家的意見可為大家公認的；而且教材的種類不同，教授和管理的方法也各不一致，所以也沒有一個實行家的主張可為大家公認的；意見和實行既然沒有一定的統系，所以便需要有一種有統系的中等教育原理，這便是這部書編輯的原因。孟祿博士又說，這部書是合各中等教育家的經驗和實行的結果，總彙而成的，所以意見不能一致，各撰者對於他人文中的意見是不負責任的；至於他的是非，要學者自己去判斷。

　　此書卷帙浩繁，意見又非一致，所以不能有一個總括內容的介紹，

如今只將全書首一章，孟祿博士論中等教育的意義及方法；與末一章Snedden博士論中等教育之改造的意思，略微說說罷。據孟祿博士說，中等教育自文藝復興時代以來，便佔很重要的地位，古來大教育家，如Herbart，Froebel等，他們的教育主張都是從中等學校得來的。到了近世，中等教育在歐洲各國更佔重要的地位。但是對於中等教育的範圍和意義，卻始終沒有一個一致的意見。這種意見所以紛歧的原因，是因於中等教育本來就是因時因地而異，沒有一定的標準。因為中等教育是為應社會需要而設，所以「社會可以決定教育的現象」，因此我們要研究中等教育的意義和範圍，最好從歷史上考察一回。

最初中等教育的意義和範圍是，為自然的過程所決定的，因為古代成人對於兒童的要求，是一種道德的訓練，到後來在社會上佔勢力的階級漸漸需要智識了，因此教授便代訓練而起。其次中等教育的性質，是因教材而不同的。在希臘時代，文化，修辭學、論理學佔重要的位置；到了文藝復興以後，希臘文，拉丁文佔重要的位置；到了現代，數學及科學便分了古典之席；「這些根據教材，或根據教材和方法的組合，在決定中等教育的意義和範圍上，仍佔很重要的勢力」。其次中等教育還有根據於為專門教育的預備的；在希臘時代，演說和哲學所以佔重要的緣故，是因為這兩種後來都發展成了專家。到羅馬時代及中古時代，這種性質尤其顯明，羅馬的文法學校及修辭學校是專為預備造就立法家和雄辯家的，中古的拉丁文法學校是專為造就教士的。到了近世，大學發達以後，直接訓練專門人才的責任便讓給大學，而中等學校僅僅作為是受專門訓練以前的預備了。

其次中等教育還有作為是階級的區別的，中等教育看作是一種奢侈品，只為貴族的子弟而設，貧人們沒有享受的權利；這種情形在十七、八世紀時最普通，而到現在還未除掉，女子教育尤其是這種性質；門羅博士說：「美國的中等教育也和歐洲各國一樣，所以不能夠發展到一個極嚴密的職業教育式者，這種階級意義的存在也是一大原因」。再其次，中等教育有群擇（Social Selection）的意義，就是中等教育是專為造成社會上領袖的人才的，這在文藝復興及宗教改革時代也最盛行。又中

等教育有按心理和生理的年齡而劃分的；這是自科學進步以後才曉得拿
這個作標準的，而在歐洲各國，因歷史上慣習的關係，對於這件事還不
甚注意。

最後，中等教育是根據於學生的興趣和才能的，便是中學校的範圍
和目的，是因學生的興趣和能力而定。所以目下的學校多取專科，分
科，及自由選習的性質，便是為適應這個需要的。以上各種特點，到了
現代，對於中等教育的範圍和目的的決定都有影響，因此現代的中等教
育的問題是複雜的，包涵多方的。然而近代的中等學校的機能，除了上
列各種之外，還有一個完全最新出現而且最緊要的，便是適應社會的
需要，造就為社會服務的人才，而注重一種效力的訓練。因此學校的內
容，便應當複雜而廣大，不可專限於一部的目的了。

以上便是門羅博士論中等教育的意義與範圍一章中的大意，以下再
就Snedden博士對於中等教育改造的意見介紹一下，Snedden博士說：現
代的教育因經濟和社會的發展，及心理學的進步，而有必須改造的趨
勢；這種趨勢是，一方面根據於近代政治上或社會上為維持民治起見而
有普遍教育的要求，一方面是根據於科學智識的進步，而增加其效率。
第一方面使學校的種類增加，用以適合各級的要求；第二方面使學校課
程改良，而根據於學生學習的過程。而在中等教育方面尤有拋棄習慣上
的成法，而要求一種最合於科學分析的方法和目的之趨勢。但是為什麼
這種改造，目下未能完成呢，就是因為他所根據的二大科學——社會學
與心理學——還未發達完滿的緣故。我們要曉得，未來需要的改造是如
何，最好先看現存的實際情形是怎樣進化來的。

現在的種種教材，本都是從歷代的需要進化而來，因此我們便曉得，
未來的改造趨勢，大約一方面是對於舊有的教材加以淘汰或變化，一
方面是發展出許多在我們現在從來沒有用過的教材。最好的法子，便是
看近代社會和個人的根本需求是什麼，然後把他們這種需求分析起來，
看用何方法，何範圍，才能滿足這種要求。若從事這樣的分析，我們必
須注意於個人——他是社會的終極目的所要產出者——是受三種勢力的
影響：（一）遺傳（Heredity），（二）養育（Nurture），（三）教育

（Education）。教育又有各種之不同，最有力的是家庭，學校和教會，這都是直接影響於教育的；此外市肆、俱樂部、遊戲場、圖書館等，亦均有多少影響的勢力。

在這些諸種類之中，惟有學校的影響最大，因為他是特別組織為教育的目的的。教育的目的和進行，分析起來有四種，即一、自然教育，以養成個人的習慣，傳授智識，訓練理想以擴充自然的能力為宗旨；二、職業教育，以使青年有在近世經濟制度之下，自謀位置的能力為宗旨；三、社會教育，以養成為社會團體中之一分子的智識品格為宗旨；四、文化教育，以發達個人的天才為宗旨。一切教材即可按這四種目的的需要而定，但這四種目的內容所需要的教材，還有增加的必要，將來改造的趨勢大約不出於此。

文章出處：《教育雜誌》第14卷第1號（民國11年1月20日）。

教育上之理想國（上）

　　我以為在現在中國，欲從事於教育上的介紹，則具體計畫的著作，比之高談學理的似乎更為有效。學理的著作雖然高深，但因一般人消化力不很強的緣故，恐怕難免多數是生吞活剝地嚥下去，而不曉得怎樣把這學理，應用到實際的建設上去；所以反不如具體的計畫可以立刻照樣抄下來。但關於這樣性質的介紹，似乎還不大見有人去做；我自己雖然對於教育不懂甚麼，但因為從前對於這一類的著作頗好搜羅；就個人讀書的經驗看來，也覺得比讀那些乾燥無味的理論書有趣得多。因此，我想就自己所已知的範圍內，逐次將這些計畫介紹一番，姑且名之為「教育上之理想國」。但其中也有許多是已經實驗有成效的，並不單是「烏托邦」；因為實際已試過的計畫比較的更為可靠，故尤有介紹的必要。可惜我見聞太譾陋，僅據一兩本幾年前的書來介紹，當然難免有非常錯誤的地方；這是要待教育界同人指導的。我相信這類的介紹，至少有兩種好處：第一，可以供我們實際改革的取法，這是不用說了；第二，還可以把我們向來拘守習慣——乃至於拘守部章——的眼光放大些，或者也可以啟發我們自己創造新圖案的一種思想，那便更不虛此介紹了。

一、格里學校（The Gary School）

　　格里學校制度輸入我國，似乎已經有幾年了。友人舒新城先生對我說：八年之前，他在《京師教育報》上曾有一篇介紹，可惜我沒有見過。我所見過的，只有前幾年本誌上一篇。——因無舊書，不便查其年月。——此外江蘇第一師範學校有一本《葛雷學校之組織》，我在民國八年的《平民教育週刊》上，也曾譯登過數段；後來因事中止。江蘇一師的那本書，內容頗為詳細，此處本可不必再介紹；但是因為我國教育界對於此項組織似乎注意的還很少，更不聽見有人採取他的辦法試驗過。格里學校制度的兩大精神：一在以最科學、最經濟的管理，減去因

經費、時間、房屋等缺乏而生的困難；一在打破向來以教室學習為中心的教授主義，而提倡一種「工作、學習、娛樂」三者具備的真正社會生活的學校。這兩種精神，後者是我國一般演講式教育之棒喝，前者更是現今教育經費困難時代的恰好的補救方法。我覺得有這兩層需要，所以不嫌陳腐，願意首先介紹他。這篇所說，完全根據R. S. Bourne所著的《Gary School》一書，係一九一六年出版；至於現在這種制度，有沒有什麼發展或變遷，因無相當參考的資料，不敢斷言。

一講到格里市的學校制度，我們首先便要拋棄一種思想，就是以為格里市所佔的地位特別好，所以能實行這種制度。這話完全錯了，格里市所處的情形，不但不比別的都市特別好，恐怕還要特別壞些。格里市附近有一個「合眾國鋼鐵會社」，這是不錯的；但這個會社不但對於格里市沒有多大的幫助，倒反給他帶來了許多的困難。當一千九百零六年以前，格里不過是一片荒涼的曠野；自「鋼鐵會社」成立以後，八年功夫，人口便從三百一躍而為三萬，這種人口增加的速率竟年年以倍數增加。在這地方，教育當局的第一個困難問題便是，怎樣能夠使學校中容納生徒的數目，隨著人口的速率而增加，年年加增一倍的學校，已經是事實上所萬辦不到的；何況本州特別的法律，又限定教育經費須依二年前的歲入為標準呢？結果，人口增加得這樣快，遲了兩年，便要相差四倍；以四分之一的經費，而要維持可以供全市兒童入學的學校，莫說增加的速率不能那樣快，即使有意增加，又那裡來那許多錢呢？

至於「鋼鐵會社」雖是本市的唯一大財主，但照向來的老規矩，他對於市中公共事業的經費，多是袖手旁觀，毫不幫助的。不但如此，而且因為「鋼鐵會社」成立的緣故，不但人口非常的增加，而這些新增加人民所從來的地方，也都是五方八面，良莠不齊；其中尤以南歐一帶的浪人為多。在格里一市中，竟有三十種不同的民族，這真是格里市更大的困難。又因「鋼鐵會社」擴張之故，大部分空曠的地方被公司佔去了，學校要想擴充地方也是因難得很。在這種「捉襟見肘」的情形之下，能夠勉勉強強把門面敷衍下去，也就很難得了，更怎麼能夠顧及創造理想的組織？然而格里市不但把這些困難完全戰勝，不但使全市的兒

童都受過相當的教育，辦到在每三個成人裡面，總能夠找出一個受教育的來。——而且這些兒童們所受的教育，又絕不是那種短期的、半日的，速成的、不完全的教育，而是完完全全的整天教育。——比向來學校中學習的時間還要多。至於教員的待遇，尤其是全國中最好的，單就量的方面說，已是這樣可驚，再就質的方面說，這種「工作、學習、與遊戲」的學校，又是完完全全實現了杜威博士「教育即社會」的理想。所憑藉者如彼，所成就者如此，真令人不能不佩服格里市教育當局的崇高的理想與熱誠的毅力；而我們中國那些意志薄弱的教育家，往往藉口於經費不充、地方不大等等的困難，來自閉其短的人，看了這個，從此也就不必再說那些沒志氣的話了！

格里本是美國印第安州（Indiana）的一個小市，在密歇根湖（Lake Michigan）南端，距芝加哥（Chicago）三十英里遠近。他的驚人的成績，都是由他那位學校監督維廉華德（William Wirt）君所造成的。華德君未到格里之先，已經在婆落夫頓（Bluffton）將這種理想的制度實際試驗過，所以我們當讚美格里制度的時候，不要忘了他在婆落夫頓的八年預備功夫。華德君是杜威博士的弟子，故他所有的理想，大部分可以說是從杜威博士得來；回看杜威博士到了中國兩年，中國教育界不但沒有一處，實現過一種知行合一的學校的計畫，就連一部《明日之學校》的書，除了報紙雜誌上的片段的翻譯而外，竟至今還沒有一部單行本出來！這真是我們學教育的人所應當引為大恥的了。

以下要進而述華德君對於格里學校制度的改革計畫，他的理想，用一句話包括起來，便是要創設一個形勢最複雜的工作、學習與遊戲學校。但是我們要明白華德君這個理想，並不是實現於某一個學校之中的，我們所謂格里學校制度，亦非單指格里市中某一學校而言。格里市教育行政的組織，統於一個學校監督之身；學校監督之下，輔以一個教育局，有三個局員，幫助學校監督執行事務。學校監督由華德君擔任，所以他這計畫乃普及於格里全市的諸校，而非僅限於一校。就中最著名的學校，有Emerson、Froebel、Pestalozzi、Jefferson等。但華德君最大的成功，還不在完全按照他的理想所建設的新學校，如Emerson、Froebel

等，而在對於舊有學校，如Jefferson的改革。從這一點看來，格里制度不是純粹的理想，而是切實可以應用的方策，也就可見了。

華德君教育的理想，是要造就一個完全的兒童；不但如舊式教育的偏重智力方面，並且要使兒童的身體、藝術、作業、科學諸方面，都和智力得同樣的發展機會。這自然不是強迫任何兒童都有同樣的嗜好程度，只不過是供給他們以相等的機會，使他們不至限於環境，僅為偏枯的發展罷了。總而言之，就是要把兒童放在一個有各種不同的發展的機會的環境裡，使兒童可以有機會去選擇他自己以為最適宜的活動，因以發展他的本能到最高的程度。本於這個原理，故格里學校的制度，不像普通學校專以教室為大本營的一樣；他的學校的組織，包含有四個主要的元素：第一是體育運動場，第二是學智識的教室，第三是實際作業的工廠、商肆，第四是練習社交的公會堂。這四種活勤，在格里學校中看起來，價值是一律平等的，絕不像普通學校那樣，把智力的工作看得比手工特別重，或者把課外作業看得比正課格外輕。他的目的是要使兒童整日不斷地對於各方面活動，而發展成一個完全的人。

華德君主張，學校應當完全把幼稚園到中學以上一切包括在內；這種學校在經濟上固然是節省，就從教育的眼光看來，也是很好的，因為可以使大學生與小學生中間的距離不致相隔過遠。華德君以為一個人若要使品格、能力完全發展，非使他從少至大，受一種繼續的教育不可；這個主張，在我看起來，是極對的。現在各級分立的學校，其弊往往使在小學中慘澹經營造就出來的好學生，一到升學以後，多數便受了不良化；在中學方面任你辦得怎樣好，而因小學教育不良的緣故，往往也難於矯正。因此我以為想辦理想學校，非從幼稚園辦起不可，又非繼續辦至大學不可；除了經濟問題以外，似乎再沒有別的理由，可以打破這個主張了。

華德君以為遊戲場是學校中最主要部分之一，故格里市中無論大小學校，都有幾片很大的遊戲場。最大的特色，是這種遊戲場都是散在市中各區的，任市民參加運動，遊戲場之外，還有校園及飼養動物場之類，體育館也設備得很完全。校舍建築的特色是：門前有很寬大的走

廊，壁上懸有學生所製的各種成績，藉以引起學生創作的趣味。博物館也是極端開放的，與普通學校中幽閉式的博物館不同——按我國大都會中，這樣幽閉式的圖書館也少見，更無論學校裡，更無論非幽閉式的博物館了。友人陳兼善先生主張三館主義，他說：「一個學校非具備有圖書館、科學博物館、體育館三館不可」，這話真是不錯。沒有三館的學校，簡直可以不辦；我還有幾句過激的話，就是：在中國的現狀之下，與其辦小學，不如辦博物館、運動場；與其辦中學，不如辦圖書館；與其辦大學，不如辦科學研究所。熱心教育的人，望三思我言！

　　格里各學校中教室的設備，亦與通常不同；他的特點有五：一，教室陳列不拘形式，得因兒童的意向而變動；二，各科教室分開，故對於本科得有充分自由布置的餘地；三，教室內陳列與本科有關的種種器物，不僅是一間空洞的房屋；四，理科教室與工場相連，故學理與應用得聯成一片；五，教授絕不用注入式的講授，而令學生自動的作業。工場、商肆也是華德的學校計畫中最主要的一部分，沒有一個普通學校，他的工場、商肆的佔地，能彀如格里學校中所佔的那樣大的。而且種類又是很多，在Emerson學校中，他的工場有：木工場、金工場、製圖室、鑄造場、鍛鐵場、機器室、印刷所、電氣場，以及縫紉、洗濯、烹飪諸室。所有這些設備，都實在和實際的鋪肆一樣，不僅是敷衍門面。——按中國現在的學校，就是有工場的，也只是敷衍門面的設備，然而即這種敷衍的設備，全國中還找不出幾個哩！這些工場的窗戶都用玻璃製成，使不作業的學生走過窗前，不覺地便要駐足看看，以引起他對於此事的興味。

　　我們既然曉得華德君的教育計畫的主要部分，即在這四個元素，那麼，我們辦學校，縱然說別的高遠的理想難得成功，對於這種僅僅設備教室、運動場、工場及公會堂四部分，總不至於覺得很難辦了。學校中具備了這四部分，便不愁教育目的不能達到。現在一般志氣薄弱的教育家，看了這個，一定又該說：「學校中要這許多設備，那裡來的那些房屋」？殊不知格里學校的設備，也都是利用廢屋；曉得利用廢物的法子，正不愁沒有地方供你設備哩。

　　華德君根據杜威博士的學說，以為學習必須從經驗中得來，因此他在格里學校所有教科的設施，都是以實際的應用為主。他的目的是要把學校做成一個自給的小社會，因此所有工作都是眼前就可以實用的，絕不是紙上空談。他的學校實在就同古代的一個小社會一樣。譬如木工場便真替學校製桌子、椅子；建築科便真替學校修補房屋；靴工場便真替學生們製靴子；園藝便真要飼養動物，培植植物；烹飪、裁縫也都是一樣地要做實際的工作；此外有銀行，有檢查場，都是實際要執行職務的。總而言之，華德君的理想，便是要實現杜威博士「教育即社會」之說。

　　如果學校真是一個兒童的社會，那末在這個社會中，不可不有一個公眾聚集的場所，以為大家交換意見及娛樂的機關；格里學校中的公會堂，便是預備這個用處的。這種公會堂的使用，大約除了格里的學校以外，再沒有那樣巧妙的了。這個公會堂，在格里學校中，如同一個大戲臺一樣，每日不斷地輪流表演各種的新戲。凡是各種的講演、集會、以及學生種種的游藝，都在此處舉行。學生們每日也不斷地輪流去聽，在這個地方訓練兒童的社會道德，是再好沒有的了。我們中國的學校，有禮堂的已經是很少，有禮堂而曉得把他怎樣利用的，恐怕是絕無僅有了。我們要明白格里學校的成功，只在善於利用廢物，便曉得中國的教育，並非真是窮得沒有下手處，只是有許多白白耗廢的地方罷了。

　　總括起來說，格里學校的教育，便是替兒童造就一個小社會，用以代替舊日的學校、工廠、家庭種種的教育；這是在現在這種變化中的社會和實業情形底下，所必須的一種制度。格里學校的功課科目與印第安州的教育法令，所規定的並無不同，不過他的教授法卻完全不一樣。教室的設備前面已經說過；他的目的便是要創造一個特別環境，使兒童一入其中，不待教授自然便感有一種特別的趣味。他尤其注重教科的聯絡，如歷史與地理，生理學與生物學，讀法、書法、綴法、及話法，都合為一科教授。此外各科，也極力使之互相聯絡；譬如教歷史與科學的時候，便可以順便練習作文；在工廠或商肆中，又可順便練習英文或算術；理科的筆記，令國文教員修正；所以名義上雖是各科分立，實際上卻是互相聯絡。至教授的方法，不外用實際的情勢使學生自動的研究。

所有教材，大半取於學校的環境，所以兒童不致感得乾燥無味。如教歷史，就令學生表演當時的情狀；教理科就令學生檢查學校種種的日用品；教生物學，就令學生直接飼養動物，栽培植物。總之，格里學校的教授，是要兼顧「實用」與「文化」兩方面的。所有的設施似乎有點偏重實用，但原理非從經驗學來不可，所以並非只顧實用一方面的。

格里學校關於訓練方面的主義，與普通學校中半軍事的訓練截然不同。他用教員與學生協作的法子，使學生在不知不覺中都養成自治的習慣。格里學校的兒童，對於學校中所要作的事，都能了解，因而責任心亦自然增加。在格里學校中，形式的訓練可以說完全沒有，全仗著公共的作業等事，來陶冶他們的品格；所以普通一切學校所常用的自治會及榮譽制度（Honor Systems），他們都不採用。從前在Emerson學校中，曾試行過一種兒童村的制度，但沒有效果，因為他總不免有一點假扮的性質。——按此，可見現在一般學校中，所通行的學校市等虛偽制度，實在毫無用處。——後來便把他廢止；而另代以一種學生會議（Students Council），由高級的班次中選出學生來管理體育、集會，以及其他有關學生的事務。這種選舉很為鄭重，事前由各派推出候補者，並由候補者發表他的主張。他們這種競爭往往公開，甚至校外的市民也可加入。總之，格里學校的訓練精神與他別的主張一樣，都是要從實際的事業上使學生得效果。

以上是格里學校的大概情形，此外關於教科的編訂也很有可採之處；但這是為格里市環境所限，而不得已想出的辦法，與他環境不同的地方，似乎沒有模倣的必要，故此處不再說了。我對於這種制度的批評如下：我以為各種理想的制度，在今日最可倣行，最有利無弊的，再沒有過於這種制度的了。其中尤有最可佩服的幾點，現在特別提出來略說一說。

第一點可佩服的，是他把學校認為是工作、學習、娛樂三種性質的練習場，而不僅是學功課的地方。中國現在的辦學者，大半只知以教授功課為惟一的目的，姑無論講演式的教授，絕不會有多大的效果，即使效果十分滿足，也不過造就出一個盛載智識的機器罷了。尤其最壞的，是現在鐘點式的制度，其結果使無論教者、學者，都認只有上課的幾點

鐘，為在學校負責任的時候，過此以後，任憑學生怎樣，便與學校毫不
相干了。而且把上課的鐘點排列在一起，尤其容易引起這種段落的錯誤
觀念。即使有些學校除了正課以外，也還提倡些工作和娛樂的專業，但
總沒有能把他看作和正課一樣重的。這種貴族式的學校，應該拿格里制
度來救正他。

　　第二點可佩服的，是他主張學校應當包含各級的兒童在內。我以為
這是要辦一個理想的學校，所必不可缺的條件。試想好的小學若沒有中
學、大學以繼其後，雖然費盡辛苦，造就出多少好的兒童來，將來難保
不一個個壞在誤人的中學、大學之手。大學校呢，若自己沒有良好的小
學校，從根本地方培養起，則所招學生必然程度不齊，亦難得收良好的
效果，所以我認為真正的理想學校，非具有統合的形式不可。

　　第三點可佩服的，是學校的自給主義，這尤是中國一般學校的良
藥。現在的學校任你怎樣辦得好，終久脫不了貴族的臭味。辦一個學校
要化幾千幾萬的錢，但是結果一點利沒有。我不是說學校要以營利為目
的，然像現在這樣「茶來伸手，飯來張口」的學校生活，總不免有太貴
族之譏。因此辦一個學校，不仰仗政府，便須仰仗資本家，其不能獨立
則一。所以政府一窮，便連學校自身也存在不住。推其原因，都是把學
校當作是「養少機關」之過。若如格里制度的學校即是社會的生活，那
裡會有這樣的危險呢？

　　第四點可佩服的，是統合教授的主張。理化的筆記由國文教員修
改，商場簿記由數學教員指導，這真能打破科目的限制，尤妙在以分科
教室制的學校，而能教採用這種制度，這也是我國學校所應當取法的。
格里學校制的優點本不止以上四種，如今只就我們一時所想得到，而又
最要緊的舉出來說說罷了。

　　　文章出處：《教育雜誌》第14卷第7號（民國11年7月20日）。

教育上之理想國（中）

二、比利時之新學校

　　現在一般對於教育現狀不滿意的人，都有一句最通行的口頭禪，說：「我將來一定要辦個理想的學校」。哈哈！「理想的學校」豈不是一個很好聽的名詞！但是實際上，理想學校的呼聲歌唱了十幾年了，要辦理想學校的教育家，也不知有幾千幾萬了，何以走遍中國，找不出一個真正的理想學校？到底是理想學校終沒有實現的可能呢？還是所謂理想者，不得謂之真正理想呢？斐梨（Adolphe Ferriere）博士在《比利時的新學校》一書的導言上，舉出合乎理想學校的標準三十條，並且舉出一個具備這三十條標準的比利時的學校作為模範。從此，我們可以曉得，理想學校的實現不是絕對不可能的事；我們所以失敗，只怕是因為自己的理想，還有點不如這三十條內所舉的澈底罷。關於比利時新學校內容的介紹，在國內還沒有見過；至於這三十條原則，民國九年元旦的《晨報》增刊及本誌本卷第二號，我友劉建陽先生都曾繙譯過；為避重複起見，此處恕不再引，只將他所舉的幾個要點寫出來。

　　照斐梨博士的意思，凡是可稱為真正的理想學校的，必須具備以下幾個條伴：（一）學校的位置必須在與自然界接近的地方，使兒童時常和自然親近。（二）理想的學校必須是寄宿制度，因為如此才能使兒童不至受惡環境的不良化。（三）手工與體育視為主要的科目。（四）教育是基於兒童自己的活動，所以實際的試驗與作業都很要緊。（五）功課的配置取集中主義，每日所學不過一兩門，每月或每學期中也只學幾科。以上五條，是斐梨博士所舉三十條中最重要之點，所以我將他另外抽出來，重述一番。

　　以下介紹比利時新學校的內容，係根據該校校長華堪塞羅（Faria De Voscocellos）氏所著的《比利時之新學校》（*A New School in Belgium*）

一書。此書出版於一九一九年；上節所引斐梨博士的話，就是這書的導言。這個學校創始於一九一二年十月；在比利時都城不魯塞爾（Brusse—s）附近比爾吉（Bierges-Lez-Wawre）地方；創辦者為華堪塞羅氏，是一個生於葡萄牙而長於比利時的人，是不魯塞爾大學的心理學及教育學教授。此校在歐戰中，受戰爭的影響而停閉；但華堪塞羅氏的計畫不因此失望，他也許將來還要重新恢復他原有的事業。——也許現在已經恢復了，但我們見聞閉塞，得不著他的報告。——無論他還能恢復與否，只就他這一本書內所敘的成績而論，也就很可供我們追求新教育理想的人所採用了。

起初開辦的時候，生徒不過九人；直到一年半以後，也還不過二十五人左右。當時比利時舉國上下正馳騖於政治、宗教種種重大的問題，對於創建理想學校一事，多視為烏托邦的幻想，不肯注意；華堪塞羅以熱心毅力來維持，才僅僅成功。最初為選擇校址一事，已很費經營；後來，才擇得巴爾奔地方的一塊平原，左有小河，右有小山，清靜幽雅，正合於理想的學校環境。附近農田很多，有全歐最著名的干布樂（Gembloux）農業學校在那邊，使生徒可以時常與農業的科學接近；但一方面距離都城不魯塞爾也不很遠，所以可以使學生時常有機會到這個大都會中參觀工廠和博物院等；只要費三刻鐘的火車工夫，學校所應受於大都會的利益也就可以領受著了。舉一個例說，譬如每星期六的五點鐘，不魯塞爾大學內有一種關於遠東美術的科目，這校的學生就有多數去聽講。在創辦新學校的人看起來，環境的選擇是理想學校中第一件要緊的事。「建設學校於鄉村，但距離城市不過遠，這是最好的一種計畫」。

比爾吉學校的建築，包含有住室及兩座分離的教授院，田園及此外的附屬物。住室中包含有寢室、浴室、貯衣室、膳廳及會客室等。他的計畫是要使學校為家庭化，絕不取尋常自修室與寢室合併的法子。在兩座教授院中，有一座是專為工場、試驗室、技術室之用的。在建築物的四周，環繞著美好的田園，使學生得自由領受新鮮的空氣。關於體質的訓練，是該校第一件注意的事；他的目的是要鍛鍊出強壯而優美的身體。先講睡眠罷，每個兒童按年齡與季節的不同，每日都使睡九時至十

一時上下。寢室寬大而溫和，窗戶終年常開，並無危險。在冬天夜間，兒童們往往習慣於在帳幕中睡。每寢室中，約設四、五個床，都是年長的與年幼的雜居，使他的環境可以豐富，四壁飾以美術品。在夏季，於午飯後，每允許學生們晝寢一時。每日五餐，沒有肉，只有雞蛋、牛乳、穀菜之類。大多數的食物都是產自自己的田園，由學生自己的勞動得來的。學生們自己播種，自己收穫，並且自己飼養牛羊等物。

學生自己組織一個協社，校中所需各種食品都向他購賣。食堂並不是一個大的，而是幾個小的，這樣情形可使與家庭相似。同樣，桌子也很小，每桌只坐六人至八人。食時，由學生自己料理，並允許自由談話。除了特別情形，經醫生的禁止以外，學生每日早晨必要洗一回冷水浴。又在適宜的季節中，學生每日午後必要到游泳池中游泳。游泳以後，再赤身舉行太陽浴。身體及寢室衛生的檢查，每週舉行一次，對於兒童的清潔習慣，也注意養成。這些檢查的結果，當期報告於兒童的家庭。除了衛生以外，對於體育也是很提倡的，因為他們相信體育與道德的訓練也很有關係。第一，對於遊戲競技等類，竭力提倡。按學生的年齡，分頭指導以各種的遊戲，無論團體的或個人的都注重。學生自己組織各種體育會等，從事練習。對於童子軍的組織，也很獎勵，並且可以練習空氣中生活的習慣，又常常獎勵學生作遠足旅行等事。

該校關於手工的訓練也很注意，他以為有許多技藝對於兒童的精神和身體的發展上，都很有幫助。他們所注重的工作是編物、搏泥、厚紙工、木工、金工之類。也按年齡的大小，分工作的難易，小的常受大的的幫助。工作室和商場的設備也非常重要，使學生一入其中，看見了那樣好的工具，便使他聯想到他職務的神聖，才不至對於工作存輕視的心。校舍周圍有十四英畝之廣，所以大可利用這些空地來種植農產物，校中對於農業的訓練也很注重，小的學生叫他們學園藝或飼養動物，飼養動物這一件事，最可養成學生的好品性；因為擔任這項職務的人，每日必須按一定的時刻去照料動物，可以養成守時的習慣；並且對於動物處處留心，可以養成觀察的能力；又有了職務，則負責任的精神也可擴大，這都是就道德訓練這一方面講，——至於兼能引起兒童對於自然界

的興味等等，則更不必說了。他們所養的，有小雞、狗、豬、兔等等小動物；還有許多魚類，顏色形狀非常複雜，足以引起幼生的喜悅。每星期，他們集會一次，討論怎樣飼養、保護這些小動物的法子。在園藝一方面，他們自己各有一塊小地，對於種植等事也很留意。在這裡面，他們可以學習到關於植物學、地質學、地理學、幾何學、化學、物理學以及氣象學上的種種智識。而對於感覺的訓練，堅忍道德的訓練，以及美育訓練都有好處。年齡較長的學生，從事於實際的農業工作，他的效率更大了。

關於智育方面，比爾吉學校也與普通學校有不同的色彩，他把校地、校園、農田、果園；和圖書館研究室、教室、工場合組成一個大環境，在這個環境裡面，兒童可以得一個真正的自然的經驗。他們的智育方針有底下幾條：第一，各種功課的基本原則，是要使兒童與環境發生密切的關係。兒童得與各種不同的人生活相接觸，使他們能夠觀察、實驗、行動和創造。尤其注重的是手工，因為要使兒童與生活、勞作及自然界接近的方法，再沒有好過手工的了。第二，關於兒童的智育教授，取自然發展主義。辦學的人對於兒童的需要和疑問，時常注意，所以一切功課，非到了他們智識的發展，已經能夠而且很迫切地覺悟他們需要的時候，不授給他們。教科的配置，就按照這個原則去行。不但各科分配的次序是如此，就是各科中項目的分配，也是按照這個原理。譬如教語言的時候，一切有用的文法且擱在後面講，而最初教學生從會話和作文中實地去練習。教動物、植物學的時候，同樣，也是先從觀察和記述他們的生活狀況，和他們的需要等情形入手，然後才授以關於動植物的組織及分類等智識。使學生對於他所學的功課，了解他的需要，然後才能發生趣味。第三，教科的配置，不但要與兒童自然的發展相諧和，並且要與各科學的歷史上的發達程序相應。因此，可以使兒童自己依著順序，找出智識的系統；所以所授者不僅為智識，而且兼授以用智識的智識了。

因為要應用以上幾條原理，還有一條緊要的條件不可忘記，就是每班人數要很少。要想使學生個個都有發展的機會，使教員有功夫注意得

到他們的個性，非用小班制（即人數少的班）不可。在一九一四年，有二十五人，後來增至三十五人，但無論如何，不得過六十人。此外為適應學生的個性發展、並打破分班制的固定而且拘束的弊病起見，採取一種流動的班制（按與學科制相近）。學生各科的程度不必一致，譬如英文在甲級，而數學可在乙級。又因學生對於各門功課的優劣不同，而各科受課的時數也不同；對於成績優的一科，受課時間可以少些；劣的，受課時間多些。這並不用更改總功課表，只要對於正課以外，再加一點補習的時間，則各學生對於成績不及的科目，可以利用這時間分別去補習。功課時間的長短，也是一個很重要的問題，而且各人的意見也不一致。總之：要以學生的注意力及興趣等繼續的期間如何而定。該校每課鐘點大約以四十五分為度，每一課後，休息十分或十五分時間。冬天早七點五十五分，夏天自七點四十分起授課，至十二點十五分（冬天）或十二點五分（夏天）為止，最後一課只上四十分鐘。大約用腦力的功課排在上午，而下午則以手工居多。功課的排列也不是固定的，也許偶然有一天，將上午的功課和下午的功課對換。

　　注意的集中是一件極重要的事，在比爾吉學校裡，功課的配置都是集中於一小部分，因為再沒有壞的事情，可以過於使學生同時受無限的功課，而這些功課間又毫沒有一點聯絡的了。在一個上午，學習了數學、讀法、默誦、歷史、地理、物理，或者再多一點的東西，論勇敢誠然是勇敢了，但是有什麼實在的好處呢？新學校中的功課，決沒有這種弊病，他功課的配置不但每日集中，抑且每週或每季都是集中的。在春夏的時候，動物繁殖，草木茂盛，所以利用這個時間多學習些動植物，而物理化學等鐘點便可以減少一點。在秋冬兩季，又可以翻過來。這樣，可以使學生得有完全的智識、較大的興味，而又可以親睹他們自己勞力的收穫。此外，每日裡也將功課集中於一科，或有關係的數科上面，大體不得過兩科以上。因為與其一日裡邊，學遍了法文、數學、歷史、化學等等，不如將一日來專學法文。

　　或者有人要疑惑，這樣辦起來，豈不是要使學生趣味減少嗎？其實不然，因為功課雖同，而教法可以變換的；同是法文，而其中有誦讀，

有文法，有作文，有會話。這樣變換方法，學生自然便不覺得單調了。所以他們的功課表上，有所謂文學日、科學日等等。不但大學生是如此，就是小學生也是如此。譬如教他看護動物，便用各種方法，從各方面去引他的注意，所以不至於無味。對於各科目間的相互關係，也非常注重；世上沒有單獨存在，一點不依賴他科幫助的學科，所以彼此間的界限絕不可劃得太清晰，這也是新學校中特別的一點。中學校所負的使命，究竟在普通的文化，還是在特殊的科學？這也是近今教育界上最惹爭論的問題；新學校裡對於這問題的解決很是巧妙，他既不偏重於彼，又不偏重於此。他以為這兩方面的使命都很要緊，專門的研究固然必需，但沒有普通智識的基礎，則從事專門研究時，必感有許多困難。該校學生，按年齡的大小，分別為許多組，有略近於專門的，有注重於普通的。大概的區分如下：（Ａ）預備的……七至一〇歲，（Ｂ）普通的……十一至十四歲，（Ｃ）高級的……十五至十七歲，（Ｄ）專門的……十八至十九歲。

以上所述，是學校組織方面；但學校的精神不但在制度，尤其在教授法。——按孟祿博士也曾對我們如此說過。——為詳備起見，我們且引原書的一節，來看看他的教授法究竟怎樣？「在教育的工作裡邊，教授法是一件最重要的事。就未來的事業上看起來，有一件事含有很重大的意義，就是真正的材料，並不是僅僅保持了許多的智識，而其實卻是曉得怎樣使用智識的方法，這才是我們所要的智識。我們打算要使學生曉得一件事情的需要而且做得很好，因而得了他的效果，這不僅要使他們曉得所學的一切，並且，最要緊的，是能夠將他所學的東西使用得很合式。「我們試看看在比爾吉學校裡的方法是怎樣的呢」？「你一定曉得，在舊式制度底下的教授法是怎樣罷。一個教員走進了教室，把他自己站在講桌前面，於是開始提出許多或已學；或未學過的問題來發問。功課的朗誦，和問題的解釋，也是同樣的機械。背來背去，總是這一件功課。這樣已經很夠了，已經死滯而且無生氣；等到功課講完以後，教員於是提出一個學生來單獨加以詢問，而不顧其他的人。全課內不過如此的一個狀態，功課完了，教員也離開走了。第二天呢，在同一時間內，用同一情形，這功課又從新開始。

「現在卻有一個很簡單又很複雜、很有趣又很活潑的功課。讓我來同你按著各時期，將我所要說的給你講講罷。」、「在比爾吉學校裡邊的功課，是隨地都可以上的，因為教室就是隨地都是。而且功課呢，也不僅是令學生用心記了就算，他是一個待建築的東西；要學生自己拿去，一點又一點，細心地去建築的；而且他這樣做去，還必須受教員和同級的扶助。我可以將這方法的大概說說。」、「假定你是走進我們的一個班裡了；就算走進自然科學的研究室罷。圍繞著你的，都是些水陸動植物養護所和標本，你必定感覺到一種特別的空氣。但是，假使你不走進這裡，或者你是走進物理化學的教室，或者別的教室，你必定恍然大悟，曉得我們的根本主義，是各處都要實現了」。

「a. 開始的時候，一班裡先規定一種計畫，而後去做。這是用互相問答的法子，討論的結果，得到一種實行方法的計畫。我們也許是同意的結隊去觀察並比較一個、兩個、或三個的動物。」、「b. 生徒們現在可以離開了教室，去進行他們的計畫；假如他們是做解剖的時候，他們或者先作解剖和顯微鏡等的預備，——因為每一個學生都有一套解剖的器具，一架小顯微鏡，和一個小手鏡（hand lens）。於是我們到了這功課的第二步；內中包含觀察、實驗、證明和筆記等。這時候作業的地方是不一定的，有時在研究室，有時在工廠或作業室，有時竟在露天裡。於是我們又回到教室裡，去發問，去分派他們做實地的觀察。姓張的往田裡去，姓王的往花園裡去，姓李的又往什麼地方去，這樣的分派。他們到不同的處所，以收穫他們的觀察」。

「c. 時間是很夠分配的，等到他家都回到班裡以後，於是又開始原來的計畫了。大概說起來，這種計畫和研究的工作，要專為動物學佔去一個星期二的早晨。到了星期三的早晨，仍然劃出一部時間來繼續昨日的工作，這便到了第三步了，於是講明觀察的意義，矯正筆記或圖畫的錯處。最後便到了第四步，我們於是分類，將他們分為數組，使這功課有系統的組織。」、「d. 到了下午四點至六點之間，在自習時間內，學生應該將在班內所學到的功課，無論從他自己，或同伴，或教師得來的，都作成筆記，這是最後的一層工夫」。不僅是生物學一門如此，各

科的教授法全是大同小異；我們看了這一段，對於新學校中的教授方法也可以思過半了。每月中，為促進全校聯絡及學生個人間友誼起見，由教員或學生任意提出許多問題，在公開的地方討論。這樣不但養成學生在公共地方發表思想的能力，兼可以養成精密的思想。此外關於圖書館、研究室、實驗室等設備和參觀、遊歷等事，都很注重，茲不備述。

原書還有各科特別教授法一章，敘述得很詳細；現在為省略起見，也姑且略去不講。以下再敘述關於道德訓練的主張。比爾吉學校道德訓練的原理，一言以蔽之，就是遵奉維廉哲姆斯（William James）教授的學說，將理論的道德廢止，而專靠經驗以養成道德的習慣。他以為環境和個人品格的形成很有關係，所以對於這點特別注意。校舍所在地，依山臨水，風景優美，這自然的環境，既然可以使人心志日趨高尚；又再加以人為的環境，助成陶冶的功效。如體育競技等事的提倡，可使兒童身體強健，思想高潔。手工等作業，又可以使兒童腦筋銳敏，行動靈便，並養成忍耐謙遜等美德。至於智識的工作，也可以養成負責的精神及細密的觀察力。新學校裡又很提倡學生自治，對於男女同校，雖因比利時的環境太舊，不敢徑然實行，但他們是極力主張的。性慾教育也很看重，美育尤為注意。該校自然的環境既已這樣的幽美，再加以人工的點綴，所以極容易收美育的功效。

新學校的情形大致如是，我對於這個學校與格里學校，——見前篇——比較起來，覺得都很有趣味。如同注重實際的試驗與作業，注重手工與體育，道德的訓練注重兒童的自動，這都是兩校共同的，也是近世新學校所共同的。所不同的，格里學校在城市，所以注重工業的訓練；這個學校在鄉村，所以注重農業；一個是注重與人事接觸，一個是注重與自然融化。論起來，各有所長，在城市的學校可取法格里，在鄉村的便可以此校為法。但若以一般原則看起來，似乎還是格里式好些，因為他與社會狀況較接近些；至於這校的自然鍛鍊，雖未嘗沒有好處，但未免與社會情狀太隔離些，不是一般所可採用。大概從這等地方也可以看出，法、比民族與英、美民族的不同色彩來；教育本是表現民族性的一種東西，我們看了這兩種學校的異點，便可知教育不是專門模倣抄襲所能完事了。

　　至於該校特別的地方有兩點：第一、是主張寄宿制，要利用環境來薰陶青年的品格；我覺著這一點是理想學校所必須的。第二、是功課的集中制；這種主張的好壞雖然還等實驗後才能判定，但也不失為很有趣味的一個問題。講到經濟一層，卻離格里式的學校差得遠了；全校學生不過三十餘人，而教員竟至十餘人之多，這豈是一般學校所能照辦？過騖高遠的理想而不切實際，這或者也是拉丁民族的一個通病。

　　文章出處：《教育雜誌》第14卷第8號（民國11年8月20日）。

教育上之理想國（下）

三、斯多奈夫人的早教育法

斯多奈（Mrs. Winifred Sackville Stoner）夫人是合眾國皮茲堡大學（Pittsburgh）的語學教授；她於一九一四年著了一本《自然的教育》（*Nature Education*），敘述她教育她的女兒溫妮弗來的方法。溫妮（以下俱簡稱溫妮）受了她這種教育，便成了早慧的兒童，三歲能夠讀詩，四歲用世界語作劇本，五歲時候在各種雜誌著文立說，受一時社會的驚視。但據斯多奈夫人說，溫妮本來不是什麼天才的兒童，她的早慧全由於幼時的教育所致。她的教育法全具於《自然的教育》一書。我現在根據原書及日本人木村久一著的《早教育與天才》，著這一篇概略。因書中所舉方法都是具體可行的事情，所以不避繁複，將他詳細敘述出來。這文前半曾揭載於《國民雜誌》二卷四號，該誌到四號後即停版，故後半未能續完，現在將全稿披露，也可對於從前《國民雜誌》的讀者補足未完的義務。

（一）

我（斯氏自稱，下仿此）對於溫妮所施的教育，是從感覺的訓練入手。大凡能力越用越發達，久而不用便要萎廢；所以兒童的感覺不可不早點使他發達。五種感覺之中，應當使耳的感覺先發達。我常常可憐那些不能自主的小孩子，常常被強迫的聽他那不會歌唱的母親的刺耳之歌，因為要使他快點睡著之故。我也是不會歌唱的，我不願意我的小孩子受這種無謂的痛苦，我平常很相信：倘若把福吉爾（Vergil）的衣尼德（Eneid）長詩，按他的口調念去，一定可使嬰兒靜聽。我實地試驗之後，果然不錯，那嬰兒自然而然的就睡著了。大概別的歌，無論什麼都不像福吉爾這篇詩的柔和，最宜於幼兒的靜聽。我後來試驗了許多嬰

兒，結果都是這樣，我這才曉得福吉爾不但是一個大詩人，還是一個幼兒的安慰者。（按：福吉爾是羅馬帝政時代初年的一個大詩家，他的衣尼德是繼荷馬（Homer）的史詩而作）。

溫妮生下來六星期之後，我檢出許多著名的英文詩念給他聽，結果發現詩中的性質怎樣，嬰兒所受的感動也是怎樣。我念田尼孫（Tennyson）的《Crossing the Bar》，他便覺得安靜；我念馬考來（Macauley）的《Horativs at the Bridge》，他便顯出興奮的樣子。這樣的方法，結果，溫妮到了滿一歲的時候，她便能歌誦衣尼德的前十行詩，和「Crossing the Bar」。他很喜歡這幾首詩，每天晚上必要溫習一回。她並且喜歡玩一種把戲，叫做福吉爾球（Vergie Ball）。我拿一個球給她，說一句「Arma」，她把球拿回來，說一句「Urumpue」；用這個法子，她結果能夠背誦全詩的一頁。（按：「Arma」「Urumpue」都是拉丁文原詩中語）。我因為想發展她的聽覺，每天把頂好的音樂奏一兩闋給他聽，因為想給她以音的觀念。用七個小鐘，發音是按著刀、來、米、法、少、拉、西的七音的，把他塗成赤、橙、黃、綠、青、藍、紫七色，就叫做黃鐘、赤鐘等名稱，拿來掛在她睡床底下。每天我敲著鐘使她聽，敲那一個的時候，必定告訴她，這是那一種顏色的鐘。如此，等她長到六個月的時候，她便能分辨某鐘是甚麼顏色，伴著什麼聲音。倘若我敲著這個告訴她是那個，她便可更正錯誤。這樣是把音的觀念，同色的觀念同時輸入。我有時又用稜鏡（Prisms）將光分開，在牆上顯出七色，她見了非常喜歡，有時哭的時候，看見了便不哭。

我在小孩子住的屋裡，張掛許多名畫的摹本，和著名雕刻的仿造品。當她在懷抱的時候，我便教給她周圍環境的名目，如桌子、椅子之類，同時便指給她看。有時我抱她站在圖畫或雕刻的前面，告訴她畫裡人物的風采，紅的袍子啊，黑的袴子啊，樣樣都告訴她，引她發生繪色的觀念。我又給她看許多的畫，畫的都是鳥獸草木之類。我因為要發達溫妮的色覺，買了些色盲檢查用的試驗色系作她的玩具。大凡男兒的觸覺多比女兒銳敏，而色覺則不如女兒，所以男兒倘若小時色覺不曾發達，以後對於色的觀念一定鈍滯的很。我又給溫妮買了許多很好看的顏

色的小石頭、小木片等，這是小兒最好的玩具。她所玩的小人兒，也給
她穿上許多彩色的衣。總之，是要利用玩具的顏色，發達她的色覺。粉
筆也是小兒最好的玩具；我用他和溫妮作一種色競爭的遊戲。用一張大
白紙，我先拿一種顏色的粉筆畫上一道線，再命溫妮也拿同色的粉筆，
和我平行著也畫一道線。我再用別樣顏色的粉筆，接著把我那條線延
長，溫妮也用同色的筆，把她所畫的線延長，以同到一目的地為止。假如
溫妮所用的顏色和我的顏色不一樣了，便算她輸了，不許她往前進行。

　　她到了會走以後，我便常常引她出外散步，海的色啊，林的色啊，
空的色啊，野的色啊，建築物的色啊，樣樣都使她注意，以練習她的
色覺。我帶她出遊的時候，又常常和她做一種「小尖眼」（Little Sharp
Eyes）的遊戲。有時從商店窗外急急跑過，再轉回來問她，你看見窗戶
裡邊擺的是些什麼。有時傍晚走到野外，教她分別所看見的東西。這種
訓練，在城市的兒童，為避摩托車等危險起見，尤其重要。溫妮受了
這種訓練，她的記憶力大為發達。五歲的時候，有紐約克州某大學的教
授，對她把美國一個著名的軍歌讀了一遍，她立刻便能背誦，這件事情
很引起一般人的驚異。溫妮生後六星期，他父親給她買一串的紅琉璃球
作她的玩具，繫在她的手腕上。她的手上下動，那球也上下動，因此她
非常歡喜。後來，我把各色的球每週換著給她帶，我於是教給她紅、
青、圓、輕等名目。

　　我又給她些木片，上面貼上砂紙，為的是教給她粗細的感覺。許多
的母親常常禁止她的小孩子和砂子接近，恐怕她弄到口裡的緣故；但溫
妮向來沒有這種以手入口的習慣。記得一次她才二歲的時候，有一位女
客人給她些餅餌吃，她便來問我「媽！這東西可以入口嗎」？這個問話
很使那位客人大大驚異。總之，我對於溫妮的教育，並不是取強迫主
義。普通小孩子個個都有非常的精力，要使他的精力不至浪費，必須多
方面的使他發達；大概小孩子做一件事情，做久了便覺討厭，那時你連
忙給他換一個環境，使他的經驗仍舊可以發展。所以遇著小孩子哭的時
候，最好是給他一個刺激較大的環境，他自然就會把注意，移到這件事
上頭，自然就不哭了。

（二）

　　溫妮自從生下來之後，我便拿正確的英語對他講話；因為小孩子在幼時聽慣了發音不正確的話，長大了永久不會改；她從小聽慣了很正確的音，所以以後對於別人發音有不正確的時候，往往會替他更正。我試用威特（Karl Witte）的父親，在百年前用過了的法子，當溫妮在懷抱的時候，我便抱著她指點屋內四圍陳設東西的名字給她聽，如「桌子」、「椅子」……等等名字，都一個一個的用正確明晰的口調，緩緩的告訴她；所以溫妮長到一歲以後，便會談許多有意思的話了。（按：威特是十八世紀初年德國的一個法學家，幼年受他父親的教育，成了一個早慧的兒童；他父親曾著一部書，叫做《加爾威特之教育》（*Karl Witte: Oder Ezrilehungsund Bildungsgeschichte Desselben.*）。

　　我相信人若從小時受了很正確的言語教育，長大之後絕不會忘記，所以我對於溫妮總十分選擇應用的字和語法同她說。從前斯賓塞（Herbert Spencer）說文法對於小孩子的無用，正如A字在英文字母中的無用一樣，我很相信這句話；所以一直到溫妮長到八歲的時候，她還不曉得文法是個什麼東西，但她卻從來沒有說過不合文法的話。斯賓塞也說過，他從來沒有見過文法，一直到他活到六十歲的時候。個個小孩子都喜歡拿言語表示他的思想，並且好自己創造新語，溫妮也是這樣。我常常把她愛講的故事，繙成許多外國語，她非常高興。據我的經驗，小孩子在一歲至五歲之間，最容易學語言的。我對於溫妮，老早想給她外國語的基礎。我在她沒有會說本國話之先，我對她說話全用本國語。等她已經學會英語了，我便開首教她西班牙語。有許多言語學教授，他們主張小孩子同時可以授兩三國的語言，但我以為這件事情，小孩子實在覺得吃苦的很，所以還是學會一種，再學一種的好。

　　我所以先教她西班牙語的緣故，因為西班牙語在歐洲各國語內，比較的算最簡單的語言。我教她的方法，全與教英語一樣。教完了一國語，再教她別一國語。結果真是可驚，不到五歲，便學會了八國語言。我想倘若有語學的教授再來繼續教她，恐怕十國、二十國的語言也不甚

為難哩。以後我想起世界語，不久恐怕要變成國際間的媒介語了，因此我便教她說世界語。這種非常簡單的語言，她費不了多少時間，便學得很熟練。她四歲的時候，不但能看世界語的書，說世界語的話，並且能用世界語做戲。第二年，她便能拿世界語去教導別的小孩子。那一年，紐約克州的徐陶克（Chautauqua）地方開世界語大會，溫妮當眾讀一位老教授作的世界語時，那時著者也在旁邊，是一位七十多歲白髮飄蕭的老者。五歲的小孩子站在桌上，和七十多歲的老教授，彼此用世界語會話，這真是從來沒有的奇觀。

有一位教授看見溫妮的世界語這樣純熟，他很替我憂愁，他對我說：「咳！夫人，你把你的小娘蹧踐了。想這樣早慧絕不會長命的」。但是等一會，他看見溫妮和別的小兒頑耍的那樣活潑、他才大驚。

從徐陶克回來以後，溫妮自《世界語年鑑》中，查出許多外國小兒的姓名住址，她很喜歡的和他們用世界語通信。她有一天接到一封由俄國回來的回信，她非常的歡喜，從此她對於俄國的事非常留心，翻出許多讀本上關於俄國的情形的文來讀。以後對於日本、印度等國，也因同法感生興味。我想若要引起小孩子對於地理上的興味，教授世界語是一個最好的法子。並且養成他一種愛好平和的心理，比「平和協會」的效力還大。溫妮目下是「美國少年平和同盟」的會長，這個會的目的，便是要聯絡各國少年間的友情，以消除將來國民間的誤會。這個會的會員，必要會世界語，至少要和一個外國的少年有交誼。每月開一次例會，會員互相把接受外國的來信朗讀。又每次會把一國的風俗、習慣、風景，用幻燈照出，以作介紹。會員和外國的少年彼此常常交換許多畫片、郵票風景、明信片等。溫妮得的這一種東西最多，有一個中國少年用世界語作一篇五千字的中國歷史，他非常珍重。

溫妮五歲的時候，曾把許多有名的兒歌繙成世界語。這個譯本在「北美世界語協會」出版；有一位教授批評這本譯歌道：「我起初以為許是什麼專門的言語學者兼詩家作的，不料乃出於一個五歲的少女之手，真是一件大可驚的事情」。溫妮目下是皮茲堡的一個最小的教授，她所教的一班都是五歲至十四歲的小孩子。教室用的是卡尼基研究所的

教員室。她的教授法是利用遊戲、唱歌和博物館等，她對於教授讀的參考書很多。

（三）

已故的哲姆斯教授（Prof. William James），他是起初給我早教育觀念的一個人，他以為兒童都有受早教育的可能性，這種可能性應當用遊戲的形式引導他。遊戲是動物的本能，小貓好咬老貓的尾巴，小狗往往跟老狗相撲相咬，為什麼這樣呢？因為要訓練他將來一種捕鼠和守家的能力。小孩子也是這樣，生來就有一種遊戲的本能，當母親的應當好好指導他的能力往有用的地方，最好是和小孩子加入一塊兒頑耍。我對於溫妮的教育，多是用遊戲的形式引誘她。當她生下來六個月的時候，我把孩子住的屋的四壁上，約有四英尺高的地方，糊上一層厚白紙。在白紙上邊，用紅紙貼成許多形狀。一面貼成二十六個英文字母，那一面貼著許多簡單的字，如hat、cat、bat、mat、pat之類，這種單字都是名詞，又一方面貼著自一至一〇〇的數字，按次序排著，還有一方面貼著譜。

小孩子對於聽見的東西，比對於看見的東西注意，我教溫妮認識A、B、C、D，便用唱歌的法子，天天這樣唱著，她的耳朵早聽熟了，所以到了認字的時候，一教便會。我以後用小方字塊寫好了A、B、C、D等字母的大小形式，給她放在一個小匣子內。教的方法是：先把繪圖給她看，例如教貓字，便拿貓的圖給她看，教她讀「貓」的音，然後再把牆上寫的「貓」字給她認，幾次練習貓的聲音；等練習熟了，然後把小匣內的字母取出來，例如先取c，次取a和t，教他拼在一處，綴成一個「cat」（貓字）。用這種方法，她覺得很有趣味。不到一歲半，她便能讀讀本了。小兒到了能讀讀本的時候，正如舟出了峽灘，放乎中流的一樣，以後的教育便容易的多了。

我對於溫妮想養成她讀書的習慣，所以對於她所讀的書，很想加以幫助或指導。有時她讀一本講耶穌聖誕節的故事的書，我便給她找出三十多種關於聖誕節的參考書，使她對於各處聖誕節的風俗都曉得很清楚。有時讀關於動物的書，我便引她到動物園遊覽。我覺得人生懂得快

樂，是最幸福的一件事情；所以我很想在溫妮的小時，便與她以音樂的
觀念。從前已經說過，我給她七個小鐘，表示刀、來、米、法、少、
拉、西的七音。此外，我每日還把古今各曲彈給她聽，她的乳母也給她
唱好聽的歌，我同時教她認牆上的樂譜。又利用捉迷藏的方法，使她練
習成辨別高音、低音的能力。我把一件東西藏在屋內一個地方，使她四
面尋找；當她走近藏物所在的時候，我便用低音警告她；當她離遠的時
候，我又用高音告她；因此，她不知不覺養成辨高低音的能力。

我又想養成她對於音樂拍子的辨別力，先用拍手的方法使她聽；以
後買了一個鼓，常常把著她的手，去按一定的拍子敲鼓，或者按風琴；
到後來為她買了一個木琴，她對於木琴很熟，我常指著牆上的譜命她奏
琴；最後她竟能用「批雅娜」（Piano）奏一個簡單的曲子。她到了會走
以後，我便教她簡單的舞蹈，以與拍子的觀念聯絡。她整天到晚，一舉一
動，總是與音樂為緣。使子女懂得音樂，實在是為母親的第一件責任。

（四）

許多小孩子在小的時候，沒有受過音樂的訓練，一直到七八歲以後
才教他學著唱歌，他的耳朵從來沒有經過這種訓練，現在勉強教他學
習，一定非常痛苦。小孩子幼時聽見風琴的聲音，沒有一個不想用手去
按的，為母親的應該獎勵他這種興味，他自然會學會種種曲子。溫妮自
作曲子很多，都記在她的一個雜記本上，我想將來她自己看見一定很有
趣味的。我教溫妮學音樂，都是用遊戲的法子。有許多小孩子就教師
去學「槐哀令」（Violin），往往學得討厭起來，反增加嫌惡音樂的心
理；我的女孩子運氣好，碰到一位教音樂的老師，很曉得怎麼使人歡喜
音樂的法子，所以她一學便會了。她並且很喜歡拿「批雅娜」和「槐哀
令」合奏，我常常伴她如此做，很有興趣。

有許多人以為不能彀人人都成了音樂家，所以主張小孩子不必個個
從小時都教他音樂，除非他有了嗜好音樂的趨向；但是我以為，個個小
孩子都應當得點音樂上的智識，不必為自己變做音樂家，就是領略旁人
的音樂也很要緊；並且自己若不稍懂點音樂，則對於別人的音樂也絕不

能感趣味，所以小孩子非學一點某程度以上的音樂不可。有些人以為教小孩子音樂是白費時間？我以為使小兒養成對於藝術（不限於音樂）的興味，即是使他生活豐富，何嘗是浪費時間？從前畢斯麥退隱之後，常常自己悔恨從前沒有學過一點音樂，所以自己的生活非常枯寂；可見音樂對於生活的必要了。

我對於綴字的教授法，是用A、B、C等小字塊，以遊戲的方法教她，樣子很多，如今把前章沒有講過的拿來講講。我覺得用連字（Anagrams）的方法教小孩子拼音，是很容易的。我們把這個方法叫做「蓋字房子」；兩個人比較蓋，看誰能蓋成較大的房子。又有一種遊戲名叫「蜜蜂窠」，就是把字母內挑出兩個做引導，看他能找來幾個同伴；譬彼拿a、t作引導，其餘的字母凡能和a、t拚成的，叫做工蜂；不能拚字的，叫遊蜂；結果，她可以記住許多字。用這樣蜜蜂窠的方法造成的字，有時又編成唱歌的樣子，如C-a-t，Cat；P-a-t，Pat；之類，幫助她記憶。底下一首胡亂唱的歌，是溫妮自己編成幫助自己記憶的。

Miss Kitty Kitty Kitty Cat
Lived with a man named Pat
And slept upon a mat
Did Miss Kitty Kitty Cat.

Miss Kitty Kitty Kitty Cat
Each day would eat a rat
And soon she grew so fat
Did Miss Kitty Kitty Cat.

Miss Kitty Kitty Kitty Cat
Looked lovely in a hat
Trimmed with a fuzzy bat
Did Miss Kitty Kitty Kitty Cat

But Kitty Kitty Kitty Cat
Grow cross with Mister Pat
She humped her back and spat
Did Miss Kitty Kitty Kitty Cat.

Then said this Mister Pat
I'll give her tit for tat
So he drowned her in a vat
End of Kitty Kitty Kitty Cat

　　並且我偶然發見利用打字機教小兒綴字是很好的法子，有一天我正在忙著打字的時候，溫妮跑來要我和她到門外去頑球，我告她你且稍等一等，我用打字機打完一篇故事再去。這件事激動她的趣味；她曉得用打字機可以做出故事，她就立刻要我教她打法。我因為沒時間，許她明日再教；不料明天我從外邊回來，竟使我大吃一驚，這個小孩子已經用打字機寫出一頁Peter Rabbit的故事，雖然格式很有許多不對的地方。但我當時不願告她，挫了她的銳氣；批評和呵責往往挫退小兒的銳氣，使他不敢有再試的野心。以後我慢慢地指導她許多普通的格式，她於是常常用打字機寫出許多小說故事，這時候她才三歲。

　　她學會打字機不多日子，我因病入芝加哥的醫院內療病。溫妮在家中每日用打字機寫信給我，我那時受她的來信，使我生了終身忘不掉的感動，這些信使我增加對於人生的奮鬥的勇氣，至今我還寶藏著。以後她每日用打字機寫許多著名詩文歌曲，間接幫助她能殼記憶這些東西的力量也不少。她因為用打字機一個一個打出來，所以她對於字的拚法記得很真。溫妮有時很喜歡用鉛筆，我因此給了她一支紅鉛筆，教她把自己的名字寫出來，嚇她父親一跳，她喜歡得直跳，於是不知不覺的這個十七個月的小孩子竟寫她的名字了。當她到了二歲的時候，我們親子三人有一次住在旅館，那時溫妮自己在住客人名冊上寫她的名字，大使旅館的人驚異。

　　她到了會做簡單文章的時候，我給她一本日記，教她自己記，所以她的日記從二歲起就有了。以後她每逢下雨不能出外的時候，便取出她幼年的日記來讀，很有興味；我想這種日記也可當做幼兒的讀物。當母親的，對於小孩子每日的進步發育，也應當特備一種日記，每日詳細記下。這種日記是給子孫最好的遺物，等他們長大了，自己有了孩子的時候，很有用處。此外，提倡小兒寫作的興味，最好的法子是教他和外人通信。因為實際的通信，比學校內虛擬的通信，究竟有味的多。

（五）

　　世界上最有興味的教師，再沒有比自然界好的。但是世上許多小孩子，很少有能同這位大教師親近的，實在是最可憐的事情。我對於溫妮就用百年前威特的父親教威特的法子，威特的父親每日帶著威特跑到野外，告他種種關於自然界，動物植物種種的故事。我也常常同溫妮一塊兒到野外去玩耍，就所見的實物，告她種種關於動物學、植物學、礦物學、物理學、化學、地質學、天文學上的智識。有時採一把野花來解剖，有時撿一塊岩石來觀察，有時看小鳥的巢，有時看小蟲的洞，件件東西都拿來作研究的資料；從顯微鏡底下觀察東西，尤其是溫妮最愛的一件事情。

　　溫妮特別喜歡植物，往往利用世界語去搜集世界中各種的植物標本；又用世界語與各地朋友通信，找來許多偉人或詩人墓場上的花。她把這些植物拿來都製成標本，夾在一個本子內。她另外有一本植物帖，名叫奧德本帖（Audubon），因為這裡所搜集的東西，都是在這位大博物家奧德本先生所研究的地方找出來的，就是Kentraky州附近Henderson的地方。起初溫妮對於綠蟲子非常的害怕，後來我告訴她，這些綠蟲子會變成美麗的蝴蝶，她便不害怕了。我又告她許多蜜蜂和螞蟻的故事，她聽了，對於團體生活非常有興味。此外，對於黃蜂及雄蜂的生活，也很喜歡研究。

　　溫妮目下正在研究甲蟲，她曉得甲蟲的種類，現在有十五萬多種，她自己很有想發現新種的野心。她把種種關於甲蟲的書都讀了，又常到野外去找尋甲蟲；到了冬天，野外找不到蟲了，便到博物院去研究標

本。許多的母親苦於子女的種種壞行為，不知小孩子作壞事，都是因為精力沒處發揮才至於如此；倘若引導他注意自然界，則必定無暇作別的壞事了。而且親近自然，可使子女的身體和精神都能健康。住在都市的兒女，對於自然界親近的時候很少，所以更應當帶他常常到野外去。巴板克博士（Luther Burbank）曾經說過：小學校內應當設備庭園，使生徒各分一塊地方，作為自己的私有地；每家裡也應當給他小孩子，預備一個小小的花園。我很贊成此說；當溫妮小時，我便給她一塊園藝的地方，教她培養草花及馬鈴薯等植物，每天澆花啊，芟草啊，覺得非常快樂。

　　每年夏天，我常常帶溫妮出外，連著好幾日作一種山間的天然生活，以研究自然。又常常到郊外，坐在草地上，觀察野花和小蟲的生活，考察哥德所謂「草中的小世界」。我們很幸福，有好幾年光景住在森林的附近，森林是小孩子最好的教科書。我每逢晴天，常常和些女伴同著溫妮到林中遊玩，我便同時教給溫妮各種樹的名字、鳥的名字。又拿著照像鏡，揀景緻好的地方攝下影來，加上彩色，她非常高興。我在這林中又常教她許多詩人吟詠自然的詩歌，天氣晴朗的時候，吸著新鮮的空氣，看著自然的景色，誦著名家的詩，真是快活！她有時又好在樹下繪畫，畫的大半是好樹、好花之類；又就樹名或鳥名造出許多故事來。

　　去年冬天，溫妮才起首飼養小鳥，現在有兩隻金絲雀。她教他們許多技藝，結果他們能殼合著「槐哀令」的歌在手掌上跳舞。又當溫妮按「批雅娜」的時候，他會落在她的肩上左右觀看。當她讀書的時候，小鳥落在書上；她看完一頁另翻一頁，他另飛起再從新落在第二頁上。我相信凡是小孩子都應當教他飼養小動物，一則養成他替別人做事的道德，又可以使他快樂。有些人以為貓犬等動物容易帶傳染病菌，不願意小孩子去親近他；我以為只要使這些動物時常清潔，並且告訴小孩子們不要去吻他，或是拿撫摩過他的手放入口中，就無妨了。

　　因為飼養這些小動物的結果，引起溫妮對於別的鳥獸的興味。每逢到動物園的時候，對於各種動物的生活習慣，都要詳細研究。凡關於動物的書，我們力量所能得到的，她都取來讀了；因此她對於動物的智識非常豐富。現在她正著一部談動物生活的書，名叫《和我的動物朋友的

談話》（*Chats with my friends in the yoo.*），用同一方法教授她礦物、物理、化學、地質等智識。她對於天文的興味，是從讀神話得來的。我們很有幸運，能常到天文台去，她見過世界第一的大望遠鏡，和許多天文學者談過話。

　　我們住在福吉尼亞（Virginia）海岸的時候，常常到海邊去遊行。海岸是賦予子女地理智識最好的地方，我們在那裡撿取貝殼，採掇海草，捕捉蝦蟹，就這些東西上邊，告訴溫妮種種的智識，砂原、山脈、湖、河、海灣、半島等地形，都可在這裡找出。以後到海邊的時候，常常攜帶著地球儀，告訴她那是大西洋，過去大西洋就到了歐洲和非洲等話。以後又帶她到各地去旅行過，所以她現在對於地理的智識非常可驚。

（六）

　　使小孩子記憶精確、想像豐富的法子，沒有比說故事更好的了。因為倘若以學問的形式去給他智識，他一定覺得很苦；但是以故事的形式去給他智識，他不但不苦，並且覺得很樂。溫妮到了才會說話的時候，我便告她希臘羅馬北歐等國的故事生活，並且兩個人常常在一塊兒扮演種種神話內的人物。我又告她《聖經》內的故事，從這些裡頭引起她對於天文和雕刻的故事。而且不懂神話的人，對於研究文學也不甚便利，現在我為使她不會忘記起見，把神話上的問題都寫到小字塊上，以便翻出來的時候，再溫習一回。後來教她各國的歷史，也用這法子。

　　溫妮小時記憶許多事實，都把他編成韻文，因為韻文比散文容易暗記。現在她把所記的一部分出版，叫做《童話中的事實》（*Facts in gingles*）。歷史上的事情，讀後就來扮演，絕不容易忘記；我想學校裡邊很可以採用這個法子。但是現在學校的教授歷史，只是一部年代記，好像嚼砂子一樣，學生自然覺得無興味了。溫妮八歲的時候，他父親教他學生理學，以後他出去了三個月，回來的時候，竟大吃一驚，原來她又竟把生理學的骨、筋、肉、內臟種種名詞，數目都編成韻文，背得很熟。她因為學生理學，又連帶的研究了衛生學。以上各種智識，我所教給這孩子的，都為她將來生活上的應用起見，並不是要教她成一個裝智

識的古董箱子。我看見有些人，他自己腦筋裡裝得原料很多，但他不能製成熟貨，不能使世界上受他的利益。我對於溫妮的教育，是要養成一個社會上有用的分子，能夠幫助別人，「為學問而生活，為生活而學問」，這是我教她的兩句格言。

（七）

現在的大學學生對於學習拉丁語，都好像見了蛇蝎似的，覺得非常困難，我覺得這都是由於小時，沒有築下很好的基礎的緣故。當溫妮在搖籃的時候，我便開始教她以拉丁語；拉丁語是歐洲各國國語之母，凡是要研究學問的，都不可不懂得拉丁語。普通學校中用書本、文法、繙譯等教外國語的方法，實在全不可靠。有許多大學學生學了好幾年的法文，但是等到跑到法國的時候，連要一杯涼水都要不來。教拉丁文的教授，教了半輩子的拉丁文，卻不懂得拉丁的會話。溫妮在四歲的時候，對於這些教拉丁的教授便看不起來，因為她有一次向他們說了一句Quid Agis，他們竟不懂得。小孩子學語的能力實在可驚得很；我曾經把英文中的「早安」二字，繙成十三國的話來教她，她後來每天早上把十三個泥人代表十三國的人，各以他們本國的語說「早安」。

我每天以少許的拉丁語教她，到了她五歲的時候，可以暗誦《衣尼德》的第一卷。愷撒、西色羅等著名的文章，都能背誦一部分。她這種智識都是從遊戲中得來，而不是從書上得來的。我曾看見過一個小學六年級的女學生，她很得意地告我，她這回考試，英語成績得九十八分，但是我問她道，你父親對妳的成績意思怎麼樣，她卻答道"Oh nuthin; he don't never say nuthin, bout my schoo─ grades."我問她，是教師教你說"Nuthin, he don't"嗎？她又答道"I dunno."小兒的語言不在幼時矯正，必至鬧這許多笑話。

（八）

在各種學問之中，數學的教授是最難使人感覺興趣的，這是凡當教師和當父母的都知道。我雖然在前章裡已經說過，教溫妮認識數字很容

易地就辦到了，但是等到叫她學乘法表的時候，她卻公然的反抗起來。「一二為二，二二為四」，無論怎樣引她，她總不願意念出口來。所以一直到她五歲的時候，已經懂得幾國的語言，已經能作小說和故事，關於歷史文學等智識，已有了中學生的程度，但是不能作一個乘法表。我很怕她的發達偏於一方面，我很想教她成為圓滿發達的人，因此對於這一件事很為憂慮。

那時候，我正在為世界語的宣傳到徐陶克地方，恰好走運氣在那裡碰到一位某學校的女數學教授洪葆珂女士（A. R. Horn Brook）。當我告她以這種情形的時候，她說這並不是因為溫妮對於這一方面性不相近的緣故。她說：為什麼妳教她文學、音樂、歷史等都能成功，而獨於數學失敗呢？這是因為你自己對於數學先缺少趣味的緣故。她於是答應我，每一禮拜替我們作一個關於數學應行的遊戲的概要，讓我們依著去做，並且答應替我們作指導。

我聽了她的指教以後，便努力往數學的興味方面去做。我們常常把一些豆子放在箱內，二人各從箱中抓出一把，來比較那一個抓出的豆數多。或者吃葡萄的時候，數他的子數。或者拿幾個豆莢來計算一莢中有幾個豆，二莢幾個，三莢幾個。我們又利用擲骰來學數學，每每拿兩隻骰子並擲，假使溫妮擲出一個六、一個么，她便計算出共得七點，在她名字下記一個七字。因為洪葆珂女士告我，每次遊戲不得過十五分鐘，故每次總是很有趣味。不到兩、三週以後，她便能計算到六個骰子的和數。我們有時又將豆分作兩組，每組兩個，或者三組每組三個，教她計算總數，然後使與牆上貼的九九表相對照，結果自然符合，因此她很歡喜，「二二為四，三三為九」等語，自然而然地便記住了。我對於溫妮的數學，是想教她獲得實際的智識，因此每逢買物時，關於尺度、價格、幣制等，都教她實地計算。我有時吩咐她做事，往往給以薪金。又將她投稿新聞雜誌所得的酬金，教她自己存在銀行而計算他的利息。溫妮受了洪葆珂女士的教法，對於數學得很堅固的基礎，以後學代數、幾何時，便容易多了。

（九）

布西尼爾博士（Dr. Bushnell）曾說：工作是為一個目的，而遊戲本身即是目的。沒有遊戲的人生，算不得真正的人生。為母親的人，若能時常同子女在一處遊戲，必能感到許多的快樂。世間為母者，往往對於子女哭泣的時候，或與以食物，或給以乳飲，以為可以塞責，其實是大錯的事情。兒童所樂的並不在吞食，他所樂的不是舌頭的樂，是耳的樂、目的樂。因此我對於溫妮哭泣的時候，或與以彩色的珠玉，或擊鐘使她聞：比較多食以致病強得多。兒童各種能力的發達，都可以遊戲的形式表出之。我於室中的一部分，劃為溫妮的運動場，設置棍棒等物，用以練習她的筋力。凡是遊戲，必須對於道德、智力或身體有益才好，絕不可使為無益的浪費的遊戲。

兒童們似乎都喜歡玩練習感官的遊戲，這是由於野蠻的祖先，曾經利用這些感官作種種活動的緣故。我常常同溫妮作一種盲人的遊戲，把她的眼蒙住，使她暗中摸索，以練習觸覺。為發達視覺起見，我們又常常玩一種叫做「多少個？」的把戲。把象棋子或豆子或其他的小物放在桌上，使她一眼看過，便說出數目。又有時經過店鋪的窗前，而立刻說出窗內陳設的物件。

為練習色覺起見，我往往在一個房子裡，指定某種顏色的東西，告她是紅顏色或綠顏色，令她連猜三次，猜我所想的是什麼東西。用這個方法，可以使她對屋中所有某種顏色的東西印象很深。為練習筋肉起見，我們又時常玩一種銅像的遊戲，即取古代銅像中某種姿勢，令溫妮仿行，我替她數數目；若在數若干數之內，她能保持原有的姿勢不動，便算贏了。此外，以布片、紙片等，教她製為人物車船等形，以練習她的發明力。又教她替偶人作衣服，藉以學習縫紉，縫紉時，我至多不令她過三十分鐘以上；因為用同一部神經時間過多，則易生厭倦。同一理由，我不令她常同一個人玩，寧可以教她時常變換。有人反對女兒同男兒玩耍，我以為如此才可以互相補充氣質的不足，所以並不反對。為發達她的智力及體力起見，每個兒童應當有一小塊的庭園。我替溫妮預備

了這一塊小地方，替她買小鏟、小鋤，使她雜蒔花卉，教她關於園藝的智識，非常有趣。

許多母親不願意破費她的時間來和小兒一同玩耍，且往往因小兒妨害做事而予以叱罵，這挫折兒童的興趣，莫此為甚。兒童若獨自玩耍，必易致疲倦，且生惡果，我不相信兒童可以離開大人而單獨玩耍。詩人歌德（Goethe）曾說：人至少每日應當聽一闋音樂，讀一次詩，玩賞一次美術品；因此我想使小兒每日得聞音樂、唱歌，是很要緊的事。社交也是兒童必要有的事，應當獎勵他們組織各種團體，這種團體必須是為有益或愉快的目的而組織的。溫妮目下是「少年慰問團」的團員，這個團體是用手製的玩具花卉等，送給有病的兒童為目的。她又是「美國少年平和同盟」的會長，又曾組織過「皮茲堡少年平等參政期成同盟」。兒童各種娛樂之中，讀書是最重要的快樂；為兒童選適當的書籍，對於將來一生的進路很有影響。對於讀新聞的習慣，也應當從小養成。

（十）

人生的幸福，一半是由想像得來；知道想像的人，才是真正有幸福的人。有許多人反對神話，以為虛構事實，反於真理，殊不知兒童的善良的品性，以及愛鳥獸之心，都可以由此培養。白爾提（Perthes）曾說：想像是世界之肉，沒有想像的世界，只是一片骸骨罷了。大人沒有想像，他的生活直如嚼砂一樣，何況兒童？所以家庭中排斥各種偶像的玩具，對於子女，實在是很殘酷的事。詩人、小說家、雕刻家、畫家等，他們小時必須想像力發達；就是建築家、科學家、法律家、數學家，藉助於想像之處亦多。或人以為數學家、科學家可以不要想像，這是大錯的事；學者研究真理，發明家發明機械，建築家對於建築的設計，這些都非用想像不可。拿破崙曾說：「想像支配世界」，這是不錯的；他的戰術，他的大政策，都是從想像來的。

我在家庭中絕不排斥神話之類，我常對溫妮講仙女等故事，結果，她因對於仙女所住的環境之美，而生對於自然愛慕的念頭。又從神話中學得正直、親切、勇氣、克己等美德。兒童起初對善惡行為的概念不甚

明瞭，及聞童話之後，漸知區別。我以為發達兒童想像的方法，莫過於講故事與實地扮演，我常獎勵溫妮作這幾件事。又獎勵她作關於自身的故事，我們又常常想像的造出幾個朋友和她們玩耍。我不主張給兒童以完全的玩具，因為第一是容易損壞，第二不能引起兒童想像的能力，所以寧可給以簡單的東西。或人以為神話對兒童毫無用處，因而排斥他，我則甚為歡迎。同一眺望天上的行星，得懂神話的兒童，與不懂的，所感截然不同，溫妮對於天文學的趣味，多因神話而起。近年以來，國中對於蒙特梭利教育法很為流行，我以為蒙氏教育法的缺點，就在只顧現實而不能發達想像。蒙特梭利女士以神話為愚笨，我則以為神話決非愚笨，女士之教育法，決產不出創造的精神。

（十一）

教育的事業，並不只是書本的智識，而還有品格的鍛鍊在內。許多的母親希望她的兒女從小受了教育，將來可變成大音樂家、大美術家、大文學家、大科學家，但沒有一個人想到兒女的品性，也要從小時鍛鍊起才行。兒童品行的養成，是為母者應盡的義務，為母者如果怠於這種職務，是謂不忠。布林斯博士（Dr. Morton Prince）說：「道德的教育，應當從搖籃中起始，因為世界所需要的，並不是過人的腦筋，而是過人的品格。」許多為母親的沒有注意這段話，能夠早把道德的種子蒔在兒女的心裡。品性、健康、才能是三位一體的東西：單重體育，使子女成為野獸樣的人；單重智育，使子女成為弱不禁風，而又遺害社會；單重品格，而身體不強，智識缺乏，也是不行；所以兒童的教育，德、智、體三者必須並重。

兒童是父母的反射；兒童品性的養成，須從父母以身作則起。所以為父母者，一舉一動均須留意。兒童所需的道德，第一為勤勉，次為自制，次為勇氣、信實、愛人、服從等等，都須由幼時訓練起。至於體罰或叱罵等事，萬不可有；子女有過，最好用譬喻解釋勸導。我對於溫妮做了錯事的時候，並不用禁止她，只將她自己做錯了事，所生的惡果指點給她看，使她曉得自己做錯，以後便不會再犯了。她如做了好的事，

我早上給她一點獎賞，說這是仙女給的；如做壞了，便不給她。因此，她可以分辨好的事同壞的事。

有一天，溫妮把她玩的一個偶人放在一棵樹底下，被狗過來咬壞了，她於是跑到我面前哭起來。我雖然勸慰她，但絕不答應替她買新的；並且告許她，這是由於你不應該把偶人獨自丟下的緣故；譬如母親要把妳一旦丟在荒野，碰見獅虎之類，豈不是慘酷的事情嗎？因此，溫妮便知自己的不對了。又有一天，溫妮自己要出門去看一個小朋友，我允許她去，但告訴她，必須於十二點半鐘回來。她答應了我，但是去了之後，到約會的時間，她沒有回來。遲了十分鐘才到家，我一句話也不同她說，但指時計給她看。那一天是火曜日，本該到遊戲場去玩的，我也不去了。她於是哭起來，我雖然很可憐她，但絕不變我的口氣。從此以後，她絕不再輕視時刻了。我想這個習慣，她可以終身遵守了。

我替溫妮做一個行狀，從左至右，按七曜日分七項；從上至下，按德目分服從、禮儀、寬大、親切、勇氣、忍耐、真實、快活、清潔、勤勉、克己、勉學、善行十三欄（有時亦加多減少）。每日如作一好事，則於其欄中加一金點；做壞事，則加黑點。每星期下來，計算金點與黑點的多少。金星多則予以獎賞，黑星多則不予以獎物。這種表必須一星期換一回，否則，到來週尚看見有前週殘餘的黑星，則兒童的勇氣必因之挫喪。為訓練兒童起見，我選擇十個「絕不」（never）作我的警言。第一個「絕不」是「絕不對兒童加以體罰」。第二個「絕不」是「絕不罵」。第三個「絕不」是「絕不對兒童說不許做這樣，不許做那樣的話」。第四個「絕不」是「絕不對兒童說你必須做這樣，必須做那樣的話」。第五個「絕不」是「絕不許兒童看不起他的父母」。第六個「絕不」是「絕不恐嚇兒童」。第七個「絕不」是「絕不許兒童說『我不能』的話」。第八個「絕不」是「當兒童問我一個問題的時候，我絕不拒絕回答他」。第九個「絕不」是「絕不激動兒童的煩惱」。最後而最好的一個是「絕不使兒童看見別的地方比他的家庭好」。

（十二）

健康是人生第一件要緊的東西；人生若沒有健康，則對於一切自然的美、人工的美，都不會感到樂趣。所以兒童對於身體的保護，應使他特別留意。最要緊的，是新鮮的空氣和新鮮的水。母親的乳是兒童唯一的滋養品；所以除缺乳者外，必使他多多飲乳；如缺乳者，可代以牛乳。小兒多飲水是很好的，在溫妮四個月的時候，我每逢飲乳之前，常以一匙蜜柑汁使她舐，以後慢慢再給以穀物及馬鈴薯等。直到二歲以前，我不許她吃肉。德國人有句格言說：「人的性質由於食物」，這話是不錯的。近今有所謂菜食療法，他們以為小孩子常吃蘿蔔可使牙齒美麗；常吃馬鈴薯，可使推理力發達；常吃隱元豆，可使有美術的趣味；常吃玉菜、花菜等，思想必至凡庸；常吃豌豆，性情常煩躁。這些話雖無十分學理的根據，但由經驗看來，也有可靠的。

小兒幼時飲食，必須按一定的時間，不可因為啼哭便予以吃食；否則，必易養成不規則吃物的毛病。多食也是不好的，因為他容易傷胃。有人看見溫妮，曾經說：「小姑娘的天才是很好的，但恐怕身體要弱罷」。他這話是根據俗語「才子多病」而想到的，其實是毫無理由。反過來，「健全的精神，寓於健全之身體」，到是靠得住的。固然有許多天才身體很弱，但這並不是必然的關係，人只看見病弱的天才，而沒有看見健康的天才更偉大。如佛蘭克林、畢士馬克等名人，身體都很強壯；林肯手中能拿起九百磅重的東西。

人們看了溫妮的身體強健，都很奇怪；我到底怎樣使他強健的，以下一一述來。從前已經說過，愉快是健康的鑰匙；我第一便要使溫妮對於四圍環境都感到愉快的氣色。溫妮生下來六星期，便能如平常四個月的孩子一樣，獨自坐著。我常常給她以新鮮的空氣。並且生下來幾禮拜之後，我給她一個小而柔滑的棍棒，使她學猴子爬，因為這個時候，正是個體發生重演到生物進化的猴子期的時候。天氣好的時候，常帶她到海濱遊行，在綠的日傘之下，眺望翻浪的海。我常令她自由活動、自由跳躍。晴天則睡於戶外，對於沐浴一事，尤為注重。早起常教以深呼

吸，又常作球戲以活動她的筋骨。宅中設備簡單的運動場；置買各種器具。兒童之喜毀壞器物，多因他的精力無處發洩的緣故；若導以運動，自然不致有別的壞事做出來了。

　　以上斯多奈夫人的教育法內容大致如此，我所以不憚為詳細的介紹者，就是因為目下，無論談教育和辦教育的人，大家目光都注在學校之內，不知道學校與教育並非絕對不可分散的東西；不但在上古時代無所謂學校之一物，即在現代號稱文化極盛的時代，人之一生所受的教育，大部分還在學校以外。在學校時期以前的謂之家庭教育，在學校時期以後的謂之社會教育，這兩種時期，在現代教育制度中所佔位置之重要，並不亞於學校教育。我們尤其覺得家庭生活，是一切人類的愛的起源，兒童在這時期所受的影響如何，是他一生的幸福所關。在現代這種機械的非人性的學校教育之下，我們尤其覺得有提倡以愛為基礎的家庭教育的必要。大多數的教育家，日日在那裡談教育，辦教育，但是卻不肯回轉頭來看看，自己的屋裡的小孩的教育如何。若是為人父、為人兄而不能對於其子弟負充分的教育的責任，我想這種人，即使為了師之後，恐怕也不能對於學生盡多大的責任罷。因此，我們便聯想到中國現在並不是沒有天才的種子，然而大多數的天才，在萌芽的時期，早已被他粗心的父母所埋沒了。我希望凡是自命為教育家，而為人父、為人母的人，來詳詳細細讀一讀這篇〈自然的教育〉的概要。

　　文章出處：《教育雜誌》第15卷第2號（民國12年2月20日）。

蒙特梭利之小學教育方法論

　　蒙特梭利之名，國人聞之已久，記其學說之介紹於中國，尚在十四、五年以前。惟國人向所聞者，皆關於幼稚教育之方法；而蒙氏之著名於世界，亦以功績之表現於幼稚教育者為多；至於小學以上之教育，能否適用其方法，則尚多致疑。蒙氏後又自著一書，英譯名《The Advanced Montessori Method》（英譯一九一七出版），以其方法引申於七歲以上至十一歲之兒童，即等於吾國之國民學校教育。全書為二巨冊，上冊述原理，下冊述方法，因國人尚未聞有介紹者，故撮其要述之。本期只述其原理一部分，其實施方法，擬於〈教育上之理想國〉第三篇中述之。惟述者於蒙特梭利教育法無湛深之研究，國中教育家專研此者頗聞有幾人，望對其所述之謬誤，加以糾正，以免貽誤讀者。

　　蒙氏之教育方法乃根據經驗而來，並非「嚮壁虛造」可比。氏觀察兒童心理狀態之結果，覺兒童心理之發展，起始於外界現象引起其注意之時；一般小孩對於恩物玩具有特別愛好，玩之不忍釋手者，即其注意力開始活動之時，研究幼兒心理者對此應加注意。注意力之開始，即表示其人已有自動的辨別之能力，而不僅為塊然的生存。但注意力不能突起，必有待於外界之激刺；蓋兒童雖生而即有自由發展之能力，但如環境不予以啟發，則其能力亦無由發展。最好是預備一好環境，但發展則須聽其自由。外界刺激對於心理的功用，不但在發展其注意力，亦且能養成辨別矯正錯誤之能力。但物質環境對於心理發展之功用，吾人不必過於重視；彼不過如飛行者之平台然，乃飛行之起點，而非即飛行。故外界材料不過心理發展之起點，而非心理發展之全部。因此，吾人除為兒童預備可以供發展之好環境外，對於其心理之活動狀況，尚須留意研究。蒙氏及其同志研究之結果，對於此點敘述甚詳，以辭繁不及備述；今就其所繪圖表中，擇要複寫於此，以代理論。

　　蒙氏調查兒童心理活動之狀況，以為在一種活動中間，大都要經過以下數期，試用圖表示如下：

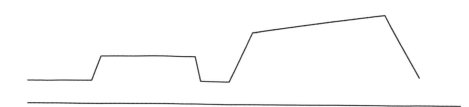

　　表中虛線表示靜息時期，實線最高者為作業最興奮之時。大約每日作業，在初開始時，兒童大都選擇較易從事之事情，甚為用心；但到一二小時之後，卻漸漸顯出不安狀態，對於作業無心去做，而喧闐之氣象漸露。此時若在無教育經驗之參觀者見之，必以為兒童已達疲勞之時期，應予以休止；但須臾此種擾亂即自然停止，反而更加興奮，此乃真正作業時期。前一段之擾亂並非真正疲勞，名為假疲勞期。

　　以上一表表示，未受訓練之兒童之心理狀況；至曾受訓練之兒童，其心理狀態又不相同，試另表如下：

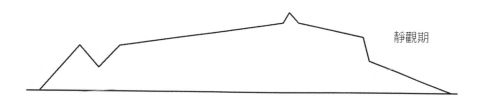

靜觀期

　　此表與上表比較，可見難易二種功課之間，其所有之假疲勞時期在此已經消失，此即受訓練後之兒童，能自克制之證。兒童初受教育時，其心理狀態大概均如前表；及作業既久，有秩序之行為漸漸變成習慣，則一切教育均甚容易。真正之訓練，即欲養成此種良好之習慣。

　　每個人格之中，吾人應承認由兩部分組成：一部是內在的本性，一部是外鑠的環境。假設I＝本性E＝環境P＝二者之和，則其公式為：P＝I＋E。如不知其人之本來才性如何，試與在同一環境中之人相比較，即可明白。一個人總含有此二部成分；而此二部不能互相分離。因此，現在通行之皮奈西門（Binet Simon）以及其他種種之智力測驗法，頗有

可議之處，因其所測驗者，並非純粹本人之智力，而實為智力與所受教育，二種成分混合之結果；至於純粹智力究佔成分之若干，實不可知。至於吾人教育上之觀察，與心理學上之觀察亦不相同；吾人之目的，不但欲觀察此二部發展之情形如何，且欲觀察二部合作之秩序如何。

凡真正的教育家均應養成此種觀察能力，此種觀察正如科學家之觀察自然現象然，須有綿密的觀察力與持續的忍耐性。彼較科學家尚有不同者，科學家所觀察者為自然界，觀察時，須自己置身事外，平心靜氣去考驗；教育事業卻不僅以客觀研究為足，須加入被觀察者之中，為其一分子，再慢慢領教其性格。因此，誠懇、謙恭、忍耐諸德，在教育家中，較任何人均更需要。總而言之，理想的教師必須先有一種修養；此種修養即以自己之精神，與被教者之精神相接觸、貫通，然後才能盡感化之能事。理想的教育不但教師須有充分素養，即環境之設備亦須大大翻新。舊存之學校型式，萬不足以供兒童個性發展之用。學校必須變為一個可以使兒童自由生活之地方；此種自由生活須兼內外心理、生理兩方面而言。

現今之學校對於生理方面之設備，漸知其重要；如採光通氣，清潔去毒，以及一切用具均為兒童本身設想。但心理方面之設備實更為重要。譬如教室之擴大，不但為兒童身體之可以自由活動，亦且為心靈之可以自由舒散。用具必須清潔，環境必須美觀，不僅為物質，亦是為精神的陶冶。又遇有身心兩方面用途有互相衝突時，則精神方面應當偏重。如兒童用具，與其極堅硬，不如極脆薄；因為易碎才能養成兒童愛護物具，與不敢輕易擊撞之習慣；與其極整齊，不如雜亂無章，因為雜亂才能養成兒童糾正錯誤之能力。桌椅之笨重難攜者，不如輕便者，亦是此理。

近世為父母者，多知兒童自由活動之益，因此，對於醫生之誥誡，使兒童多作室外或園中之遊戲，絕不拒絕；但對於兒童精神方面自由活動之益，卻多未顧及。人多知兒童與貓狗同，應讓其自由的跳，自由的叫，卻不知兒童尚有與貓狗不同之處，不能單依養貓狗之方法，便可使其發展完全。人類較之禽獸，尚有一特別重要之處，即心靈之發展，此

實萬不可忽視。故環境設備萬可不顧及此處，兒童除身體的要求之外，尚有一種智力的要求。最要者，乃要求有目的之工作；最苦痛者，是強迫兒童活動而無一目的。從疲勞之研究證明，凡有智慧目的之工作，其所呈現之疲勞，遠少於無目的之盲動。因此，現在心理學家宣言：恢復個人之精神，非露天的運動，乃露天的工作。工作不但可以獲得精神的效果，且可以恢復筋肉的疲勞。最要之職能是，使兒童藉以調練自己之運動，以趨於秩序的動作。故環境之設備必須與兒童本身相適應，方可以指導兒童，使自趨於適應環境。

　　兒童之注意，為心理發展最初之一步，雖甚簡單，卻實為一切心理活動之起點。兒童知注意事物，即為用自己精神去自由指導自己行動之第一步，故教育法首先應對此注意。幼稚園中，用恩物教具等去教授幼兒，其目的並不在使兒童認識其物之形狀顏色等，而在使幼兒得有試驗自己行動之能力。一切心理學家，無不承認注意力對於兒童之重要，威廉哲姆斯教授曾言：能使幼兒於無數物具之中，將趣味集中於一物，此即教師之第一步勝利。依蒙氏之觀察，注意之引起，並非全依賴教師之善於引導與否，凡能引起兒童注意力之事物，皆由於此事物，與兒童內部某種衝動，互相感應之故；此種衝動，乃兒童發展上之所必需者。

　　吾人欲研究此種現象，應從何處下手？吾人當知兒童之心理現象均自然產生，吾人必須任其自由活動，始能明其真相。

　　英國經驗派哲學家往往好言，人心似一泥板然，天雨以後，始留下深淺不同之痕跡。彼輩謂人由經驗造成，無經驗便無人。但吾人以為，人之心理發展並非全依外界之經驗，經驗非主人，乃外來之客，主人卻是內部之活動力。客人是不斷來的敲門，但誰引起該請進，或誰來亦不理，卻全依主人之意思而定。凡於內部生活愈有用之事物，愈可以興味。內部之動力，雖是依靠吸收外界之材料，始能日漸發展；但外界材料之被選擇與否，卻全賴內部之自由。非吾人之注意創造吾人，乃吾人之注意表現吾人。凡注意均是由已知引到未知；此乃人所素曉；但所謂從已知道未知間之關係，並非一長鍊之形式；換言之，即非由此物至彼物。兒童已有之知識是整個的一個系統，是有複雜的體制；因此，外來

新事物，實言之，並非一種新的，實早已具在兒童之心中，不過借外來之機會，引起其注意而已。

當一兒童選擇其所欲之物件而擺弄玩耍之，費長久之時間，以維持其注意，抵制其他一切之刺激，而指導其行動集中於一點；此種情形，吾人稱之曰：意志的活動。意志不僅為一種心理的現象，而為一完全的行為。凡僅在心中思想而不去實際作為者，不得稱謂意志的完全活動。吾人之一切行為，均為興奮與克制二種勢力合作之表現，此為意志之二大元素。此種合作若常常練習，久而久之，即可以變成一種習慣，一種無意識之行為。正當生活，乃此二種勢力平等而且合作之結果；兒童心理，此二種力量是不合作，故意志的教育，即求此二勢力之平等合作。意志的活動，有二種必要條件：一持續，二決斷。對於兒童教育，應注意養成此二種美質。兒童之能自由決斷，由於對於事物有充分之智識者半，由於素來養成決斷之習慣者亦半。平常人對於兒童往往不使其自由判斷事物，徒事依賴成人，其結果必使兒童意志薄弱，事事不敢自決。欲矯此弊，必須提倡自動的教育，使兒童時時有自由活動之餘地，並注意身體之鍛鍊，使成為意志強健之人。

上節所言，欲貫澈意志教育，必須使兒童有充分之智識；因此，智能教育尤為重要。蓋人與其他動物不同之處，即在能以智慧指導其行動；故對於兒童之教育，若以為與野獸之純任本能無異者，可謂大誤。吾人提倡自由的教育，但所謂自由者，並非不顧社會作用，而但憑主觀之謂。蓋真正之自由，必須先有充分之智識，始能運用。蒙氏於此曾舉一例，譬如有目不識丁之鄉人於此，試與以兩種價格不同之鈔票，任其自由選擇，此時其人雖名為有自由選擇之餘地，實則此二種紙幣，孰貴孰賤茫然不知，結果不免隨手而取，實故不得謂之真自由。因此，欲確樹人生之自由，必先有智能教育。

欲研究智能教育之如何設施，須先研究智慧之定義為何。依Bain氏之定義，謂區別的觀念，乃各種知識作用之起點。對於外界事物能加以區別，此即為智識作用發達之證。蒙氏於上述定義之外，又加入一點意思。氏謂知識作用之特徵，除上述之外，尚有二點。一、時間的關係；

譬如同一事物而認識快者，或同一刺激而反應快者，此即智能發達之
證。二、秩序；所謂智能發達，即能認識事物之秩序而排列之之謂，因
為凡能依秩序進行者方能真快。然則，如何幫助此種智能之發展乎？此
與意志的教育相同。意志的教育，先由個人自己之努力，用一種方法來
平停興奮與靜止的兩種勢力，一直至習慣養成之後；智能的教育，個人
自己亦須練習其自己本具之聯合與選擇等之秩序作用，助以外部之方
法，一直至自己已發展到，能自由選擇一觀念，而拒絕其他觀念之時為
止。（按：原書關於此章及下文——論想像兩章，甚為詳盡；茲為篇幅
所限，姑述其大略）。

　　蒙氏對於想像作用之教育，反對一般以神話等，為兒童適當教材之
說。氏以為想像作用，須以實在事物為根據，若以虛作實，養成兒童輕
信之習慣，於將來正當智識之發展，遺害非淺。且吾人平常以為適合兒
童心理之種種寓言故事，其實仍由成人所造出，兒童不過被動的聽從而
已。至或有謂神話寓言之類，對於宗教教育可以幫助，自宗教家言之，
亦不盡然。蓋寓言明知其為虛構，而宗教事實自信教者視之，句句皆為
實在，故斷不容參以虛話。若以虛作實，結果反至搖動宗教之信仰。總
而言之：蒙氏學說以實驗的精神，本自由的原理；雖其方法完全可用與
否，尚待考察，要不失為二十世紀之一種有力的學派也。

　　蒙特梭利女史之教育主義及其實施方法，久為歐美人士所樂道；然
其中尚待商榷者，亦頗不鮮。美人Kilpatrick曾著《*The Montessori System
Examined*》一小冊，對於蒙氏學說詳加批評，頗足供研究教育者之參
考。此冊已由徐壽君轉譯，大概本誌下數期內當可登載；茲先將章目披
露如下：一、緒言。二、視教育如內部發展之概念。三、自由主義。
四、自我表現之程度。五、自己進行的教育。六、實際生活之訓練。
七、感覺之訓練。八、學校課程。九、結論。

　　　文章出處：《教育雜誌》第14卷第9號（民國11年9月20日）。

「道爾頓制」功課指定的一個實例

（一）歷史指定的目的

在「道爾頓制」裡，關於歷史科的功課指定（Assignment），有兩個目的：第一，是要指示兒童以在一定的時間內，對於所研究的題目之應做的工作；第二呢，是要給他們以本段工作中，有關係的參考材料。若是初看起來，這樣一種包含有指導、問題、搜尋、參考書物等等繁重的計畫，將使兒童茫無頭緒，而失去他們對於本科的興趣。但是依據我們在Streathem學校的經驗看來，則殊不然。我們覺得即使問題和項目，足以擾亂兒童的心思，而如果有相當種類的參考書，也可以使他們感覺趣味。這種由動人的歷史文學中，所給予的強固的刺激，和由兒童個人的努力所獲得的欣悅，足以償還因功課內容減少所受的損失。而且我們還不要忘記，這樣的辦法，教員並不曾減少他與學生接觸的機會；他的功課雖然減少，但是受個人的或小團體的學生問難的機會越發加多。

（二）歷史科圖書館

因為在「道爾頓制」之下，所有歷史教授的基礎都，在於歷史科圖書館，所以我們特別提出這個來討論討論。為使學生參考、對照和得有明確的結果起見，凡是一切教科書以及政治史、經濟史、法律史之類，都應當具備在圖書館裡。此外應再加富有趣味的歷史著作。還有年表、論文之類，也應當多多搜集。在十四歲以下的兒童，這些更為必要。關於個人的傳記，年長者應讀名著，年幼者可讀簡單些的述略，這也不可忽視。旅行探險以及有趣味的歷史著作，如文章、筆記、批評之類，也不可少。最後，但也是很重要的，要有關於歷史的地圖、字典以及好的百科全書。

　　自然，一個學校裡面，斷不能像一個圖書館一樣，搜集得那樣完備；假使為需要所迫，有些過費的地方也是不可免的。不過從另一方面講起來，有許多書件比在舊制度之下還可以省點。在Streathem學校裡，我們並不想要使每個學生，都得到同樣的一本書。所有應用的書籍，都公開的擺在作業室裡，很難得遇見在同一時間內，有許多學生要需要同樣的一本書，所以有十本書就可以供三十幾個學生之用。所以只要加多書籍的種類，而不必加多數量。譬如有三十個學生研究Tudor時代的歷史的時候，並不必每人都得看一本英國史教本，只要有十本這種書，再補助以十數本「Tudor Times」的專書，餘外還有別的歷史就夠了。如果得教員的鼓勵，還可以設法使學生利用他們家中的適當的書。地方上的圖書館也可以聯絡；而且若是有機會的時候，還可以幫助學生，使他自己選擇一種小而有用的個人的圖書館。

（三）功課指定的方法

　　我們在Streathem學校中，所用的指定方法如下：（一）把一年內所應做的工作先作一個概要，為我們自己之用。（二）將一年的功課，分作九個相等的段落。（三）按月將本月內所應作的工作概要，指示給學生，使學生可以明瞭，每月內所應作的是些什麼工作，以及怎樣把一月的工作，分配於四星期中，以便成為統系的研究。（四）功課的分配，必須求其適合於任何種學生之用。以下分條細講。

　　（甲）每年的工作概要：在這種新制之下，我們覺得最應當特別留意的，是材料和題目，須要適應兒童的能力，而且是要在兒童讀了有益的書裏講到的。如果所出的題目有點不適當，結果將使兒童敝精於枝節的問題，成年累月討論不決。

　　（乙）一年工作的分段：我們已經說過，一年的工作概要，如果是每月指定的話，必須要分作九個相等的段落——每學期分作三段。如學年長過九個月的，也可以適用這個辦法。每年開始之際，可宣布的概要根簡單便夠了。這種每月的功課指

定，可以在教員的心裏慢慢去展拓。因為我們的經驗如果進步，則我們於舊法子之外，還可以加入許多新的原理於「道爾頓制」之中。工作的全體及其分配，全視課程與題目關係之時而定，每級的年齡與能力也是很重要的事實。

（丙）工作概要的宣布方法：年幼的學生沒有能力立刻領悟全月的工作，也沒有能力去自己分配得當。因此，教員就必須再將每月的工作，按星期數分作小的段落，用以指示兒童拿這個來量度他在每月中的進度。如一個兒童他所受的工作，是每月中八個段落，每段四十分鐘的歷史工作，他可以隨自己的意思做，超過每月所定的段落的工作。這樣，他可以用兩星期的功夫，做完八段的工作，剩下的兩星期完全不做歷史；他也可以平均的每星期做八段的工作。最重要的原則，是本月的工作必須於本月內做完，至於在本月內怎樣去做，是可以任自己的意思的。

（丁）工作標準的等次：每一段的功課指定，應當有一個按全體學生，在本月內所應作到的極小量限度的統計。如果有一個限度，是全體學生都已經作到的，則我們應當曉得，這個限度的速率，實在是全級中最慢學生的速率。因此，我們的功課標準，必須較一般所到的限度稍微提高一點，而對於較快的學生，更應當有更高的程度。實際上，每月的作業可以分作三等，才可適合各種才智不同的兒童心理。我們假定可以分作低等、中等、高等三級。每月終了，各兒童必須強迫使作業達到這三等中的一等。這三個標準，願定做到那一等，可由兒童自擇，但必須做完了低等的工作，才可許其進而為中等、高等的廣泛的研究。如有特別情形，還可指導他，使集中注意於低等的工作。

（四）功課指定內所含工作的種類

讀書是任何功課指定中最重的工作，其中包含教科書、特選的精讀的書（或篇章）及傳記等，此外的書也有許多是需要的。記憶自然也佔工作中重要的一部分，每月應當有對於本月工作的一個簡單的綱要。最便當的方法，是使兒童每月將他的工作，已經改正過的作一個提要或分析。在各種功課指定裡，尤其有一件最要的元素，就是寫的工作。年長的學生應當使他們作提綱、作分析。論文也是需要的，而且還可以促進他們，使他們研究歷史事實的因果關係及比較、批評、分類等。小的學生可以用演劇或想像談話的方法；更應當預備一個地方使作地圖、圖案以及其他圖畫的工作。並不是所有的功課指定，都應當適用這許多寫畫的方法；有許多是要按趣味和變化的原則去分級施行的。

（五）參考書的用法

每月中當功課已經指定之後，教員應當作一番詳細的選擇，將與本月工作有關係的書，指示於學生。將參考書中的某章、某節，與本題中某部分有關指示出來，也是必要的。對於年幼的學生，此法尤其必要。他們應當少讀幾種與他們年齡不適合的書。如果他讀的書太多了，反而使他混亂起來，而不能得有正確明晰的概念。至於大的學生卻又不一樣了，他們對於指定的功課，固須仔細研究；但是還應當鼓勵他們去利用參考書的篇章、標題、附錄等，以幫助他們的研究。這樣可以達到一個重要的教育目的；他們可以養成獨立研究的能力，和不用外界鼓勵而用書的習慣。他們也可以練習成對於一篇的大意，迅速了解而省去注意小節的習慣。

（六）功課指定舉例

我們從以上所說的看來，就曉得這種制度，其中詳細的辦法，可以千變萬化而不同的。在下面所舉的是試驗中過去十二個月中在Streatham中，所實行的幾個例；這並不能算作模範，但也可以作我們經驗的進行中之一階段。我們上邊所講的原理，在這裡邊也不能全應用起來，其故，即因往往有許多舊的方法，被新起的例所代替了去。以下是三個實際的例：

（甲）以下所舉的例，是研究十六、七、八、九諸世紀中，英國歷史上主要的事件中的第二段。第一個概要表，所研究的是文藝復興、宗教改革時代的歐洲和英國。研究的學生大約都是在二十歲左右。研究時間是每星期分作六段，每段四十分鐘。地理一科延至次年。

歷史概要　第二段
時　　間：一九二一年十月十四日至十一月十八日。
成績標準：分低、中、高三等。

第一週
研究題：（1）Henry VIII and Cardinal Wolsey.
應讀之書：
- 低　The New Liberty, PP. 32－4, 37－45；
- 或　Thomson's First History of England, Part IV
- 或　Piers Plowman, Book VII, Ch. III

（中）（高）In Tudor Times, PP. 25－36, 80－90.
（高）Henry VII to Elizabeth, PP. 13－29.
研究題：（2）The Geographical Discoveries and Conquest.
內容包含：（a）葡萄牙；（b）西班牙及哥倫布之事實；（c）英國航海家Cabot、Drake、Hawkins、Raleigh等。

應讀之書：

$\left\{ \begin{array}{l}\text{Myer's Mediaeval and Modern History, PP. 275－289；及}\\ \text{（低）New Liberty, PP. 23－32, 101－7, 113－120；}\\ \text{或Gateways to History, Book V, Ch. XXI and XXII及Book IV, Ch. I, II, III,}\\ \quad\text{IV, VI}\end{array} \right.$

（中高）In Tudor Times, PP. 140－167, 194－202.

（高）Henry VII to Elizabeth, PP. 160－187.

（高）Prescott's Montezuma，（Some chapters）。

（中）（高）Men of Renown, PP. 128－139.

（中）（高）Famous Englishmen, PP. 169－193.

第二週

練習題：（1）試繪一彩色世界地圖，將上週第二研究題中（a）（b）

　　　　　（c）三國，在十五、六世紀時，探險及侵略之時期名目表出。

　　　　（2）將Wolsey之一生事業作一概要。

內容注意：（a）為什麼他參預歐陸的事件？（b）他替Henry VIII作

　　　　　了些什麼事情？（c）他對於New Learning盡了些什麼力？

　　　　　（d）他後來何以失權？

　　　　（3）我們為甚麼把Henry VIII叫做Mighty King?

第三週

研究題：（1）The character of Queen Elizabeth。

應讀之書：

（低）New Liberty, PP. 34－85. Thomson IV, P.164.

（中高）In Tudor Times, PP. 50－64.

研究題：（2）Her trouble with Mary Queen of Scots

應讀之書：

（低）New Liberty, PP. 92－100.

（中高）In Tudor Times, PP. 71－79.

研究題：（3）Elzabeth's trouble with Spain。

研究題：（4）The Defeat of the Armada
應讀之書：New Liberty, PP. 107－112.　　　　　　　（低）
　　　　　　In Arnold Foster, PP. 379－381.

研究題：（5）Her attempt's to relieve poverty
應讀之書：Tillage, Trade and Invention　　　　　　（高）

研究題：（6）The navy in Tudor Times。
應讀之書：Piers Plowman, VII, PP. 41－48.　　　（中）（高）

研究題：（7）The great writers of Elizabeth's reign。

應讀之書：New Liberty PP. 120－126.

（低）或Famous Englishmen PP. 193－201.

（中）（高）In Tudor Times, PP. 235－249；

或Henry VII to Elizabeth PP. 147－158.

（高）In Tudor Times, PP. 183－193, 226－234.

（高）Illustrative History.自163頁至編末，擇其關於Tudor Period之事實
　　　之最動目者讀之。

第四週

練習題：（1）試就所研究過之各書作提綱——須將重要之點包括在內。

教室設備注意：須有Tudor時代船隻之圖；Mary Queen of Scots《死罪判
　　　　　　決書》之影本；以及彩色板上之圖畫等。（譯者按：
　　　　　　原書尚有例證數則，大致與此相同，因避繁複，故不重
　　　　　　載，讀者觀此一例，也可以略知其方法的內容了）。

文章出處：《教育雜誌》第14卷第11號（民國11年11月20日）。

文化進步與教育宗旨

　　無論教育宗旨怎樣規定，無論在某時代有某時代特殊的教育政策和標準，無論教育事業是隨著民族和國度而實際各有不同的，但在教育上，總應該有幾點是含有普遍性的，應該有幾點是用不著討論和考慮便可一致通過的，應該有幾點是「放諸四海而皆準」的。世界愈進步，這種共同普遍的標準應該愈多。我們倘若認識了教育是一個隨時代而演進的東西，就可知在他本身之內，決討不出一個主觀絕對的標準來。他的標準要到客觀的環境裡找，要到實際的社會裡去找。人類從最茫昧無知的世界中遊行出來，經過了無數的年代，向著不可知的未來世界摸索進行著。他最初所遇見的是一個完全陌生的世界，他要在這個陌生的世界中立足，和一切自然界、生物界，以及他同類的人們競爭生存的權利，就不得不學些應該曉得的智識和技能。

　　年代越多，他的周圍的世界越開展，他所應該要曉得的智識和技能便也越多。從最初的人類學習了吃飯、穿衣、擇配偶、求神拜佛的智識和技能以後，教育便從這中間開始，人類往前進一步，教育的宗旨和範圍也往前進一步，人類活動的範圍複雜一些，教育的宗旨和範圍也複雜一些。明乎此，就知道教育不是一個一成不變的東西，他所以是常常隨時代，或站在時代以前而演進的了。因為教育本身是個變動不居的東西，所以我們要在他本身裡，找出一個一定的方針和趨向來，確是很難，因此有人就主張，教育並沒有一個普遍性的標準，並沒有一個「放諸四海而皆準」的方針，教育是隨時隨地而異的，根本沒有永久的原則可講。

　　這話對嗎？「然而不然」，教育誠然是一個時時刻刻在演進的東西，誠然是一個不能找出永久不變的原則的事物，但是於「變」之中，也未嘗沒有一個「不變」的線索可尋，因為他之所以「變」，正是因為有個「不變」的原動力在那裡驅迫著。教育的起源，是為幫助人類求生活的奮鬥而起，生活進化，則教育亦隨之而進化，生活複雜，則教育亦

隨之而複雜，教育只是一種人類用以維持生活的工具，但同時也是指導人類怎樣生活的南針，教育與生活是離不開的。

單說生活，容易使人以為只是穿衣吃飯的問題，其實穿衣吃飯，雖然是人類生活很重要的一部分，但並不是唯一的問題，人類還有超出穿衣吃飯以上的要求。即在比人類低下的生物裡頭，也有超出於食物以上的要求。如小貓小犬之遊戲的衝動，都是超出於吃食目的以上的。到了野蠻人裡面，則有宗教的信仰，美術的活動，游藝娛樂的集合，這些都不是僅僅穿衣吃飯所可以包括得了的。所以拿生活來包括這些，雖然未嘗不可以，但為免除誤會起見，不如採用一個更廣大的名詞，這個名詞是什麼呢？就是「文化」。

布拉克馬教授（Prof. Frank W. Blackmor）在新著的《人類社會史》（*History of Human Society*）中說，現代人對於文化的概念，大約包含以下八種要素。第一是智識；凡一切哲學、科學等等智識，無論是對人對物，無論是高深淺薄，總之都可以算為文化的一種要素。第二是技藝；智識是講求原則的，而技藝則是講求實用的，凡與實際行動有關之學問，加工業、農業乃至繪畫音樂之類，都是文化的一種要素。第三是倫理教條；各種民族，無論文化程度高低，皆有其倫理觀念，越開化的民族，其倫理觀念也越複雜越進步。第四是社會風習；風俗習慣雖不若成文法令之表現明切，然在實際上，約束之力不亞於法律，恐怕還要過之。每人從他的祖先，一代一代傳下許多不成文的習慣風俗，無形之間使人保守不敢稍違，越是孤立的民族，這種風習約束人生活之力越大，結果使人一生諸事都不用思想，但依習慣行事，故風習對於文化進步頗有阻礙。但若從反對一方面看，社會上若全無風俗習慣之一物，則一切上代或同時之好發明好思想，皆無法使同伴學習及流傳於後世，故文化之進步，仍有賴於風習者甚大。

第五是政府和法律；野蠻民族受治於風俗習慣，而文明民族則受治於政府及法律，在現代文化概念中，政府與法律也是一個極重要的要素。第六是宗教；宗教是人類生活中一個要素，最野蠻的民族也有相當的宗教信仰，民族愈進化，則宗教之形式也隨之而進步。現在智識最

高的人，雖已有完全否認宗教者，但就全體社會而論，仍未脫宗教之信仰，且否認宗教之人，亦不過脫離神權的迷信，而改信他種哲理，仍是一種變相的宗教信仰。宗教在人類社會中，無論如何，總是文化的一個要素。第七是社會的安寧福利；社會的安寧福利，雖是一個抽象的景況，但卻是文化的一個要素，沒有安寧福利的社會，是不足言文化的。第八是物質的生產；這也是文化中一個極重要的元素。近代研究人類文化史的學者，沒有能忽略過經濟生活對於人類關係的重要的。人類社會文化之所以有進步，受經濟原因驅迫的影響也很大。以上這些要素綜合起來，便代表一個整個的文化，只要是具備這些要素的，無論他表現的形式是粗淺還是高深，總之，是文化的一種相當過程。

由以上的主張看來，文化是這樣一個廣大複雜的內容，他包含了人類生活的全部，用文化來代表人類生活是很適當的。並且用文化比用生活較可免去兩種誤會，第一免去有人誤會以為生活只是解決穿衣吃飯的物質問題而已，第二免去誤會以為生活是專就個人設想的。採用了文化這個名詞來代表人類的全活動，便可使人了解，人類的活動一不限於物質生活，二不限於個人生活，他是包括一切精神與物質、個人與社會的。從以上文化的諸種要素看來，處處與教育發生密切的關係。教育的目的便是要幫助人類學習這許多東西，幫助他維持自己的生活和文化。我們假使要找一個能殼一成不變的教育宗旨，這豈不就是可以一成不變的嗎？根據以上的布拉克馬教授的意見，我們可以說理想的教育內容，應該注重以下幾點。

第一、教育是要教授智識的，這當然是最普通的概念。現今教育學者對此問題已經研究甚精，不必多論。原來在古代，教育權為宗教徒所把持，其時教育的目的，首重在人格信仰的訓練，傳授智識乃其附科，但是如希臘的哲人，也有單以傳授智識為業的。不過彼時所謂智識，仍是注重倫理的觀念，而對於科學智識不認為十分重要，在中國則更有甚之。到了今日的社會，百端活動，俱有待於智識，智識不但教給我們以個別的真理，而且也教給我們以應用這些真理，到實際事物的方法。所以在今日教育宗旨中，智識的傳授當然要佔一個重要位置。

　　第二、是技能的訓練，在古代技能的訓練，往往屬於專門職業分內，而不屬於教育系統。但到今日人類對於教育觀念已經擴大了許多，從前認專門技術訓練，不過為某種職業之預備而已，現今則認為人生必不可缺之一部分，而且也是在社會發展的目的上，所必不可缺的一部分。故雖同一技術的訓練，其目的和用意已大不相同。因此在現今教育內容裡，不但與實際生活有關的技術，如農業、工業之類，應該注重，即與實際生活非直接有關之技術，如繪畫、音樂之類，也同樣的注重。蓋此種技術的訓練，對於個人品性的陶冶既有幫助，又間接影響於社會文化。而且自近年心理學發達以來，知道一切智識的澈底了解，也非從實際試驗入手不可，故技能訓練的位置越發增高了。

　　第三、是倫理觀念的養成，在古代教育機關裡，倫理觀念之養成是最重要的一件事，無論是宗教下的教育事業，或非宗教下的教育事業。總之，教育的目的，與其說著重於智識或技能的傳授，無寧說是著重於倫理觀念的養成。在今日，這種倫理的陶冶，雖不必占第一位，但仍然是很重要的。有些淺薄的人，以為在今日思想自由的時代，對於道德的判斷，應該讓個人憑良心去取決，不必有何種倫理規範以束縛其思想，殊不知，倫理教條乃是幫助社會團結的工具，一個人生在世間，無論如何不能脫離社會，即無論如何不能不注意社會公認的道德標準。所謂良心者，本來就沒有這樣一件東西，本來就不過是社會的風俗習慣所暗示而成，與其任這種個人無意識的暗示心理，去胡亂裁決一切，何如讓社會有一個公認的道德標準，拿來指導人心呢？至於這種倫理規範若過於凝固，有時足以阻礙社會的進化及個性的發展，自然不錯，好在在現今，社會學術思想的自由，已經成為公認的事實，有許多倫理學家在那裡殫精竭思，為社會改良道德的標準，倘使教育內的倫理訓練，能時時留意這種社會的事實，就不至故步自封了。

　　第四、是社會風習的領悟，一個社會的固有風習，不能說是頂壞的，至少在團結各個分子，使發生一種共同意識上，社會風習的力量是很大的。已往的教育事業，對於這一部分所盡的責任很少，大半都依賴之於家庭及社會環境的自然薰習。讓個人自己在環境中盲目摸索著，這

種情形是很危險的。各個家庭及社會環境雖然是大同而卻是小異的，也許這個人，他不幸遇到了一種特別壞的環境，也許他在這個環境中，所遇的人物都不足以幫助他了解社會真正的良好風習，結果將他造成一種特殊的人物，專門承受了社會風習的壞的方面，這種例是很多的。

然則撇去了家庭和社會，讓青年專在學校裡接受社會的一切風習嗎？這也是理想，不可能的。學校中無論如何，不能將社會環境全盤移殖過來。在學校內所與接觸的，不是彼此一樣毫無經驗的青年，就是專門讀書的學者們，這兩種人都只能代表社會的一部分而已。故往往有在學校讀書若干年，出校之後對於人情世故一概不懂，變成書呆子者，其原因就在於此。故現今教育制度對於此點，可算尚未能盡其責任。現今青年所以尚能了解社會風習的遺產者，一半由於幼年在家庭中的訓練，一半則待之學校畢業之後，自己向社會上去瞎摸，這是何等危險的人生？故現今教育制度，對於此點應有所改良，怎樣可使學校制度，容納了家庭教育和社會教育的優點，而矯正的失點，這就是現代留心教育的人，所應當注意的一個重要問題。

第五、是政治和法律的訓練，這在現今學校中都有公民一科，以及此外種種實際的訓練，故此層已經算有相當準備。我們要知道，教育中對於公民的訓練，是在近代民治政體下才有的，古代專制政體之下，人民不但不需要有政治法律的智識，有時還禁止人民的自由研究。如秦代的令「欲學法令者以吏為師」，及清代的禁人私讀《大清律》之類。此後民治政體越進化，人民的權利越發展，則政治法律的訓練越重要，內容也越複雜。

第六、就輪到宗教的陶冶了，宗教在現代似乎已是落伍的東西，他內容所有的精華，似乎一部分可歸入倫理規範去，一部分可歸入社會風習去，賸下來的都是些糟粕，我們現在殊無接受這些糟粕的必要。尤其在宗教觀念薄弱的中國，當然更不必畫蛇添足。不過宗教最高之精義，乃在給人生以理想的生活，現存一切迷信的儀式，雖在必剷除之列，然對於理想的訓練卻不可忽視。現今過重實利主義的學校，多忽視理想的訓練，故不能使學生滿足。矯正此弊，須於教育界提倡一種理想的風

氣，使人人知有向上之一路，而不至將人生全埋沒於實際利害的爭奪中，這是發展國民精神最重要的一點。不過何種理想，為最適當的理想，是不能以教師主觀去範圍的，最好只提起他們一種興趣，而選擇路徑則讓之於個人自由，但教師仍不能不負多少指導的責任。

第七、是養成共享社會福利的興趣，和對於福利的認識及要求力。單獨的個人生活，在二十世紀是絕不能立足的。青年在學校當使其發生與社會密切之感情，尤其是與同伴相親相愛的感情，是要極端養成的。不過在文化進步社會圓滿的國家，教育只要教人以認識社會福利的價值，和享受的方法便夠了，在文化不進步社會未發達的國家，則教育還應當教人以爭得全體福利的方法。不過這個問題很複雜，尚非單純的教育所能勝任，教育只可以盡它分內所應盡的一部分責任便了。

第八、物質生產也不是純教育以內的事，但教育事業對於這一點，卻不能不加以十分的注意。在教育裡面，人應該充分得到對於物質文明的概念之內容的了解，應用能力去創造技術。教育就是教人以怎樣駕馭這個物質文明的方法，假使駕馭得不得宜，是會出毛病的。以上的教育宗旨談，不過根據布拉克馬教授的理論推演出來，究竟完全是否，尚待討論。

文章出處：《教育雜誌》第20卷第5號（民國17年5月20日）。

教育制度在人類社會進化史上之過去與將來

　　教育與人類文化的發展有什麼關係？它在社會進化史上的位置是怎樣？這個問題是很大的。但是向來的教育家和教育學者，卻很少注意到這個問題。教育家的工作，只注意到教授方法的改良，教育學者的工作，只注意到教育理想的鼓吹，卻很少注意到教育制度的本身的研究的。我們看古往今來，對於教育制度比較地有大膽的解剖和創見的，如盧梭的《愛彌兒》，斯賓塞的《教育論》，涂爾幹（Emile Durkheim）的《教育與社會》（*Education et Sociologie*）和杜威的《民治主義與教育》，都是教育界以外的人所發的，與教育家全不相干。因為這些學者他們本身並不是教育家，所以他們反倒能發出較遠大的議論，這個現象是很奇怪的。但是仔細想起來也不足奇怪，因為教育現在還僅囿於技術（art）的時代，一般教育家只是技術的工匠，知其然而不知其所以然，也並不想求其所以然。

　　凡是一切科學，在未進化之先都是如此，一切科學的進化，大致要經過三個時代，首先是應用技術的時代，其次是玄學空論的時代，其次才是科學研究的時代。如醫學最初只是憑經驗處方，並沒有什麼理論；其次才發展了玄學的理論，中醫的舊醫學至今尚留滯於這時代；最後才發生科學研究的近代醫學。又如化學，在最初只有鍊丹之術，其後發生五行、原子等抽象理論，最後才發生現代的化學。自然科學的發展是如此，社會科學的發展也是如此。宗教最初只有實際的儀式而無理論，其後才有了神學，最後才有了從社會學觀點，去研究的比較宗教學。政治學和經濟學的發展也是這樣，總是先有了實際的政治經濟的行為和制度，然後才發生理論的研究，然後才發生科學的研究。教育的科學研究，至今才在萌芽；尚未成熟，故一般仍留滯在應用技術的時代，至多也僅有玄學的理論（教育學史上的許多理想都是如此），而尚無科學的研究。

　　現在所謂教育的科學者，不過是教授法之科學研究，是一種技術的研究，而不是制度的研究。教育學能否成為一種社會科學，或僅能成為

應用科學，這自然是一個尚待討論的問題；但我以為這個問題是很容易
解決的。因為凡是純粹應用科學的學問，如醫學，如體育，其本身並不
是一種制度，僅是一種行為，它們在人類社會組織上沒有關係，所以
在社會科學中用不著討論；但教育並不僅如此。教育在一方面看起來，
固然是一種行為，他一方面看起來，又是一種制度。它可以有兩方面的
研究的。一方面可以從應用方面去研究，又一方面可以從制度本身去研
究。前者是屬於應用科學的，後者是屬於社會科學的。譬如經濟，一方面
有銀行學、會計學等應用方面的研究，他方面又有經濟原理的根本研究。

　　教育在社會上，確是一種制度，它有無數的學校，有幾千萬施教和
受教的人，有幾千年演進的歷史，有許多變化多端的形式；它不是一種
制度是甚麼？它不值得佔一個社會科學的地位嗎？它的正式成為社會科
學，不過是時間的問題罷了。自社會學發達以來，有些社會學家已注意
到教育制度的研究，如前引的斯賓塞、涂爾幹，乃至杜威，他們的立
論，大半是根據社會學去觀察，與以前空想的教育哲學不同。自教育社
會學成立以後，這個趨勢更加顯著。真正占社會科學一分支的教育學，
一定不久會出現的。

　　本篇就是想根據社會學的觀點，將教育制度的過去與將來，及其在
人類進化史上所有的貢獻，加以概括的說明。雖然不敢自附於社會科學
之林，但於這方面的研究也不無小補的。各種社會制度的起因，說法
雖然不同，但要以根於人性的要求，為最簡單正確。社會各種制度的
起因，都是由於人性的要求。因為人類有恐怖的天性，和依賴他力的要
求，所以有了宗教制度。因為人類天性有組織和統治的要求，所以有了
政治制度。因為人類天性有維持生命和發展欲望的要求，所以有了經濟
制度。因為人類天性有了性慾和傳種的要求，所以有了宗族和婚姻制
度……。那麼，同樣的，教育既是一種社會制度，自然也一定有天性的
根據了。這個道理不必細釋，但看高等動物之對於子女，已曉得教導以
種種應用的智識，可見不必等教育制度的成立，教育已在高等動物的天
性中有深厚的根據，可見教育制度之成立，也非偶然的了。

　　低級的生物，父母對於子女毫無照顧的責任，一經產卵之後，彼此

便毫無關係，甚至有見面不相識，互相吞噬的。即在脊椎動物，如魚類，親子間也是毫無關係的。爬蟲類以上，親子間的關係逐漸密切，卵的孵化需要母親自己努力，幼兒也需要父母加以撫育。鳥類和哺乳類，撫育幼兒的時間更加長。自此以上，生物的等級越高，則生物撫育幼兒的時間也越長。據一般生物學家解釋，以為生物的等級越高，則其生活越複雜，故需要學習的時間也越長。一個三歲的嬰兒，和一個三歲的類人猿比較，其成長之遲速大不相同。人類的成熟期最遲，在未成熟之先，所需要的教養時期也越長。人類的遲熟還有一個原因，就因為幼年的時期越長，可變性也越大，故成就也越高。生物大抵依本能為生活，故不必多方學習；人類則已進於智慧的生活，故需要學習越多。因此，高等幼稚動物所重在養──下等幼稚動物連養也無需──而人類則重在教。教育制度之成立，可以說就是根據高等生物的這種天性而來，到了人類社會，才成為顯著的發達。

我們在高等生物的當中，已經看到有家庭生活的存在，這種家庭生活的主要目的在養育幼兒，而也兼含有教的意思。有些肉食的獸類，大如虎、豹；小如貓、犬，父母於哺養子女之外，還兼教以搏擊的技術，這因為牠們的生活中心在此，這種生活技能是不能不多少依賴訓練的，故教育的行為，便首先發現在牠們的種類之中。他如柔弱的動物，如麕鹿之類，趨避偵察之術也是需要教導的。鳥類的教飛也是如此，通這幾種高等生物而觀之，我們可以說，牠們的天性中確已有了教育的要求，牠們確已有了教育的行為，但不能說是有了教育制度。這時候教育距獨立成為社會制度之時期尚遠，即在很有社會組織的生物中，如蜂、蟻、羚羊、野牛之類，也找不出特殊的教育制度來。這時候教育的行為，幾乎全體都是附屬於家庭制度之下，不過是家庭功用之一種罷了，這是教育初萌芽的時期。

到了人類社會的初期，教育的行為雖然已較複雜，但仍無獨立成為制度之可能。研究古代社會最詳細的著作，要算摩爾根（Lewis H. Morgan）的《古代社會》（*Ancient Society*）一書，雖然出版時期已久（一八七七年），但仍舊算是有權威的著作。摩爾根氏以為在古代社會

中，可注意的事實有：（一）生活的技術；（二）政治；（三）言語；
（四）家族；（五）宗教；（六）家屋生活及建築；（七）財產。以上
七種事實的發展，都有跡象可尋，但對於教育事業全未提起。可見教育
制度在野蠻社會中是全無位置的，不過我們卻不能因為古代社會中無獨
立的教育制度，遂謂為無教育的行為；這種想法是不對的。我們要知，
教育既在高等生物中已經發現，斷不能到了人類社會中反形退化。究其
實，在人類社會的最初時期，教育的職能已較高等生物為擴大了。在高
等生物之中，我們曉得所需要於教育者，不過是直接生活方法的訓練而
已。如鳥之教飛，食肉獸之教搏擊，弱小動物之教趨避，都是教以直接
維持生活的技術，過此以上是沒有的。因為生物的生活很簡單，所需要
者也不過如此。而且大部分的直接生活技術，如鳥之營巢，獸之獵物，
都是出於本能，不必待學習和教導的。

　　不過在有些營社會或集團生活的高等生物，如羚羊、野鹿之中，除
了直接維持生活的技術之外，就漸漸發展了其他的需要，如同團體行動
的習慣，服從首領和分工互助的習慣，都不僅是直接生活的技術，而有
了更廣泛的活動了。在這些超直接生活的活動之中，有時也需要教育的
訓練的。因此教育的職能，在這些集團生活的生物之中便擴大了一點。
到了類人猿的社會，他們的生活更加複雜，有了政治的生活（首領），
有了戰爭的生活，有了宗教的生活，更有了美術的生活（如跳舞），因
此教育的職能自然更加擴大。初期野蠻人的社會，原與類人猿相去不
遠，不過較為進步一些。摩爾根分人類文化的發展為野蠻、未開化、文
明三時代。而各時代又分為低級、中級、高級三期。低級野蠻時代，是
人類的最幼稚期，但他們已經懂得捕食魚類，使用分節的語言，火的發
明或許已經有了。到了中級野蠻時代，用火的技術已經確有，弓矢也已
發明。最後高級野蠻時代，則發明陶器的製造。在這種野蠻時代的人類
中，他們的生活需要教育的訓練者，統計起來，約有數項：

　　（一）直接維持生活的技術，如捕魚、獵獸乃至製衣、營穴之類。
（二）交換意識的符號，如語言、手式之類。（三）特殊發明器物的製
造、保存和使用，如火、弓、矢、陶器之類。（四）社會的組織習慣，

如最初的家庭生活，其次的氏族（gens）、胞族（phratry）等。（五）宗教的儀式和教條。（六）美術的生活，如跳舞、音樂。以上這幾種生活，是野蠻人中所具有的，而大半需要教導，不過未成為獨立的教育制度罷了。

教育制度既未成立，則這種教育行為附麗於何種社會制度之內而行呢？就初民的社會情形考察起來，我們可以說，最初是附麗於家庭社會之下的。在生物和人類的各種欲望之中，經濟的欲望和性的欲望最初發達，是人已經曉得的事實。家庭制度就是由這兩種基本欲望結合而產生的。家庭的生活不但可以傳種和發舒性欲，而且是互助的營求，衣食住的最簡便方法。所以初民的社會制度，最初發展的就是家庭制度。家庭制度就是一切社會制度的起點，由家庭擴大為家族，更擴大為氏族、胞族、部族（tribe），最後成為民族（populus）及國家（civitas），這是社會進化的次第。

在初期野蠻社會之中，家庭制度是一切制度的起點是無庸置疑的，一切社會制度最初的萌芽，都可發現於家庭制度之內。所以在野蠻社會之中，家庭的功用是非常之廣的。至於教育事業和家庭更有密切的關係，因為家庭組織的主要目的，就是在保全種族的持續和過去經驗的傳授，教育恰好可以幫助家庭達到這種目的，因此一直到現在，教育事業還有一部分，是不能與家庭脫離關係的。從一方面看起來，家庭也可說是教育制度之一種，不過不是獨立的專為教育目的而組織的教育制度罷了。

教育何時由家庭制度之下，脫離出來而另成一系統呢？則我們不能不溯之於人類生活的內容日加複雜，而家庭制度不足以應付需要之時。我們知道，家庭制度成立的主因是維持生活、繼續種族兩項，而傳授經驗又為後起的原因之一。到後來，人類直接生活的標準日加增高，所有衣食住等要求日奢，非家庭制度所能供給，因此遂另發展了經濟制度。因為生活越進化，經驗的應當學習和傳授的越多，因此，也就不能單靠家庭制度去貫澈這個目的，所以也就不能不與家庭脫離，而另外形成他種制度。

因此，到後來，家庭的主要功能，只成為基於性慾和傳種的要求的組織了。他種社會制度就紛紛脫離家庭制度而獨立了。此外，還有一個

原因更為重要的，就是人性到這時，又發展了更高尚的要求。最初人類的要求僅限於食色兩種，故家庭制度差可以應付這種要求，到後來人類的新欲望漸漸發展，政治的欲望、宗教的欲望、戰爭的欲望、美術的欲望相繼發展，各各形成一種獨立的制度或行為。就中宗教的欲望，在高級野蠻時代和未開化時代的人類中，更占重要地位。從家庭制度脫離出來的教育，就轉而附麗於宗教制度之下，這是教育制度演化的第二期。

宗教制度的起源如何，社會學家的解釋是不同的。普通說是由於恐怖，因為人類對於自然界發生恐怖，因此才發生崇拜的心理，因此才發生宗教；這自然是不錯的。但恐怖不過是引起宗教的誘因（用佛學的名詞就是「緣」），而並不能算是主因。因為動物也未嘗沒有恐怖，而不聽說有宗教生活和制度，可見恐怖不是宗教的主因。宗教制度發生的主因，我以為是人類的求知欲。因為人類有求知的欲望，所有對於自身以外的環境，無論可以使自己歡喜、驚詫或者恐怖的，都想進而求一種解答。解答的結果，便是以為萬物都有靈氣，因而成立了拜物教或萬有神教的觀念。其次始進而為多神教、一神教。無論何種階級的宗教，都不過是人類對於環境刺激的一種解答。

人類因為有求解答的要求，所以發生宗教；動物和最低級的人類是沒有這種要求，所以不能發生宗教。宗教、玄學以至於科學，是人類求知欲發展的三階段。宗教是第一階段的形式，在我們今日看起來，宗教自然是很幼稚、很淺薄的觀念；但若從社會進化的全部過程看起來，宗教生活的出現，實在是人類進步的一個大轉機。在宗教生活未出現之先，人類對於環境只是渾渾噩噩，隨緣度日，沒有疑問，沒有求解答的需要。他們的生活雖不是本能的，也是半本能的。穿衣、吃飯、性交、傳種，都是依著本能的衝動而進行，家庭生活就是這種發洩本能的場所。

這時候的生活是被動的、自然的，也可說是唯物的。因為人頻生活一切都依照物質環境（包含自己生理的組織在內）的支配，絲毫沒有自由支配的餘地，這種生活是低級的。到了宗教出現以後，人類生活才生了一大轉變。宗教觀念的形式，是由於人類求知的天性，自然也是人類自身的產物，不過這種產物在性質上是屬於心理的，而不是生理的或

物理的。在這裡我們不用「精神的」；而用「心理的」這個名詞以表現它，因為「精神的」三字，容易使人誤會，以為超於物質以上的虛靈之物，我們的用意不是如此。心理自然也是由生理現象所構成的，不過它的表現另外採取一種形式，與生理的表現不同。如飢餓與思想，一為生理的現象，一為心理的現象，所表現的形式不同。即使採用行為派心理學的看法，飢餓與思想雖同屬生理的現象，但一屬於胃部的現象，一屬於語言器官的現象，原因仍是不同。

由他種天性要求而產生出來的社會制度，如政治、經濟、家族、婚姻等制度，無論簡單和複雜，都不過是環境自然的產物，它們只是順自然環境（包含物理、生理、心理三種）的趨勢，受著環境的支配的。宗教自然也是環境的產物，也受著環境的支配，但它卻有一點不同的，就是它對於環境本身發生疑問，發生解答。其他社會制度是屬於行的，而宗教制度則是屬於知的。其他制度的發生，只是一個自然的「然」，而宗教制度則是一個「所以然」。這一點的區別很重要，因為自此以前，人類只是渾渾噩噩與動物一般，受著自然律的支配，不識不知，過著生活；自此以後，卻要追問到支配人類生活的自然勢力的本身了。猶如在君主專制下的人民，一向以為君權是當然的，不加疑問的，現在卻開始發生疑問了，開始要研究統治者的本身了。縱然所得的答案是很幼稚的，結果是仍然很服從的，但研究的端緒已開了，環境已經變成可疑可問可解答的材料了。假如人類可以從自然的鐵則中解放出來，而建設一個最終的意志自由的世界，則宗教制度的成立，便是這解放運動的第一步。

這時候人性的要求，既然超過了物質生活，而有追求理知的傾向，因此教育的職能便自然擴大了一些。從前的教育目的，只在教人學習維持日常生活，滿足物質欲望的本領，此時則更須教人以研究自然、解答生活疑問的途徑。從前的教育只告人以怎樣生活，以後的教育卻要兼告人以什麼是生活。家庭制度是不能滿足這樣的要求的，宗教制度卻能比較滿足這種要求。從宗教制度發生以後，人類開始有了宇宙觀和人生觀，從這種宇宙和人生的觀點上，建設一種系統的生活，不但生活有了意義，連生活的方法也都隨之變了。在這種情形之下，教育自然要從家

庭制度中解放出來，而另行依附在宗教制度之下了。這時代，教育自然還沒有取得獨立的社會制度的地位，仍然不過是他種制度的助手，不過它的主人，從家庭制度換成了宗教制度。

自宗教觀念發生，因而產生一種社會制度以後，人類對於生活的本身生起疑問，要求解答。從宗教到玄學，從玄學到理論科學，他們的路徑都是沿一條直線進行的。它們都是要研究生活而不僅奉行生活。不過自研究的智識越進步以後，知識的系統越加複雜，結果將知識與生活漸漸分離而成為兩橛。世界上有一大部分人，仍是不識不知自然去生活的，而另外卻有一小部分人，專門去研究解答生活的內容的，但他們自己卻日與實際的生活隔離。這一小部分求知的人，變成了社會上一種特殊階級，漸漸形成了一種小小的特殊社會，建設一種小小的特殊社會制度，這便是自中世紀以來的大學制度。這種專門以研究知識為目的的大學制度的成立，自然是社會進化分工的結果。就研究的內容講，自然比宗教時代進步得多，但它卻有一點遠不如宗教時代的，就是將知識與生活打成兩橛，知識與生活幾乎成為兩不相干的東西了。知識與生活毫不相干，這種知識縱然高深到萬分，於我們人類有何關係？這不能不說是一種畸形的進化。

在這種畸形的進化之中，教育的職能也隨之分化。一部分教人以生活的教育，仍然附屬在各種普通社會制度之中，似顯不顯地盡它的功用；另外一部分以教人智識為目的的教育，就附屬在這大學制度之中，發展成一種比較獨立的制度，這種制度維持了幾百年，一直到現在。到了十九世紀的初頭，世界的情形才重新有一番改變。科學的進步，大機器的發明，工業革命的激進，使人類獲得了一個新方向。人類不但要了解自然，且要進而支配自然，運用自然。從前知識與生活是兩橛的，現在才重新開始聯合起來。拿科學上最進步的智識，應用到實際世界上去，改變了物質環境，改變了社會組織，且要進而改變自己，這個轉變的關係是很大的。在去年出版的《Whither Mankind》一書上，羅素有一段論科學的發展情形，講得最好。他說科學的影響分為兩種，一方面是科學家的研究態度，他一方面則是實際應用科學的智識，去改變日常生

活。第一方面的成績固然很好，但結果研究愈深，愈足引人入於懷疑主義的態度，使人相信絕對的真理為不可能，因而根本推翻科學的信仰。這時候幸而有實際的生活改變救助了他。

　　懷疑主義是科學的一種致命傷，雖然只有少數領袖傾向它，但卻能妨害了科學家全軍隊的活動。至少要生出這種的結果，假使人們永遠留在冷靜的和理智的態度之下。但是科學正在極力地變成了一種生活的態度，一種行為的方法，而且發展了一種拿新的連續行為的概念，代替了舊的智識的概念的哲學。越是從純粹的理論態度的結果，似乎只能得到懷疑主義，越足證明實際的實驗主義態度的勝利。這種情形在全世界都是如此的，不過自然在有些國家中更顯得真實；如同在美國，科學的實際成功是很顯然的；又如在戰後的德國，悲觀厭世便成了國民生活的流行方向。美國是由智識的科學到實際習性的科學的過渡的開路者，這到也是無庸詫異的事。

　　真正說起來，那一個人若對於未來有興趣的，最好請他去研究美國。依我的意思，在近代所有哲學和心理學上，最大的成就是出在美國。他的成績所以好，就是因為他們的天才，不必費許多力量去討論從某種桎梏的傳統習慣求解放，這些傳統習慣是歐洲的學問家，從中古時代就遺傳下來的。這些傳統習慣或者可以拿一個名詞去包括代表起來，就是「靜觀」（contemplation）。歐洲的大學自始就是專為訓練僧侶而設，而僧侶們，雖然他們還要耕種土地，但他們的目標是在過一種靜觀的生活。近代歐洲的大學教授雖然不必耕種土地了，但他們還繼續相信靜觀。這種信念促成他們只贊美純粹的研究，而忽略實際應用的態度。我自己也是完全受這種中古式的影響，我的讚美觀念，比現今模範人物所感覺的還要強。

　　然而，我以為這不過是與某種程度的宇宙崇拜的一種心理上的聯合而已，這種信念與近代從機器而產生的人類萬能的信仰

是不能相應的。我們對於一個跳蚤，並不只是靜觀，我們是要去捉住它。近代的觀點現今還在幼稚時代，但我們可以預料到有一個時代，那時的人對於人類以外的大宇宙，將不復存一毫崇拜之心，和我的現在對於那可憐的跳蚤一樣。這個意思是說，一個工業世界的哲學，也不能是唯物主義（materialism），因為唯物主義也正和唯神主義（theism）一樣，他們崇拜一種信以為存在於人身以外的勢力。虔敬的俄羅斯，剛才從希臘教會中振拔出來，又變成唯物主義的崇拜；或者在一部分虔敬的美國人民之中，也經過這同樣的現象。但是那異端的美國人，當他們已經不復為歐洲的奴隸以後（這是異端所共同之點）曾經發展了一種新的觀點，主要是由於詹姆斯（James）和杜威（Dewey）的工作的結果。這種新的觀點，與所謂智識的工具說（instrumental）相合，組織成一種工業主義下的哲學。所謂工業主義也就是科學的實用方面。……

羅素這段話說得很明澈痛快，工業文明下，人類對於環境的態度，不復是靜觀而是要活用的了。以前那些宗教、玄學，乃至於理論科學，到這個時候，便一齊要歸於無用了。在人類的智識組織，漸漸從宗教脫離而進入玄學乃至理論科學的時代，本已發生了一種畸形的教育制度——如大學、書院等——這種制度嚴格講起來，只能叫做「研究制度」，不能叫做「教育制度」，因為他是為一部分專門做「靜觀」工作的人而設的，不是為大多數為生活而生活的人而設的。不過在那個時代，普遍的指導生活基礎的教育制度既然尚未成立，故研究教育制度進化史跡的人，就不能不從這種「研究制度」中追溯起。到了人類對於環境，從靜觀進而至於控制的態度的時候，教育的功效才更加普遍起來。因為既然人類想要控制環境，就不能不對於控制的方法、控制的學識、控制的經驗都有一番研究。人類生活的野心愈大，需要教育的處所才越多，於是教育才成為獨立而普遍的制度了。義務教育的制度雖是從十八世紀以來就成立的，但最初教育的內容實在簡單，直到工業革命以後，

教育制度才普遍建設起來，這就是教育與生活的關係。

從上面所說的教育制度演進的痕跡，可總括如下：下等動物生活簡單之極，沒有教育後代的必要，故毫無教育的行為。高等動物生活漸趨複雜，為持續種族起見，有教育後代的必要，故發生教育的行為，但其行為係天演淘汰的結果，並非有意識的計畫。人類因為生活更加複雜，有了美術的、文化的生活，並且發生社會組織，故教育的需要也愈多。這時候人類的基本社會組織是家庭，故教育行為也附屬於家庭制度之下。自此以前所有生物以及人類，對於自己的生活從不曾發生疑問，當然也不需要解答，只是照常生活而已。到人類智識進步以後，才對於生活發生疑問，要求解答，由此產生了宗教、玄學，乃至科學。從宗教制度進而至於大學制度，都是專門培養研究生活問題的人才的地方，教育制度就從這個地方發展出來。

人類生活越進步，不但要了解生活，並且進而要控制生活了，這又轉入了一個新時代。第一步是控制客觀的環境，這時候教育的需要便越多了，於是演成了一種普遍的、複雜的，近代教育制度在社會進化上表現空前的功能。我們現在正在這個時代，那麼我們以後還有一個甚麼時代呢？我們在前面已看到，人類進化到控制生活的時期以後，第三步是控制客觀的環境，這還不過是僅僅人類戰勝自然的第一步。再進一步，就是要控制到人類的本身了。我們現在仰賴科學的威力，差不多可以指揮環境的一切了，但還不能指揮我們的本身。因此種種發明都被惡人誤用了，去做出許多壞的結果了。

人性若不改良，無論控制自然到如何程度，總不會立刻實現天堂世界的。所以我們人類以後的問題，自然就是控制自身本性的問題。我們既然承認自身的天性，也不過是物質現象之一，為什麼我們能控制環境的物質現象，就不能控制人類本身的物質現象呢？自生理學、心理學發達以來，對於這一部分的工作已漸漸有成效可睹了。羅素在前引的同文中又說：『有人可以這樣說：科學雖然大大地減少了對於自然的恐怖，但卻到處增加了人對人的恐怖。避雷針，喬治第三所認為不敬的東西，曾經破壞了人類對於「雷公」的恐怖。但是其他的發明使人類有了掌管

破壞的權力，好像以前自然界所掌管的一樣。科學使社會變成更有機體化了，因此一面使革命黨感覺到避免當權者的壓迫的困難越法增加，而另一方面則當社會的混亂一旦顯露以後，必定較原始社會中所受的災害非常之鉅。或者也許是因為這個原因，在美國比在其他文明國家，那群眾的壓迫和對於鄰人的恐怖更盛一點。人類全體從人以外的世界的壓迫中剛解放出來，而人類個人間就對於他的同伴，施行壓迫比科學發達以前還要完備。

科學在最後能殼對於這一類的恐怖也想出法子嗎？我想一定的。向來科學的實際應用，主要在指導我們的物質環境的變更。環境是一種張本，自從對於地面的事物都經過研究之後，我們常常從環境裡面，去採取和搜索原料，以供人類的製作。然而人性也可以採作張本的，我們能夠變更環境去適應我們自己，我們並沒有用力去變更自己以適應同類。這個原因自然是，因為研究人類性格陶冶的科學，比研究無生物世界的科學發展較少，不過這種情形是很快就會變了的。在一百年之內，我們可以獲得支配兒童品性的能力，和我們現在支配物質力一樣，這件事情有極大的可能。

假如我們這樣做，我們將來一定能減少人類彼此間的恐怖，像我們已經從人類和自然世界的關係間減少了恐怖一樣。但是人們得到這種權力之後，將要怎樣去運用它，也還不能就輕易預言的。無疑地，他們一定會弄出些結果，照我們傳統的價值的標準上看起來，似乎是可怕的；但是從另外一方面看起來，也許是很好的。最好讓我們引一句哈姆來特（莎士比亞戲劇）的格言來安慰我們自己罷。

「天下事沒有善和惡之分，只看人怎樣想法」。一個好的社會，就是一個住在裡面的人，想著他是好的；至少將來的科學教育家，總可以得到這種結果的。

　　羅素這種話並不是空想，並不是一廂情願的樂觀哲學，乃是事實上所可能的。我們現在的人類，還不能脫去自然勢力的支配，人沒有能力管理自己，仍然要仰仗客觀環境的勢力，任憑造化小兒的簸弄。我們現在儘管有天大的本領，能斡旋乾轉坤，但是跳不出自身天性的支配圈外。這是意志自由論，所以不能成立的緣故。這是人類所以必須要歸依一種超人的信仰——自上帝以至於唯物史觀——的緣故。這是聰明遠見的人，所以灰心短氣的緣故。但是當我們已經獲得了完全控制環境的能力以後，為什麼不能進而獲得控制自身天性的能力呢？為什麼不能與一切必然的客觀法則的束縛脫離，而自由創造人性呢？為什麼不能從應用科學的智識中，去改良每個人的神經系統呢？為什麼不能從改造每個人的成功上，進而改造全種族、全人類，以實現真正理想的社會呢？這是我們應該有的企圖，也是人類進化到最後必然的階段。教育制度在這時候，將成為人類社會中最主要的制度，因為他是從「必然的世界」，進化到「自由的國家」的一個最有力的工具。我在五年以前所寫的一本書《全民教育論發凡》中，就大膽地這樣講過，現在仍是這樣講。

　　　文章出處：《教育雜誌》第22卷第9號（民國19年9月20日）。

中篇：

論政治

三民主義批判

一、總評

　　凡一種學說有被批評的價值，必定是已經具備了兩種條件：一，該學說之本身，確有一部分顛撲不破，可以站得住的理論根據。二，該學說在一時代已有相當的勢力，可以影響於實際政治或社會。倘若是毫無根據的信口瞎談，譬如說八月十五要天昏地暗，則我們只可一笑置之，絕無批駁的必要，因為這種胡說是不足辯駁的。又如有人閉著大門創出一種學說，並不給他人知道，也無人加以信奉，則我們倘非閒著沒事幹的人，誰也沒有那許多工夫去讀到牛角裡開心。故此，凡是可以值得批評的東西，必定是合乎以上二種條件的，但雖合乎以上二種條件；而亦有不能批評的學說，即該學說已在社會上占有獨尊的地位，有實際的威權來保護他，有神祕的儀式來裝點他，這樣，這種學說便脫離了理論的性質，而變為含有宗教性的神祕信條了。

　　在宗教信條之下，是只有信仰，只有服從，而絕無自由批評的餘地的。譬如已往在中國的孔教，在歐洲的基督教，在西亞諸國的回教，以及現在在蘇俄的布爾錫維克主義，在義大利的法西斯主義，都是從學說宣傳變為宗教信仰的榜樣。但是在現代和古時不同的地方，便是自從文藝復興以後，人類思想解放的運動已經成熟，數百年來，人們在比較良好的立憲政體之下，有自由言論，自由批評的權利，這種權利不能不說是人類的幸福。這種權利一經得到，而且確實享受過多少年之後，只有一天比一天更擴張，決無再加減變弱的可能。譬如一向解放慣了的人，要他再加上鎖鍊，重作牢獄的生活，那是萬萬不能忍受的。因此在目前，無論是布爾錫維克主義，或法西斯主義，都不過是一時的反動，絕不能如中古基督教那樣長久的維持威權。

　　因為現代的人已不是古代那樣奴隸慣的人了，而且即使在現在，也

只有在俄、義等民智低下，向來遵信宗教（如俄），崇拜英雄（如義）的國家，才會發生那樣反動專制的主義。至於若在民智較高，享慣自由的國家，如英、美、德、法諸國，是絕不能讓這種反動思想成功的。即如我們中國，雖然民智低下，容易煽惑，然因向來民族浸淫於老莊思想，政治上以此為放任為主，人民享慣消極的自由，欲想由專制的手段，去整齊畫一人民的思想行動，也是萬不可能的。近來共產黨在中國的失敗，未始不是吃虧了不了解這種實際的思想背景的緣故。

國民黨所標榜的三民主義，在今日可說已構成了上述的值得被批評的兩個條件了。第一，三民主義雖然理論上之缺漏尚多，但究不失為一種有理性的主義，至少有一部分理論是可以站得住腳的。第二，三民主義在目前中國，發生較大的勢力，自不必說。照以上兩點看來，我們不是很可以將三民主義拿來作對象以詳細解剖批評嗎？但是同時自國民黨勢力擴張以來，三民主義已完全變為宗教信條，在青天白日滿地紅的旗幟之下，對於三民主義是只許頂禮膜拜，絕對不許退有後言。「反三民主義即反革命」，請看這句標語是何等威嚴利害啊！

如此，三民主義即已脫離了理論的根據，而變成神祕的信仰了，我們那裡還有批評的餘地哩？不過，照前節所說，這種專制反動的思想，不過一時的變態，終久不會成功。本來照國民黨原始的性質，以及三民主義內民權主義的正當解釋，都是與箝制言論，一黨專制等思想，絕對不相容的。現今國民黨政府的專制反動行為，乃是一部分受了共產黨思想的影響，而他一部分則發於幼稚的誇大狂。目下國民黨中明達之士，已漸漸覺悟了此種壟斷政策，不但有背於三民主義的本旨，也無益於國事，而且對於該黨本身，也是有害無利的。我想國民黨不久可毅然覺悟，將此種自殺政策取消。倘若始終執迷不悟，則我們可以大膽說一句話，國民黨的將來終必因此種愚拙政策，而自斷絕其政治生命的。閒話少提，我們既認為三民主義不應當變為宗教的信條，則我們自當還他一個理論的本來面目，就他的本身主張，切切實實，給他一個批評。

本來批評是一件最難的事，而在現今政治競爭激烈的時候，對於異黨的批評更難下筆，稍一不慎，即不免以個人意氣參加到裡面，而失掉

批評的真實性了。對於這一層，我自信還是一個能平心靜氣不為黨見所拘的人，對於所批評的對象，絕不肯隱善揚惡，專去吹毛求疵，至於一切謾罵之辭，更要極力避免的了。

說起三民主義這個名詞起來，就不免聯想到林肯的有名的三句話，三民主義之最初是否即從林肯的話抄襲而來，不可得而知，但到後來的解釋，確已將「民族，民權，民生」，解作「民有，民治，民享」的意思了。這種解釋確是很正當的，因為三民主義本來也不過就是實行林肯的那三句話，不過所不同者，林肯的話，是解釋一個整個的「全民政治」的意思，而三民主義在名詞上，卻將一個整個的東西分作三節。從林肯的話看來，我們所要求的只是一個東西，從三民主義的表面看來，我們所要求的乃是三件東西。這樣便容易使人誤會這三件東西是本來毫不相干，硬扯來作一處的。所以非靠胡漢民先生來另做一部《三民主義之連環性》，不能將三民主義連貫起來。

其實照林肯的意思解釋起來，「三民」本來只是「一民」，三民主義的中心還只是一個「民權主義」。因為近代全民政治的運動，只是一個「民權」的運動，所謂「民族」、所謂「民生」，都是「民權」的附屬品。「民權主義」可以包括「民族」、「民生」，而「民族」、「民生」則無論何項，也絕不能包括了其他二項。何以說民權主義可以包括了民族主義呢？要知近代的民族主義運動，絕不是單純的種族分離運動，乃是要求民族獨立自決權的運動。他所要求的，不是如古代一樣單單根據於「非我族類，其心必異」的種族歧視心，而乃是根據於民族的自治權，這兩種性質是絕對不同的。

近代的民族運動，不是要求一個個民族，都獨立自建一國便算完了，他所要求的，乃是與其他民族有相等的權利。假如這個權利可以不用分裂的形式去得到，則雖與其他民族同建一國亦未始不可以。假如雖名義上獨立為一國，而實際上並沒有完全的主權，則其民族運動，仍不得謂之成功。故此，現代的所謂民族運動，實際上應當看作是民族自主權運動，這仍是民權運動之一種，不過普通民權運動的對象是同族的壓迫者，而民族的民權運動的對象，則是異族的壓迫者罷了。若如古代單

純的民族運動,但求驅異族而戴本族,雖專制壓迫,亦忍受之,這種運動便與現今之所謂民族運動大不相同了。

何以說民權主義又可以包括了民生主義呢,近代的民生主義(按:民生主義不成一名詞,應正其名曰「社會運動」,無論廣義的社會主義,狹義的社會政策,均包括在內),並不是單求吃飯穿衣的運動,而乃是要求這吃飯穿衣自決權的運動。因此現代的社會運動,斷不是如古代一單單用富國裕民的政策所能解決,最要緊的還是個爭經濟自決權的運動。譬如有些國家,如英、美等國,工人生活已經十分優裕,何以還要起什麼勞動者運動呢?可見勞動者所要求乃是權,而不是生活。俄國共產黨所以用一「階級專制」的名詞來鼓動無產階級,也就是利用這個爭權的心理的緣故。

不過俄國的現行政治,並不是真正的工人專政,而乃是少數智識階級假借工人專政的美名,以發揮其個人主張,所以大多數人不能贊成。並且即使真正的一階級專政告成,而其他階級仍受壓迫,仍不能謂之真正的全民政治罷了。除俄國以外,德國為什麼要設經濟議會!英國為什麼要有礦主和礦工的共同協議的機關,也無非是為的將生產分配等權,公之於全民眾而已。剩下各國的社會政策,雖非達圓滿,然大致是向這一條路走的。故現代的民生運動,我們可以正其名曰:「民生的民權運動」;或曰「經濟的民權運動」更為明顯。今試列一表,說明三民主義與正當的解釋和關係如下:

名稱	目的	手段	結果
民族主義	要求民族自決權	從要求政治自定權下手	同屬民權主義
民權主義	要求政治自決權	即從要求政治自決權下手	同屬民權主義
民生主義	要求經濟自決權	從要求政治自決權下手	同屬民權主義

由上表觀之,主義雖有三,其實歸結總是一民權主義,而且是一政治自決權主義。中山用三民來列舉,反不如林肯以民有、民治、民享解釋一全民政治較為洽當的了。蓋從中山的主張,每易使人誤認,三民主義為三種毫不相干的主義拉來作伴的,結果同在三民主義之下,有的相

信非我族類其心必異的狹義民族主義，有的相信但求飽食煖衣的民生主義，結果都失了倡始者的本旨。如辛亥倒清之後，大半國民黨員即以為革命業已成功，即是誤認狹義的民族主義作中心的緣故，這不能不說是三民主義本身解釋易啟含混的缺點。

況且一黨只能有一主義，才能使信仰歸於一致，今「一國三公，吾誰適從」。三民主義的真正解釋，連老國民黨人也不能認得清楚，焉能不令共產黨人乘機上下其手呢？況且三民主義之中，民族、民權俱可成為主義，而民生主義根本不成一名詞。照孫中山的解釋看起來，所謂民生主義，實在只是一種民生政策，如正其名，應曰「社會政策」。政策之與主體截然不同，今不曰政策而曰主義，其初不過欲使和其他二主義並列，湊成三民之數而已，又誰知因此用名之不當，致使共產黨人乘機而入，演成篡黨的慘禍呢？然則中山先生當初何不即用民權主義，或另創一其他整個的名詞，而必用此支離破碎的三民主義以來號召呢？我推想起來，大約也有兩個緣故。

第一，因當時同盟會走奔革命的人們，大多數不過為了狹義的種族觀念，至多對於民族主義可以了解，對於民權的精義不知者尚多，甚至有主張只要趕走滿洲人，便是張三王八來坐皇帝也是可以的，在這樣空氣之下，主張民權的人，為提醒大家對於民權主義的觀念，解除狹義的民族革命思想起見，因此不得不特意提出一個民權主義來和民族主義並立，這是當時遷就事實的一番苦心，我們應當原諒。

第二，當時的革命黨對於民權主義的需要已不了解，對於民生政策的需要更不了解了，中山先生是個頭腦比較新的人，對於當時的社會主義潮流稍微知道一些，不過在那時的人的智識程度，對於社會主義和社會政策之分別尚未能得清楚，況且當時德國有一派號稱國家社會主義（又稱議壇社會主義）的學者，雖打著社會主義之名，其實也就是講社會政策的。因此中山先生所主張的，雖然不過仍是社會政策之一種，而也就糊裡糊塗用上民生主義的名詞，以便和其他二主義作配。而且照實說起來，恐怕中山先生最初的心理，是否就以主張社會政策為滿足，抑或要進而為主張社會主義的預備也是很難說的，這是民生主義之所以列

於三民主義之一的原因。

　　三民主義之緣起既是如此，當然最初都是為遷就事實起見，其不合論理之處，我們應當為之原諒。不過因此卻為後來的三民主義信徒留下許多難題，卻是當初創始者所不及料的。我們常見外國人報紙上，常稱國民黨人為Nationalist（即國家主義者之意），國民黨人也居之不疑，孫中山先生也說「三民主義就是救國主義」，可見照本來三民主義的用意論，不過就是一種變相的國家主義。倘使國民黨老早就採用國家主義的名字，則名正言順，何等自然？乃不此之圖，偏欲另創一個不經見的名詞，以致名實混淆，讓不知我國內情的外國人看起來，真是有點眼花撩亂，不知其所以然。

　　因為你若說他不是國家主義罷，他的本身確又含有國家主義的氣味很重，若說他是國家主義，他們卻又口口聲聲反對國家主義，不肯公然承認這個名詞。因此結果無法正名，只得糊裡糊塗給他安上一個西名，叫做「Three Principle」。Three Principle者，正譯當作「三主義」，究竟這所謂「三主義」者，是三個什麼主義呢？為什麼一個黨的人，會信仰三個主義呢？這樣事實，就不是不通中國情形的外國人所能懂的了。原來中國人向來好用數目的字眼來撥弄花頭，從中國第一部古書《堯典》起，就有什麼「九族」、「五典」、「五教」、「五刑」、「七政」等花樣。以後什麼「九服」，什麼「四裔」，什麼「五行」，什麼「八卦」，什麼「三民」，什麼「五倫」等，鬧得「呀呀烏」，煞「像有介事」，其實不過幾個數目字在那裡作怪。

　　如今主義不用「一民」而用「三民」，也不過是數目字在那裡作怪罷了，讀者莫要以為這些話是有意輕薄三民主義，其實這種數目字作怪的事情，並不只是中國為然，「外夷之邦」也常有這種習慣，這乃是人類的通性，不過中國為特甚罷了。用數字來統攝事物，也自有整齊畫一的功效，不可一概抹殺。本來孫中山先生就是個傳統思想很重的人——雖然不失其為革命家——他常常自以王道聖功自期。試看在民族主義第一講裡，拿什麼「王道」和「霸道」，來區別「民族主義」與「國家主義」，真要令人看得要笑掉牙齒，國民黨人至今還夢想什麼世界大同，

援助弱小民族的空話，也是中了這股迂腐之氣。

所以他老先生死後，戴季陶要上以「道統直接孔子」的評話，中山因為有這一點中國士大夫的傳統思想，所以他的三民主義是用八股式的作法，一扇一扇作起來的，拿八股文章的眼光去看是盡善盡美，拿三段論法的眼光去看，就不能盡善盡美了。因為名詞先有這些毛病，所以內容無論怎樣精美，也禁不住他人拿來牽強附會，吳稚暉先生說：共產黨拿什麼左派右派等術語當法寶去牢籠人心，猶如古代專制帝王拿什麼忠孝等術語當法寶去牢籠人心一樣，都是騙人的把戲。這誠然是看穿事理之談，然而法寶的使用，並不始於共產黨，這就是吳先生雖知之，而不肯說穿的了。

三民主義的名詞，和三民主義的內容，這兩件事我們應當分別來看。雖然三民主義的名詞，是傳統思想下的名詞——尤其如民生主義的字樣之使用——但三民主義的內容，是否含有傳統意味？傳統與非傳統的意味孰多？這就不是單看名詞所能了解的，所以便有進而研究內容的必要。好在孫中山先生給我們留下一本書，這本書現在已成中國全體人民的聖典，這部聖典是否具有聖典的價值，他所代表的是些什麼東西？確是很值得我們注意和研究的。

二、評民族主義

三民主義的開篇民族主義第一講裡，更看得出中山先生意想中的三民主義，乃是民權主義為中心的。他說三民主義的意義，乃是要「促進中國之國際地位平等，政治地位平等，經濟地位平等」，這裡的所謂「平等」，便是我們前邊所說過的「權」。三民主義雖是三種並列，其實所要求的只是一件東西，只是一個平等的權利，因為中國人的國際地位不平等，所以要有民族主義。因為政治地位不平等，所以要有民權主義。因為經濟地位不平等，所以要有民生主義。中山因為把民權的意義弄得窄小了，所以對於經濟問題，要另列出一個民生主義，殊不知現代的經濟問題，並不是單純的經濟問題，乃是一個用政治來解決經濟問題，依然是政治問題之一種。

所謂政治者，除了經濟，民族，宗教，思想，法律等東西以外，還有什麼？民權主義若是不包括民族平等權和經濟平等權在內，試問民權主義還剩下多少有意義的東西。照中山的分劃講起來，結果民權主義就只是要求一種「方式」，要求一種可以達到人民意思的方式而已。方式而外，所有的實質是不問的，這種民權主義的意義便縮小許多，所包括不盡的東西，不得不另創「民族」、「民生」二名詞來列舉之。但是列舉是難以儘量的，民族主義也不過只說了民族權的一部分，民生主義也不過只說了經濟權的一部分，此外還有思想問題，信仰問題，兩性問題，……等等是列舉不盡的。於是就不得不糊亂塞在三民主義之下來隨意處置了，按之理論終是不適合的。

閒話少說，讓我們來就正文批評，中山先生劈頭解釋「三民主義就是救國主義」；又說：「民族主義即是國族主義」，這本是極自然、極平等的解釋，無足駭異，也無足特別注意。本來自海通以來，中國人民所作的政治運動，無論是新式的，舊式的，那一個不是為了救國家的危亡而起。前清末年，革命、立憲兩派，政治上的主張，雖然極端相反，但其共同的前提則一，兩派都是以救國為目的的。以今語釋之，兩派都可算是國家主義者，不過一為急進，一為緩進而已。同盟會的發起為的是救國，同盟會之改組為國民黨也為的是救國，國民黨以後之種種行動，也都為的是救國，國民黨終是一個國家主義的政黨，始終不含有國際主義的意味，所以中山先生說：三民主義即是救國主義，乃是極自然、極平常的解釋。

無奈自最近幾年以來，共產黨篡竊了國民黨以後，曲解三民主義，使之逐漸趨於國際主義的路上去，於是國民黨人一聞國家主義之名，竟至駭怪萬狀，竟忘記他們自身本也是國家主義下的一個政黨。他們不知道現今世界政黨的性質只有兩種，不屬於國家主義，即屬於國際主義；不屬於國際主義，即屬於國家主義。國民黨以其已往之歷史觀之，其純粹屬於國家主義系之政黨，乃是顯然的事實。中山是很明白這個歷史的經過的，所以他開宗明義便承認，三民主義是為救國而起的，現今世界有十分之九的政黨，都是屬於國家主義系的，國民黨之屬於國家主義系

並不足以奇怪，無論何黨以國家主義號召均不足奇怪，乃於不足奇怪之事竟奇怪之，真是中國人之特別無常識了。

國民黨人一聞三民主義也是國家主義之言，有的搖首咋舌，驚為破天荒的奇論，有的愁眉苦臉，認為醒獅派的造謠，其情實在可笑。即如清黨運動以後，還聽見什麼國民黨之最終使命，在世界革命等荒謬絕倫的笑談。國民黨人至今還引為自詡的，就是三民主義既是國家主義，又是世界主義，既能國民革命，又能世界革命，既要解放中國，又要解放世界，這種毫無常識的議論，竟能欺騙一般毫無常識的青年，其實仔細說破了，真是不值一笑。國家主義和國際主義好像兩隻船，各有各的形式，各有各的走樣。一個人不能左足踏了這隻船，右足又踏了那隻船；一個政黨不能左手贊成國家主義，右手又贊成國際主義，同在國家主義之下，因為國家的情形不同，政黨的要求也不同，有的專重外抗強權，有的專重內除國賊，有的專重民族問題，有的專重民生問題，有的各種問題都同時兼顧。同在國際主義之下，因為所要求的目的不同，政黨的目的也不同，有的注重經濟問題，有的注重文化問題，有的注重男女問題，有的注重宗教問題，也是各不相同。

國民黨所要求的是什麼呢？據中山先生講，他要求的只是「中國的國際地位平等，政治地位平等，經濟地位平等」，這三種要求都是就中國的特殊情形設想，都是國家主義下的要求，並不能推廣應用到世界上去。試問要求國際地位平等，則如英、美等強國，國際地位早已平等，民權問題也早已解決，民生問題雖然尚在爭論。然如國民黨所標舉的，不過是「平均地權，節制資本」幾句老生常談，就中國情形講，或可勉強適用，就世界講，又豈是一概可以推行的。況且即使國民黨的政策能夠推行於全世界，然若以中國國民黨為主動而推行之於其他民族，使其他民族服從中國國民黨主張，是先已違背了民族自決的原則。蘇俄是不講民族主義的，所以要以一民族來指揮他民族的運動，國民黨是講民族主義的，如何能越俎代庖來干涉他民族的內政呢？

以上是僅就理論而言，國民黨不應妄想加入世界革命的活動，再就事實而論，中國是否有干預世界政治的權力，國民黨辛勤三、四十年，

對於中國問題尚未解決一半，試問怎樣有力量去解決世界的問題？還要說什麼領導弱小民族的話，真是犯了誇大狂了。況且國民黨所希望的世界革命，是民族問題的世界革命呢？還是經濟問題的世界革命呢？若說是為弱小民族的解放，則須知現今世界的弱小和強大民族，並不曾截然劃分為兩大階級，弱中也有較強的，強中也有較弱的，弱者較更弱者則為強，強者較更強的則為弱。日本是強國之一，對於美國則為被壓迫者，波蘭並不算弱，然而有時要受德國壓迫。蘇俄援助中國以抗英，英國也援助喬治亞以抗俄，義大利壓迫南斯拉夫，南斯拉夫又壓迫匈加利，愛爾蘭人怨英國的壓迫，然而北愛爾蘭人又怨愛爾蘭人的壓迫。

這樣複雜凌亂的國際形式，要用和平形式去解決，則只有採用威爾遜的國際聯盟辦法，其效果是顯然很少的。要用革命的方法，則革命的對象和革命的主體先就難定，因為革命的主體，必須是一國利害彼此相同的人，革命的對象，也必是一致對於這主體的利害加以打擊的。現今國際的形式，則並無利害相同之民族，也無全體一致的敵人，故欲救民族的解放，只有依「民族自決」的原則，讓各民族自用國家主義去解決自己的問題，所謂弱小民族的聯合實在是一句空話，不是不願意，乃是不可能。倘若可能，則只有假的為野心強國所利用以打倒該國之強敵的，如俄國一面高歌援助弱小民族，一面卻摧殘喬治亞吞併蒙古一樣，這樣的援助弱小民族，豈是我們所希望的嗎？

所以就理論講，就事實講，國民黨都無成為國際主義的政黨的可能，所以孫中山先生所說的，三民主義即是救國主義的話，實在很平常，很正確，真正了解國民黨的精神的人，應該堂堂正正承認這句話。中山先生接著又說：「民族主義即是國族主義」，又說這句話「在中國是適當的，外國便不適當」，為什麼呢？「因為中國自秦漢以後，都是一個民族造成一個國家」，外國則「有一個國家之內有幾個民族的……所以在外國便不能說是民族即是國族」，但民族和國家是有一定界限的，……簡單的分別，民族是由於天然力造成的，國家是用武力造成的。……一個團體，由於王道自然力結合而成的，是民族；由於霸道人為力結合而成的，便是國家」。

中山這一段話，可以分作三節來看，第一，他說民族主義即是國族主義，第二，他說這話在中國可用，在外國則不可用，第三，他說民族與國家終有分別，一是自然，一是人為，一是王道，一是霸道。這話對不對，讓我們也分三節來看：第一先看民族主義是否即是國族主義呢？按國族主義一名詞很不普通，當係中山所自創，其意係指全部國家為範圍的民族。但是中山在這裡似乎並未將民族及民族主義的定義預先說明，中山所謂民族，即英文所謂Nation，民族主義即Nationalism。按Nation的意思，本指已有國家思想的民族而言，與單純的以血統區別的種族（Tribe）不同，譯為國族，雖不普通，似較妥當。中山對於此層未曾加以嚴格的解釋，故後來應用這個名詞，不免混亂。

照中山在下節中所說民族構成的五種自然力，一是血統，二是生活，三是語言，四是宗教，五是風俗習慣，則中山所謂民族主義，似乎只是要求這個具有這五種自然力構成的民族永遠保存，便已達到全部的目的。但我相信這樣解決，不是中山原來提倡民族主義的意思，更不是Nationalism的本來意思。因為倘若民族主義只是要求保存這個民族，而所要保存的民族又只是血統，生活，語言，宗教，風俗習慣等五種要素而已。然則如印度為英所滅，至今血統依舊，生活不變，語言，宗教，風俗也都照常保守，何以印度人還要唱民族主義呢？猶太人至今血統，生活，語言，宗教，風俗等也都未嘗改變，何以猶太人還不滿足呢？滿清入關以後，對於漢民族的種種自然力也毫未干涉，何以中山還要提倡民族主義呢？

即此可見，民族主義絕不僅以保存這種「王道的自然力構成的」狀況為滿足，還要進而以「霸道的人為的力量」，去促進民族的政治的統一和獨立，單純的自然團體只是種族，並不是民族。說到民族，就不能不聯想到國家的組織，民族主義乃是包括從單純的種族主義，進化到複雜的國家主義的一個普泛的名詞。不進化的民族主義即是種族主義，進化的民族主義即是國家主義或國族主義。換言之，不進化的民族主義，只是要保存這個天然力構成的民族而已，進化的民族主義，便更要進而以人為的力量，促進這種民族使成為政治的組織。

　　因為近代的民族，無一不要求有國家的組織，而且倘若無國家的組織，則民族之種種自然力，日久亦必被消磨而有亡種之憂，所以現今的民族主義，無一不是較進步的民族主義，即是以組織國家為目的的民族主義。中山所謂民族主義，本來也是這個意思，但因他解釋民族的要素單以自然力為說，而且把民族和國家下一個嚴格的區別，則似乎中山的意思，只是要保存這個自然力構成的民族，而並不需要這個民族發展成國家的形式。這樣一來，民族主義便變成簡單，不進化，不合理，而且與前面所說「三民主義即是救國主義」的話相矛盾了。由此看來，真正民族主義的進步的解釋，原可說即是國族主義和國家主義，不論中外，均是一樣的。

　　至於他說中國是一民族一國家，外國則有一國家數民族的，這話嚴格解釋起來，本也有兩種語病。第一，倘若以民族當作種族的意義講，則中國並不是一民族一國家，滿蒙回藏人數雖少，但不能不承認他們是一種民族。第二，倘若民族當作有共同政治團體意識的定義講，則如美國國內雖人種複雜，然終不失為一亞美利加化的大民族或國族，故所謂適當與否，不能以中外為區別。第三，他說民族是天然力結合而成的，王道的，國家是武力造成的，霸道的。這話又當分三層來看：第一，民族是否純粹由於自然的結合？第二，國家是否純粹由於武力的結合？第三，民族主義是否王道？國家主義是否霸道？

　　民族是否單純的自然的結合？中山所舉民族構成的五種要素，我們自然也都可承認，但是這話不能應用到「民族主義」。民族主義不是僅僅要保存這幾種自然的要素而已，他的目的還要促進自然化的民族，使成為人工的有組織的政治團體，所以說民族是自然構成的，是不錯的，但如說民族主義便只是維持這種自然情態的主義，就錯了。（按：此處所謂自然，係廣義的解釋，若嚴格言之，則如語言，宗教，生活，風俗等均係人為的力，非自然力也）。至於說國家是用武力造成的，這話便完全錯了，國家的造成和民族的造成一樣，種族，生活，語言，宗教，風俗習慣都是他的要素，他有比民族較進步的，便是政治的組織。至於武力是維持國家統治權的一個要素，而並非絕對重要的要素，因為在未

成形為國家的游牧民族中也要用武力，可見武力非國家獨具的性質。

因為在現代國家中，經濟和文化的結合都比武力為重要，故武力在國家要素中，並不占很重要的地位。中山先生的觀點，在誤認國家和民族是截然兩個團體，而且是兩個對抗的團體，殊不知民族和國家本即是一個東西，民族是未進步前的國家，國家是既進步後的民族。一種民族在最初部落時代，只有血統的區別，並無其他的聯絡要素，故互相分立，成為許多小的群，這只可以叫做種族。到後來人群意識逐漸發達，有共同的語言，共同的宗教，共同的風俗習慣生活，把許多孤立的小群聯合起來，這便成為民族。到後來又因環境的壓迫和內部的需要，漸漸發生一種政治上的組織，把民族用政治力統制起來，這便成為國家。從種族到民族，從民族到國家，都是慢慢逐漸變化來的，其間並無十分顯著的區劃，即如政治的組織和統制，在野蠻民族中也是有的，不過較簡單而已。

中山先生似乎只承認用武力征服其民族的國家為國家，其餘依自然發展而成的便不算國家，殊不知這種成吉思汗式的國家觀念在近代已經很少，而且這種武力的侵略，乃是國家既造成以後，因精力旺盛而向外排泄的一種發展，並不是造成那個國家的要素。即如中山所舉英國的例，英國國家的造成，並不是尤其用武力征服印度和香港，英國在未取印度和香港之先，他的國家已造成一千年了，試問英國國家的造成，是全靠武力嗎？若說國家的組織，其中總多少含有一點強制的性質，故中山命之曰武力造成，曰霸道，其實雖至簡單的野蠻部落，其中也不能缺少強制的性質，可見民族與國家同樣含有霸道的成分，但他方面也同樣含有王道的成分。中山先生的誤點，就在始終誤認民族與國家是兩個東西，殊不知國家原即是由單純的民族進化而成的，未進化以前謂之民族，既進化以後謂之國家。在現在吾人只有提倡已進化的國家主義，決無反而提倡復歸於自然狀態的民族主義之理，中山的民族主義也不是只要簡單而廢止國家的，但他同時卻要議評國家是霸道，這不過是為言論上的求勝，而未及細考的話罷了。

中山先生提倡民族主義的意思是要「結合四萬萬人成一個堅固的民族」，以挽救中國的亡國滅種之憂，這種熱誠是誰也佩服，誰也不會反

對的。但因為他標舉「民族」名義而不標舉「國家」名義之故，於是在
論理上便自生了矛盾，即是他一面提倡民族主義，一面又說滿、蒙、
藏、回等民族人數甚少，不必計算。其實若講澈底的民族主義，則雖某族
人少至幾百幾十人，也應當讓他們獨立的，不能以人少而遂抹殺其權利。
所以中山死後，不但共產黨人公然提倡蒙古歸俄，即其忠實信徒如戴季陶
氏，也主張民族主義者應該承認蒙、藏獨立。不錯，澈底的民族主義者，
當然應該作如此合於論理的主張，若充其論辯之極，應該承認我們不必要
什麼國家，只要返乎民族或種族部落的天然狀態，那就更理論一致了。

　　他們的大誤點，就在把民族當作國家成立的唯一要素，殊不知這種
民族本位的國家觀，已經是很落伍朽腐的見解了。現代的國家觀不是單
純的民族本位的，是民族和文化，經濟，及環境利害等共為本位的。如
美國境內民族極為複雜，但不失為一個完整的國家，如法國，如瑞士，
如比利時，亦皆然。國家之能否維持鞏固，全在其國民之自覺心如何。
每一個國民都自覺其為國家之一分子，與國家榮枯休戚共其命運，對於
其他同國人也一視同仁決無歧視，則此國家基礎必定穩固，雖使民族複
雜，也無妨礙。反之若一國之中，每人但自覺其為某一民族之一分子，
而忘記其為國家之國民，但注意民族之命運，而不注意國家之命運，則
其國家終必分裂。

　　因為在現在世界中非大國不能生存，故善謀本族之生存者，也必以
建設大國為目的，自己本族人口眾多可以建設大國，固然很好，否則也
必與利害相同的民族共同攜手來建國的。一般人徒見歐戰後大國之分裂
為小國的潮流，而不知同時小國合併為大國的空氣也很盛，大國之不能
以平等待遇團結諸民族的，其分裂乃自然之命運。但如能以平等觀對諸
民族一視同仁，進而以國家觀念統一各民族之思想，使逐漸拋棄狹隘的
民族思想，而建設共存共榮的國家思想，則於該國民之全體命運實在是
有利的，如美，如法，乃至如歐戰前統一聯邦之德，皆此例之著者。

　　中國境內的各民族，在文化和經濟生活上，固然尚未統一，但其實
此種差點，並非十分難以調和，以語言而論，漢民族中閩、粵方言與北
方語言其歧異之程度，並不減於蒙、藏與漢族之歧異。以宗教而論，中

國各民族除回族外，無不以佛教為中心。而各民族間宗教之不同，並不
能破壞國性之統一，如德，如瑞士，其宗教也都不統一，但其國性仍
然統一。中國人向來對於宗教，彼此很能容忍，並無如印度人之仇視態
度，故即使各民族宗教不同，也不能說必須分離，況同為佛教徒，不過
大、小宗之差別呢。再說經濟和社會生活，誠然各民族也不大相同，然
如漢民族中南北各省人，生活情形之差異，恐亦不下於滿、蒙、藏之差
異，何以前者可以為一國人，後者即必須分離呢？

　　由上觀之，消極方面，蒙、藏等民族必須脫離中國的強固的理由，
不外上舉之語言，宗教，經濟生活等三項，已均無成立分立理由之價
值。再就積極而論，則中國今日各民族之必能融洽為一，也有許多理
由。第一，中國現時並無民族間的仇怨，凡許多民族之不能強合為一
國，非僅因民族之不同，乃因此不同民族間，彼此有歷史上的仇恨，絕
對不能融洽，故非分離不可。中國境內各民族，除滿、漢兩族在清末曾
有仇恨外，至民國成立，此種仇恨即已解除，蓋滿族今日既無地盤，又
無固定之民族文化，故自始即已漢族融合為一。本來所謂漢族者，與
滿、蒙、回、藏等族根本就不同，他不是一個單純的原始民族，而是一
個許多原始民族混合而成的大複雜民族。

　　從前的廣東人，雲南人，乃至湖北人，江蘇人，也都算是異民族，
但到後來就都同化在漢民族之內，今日之滿洲族也已幾乎完全合併於漢
族了，其他蒙、藏、回等雖尚未同化，又安見其終於不能同化呢？已有
仇恨之滿族尚能同化，況於並無仇恨之蒙、藏、回等族呢？這是中國各
民族可以融合的第一個原因。第二，中華民族的傳統思想，對於種族的
偏見是很少的，中國向來夷夏之分只以文化論，而不以種族論，春秋之
義，夷狄進於中國，則中國之，中國退於夷狄，則夷狄之，秦楚吳越其
初皆夷狄，但後來皆被視作與中國人一樣。清末中山及其黨人竭力煽動
種族思想，雖有一部分收效，但終未普及此種觀念於全國。

　　清之亡是亡於其政治腐敗，並非亡於種族問題，故革命之後，提出
五族共和的問題，從無人加以反對，至今滿、漢兩族，相親相愛，毫無
芥蒂，絕不像歐洲人之褊狹態度。因為中國的傳統精神向來如此，所以

各民族人彼此毫無猜忌，當然不會發生必須分離的心思，這是中國各族可以融合的第二個原因。第三，中華各民族，現在正處於同一的利害關係上，中國今日，漢民族固然是在被列強壓迫的時代，滿、蒙、回、藏各族亦何莫不然。假使蒙、藏等族真有獨立的能力，真可以實行他們獨立的主權，則其發生獨立的意思尚屬可能，但以今日蒙、藏各族之人類，環境，根據地，文化程度等，均無可以獨立之能力，名為獨立，實在為英、俄造機會，此世人所共知。

漢族離了蒙、藏固然有許多危險，蒙、藏離了漢族，豈不是危險更大嗎？所以在利害上看來，中華各民族在此時更應該絕對合作，打破這個難關。各民族應該合作的原因很多，姑就以上三因觀之，已經很顛撲不破了。這些問題，若以國家主義者的眼光看之，則原毫無問題，若以民族主義者的眼光看之，則不但滿、蒙、回、藏有問題，即漢族內部又何嘗無問題。蓋民族主義者的眼光素狹，（現在國民黨人反說國家主義是狹隘的，而民族主義是廣義的，真是不通已極），他們眼中只認得一個民族，並不認得民族之上還有國家，猶如一個大家庭中，國家主義者認得是全家的利害，而民族主義者卻認得他本房本支的利害，因為這個出發點既然錯誤，所以後來不得不自相矛盾起來。

譬如中山先生一面講民族主義，一面又說滿、蒙、回、藏等人數甚少，可以與漢族合併，這就是自己打自己的嘴巴了。蓋因其自始提倡了狹隘的、陳舊的民族主義，所以結果不得不如此牽強。然民族主義是絕對行不通的，觀於首創民族主義，排滿興漢的孫中山，到革命告成後，也還不得不另倡五族共和之說。今棄了狹隘的、陳舊的民族主義，來投降於廣大的、進步的國家主義之下，就可見一種理想之能否行通，自有事實作證了。中山先生在當時很信任俄國，很替俄國鼓吹，這從他這個演講中也可以看得由來。本來當時中國人和蘇俄的交情還淺，他們的野心還未暴露，所以中山先生為其所欺，也還不失為「君子可欺以其方」，可以原諒。這幾年來，蘇俄對華的野心逐漸暴露，以致激起國民黨忠實黨員的憤怒和覺悟，而引起清黨運動，所以現在的蘇俄，並不是如中山先生想像的「抑強扶弱，主持公道」，不但我們知道，國民黨員

也都很知道，所以在此處也不必再來糾正中山先生演講的錯誤。

不過自清黨以後，有一部分迷戀骸骨的國民黨員，尚不肯拋棄世界革命和聯俄的口號。他們說，中國的共產黨該殺，但俄國政府和第三國際則仍應接近，並且中國國民革命是世界革命的一部分，第三國際是世界革命的大本營，所以我們仍應受他們的指揮。這種話頭，真是吃了迷魂藥，一輩子不肯翻身。其實你若追根究底問他，中國共產黨對國民黨種種要辣的篡黨手段是奉行著第三國際的命令，鮑羅庭是不是第三國際派他來的，那麼蓄謀篡奪國民黨的主犯，又豈是區區中國的共產黨麼？至於國民革命和世界革命之不同，則前面已經講過，此處可不必再駁了。

中山對於蘇俄的敘述，還有一個自相矛盾之點，這就是後來國民黨人，所以弄不清楚國民革命和世界革命的區別的先天之毒。中山先生似乎不知道民族革命和階級革命之不同，他心目中的蘇俄，一會兒是無產階級的護符，一會兒又是弱小民族的天使；一會兒以種族為前提，一會兒又以階級為前提。他一面說「自俄國新變動發生之後，國際間大戰是免不了的，但這種戰爭是起於同種間的，白種與白種戰，黃種與黃種戰」。一面又說「俄國幸而有斯拉夫人的精神，故終能打破列強」，「俄國為什麼受世界列強的攻擊，因為他敢說了一句話，他說世界上有兩種人，一種是十二萬萬五千萬人，一種是二萬萬五千萬人，這十二萬萬五千萬人，是受那二萬萬五千萬人的壓迫」。他一面則又說「以後戰爭是強權和公理的戰爭」，「將來白人主張公理的，和黃人主張公理的，一定聯合起來，白人主張強權的，和黃人主張強權的，也一定聯合起來」。

照中山先生上面這一些話看起來，則似乎將來世界上戰鬥的團體，應該是有以下的三種性質：一、無產階級對有產階級的鬥爭，二、弱小民族對強大民族的鬥爭，三、主張公理的與主張強權的鬥爭。這三種鬥爭的主體者，原是各不相同，第一種是以財產為區別，第二種是以民族為區別，第三種則是以理想為區別。譬如在第一種鬥爭之中，無論你是何種民族，抱何種理想，只要屬於無產階級，便應當聯合為一條戰線，向有產階級進攻。若在第二種的鬥爭之中，則雖係資本家亦可與勞工攜手，而反抗異族之侵略，第三種則又是純以懷抱此理想與否為判別，更

不論你屬於何階級與何民族了。

　　中山先生對於此三種鬥爭之區別，似乎不曾注意，所以他口中的蘇俄，一會兒是無產階級的護符，一會兒又是弱小民族的護符；一會兒又是公正理想的護符，竟似孫行者有七十二變化一樣，殊不知一個人斷不能肩負這三種使命。蘇俄倘若顧了階級的利益，就不會再顧到了弱小民族的利益，因為弱小民族中也有資本家，也有非無產階級的人，主張階級鬥爭的蘇俄，對於這些異階級的人，斷不會加以擁護。所以階級革命與民族革命倘若扯到一處，則必彼此矛盾抵觸而發生混亂。試以圖表表示如下：

A

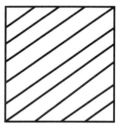

A圖用左斜線代表弱小民族。

B

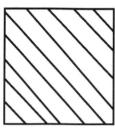

B圖用右斜線代表無產階級。

C

C圖表示純粹民族間之鬥爭，其鬥爭之分野極為鮮明。

D

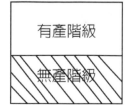

D圖表示純粹階級之鬥爭，其鬥爭之分野亦極為鮮明。

E

adf

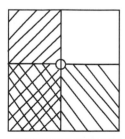

E圖表示民族與階級混合之鬥爭，其中b、c、d、e一部分之人民，既是弱小民族，又為無產階級，故甚易處。d、o、g、f一部分之人民，既屬強大民族，又為有產階級，也容易樹立他們的陣線。惟a、b、d、o及d、o、f、g兩部分之人，則必迷惑混亂，不知其該屬於那一方面。

　　國民黨這次革命的失敗，未始不是受民族革命與階級革命牽扯不清之賜，而至今一部分國民黨人，猶誤信國民革命是世界革命（實即階級革命）之一部分的，真正可笑亦復可嘆！在這兩講裡，中山先生還有兩段人所未道，而卻是極有道理的話，我如今把他提出來，闡揚闡揚。第一，是他論人口問題的話，近來稍有智識略知歐化的人，都主張中國人口太多，無法解決經濟的困難，所以都提倡節育主義，和類似此類的學說。我們以前都是迷信這種妄說的，近來一想，真是錯了。

　　中山先生對此問題，他有很明確的意見，他是主張中國人口還要加多，不應該提倡減少的。他說：「我們中國人口在已往一百年，沒有加多，以後一百年，若沒有振作之法，當然難得加多。環看地球上，那美國增多十倍；俄國增多四倍，英國、日本增多三倍，德國增多兩倍半，至少的法國還有四分之一增多。若他們逐日的增多，我們卻仍然故我，甚或減少，……那麼我們民族被他們人口增加的壓迫，不久亦要滅亡。」中國人口增加的速度，照歐美各國的例子比較起來，實在並不算多。現在大家所感的吃飯問題的困難，實在是由於職業太少，並不是由於人口太多。

　　中國的北部、西北部、西部，都有許多大塊人煙稀少富源無窮的荒地，比本部十八省要大兩倍，中國人口和面積平均起來，每方哩不過占到十三人，中國的人口實在不算多。我們現在國民的生計困難，是由於兩個原因，一個是生產事業的不發達，一個是列強的經濟侵略太利害。假如中國國家統一以後，能彀一面開發實業，一面抵制外國的經濟侵略，則國內待辦之事極多，將見家家門口，都要學日本樣子貼著「小僧入用」的招牌，彼時不患人多，只患人少矣。況且西北如中央亞細亞，東南如南洋群島，都非待我們中國人起來去開發不可，到那時更需要多的人了，所以中山先生這一段話，確是很有遠見的。

　　第二，中山先生的論舊道德中的「忠」字一段，也確有特殊的見解。他說：「現在一般人民的思想，以為到了民國，便可不講忠字，以為從前講忠字，是對於君的，所謂忠君，現在國民沒有君主，忠字便可以不用。所以便把他拆去，這種理論，實在是誤解。因為在國家之內，

君主可以不要，忠字是不能不要的。如果說忠字可以不要，試問我們有沒有國呢？我們的忠字，可不可用之於國呢？我們到現在是忠於君固然是不可以，說忠於民是可以不可以，忠於事又是可以不可以？我們做一件事總要始終不渝，做到成功，如果做不成功，就是把性命去犧牲，亦所不惜，這便是忠，所以古人講忠字，推到極點便是一死，古時所講的忠，是忠於皇帝。現在沒有皇帝，便不講忠字，以為什麼事都可以做出來，那便是大錯……」。

中山這一段話，很有道理，講到中國的舊道德中，不適用或者反有害於今日的固然很多，如同「孝」的過度提倡，便成了今日中國人只知有家族，有親戚，而不知有國家的現象。「大同」、「和平」、「仁愛」、「虛無」等思想的過度提倡，便成了今日青年的無政府主義毒的幻想生活，這都是舊道德之不但無益而且有害的。但是「忠」字的提倡，在今日卻是不但無害，而且非常之有用的。「忠」雖是中國民族最古的道德觀念，但到近世紀來，真是已喪失無餘，即在帝制時代，真正能效忠於皇室的有幾人？清亡之後，一般人固然隨風轉舵，即所謂遺老也者，也不過是假「忠」的名義，去吃皇帝吃十方而已，又何嘗有一絲毫的忠的觀念。看我們世界的國家，凡強盛者，多因其國民有犧牲決心，有責任觀念，反之如國民只知個人主義，只知享樂主義者，其國家必覆亡。忠字的本來解釋，本即康德之所謂「義務命令」，患不必是忠於任何人，只是自己對自己所做的事情負責任，這樣道德是在衰老的國家，如中國所應當極端提倡的，中山先生注意了這一點，也算它的特識。

在第五、六講，中山先生有一段話，我們覺著不敢贊同的，便是他對於家族主義的態度。中山先生似乎以為中國的家族制度是應該保存的，他對於國家的發展並沒有阻礙，並且很有大的幫助。中山先生理想中的中國，是要用家族主義做基礎而築成的。他說：「外國人常說中國人是一片散沙，中國人對於國家觀念，本是一片散沙，本沒有民族團體，但是除了民族團體之外，有沒有別的團體呢？我從前說過了，中國有很堅固的家族和宗族團體，中國人對於家族和宗族的觀念是很深的。譬如中國人在路上遇見了，交談之後，請問貴姓大名，只要彼此知道是

同宗，便非常之親熱，便認為同姓的伯叔兄弟，由這種好觀念推廣出來，便可由宗族主義擴充到國族主義」。

「我們失去了民族主義，要想恢復起來，便要有團體，要有很大的團體。我們要結成大團體，便先要有小基礎，彼此聯合起來，才容易做成功。我們中國可以利用的小基礎，就是宗族團體，此外還有家族基礎」。「所以說國民和國家結構的關係，外國不如中國。因為中國個人之外注重家族，有了甚麼事，便要問家長，這種組織，有的說是好，有的說是不好，依我看起來，中國國民和國家結構的關係，先有家族，再推到宗族，再然後才是國族。這種組織一級一級的放大，有條不紊，大家結構的關係，當中是很實在的。如果用宗族為單位，改良當中的組織，再聯合成國族，比較外國用個人為單位，當然容易聯絡得多」。

「如果用宗族作單位，中國人的姓，普通都說是百家姓，不過經過年代太久，每姓中的祖宗，或者有不同，由此所成的宗族，或者不止一百族，但是最多不過四百族，各族中總帶有關係。譬如各姓修家譜，當由祖宗幾十代推到幾百代，追求到幾千年以前，先祖的姓氏，多半是由於別姓改成的，考求最古的姓是很少的。像這樣宗族中窮源極流的舊習慣，在中國有了幾千年，牢不可破，在外國人看起來，或者以為沒有用處，但若敬宗尊族的觀念，入了中國人的腦有了幾千年，國亡他可以不管」，以為人人做皇帝，他總是一樣的納糧，若說到滅族，他就怕祖宗血食斷絕，不由得不拼命奮鬥。

閩、粵向多各姓械鬥的事，起因為是這一姓對於那一姓，名分上或私人上小有凌辱侵佔，便不惜犧牲無數金錢生命，求為姓中吐氣，事雖野蠻，義至可取。若是給他知道了外國目前的種種壓迫，民族不久即亡，民族亡了，家族無從存在……那麼一方可以化各宗族之爭，而為對外族之爭，國內野蠻的各姓械鬥可以消滅；二來他怕滅族，結合容易而且堅固，可以成就極有力量的國族。「用宗族的小基礎，來做擴充國族的工夫，譬如中國現有四百族，好像對於四百人做工夫一樣，在每一姓中，用其原來宗族的組織，拿同宗的名義，先從一鄉一縣聯絡起，再擴充到一省一國，各姓便可以成一個很大的團體。

　　譬如姓陳的人，因其原有組織，在一鄉一縣一省專向姓陳的人去聯絡，我想不過兩、三年，姓陳的人便有很大的團體。到了各姓有很大的團體之後，再由有關係的各姓，互相聯絡起來，成許多極大的團體，更令各姓的團體，都知道大禍臨頭，死期將至，都結合起來，便可以成一個更極大的中華民國的國族團體。」「我以為歐美的國家，近來很進步，但說到他們的新文化，還不如我們政治哲學的完全。中國有一段最有系統的政治哲學，在外國的大政治家還沒有見到，還沒有說到那樣清楚的。就是大學中所說的格物致知誠意正心修身齊家治國平天下那一段的話」。

　　以上所引的幾大段話，我們覺著很有討論的必要，本來中國的家族制度和宗族制度，也並非完全有害於國家發展的東西，對於保全文化，陶鑄個性，制止過度的個人主義之發展，養成為他人犧牲和愛護團體的道德，都是很有利益的。不過他們的害處卻也不少，因為這種家族主義（宗族主義並未發展，見後）的過度發展，結果人民受家族的牽累，對於個人的天才創造，既受壓迫，對於國家的義務責任，也受牽制。一個人一生的精力都用在維持家族的生活，和發揚祖宗的榮光上，稍微在政治或社會上有了較好的位置，就有一大堆親戚本家來群堆起去吃他。這個人若不照顧他這些親戚本家，就不免得罪了家族，若是盡情去照顧自己的親戚，就不免要拿國家和社會的地位權利去做送禮品了。

　　此外，家族主義之下還有許多傳統的禮教思想，對於個人的活動是非常束縛的，國民性的萎弱，未始不由於此。中國人因為「孝」觀念太發達，所以「忠」的觀念就因之受損，現在倘若想來國民愛國心之發達，則此種愛家心不能不求其稍稍減損，所以欲以提倡家族制度為發展愛國心之媒介，就未免南轅北轍。而且照中國現在的情形看來，家族制度已不能十分束縛人心，宗族制度更是沒有力量，大約除了閩、粵等地這種大宗族還可號召一部分人以外，長江及黃河兩流域雖有世家大族，但家長的威權已經很微小，除了為一族名譽的首領以外，簡直沒有一些權力可以干涉及個人的本身。

　　同族的每個人，血統距離遠的，簡直和路人差不多，除了年時祭祖

大家或者見一見面外，簡直彼此毫無關係。倘若這一大族的經濟事業是共同的，尚可維繫一部分的團結，否則彼此更無一點聯絡。至於家族的關係，當然比較宗族關係親密得多，但這也只能限於直系家族之內，稍微遠些的，便沒有什麼多大感情。故家族制度在中國社會組織上，雖然重要，但欲合家族而成一真正有力量的宗族，則卻是困難。至於若如中山所希望的，合全國同姓的人，組織更大的團體，更是夢話了。蓋家族制度之所以鞏固，因為他除了血統關係以外，尚有共同的經濟生活，以及共同的環境作為基礎，若在宗族制度，則除了血統的關係以外，其他關係便已很淡，故不能成為有力的團體。至於全國同姓的人，不但經濟和居住毫無關係，即論血統也全不相干。如此欲求以區區姓氏的關係，來團結這些毫不相干的人，那裡能有力呢？

　　蓋中山先生對中國社會情形本不熟悉，他只見到閩、粵等處的宗族制度尚存在，遂以為全國各地皆係如此，因此演出以宗族團結國族的理想，其與事實根本並不相符的。依我們看來，倒是中山先生所講的第二種基礎，還有把握些，這便是他所講的「家鄉基礎」。中山說：「我們中國可以利用的小基礎，……還有家鄉基礎，中國人的家鄉觀念也是很深的，如果是同省同縣同鄉村的人，總是特別容易聯絡。」不錯！家鄉觀念確是很有力的，可惜中山對此點並未發揮。依我們看，家鄉觀念比宗族觀念是容易團結人的，因為第一，家鄉是有地域的限制的，這種自然的環境，最足以團結人類的情感，不比全國同姓的人，範圍廣大，不容易結合。

　　第二，小的宗族團體，自然比同鄉的關係還親密，但這種團體因有天然的限制，決難擴大，如中山所理想的全國同姓人的結合的話，是決無實現的可能的；若地方基礎，則由鄉而縣，由縣而省，由省而國，是很自然容易團結的。第三，宗族僅有血統關係，其團結人心不能十分堅固，家鄉基礎則有經濟的，文化的，歷史的，自然環境的種種共同的關係，關係既然複雜，團結當然鞏固。故我們謂，與其拿宗族觀念作基礎來建設中國，不如以地方觀念作基礎較為有力也。國民黨到今日仍未實行聯絡宗族的事體，可見這個計畫是不能實行的。

最後，中山講中國今日應當一面恢復我們固有的道德智識與能力，一面仍應學歐美之所長，這話自然是很平允的，無人可以反對，所爭者在國粹與歐化之性質與分量難定耳。中山又講「我們學外國，是要迎頭趕上去，不要向後跟著他。」這話應用在物質建設上是很對的，若應用在政治和經濟制度上，就不免須為有條件的承認了。因為物質事業是以人治物，物在人外，故物質之變更，盡可與用他的人的程度無關，政治和社會事業是以人治人，人的程度也是環境變更的一條件，不可以全不顧慮的。

中山對於民族主義雖只講了六講，但對於怎樣挽救中國民族的頹亡，似乎並沒有什麼具體的詳細方法拿出來。他只在第五講後，即輕描淡寫的舉了兩個方法，第一是積極的，就是振起民族精神，求民權民生之解決，以與外國奮鬥；第二是消極的，就是不合作，使外國的帝國主義減少作用，以維持民族的地位免致滅亡。我們所希望於中山先生的，是一種具體計畫的指導，不料中山先生也同我們普通人一樣，只說幾句大帽子的話便算完了，怎能不令人對於民族主義失望呢？

統觀民族主義六講之中，中山先生的大錯處有三點：第一，他錯認民族主義比國家主義廣，其實民族主義只抱定了一個血統關係，而國家主義則於單純的血統關係之外，還承認有文化，經濟，共同利害地關係，故國家主義，範圍廣，而民族主義，則範圍狹，中山的話恰是顛倒。第二，他誤認民族為立國之惟一要素，中山並不是不要國家，不過他誤信只有以民族為基礎的才算國家，殊不知這種單純的以民族作立國要素的國家觀念，乃是未進化以前的國家主義。近代國家的觀念，已經不是單純的民族觀念所能維持的了，中山還抱定這個不進化的主張來諄諄教人，未免思想落後。第三，他對於民族主義和國家主義，究竟是一件東西，還是兩件東西，始終沒有弄清楚。照中山對民族和國家的理論充分演繹起來，他應該是主張只要保全民族，不要保全國家。但是中山又是富於愛國觀念的人，他絕不肯忘掉了他的祖國，因此他的言論隨時要發現這種矛盾，一面他一定要維持他的錯誤的，狹義的，不進化的民族主義的可笑學說；一面他又不能忍心昧理講出不要國家的話。因此他

的民族主義便成了矛盾的，模糊的，意義肯定的主義了。後來的承繼者，不善應用他的好的方面，單憑虛矯之氣，將三民主義變成腐舊的宗教，對於理論的充足與否，自然無人加以注意，因此三民主義也就終古成為似主義非主義，似矛盾非矛盾的一種理論上的遊戲了。

中山在民族主義第二講裡，專講帝國主義到中國的經濟侵略，其中除一兩處稍有不妥的地方外（如謂外國的紙幣能銷行於中國，是全靠信用之類），大體上自然是很對的，而且很痛切的。不過像這些所講的，都由於國家沒有主權之過，並不是由於民族的血統，生活，語言，宗教和風俗習慣；和未被侵略以前有什麼不同。單講民族主義，不過是想保存這些血統，生活，語言，宗教，風俗習慣等，使之長久維持下去而已。然而帝國主義的侵略，卻並不與這些民族的要素相衝突，有些帝國主義者，還想利用保存這些國粹的手段，特地施行他的經濟侵略。可見單純的民族主義，絕不足以抵抗經濟侵略，只有使民族進化成有組織的國家，利用政府的力量，維持自己國家的主權，方可以抵制外國的經濟勢力，保護自己的國民生計，那就非提倡國家主義不可。孫先生未始不知此義，他也並不曾說過不要國家組織的話，不過單提倡民族主義，不提倡國家主義，單提倡保存種族，不提倡保存國權，就不免有流弊發生出來罷了。

民族主義第三講裡，中山先生說中國人的病根是好講世界主義，這句話真是中肯之談。中國人的傳統思想受老、莊之毒最深，老、莊派所標榜兩個東西，一個是「虛無」，一個是「和平」。這兩種寶貝結晶，成中國數千年來懶惰的民族生活。只因謂中國人是太好和平，所以每遇到歷史上有一位稍有作為的政治家出現，則一般傳統思想的維持者必起大攻擊之，如王荊公之不容於元祐黨人者是。到了現在，大家雖然講歐化，講維新，其實骨子裡還是那一套舊東西。和平主義和世界主義本是東方的靜的文明的特色，中國人吃了這個虧已經幾千年，還不肯改絃易轍，明明生在這種弱肉強食，帝國主義橫行的時代，愛好和平懶惰無聊的中國人，卻要閉著眼睛瞎說什麼世界主義，結果弄得全國人民，都變成畏縮不堪的弱種。

　　從前學校裡，尚有裝模作樣的兵式操，現在則連這一點告朔之餼羊也都被新式的子貢一揮而出，我們在幾年之前就憂慮反動思想之到來，到今日果然實現了。今日之所謂國際主義，世界主義，共產主義，無政府主義，其實一言而蔽之，都是一塌糊塗的反動主義，傳統主義，不過掛著洋招牌，容易動人罷了。又誰知中國國家和民族的命運，就都斷送在這種傳統的反動思想之下呢？中山先生還有一段話，可以拿來使左派國民黨人反省的，他說：「如是中國人入英國籍或美國籍，幫助英國或美國來打破中國，便說我們是服從世界主義，試問我們自己良心是安不安呢」。「近來講新文化的學生，也提倡世界主義，以為民族主義不合世界潮流，這個論調，如果是發自英國、美國，或發自我們的祖宗，那是很適當的，但是發自現在的中國人，這就不適當了」。

　　中山先生這些話，真是一字一淚，垂涕泣而道之，假使我們套他老先生的話，來對自命左派的親俄國民黨員來講道：

> 如果中國人入了俄國籍，幫助俄國來打破中國，便說我們是服從世界主義或國際主義，試問我們的良心是安不安呢？

　　左派先生們又將何以答之。但是最奇怪的是，中山先生雖然這樣反對世界主義，高倡民族主義，而他自己卻始終迷信了一個蘇俄，他心目中的蘇俄也是主張民族主義反對世界主義的，這真是千古之笑談了。他說：

> 蘇俄為甚麼受世界列強的攻擊呢？因為他敢說了一句話：「他說世界上有兩種人，一種是十二萬萬五千萬人，一種是二萬萬五千萬人，這十二萬萬五千萬人，是受那二萬萬五千萬人的壓迫，那些壓迫人的人，是逆天行道，不是順天行道，我們去抵抗強權，才是順天行道。我們要能夠抵抗強權，號召我們四萬萬人和十二萬萬五千萬人聯合起來，我們要能夠聯合十二萬萬五千萬人，就要提倡民族主義，自己先聯合起來，推己及人，再把各弱小民族都聯合起來，共同去打破二萬萬五千萬人，共同用公理去打破強權……」。

266 ▍被遺忘的學者：常燕生教育政治論文集

　　中山先生引這一段俄國人和他自己附加的話，不知是什麼意思。依我們看來，俄國人不知道真講過這些話沒有，假使真講過這些話，他的意思也絕不是像中山先生所解釋的。俄國人的心目中，他只認得階級的區分，他絕不認得什麼民族不民族，他說有十二萬萬五千萬被壓迫的人，仍是指的無產階級，與被壓迫民族並不相干，俄國人對於自己同族同國的白黨，尚且不惜用最殘忍酷辣的手段去對付，他心目中那裡還有什麼民族的觀念。中山先生卻要強拉階級主義的蘇俄作民族主義的護法，真是對強盜講孝經，未免太忠厚了。嗚呼！國民黨後來之吃虧，豈不由忠厚太過之故歟！

　　中山在以前的三講中，雖然有些地方是不妥的，大體上倒還將就得過去，到了第四講中，他老先生幼稚武斷，無常識，卻都完全就暴露出來。我說中山幼稚無常識，許多崇拜中山如神聖的人，一定大不高興，其實這句話本無絕對汙辱的意義。說一個人幼稚，本有好壞兩方面，壞的方面自然有點不敬的意思，好的方面則證明此人尚有赤子之心，中山先生這種赤子之心是隨時都表現的。從前他主張什麼幾年之內造成二十萬里大鐵路，什麼不兌換紙幣，聽的人都覺得太無常識，有點誇大狂，所以大家送他一個綽號叫做「大砲」，其實不知這正是先生赤子之心的表現，正是先生之所以偉大之處。

　　在這民族主義第四講裡，我們雖不客氣地指出誤謬之點，但盼望大家還是以偉大的眼光去看他。中山先生在民族主義第四講中，開頭就自己打了自己的嘴巴。照他說：「歐洲白種民族，不過是四萬萬人分開成四個大民族，由這四個大民族建立了許多國家，原因是白種人的民族主義很發達」。這話真是可笑，如果白種人是講民族主義，則這四個大民族正應該變成四個大國家，才是順理成章的事，為什麼四個大民族不變成四個大國家，卻要變成許多小國家，就可見白種人的民族主義並不發達，而發達的卻是國家主義。

　　國家的成立，是由於歷史及其他環境的原因居多，民族並不占十分重要的地位。歐戰前歐洲人不講國家主義而講民族主義的只有兩個國，一個是俄國的大斯拉夫主義，一個是德國的大日耳曼主義，這兩個都是

有野心想侵略別人的。照這件例子看來，民族主義反是霸道，而國家主義則是王道。但我們不願意如此附會下去，因為俄、德雖曾藉民族主義之名以實行其侵略，但究竟非民族主義本身之過，猶之乎國家主義縱使有時為人所利用，也非國家主義本身之過。中山先生因為不肯如此設想，因為想替民族主義自圓其說，所以鬧出許多笑話。他老先生硬說美國的加入歐戰，是為的顧全撒克遜民族的生存，真是有點閉眼瞎說。美國的加入歐戰，直接是因為抗議德國的潛艇政策，間接是發展美國的勢力，保護美國的在歐投資，和威爾遜總統想實行他個人的抱負，與撒克遜民族有什麼相干？美國若肯願全撒克遜民族的全體利益，後來三國海軍會議也不至於決裂了，英、美也不至發生惡感了。

中山先生還有一個笑話，就是將帝國主義誤解作政治侵略的意思，照他說：「甚麼是帝國主義，就是用政治力去侵略別國的主義，即中國所謂勤遠略，這種侵略政策，現在名為帝國主義」。現在三歲小兒都知道，帝國主義是一種經濟侵略，並不一定要拿武力去征服別人，與中國舊日帝王的好大喜功武勤遠略，全不相同。中山先生偏說他是勤遠略，可見中山先生於帝國主義一名詞並未真正了解，後來國民黨人跟者中山高喊「打倒帝國主義」，不知他們心目中要打倒的是那一種帝國主義？

中山先生始終迷信俄國人是人類的救主，這個迷信雖然可憐，但當時蘇俄的假面具尚未脫下，中山先生忠厚待人，尚不失為「君子可欺以其方」，我們對於這一點，應當替他原諒。不過他老先生始終認為俄國人為民族主義者，卻不能不說，咄咄怪事，照他說「為什麼協商國要出兵去打俄國呢？因為俄國人民發了新覺悟，知道平日所受的痛苦，完全是由於帝國主義，現在要解除痛苦，故不得不除去帝國主義，主張民族自決。各國反對這項主張，所以便共同出兵去打他。俄國的主張和威爾遜的主張，是不約而同的……」、「但是俄國革命成功，他們二萬萬五千萬人，脫離了白種，不贊成白人的侵略行為，現在正想加入亞洲的弱小民族，去反抗強暴的民族，那麼強暴民族，只剩得兩萬萬五千萬人，還是想用野蠻手段，拿武力去征服十二萬萬五千萬人，故此後世界人類，要分為兩方面去決鬥，一方面是十二萬萬五千萬人，一方面是二萬

萬五千萬人……列寧不但說出這種話，並且還提倡被壓迫的民族去自
決，為世界上被壓迫的人打不平……」、「我從前總勸世界人要跟上我
們中國人，現在俄國斯拉夫民族也是主張和平的，這就是斯拉夫人已經
跟上了我們中國人」。

　　照中山先生以上的話看來，列寧簡直變成中山主義的信徒了，這些
一廂情願的話，不但我們讀者不信，即質之蘇俄黨徒，又何常肯承認。
列寧黨人不是公然說，以中山比列寧，則中山有慚色麼？階級主義的蘇
俄，硬要拉他來作民族主義的護法，已很可笑，至於說蘇俄是跟著中國
人主張和平，更是哄小孩子的話。養著八十萬紅軍的國家，還是主張和
平正義，無怪乎中國的大小軍閥，也來紛紛標榜和平了。

　　中山先生還有一段雖然不關重要，卻是未免幼稚的說話，這段話是
講他對於一個英國領事辦外交的事，據他說，他對英國領事說：「我反
對中國參加出兵，還有一層最大的理由，是我很不願意中國也變成你們
一樣不講公理的強國，如果依你的主張，中國加入協約國，你們便可以
派軍官到中國來練兵，用你們有經驗的軍官，又補充極精良的武器，
在六個月之內，一定可以練成三五十萬精兵，運到歐洲去作戰，打敗德
國，到了那個時候，便不好了……」，他老先生這一段愛好和平，而不
情願看見中國的富國強兵，這些話，是否出於本誠，抑或是外交上的詞
令，姑且不論，單說六個月之內便可以練成三五十萬精兵，真是幼稚之
談了。和他從前主張什麼幾年之內建築二十萬里大鐵路，什麼不兌換紙
幣可以推行於中國，都是一樣的大砲病發作。

　　夠了，夠了，我這樣吹毛求疵地找尋中山先生的毛病，忠實的中山
先生信徒看了，一定大不高興，或者在可能的時候，要治我一個反革命
的罪也未可知。不過我要預先聲明的，我並不是個專和中山過不去的
人，周作人先生說，偉人像一個大樹，要找尋他的小毛病是很多的，不
過我們不必專去找他的小毛病罷了。我想中山先生是一個人，並不是什
樣天上的神靈，他的話有時也難免有錯誤之處，自從他的孝子順孫把他
拿來當偶像當教主看待，明明一個平民革命家，偏要拿來擱在太祖高皇
帝的位置上，批評者謂之大不敬，反抗者謂之反革命，墳墓號曰陵寢，

移柩命曰奉安，大家天天昧了良心站在總理遺囑之前，作祈禱禮拜式的自欺欺人舉動，還要假借他老先生的名目去箝制言論，屠殺異己，實行一黨專制。中山先生的臉真被他們這一班孝子順孫都丟盡了，這種情形不但我們愛好自由的平常人所不能忍受，恐怕中山有知，自未必甘以教主自居如此罷。

我聽說中山在日，有個故事，不知是確實否，據說當他老先生要重婚宋慶齡的時候，許多的重要黨員都來勸阻，說這件事有損先生的令望，千萬做不得的。但他老先生卻回答得妙，他說：「你們大家都希望我做一個完全無缺的『神』，但我卻是一個『人』，一個平凡無奇的『人』，我也要求有室家夫婦之好，我也要求有情愛的慰藉，我不能棄去了本來的人的生活，去做那理想中的神的生活」。這些話表示出老先生是何等偉大的人格來？這才是我們所希望的偉人，而不是他的孝子順孫們所希望的偉人。然則假如老先生此時有知，對於我們真不客氣地，把他當人般看待，去吹毛求疵的批評，或者要比對於他的孝子順孫們，把他當偶像、當奇貨的無聊崇拜法，還要高興的多罷。

在民族主義第四講裡，中山先生也有好多名言，讓我不加批評地恭錄在後面，以見我們並不是只曉得吹毛求疵。「強盛的國家和有力量的民族，已經雄佔全球，無論甚麼國家和甚麼民族的利益，都被他們壟斷，他們想永遠維持這種壟斷的地位，再不准弱小民族復興，所以天天鼓吹世界主義，謂民族主義的範圍太狹隘，其實他們主張的世界主義，就是變相的世界主義，和侵略主義」、「列強因為恐怕我們有了這種思想，所以便生出一種似是而非的道理，主張世界主義來煽惑我們，說世界的文明要進步，人類的眼光要遠大，民族主義過於狹隘，太不適宜，所以應該提倡世界主義，近日中國的新青年，主張新文化，反對民族主義，就是被這種道理所誘惑，但是這種道理，不是受屈民族所應該講的。我們受屈民族，必先要把我們民族自由平等的地位恢復起來之後，才配得來講世界主義」、「我們要學歐洲，是要學中國沒有的東西」、「中國人所最沒有的是國家的思想，武士道的精神，讓我們從這裡去學歐洲人，至於那些和平，禮讓，世界大同等思想，中國人的確太多了，

用不著再學去，還是拿來奉送給歐洲人作交換品罷。」

　　中山先生在第五、六兩講中，除了談家族主義一段略有討論之餘地外，其餘大體都很好，並且有許多沉痛的言論，我現在將他抄錄在後面：「中國從前因為不知要亡國，所以國家便亡，如果預先知道，或者不至於亡」、「所謂無敵國外患，是自己心理上覺得沒有外患，自以為很安全，是世界中最偉大的國家，外人不敢來侵犯，可以不必講國防，所以一遇有外患，便至亡國」、「運用政治力去亡人的國家，有兩種手段，一是兵力，一是外交」、「專就軍事上的壓迫說，世界尚無論那一個強國，都可以亡中國」、「中國有些痴心妄想的人，以為列強對於中國的權利，彼此之間，總是要妒忌的，列強在中國的勢力，總是平均，不能統一的，長此以往，中國不必靠自己去抵抗，便不至亡國。像這樣專靠別人，不靠自己，豈不是望天打卦嗎？望天打卦是靠不住的，這痴心妄想是終不得了的」。

　　「兵力是槍炮，他們用槍炮來，我們還知道要抵抗，如果用外交，只要一張紙和一枝筆，用一張紙和一枝筆，亡了中國，我們便不知道抵抗」、「如果動陸軍開兵船，還要十天或者四五十天，才可以亡中國，至於用妥協的方法，只要各國外交官，坐在一處，各人簽一個字，便可以亡中國，簽字只是一朝，所以用妥協的方法來亡中國，只要一朝」、「中國人再不覺悟，長此以往，就是外國的政治家天天睡覺，不到十年便要亡國。因為現在已是民窮財盡，再到十年，人民的困窮更可想而知，還要增加比較現在的擔負多兩倍半，汝想中國要亡不要亡呢？」、「就令外交的壓迫可以僥倖免去，專由這樣大的經濟壓迫，天天侵入，天天來吸收，而我們大家猶在睡夢之中，如何可免滅亡呢？」。

　　「所以中國受外國的政治，經濟，和人口的壓迫，這三件大禍是已經臨頭了。我們自己便要先知道，自己知道了三件大禍臨頭，便要到處宣傳，使人人都知道亡國慘禍，中國是難逃於天地之間的。到了人人都知道大禍臨頭，應該怎麼樣呢？俗語說，『困獸猶鬥』，到無可逃免的時候，當發憤起來，和敵人拼一死，我們有了大禍臨頭，能鬥不能鬥呢？一定能鬥的，但是要能鬥，便先要知道自己的死期將至，知道了自

己的死期將至，才能夠奮鬥」、「我們中國此刻還沒有亡，普通國民對於別的事業不容易做到，至於不做外國人的工，不去當洋奴，不用外來的洋貨，提倡國貨，不用外國銀行的紙幣，專用中國政府的錢，實行經濟絕交，是很可以做得到」。

　　以上所引的這些話，都是很沉痛的，句句可令我們警醒，中山所以能不失為中國國民偉大的導師者，就在這些地方。從以上這些話看起來，中山先生雖然口口聲聲講民族主義，但實際上他老先生心目中，終忘不了「國家」二字，他的提倡民族主義，是因為他在前清時代，漢人對滿人，只是民族之爭，不是國家之爭，所以他起而提倡民族主義。到後來民族主義已成為國民黨的黨義，當然不便再加更改，然而論他的本心，卻不是安於這種狹隘的民族主義的，他還是一個國家主義者，他是為著中國國家的獨立與自由去奮鬥的，並不是僅僅為著漢民族的獨立與自由的奮鬥。所以他絕口便說三民主義就是救國主義，他的宗旨可想而見。假如中山不是國民黨人，假如中山在清末不曾提倡過民族主義，假如他遲生了三十年，我想他一定會公然承認自己是國家主義的信徒，而不必去以那狹隘的，未進化的民族主義去號召了。

三、評民權主義

　　中山先生在民權主義第一講中，所講的話，雖然吹毛求疵未嘗無可指摘之處，但大體上尚為正確，不過無甚精采，前半章拿社會進化的普通常識敷衍了一大陣，彷彿在做八股策論一樣；後半章稍有幾句中肯的話，如謂中國人民是適宜於民權之類，但也有些過於意氣的話，如謂陳炯明想做皇帝之類。其實若講個人專制得妄想，是一班軍閥所同具的，陳炯明固然不能外此，即非軍閥如孫中山先生又何嘗能外此，陳氏叛孫以後，孫黨中人竟拿什麼君臣大義來責備陳炯明，此非專制思想而何？所以如謂懷抱專制思想即為懷抱帝王思想，則孫、陳均有之，不能專以責備陳炯明。如謂一定如袁世凱之籌備大典始得謂之想做皇帝，則陳炯明尚未有此事實，安能即證明其必想做皇帝，孫先生以一個夢一首詩證

明他人之想做皇帝，此種證明，既不充分，不過是因個人私憾造反的偏見罷了。在這點上，孫先生頗搆不上大政治家的態度。

罪可怪的是，孫先生在開始講民權主義的時候，竟同時反對自由問題起來！孫先生講：「民權這個名詞，外國學者每每把他和自由那個名詞並稱」，這是不錯的；又說：「歐美兩三百年來人民所奮鬥，所競爭的，沒有別的東西，就是為自由」，這也是不錯。又說：「中國，對於自由兩個字實在是完全沒有心得」，這也是不錯的。中山曉得民權和自由是離不開的；又曉得中國人尚不懂自由的需要，然則他的結論就應該歸到引導中國人了解自由的需要，造成為爭自由而犧牲的精神才是。不料他的下文一轉，卻轉到中國人不需要自由，中國人應該不要自由的話上去，真是異想天開，不知所云！

中山的根本錯點，就在他並沒有弄清楚自由是什麼東西？所以他說中國人一盤散沙，就是各個人都有自由，其實外國人所爭的自由，何嘗就是一盤散沙的東西，外國人今日已爭到相當的自由，何以並不是一盤散沙？真正之自由以不侵犯他人之自由為度，這是孟德斯鳩以來的一句老話，外國人所謂自由，並不是孫中山所想說的那樣一盤散沙的東西。現在普通人家門口貼春聯，往往貼一聯：「四民之中皆平等，法律以外無自由」，可見自由要受法律的限制，因為有了法律才可制止因個人自由無限擴大而侵犯他人的自由，可見這種常識，中國普通人也未嘗不懂，中山先生殊不必畫蛇添足，而至連自由二字不准提出。

中山說歐洲人當日聽了自由二字就動心，猶如中國人今日聽了發財二字就動心一樣，這話實在「欠妥」。自由的需要在當日歐洲，也不是一般普通人民所都能了解的，歐洲普通人民自羅馬帝國以後，伴隨於行政，教權，封建諸侯悉數於專制壓迫之下，何嘗有什麼自由需要。直到文藝復興以後，中古神權解體，自由的曙光才初現，起初是爭宗教的自由，其後爭的是政治的自由。最初也不過是幾個少數的哲人賢士，本個人的信仰去盡力向民間鼓吹，直到法蘭西大革命「人權宣言」發表以後，自由才成了政治運動上公認的標準，可見自由之意義在歐洲，亦是幾經奮鬥宣傳而來，歐洲一般人民也不是生來就有愛自由的天性。

　　中國人民幾千年受專制帝王，貪官污吏的壓迫，也並未享過真正的自由，今日大多數人所以不明白自由的需要，乃因沒有相當的智慧，不了解自由的真價值，真意義，並非因為已經享受自由過多了之故。此時國民的領袖應當學盧梭，孟德斯鳩的前例，極力宣傳自由的真義，促國民的了解奮鬥才是，不料不但不如此，反說中國，並不需要自由，真是倒果為因極了。至於講到發財兩字，中國人固然愛聽，外國人何嘗不愛聽？幾十年前，美國人成群大隊往舊金山跑，英國人成群大隊往南非洲和澳洲跑，乃至西洋人成群大隊往東方跑，不是為的發財，為的是甚麼？中山以為中國人喜歡發財，便應當以發財的口號去引導他，然則中國人又差不多各個都抱有皇帝思想，中山何不又以做皇帝來說中國人呢？

　　我知中山因深感中國民窮財盡，故欲以民生主義救國，因而利用發財的口號以求其通俗，猶之胡適之先生感於中國物質文明的不發達，而提倡拜金主義一樣，我們同感兩位先生的苦心，我們也同佩兩位先生的卓識，但中山先生因此遂欲以發財思想來代替自由思想，遂欲一筆抹殺自由的需要，則未免太忽視事實，而且本來可以不必的了。中山說西洋人在歷史上受專制的壓迫多，中國人在歷史上受專制的壓迫較少，這話未嘗無幾分道理，但中國人受專制之苦痛雖少，並非即全無苦痛。即以今日而論，人民之身體可以自由逮捕，書信可以自由檢察，出版物可以自由封禁，集會結社可以自由禁止，甚至生命可以自由殺戮，財產可以自由搶劫，政府軍閥官僚的自由越大，人民的自由越小。

　　中山先生似乎並不注意這種當前的事實，他老先生還覺得中國人的自由太多，還覺得有限制中國人自由的必要，所以到了國民黨執政以後，書信出版集會結社等自由全被剝奪固然不必說，甚至辦一學校也必須尊奉黨教，行一儀禮也必須諷誦黨經，所謂黨國要人，武裝同志，在清除反動派的名義之下，慘殺許多無辜的青年，其中固然有共產黨，難道都是共產黨嗎？況且即便是共產黨，在他們未實際去慘殺平民之前，未實際有作亂的證據之前，還是不能隨便就屠殺的。國民黨既然如此，共產黨的作為更有甚之，廣東海陸豐自被共產黨占據以後，所殺之人以數萬計，青年學生提大隊的人頭在街市上遊行，或者在剖開肚皮的死屍

上跳舞，這都是我親耳從海陸豐逃難出來的朋友們中聽說，人類退化到如此天地，比秦始皇的偶語棄市，腹誹族誅，還要慘酷萬分，試問人民的自由在那裡？

我們不起來反對這種退化行為還等什麼？然而推原禍始，國民黨的蠢動政治，和共產黨的暴動政治，是誰放縱他們起來的，是誰為他們先容的，我們對於這位偉大賢明可親可愛的已死的國民黨領袖，就不能不多加以責備賢者之辭了。中山先生反對自由的動機是很可研議的，他最大的原因是因為國民黨黨員的不服從幹部指揮，致使國民黨為袁世凱擊敗，從此之後他感覺黨員的自由行動權如果太多，黨就非失敗不可，所以他自二次革命失敗後，跑到日本，改組中華革命黨，就取極端的專制主義。入黨之時要打手印，要宣誓絕對服從領袖孫中山個人，明定孫中山為國民黨終身總理。他以為集權於個人之手，這黨便可嚴密了，殊不知黨的嚴密與否全在組織問題，全在各個黨員能否服從法律，而不在少數領袖的權威。

真正黨的集權是集權於組織，集權於法律，而不能集權於個人。集權於個人的黨，結果容易發生三種危險：第一，因某一個人權威增大的結果，其他素來有同等地位的領袖，就不免失望而生離心，結果減殺黨的力量；如中山的個人集權政策，結果使章太炎一派分離，黃克強一派分離，甚至後來弄到連陳炯明一派也分離，國民黨因此受一大打擊。第二，個人之措施未必盡屬適當，即有錯誤，黨員亦須絕對服從，結果遺誤不少；如中山之容共聯俄政策，替國家增無數的糾紛，當時黨員中反對者已屬不少，然而無法糾正，只得坐觀其黨之被篡。第三，縱使領袖個人有權力能維持黨紀，然領袖一死，重心既失，糾紛必大起；如中山身後國民黨各派之爭擾。

以上三端都是個人集權的黨的必然結果，中山當時但欲整頓國民黨，遂不暇計及於此。再者中山對於中國舊時會黨似乎印象甚深，故他的中華革命黨完全抄襲會黨的辦法，結果與近世新式政黨的組織就未免有些差別。中山因為痛恨民國初元國民黨員之自由行動，不服從領袖指揮，故連帶而深惡及自由之說，其立論的動機甚可原諒。但因此將自由

二字根本抹殺，致使後來黨員假軍政、訓政之名，干涉人民的言論思想信仰等自由，與軍閥專制毫無區別，這就不能不怪中山的「始作俑」，「立言不慎」了。中山最後歸到，要爭自由，須爭國家的自由，不可爭個人的自由，這話倘使沒有前面那一段解釋，照文字的本來意義看下去，本是不錯的話。倘使說，不可但爭個人的自由，更要爭國家的自由，那就對了。我們一面要爭個人的自由權，一面也要犧牲一部分個人的自由權，來幫助國家去爭自由，這樣說，便沒有流弊了。

中山講平等的道理，尚有語病，如他講真正的平等不是「平頭」的，是「平腳」的，這話本不錯，不過怎樣才算完全平等的立足點，中山對此似未發揮。他說中國沒有階級制度，較歐美為平等，這話也不錯，不過有幾句話稍微費解一點。如謂「中國革命黨，不主張爭平等自由，主張爭三民主義」，而又謂「因為有了民權，平等，自由才能夠存在」；「真平等自由是在甚麼地方立足呢？要附屬到甚麼東西呢？是在民權上立足的，要附屬於民權」。中山的意思，是中國現今政治口號，不必用爭平等自由之名，但實際上卻仍是爭平等自由，不過話沒有說得清，就不免變成和自由平等反對了。末後，講工人不應當不問政治，不應當不受有智識人的指揮，這話也都不錯，所可惜者，有智識的人對於工人但存利用之心，搆不上真正指揮罷了。大體說起來，民權主義第三講很有道理，雖然幼稚的話有時也不免。

中山在民族主義第五講，承認地方基礎是建築民族團體的一種途徑，他曾說：「中國人的家鄉觀念也是很深的，如果是同縣同鄉村的人，總是特別容易聯絡」。照這種話看起來，他對於以地方為建國基礎的主張，應該是很表同情的。不料他到了民權主義第四講中，卻對於聯省自治之說大加反對，批評得一錢不值。我們仔細研究起來，他反對聯省自治的理由，非常不充分，一半是不了解聯省自治的真意，一半是個人感情意氣之談。近來有自署無黨生者，著《三民主義商榷》一書，其第二章第三節〈民權與自治〉一節，批評中山反對聯治的主張，內容甚為中肯，我們現在將原文轉錄下來，然後再附加以個人的意見。「改元以來，政綱解紐，軍閥耀武，相為長雄，奪地爭城，兵禍不息，人民渴

想和平，偌大旱之望雲霓焉，於是憂時之士，發為分疆而治之論，以為兵禍之興，由於擴充地盤而起，使能各保其境，修明省政，人民政治能力，得以逐漸養成，自治果舉，民氣克伸，軍閥政柄將潛移於省民之手，此亦不失為救時良策」。

然中山對於自治之說，痛加駁擊，以為此說足以破壞統一，造成割據之局。其言曰：

> 我國一般文人志士解決中國現在的問題，不從根本上拿中美兩國的國情來比較，只就美國富強的結果而論，以為中國所希望的不過是在國家富強，美國之所以富強是由於聯邦，中國要像美國一樣的富強，便應該聯省。美國聯邦制度的根本好處，是由於各邦自定憲法，分邦自治，我們要學美國的聯邦制度，變為聯省，根本上便應該各省自定憲法，分省自治，等到省憲實行了以後，然後再行聯合成立國憲。質而言之，就是將本來統一的中國，變成二十幾個獨立的單位，像一百年以前的美國，十幾個獨立的邦一樣，然後再來聯合起來，這種見解和思想，真是謬誤到極點，可謂人云亦云，習而不察。
>
> ——民權主義第九十八頁

> 美國之所以富強，不是由於各邦之獨立自治，還是由於各邦聯合後的進化所成的一個統一國家，所以美國的富強是各邦統一的結果，不是各邦分裂的結果。中國原來既是統一的，便不應該把各省再來分開，中國眼前不能統一是暫時的亂象，是由於武人的割據，這種割據我們要割除他，萬不能再有聯省的謬誤主張，為武人割據作護符。
>
> ——民權主義第一百頁

> 我們推翻清朝，承繼清朝的領土，才有今日的共和國，為什麼要把向來統一的國家再來分裂呢？提倡分裂中國的人，一定是野心

家，想把各省的地方自己去割據，像唐繼堯割據雲南，趙恆惕割據湖南，陸榮廷割據廣西，陳炯明割據廣東，這種割據式的聯省，是軍閥的聯省，不是人民自治的聯省。

——民權主義第一〇一頁

又中山因駁斥聯邦論，涉及美國政情，多與事實不符，茲述其言如左：

大家都知道美國革命有一個極著名的首領叫做華盛頓，他是美國的開國元勳，當時幫助他去反抗英國君權的人，還有許多英雄豪傑，像華盛頓的財政部長叫做哈美爾頓，和國務部長叫做遮化臣，那兩位大人物，對於民權的實施問題，因為見解各有不同，彼此的黨羽又非常之多，便分成為絕對不相同的兩大派（中略）哈氏主張國家政權不能完全給予人民，要給予政府，把國家的大權都集合於中央，普通人只能夠得到有限民權。

——民權主義第九十三至九十五頁

因為聯邦憲法成立之前，全國人有兩大派的主張，所以頒佈的憲法弄成兩派中的一個調和東西，把全國的大政權，如果是屬中央政府的，便在憲法之內明白規定，若是在憲法所規定以外的；便屬於地方政府。比方幣制應該中央政府辦理，地方政府不能過問，像外交是規定由中央政府辦理，各邦不能私自和外國訂約，其餘像關於國防上海陸軍的訓練，與地方上民團的調遣等，那些大權都是歸中央政府辦理，至於極複雜的事業，在憲法未有劃歸中央政府的，便歸各邦政府分別辦理，這種劃分便是中央和地方的調和辦法。

美國由於這種調和辦法，人民究竟得到了多少民權呢？當時所得的民權，只得到一種有限制的選舉權，在那個時候的選舉權只，是限於選舉議員和一部分的地方官吏，至於選舉總統和上議

員的議員，還是用間接選舉的制度，由人民選出選舉人，再由選
舉人去選總統和那些議員。後來民權逐漸發達進步，到了今日，
總統和上議院的議員以及地方上與人民有直接利害關係的各官
吏，才由人民直接去選舉，這就叫做普通選舉。所以美國的選舉
權，是由限制的選舉漸漸變為普通選舉。

　　　　　　　　　　　　　　——民權主義第一〇二至一〇三頁

　　美國聯邦憲法未成立以前，對於草創新憲改造中央政府之主張，分
為二派，一為韓彌敦（Hamilton）派，一為賈孚臣（Jefferson）派，在
後者，主造成較鞏固之中央政府以便對外，各邦固有權利，仍應保持不
替；在前者，則鑒於各邦雖締同盟，四分五裂，應畀中央政府較大權力
以矯其弊，對於各邦固有權利，雖主限制，並非對於民權加以遏抑，中
山乃謂韓彌敦主張限制民權，此與事實不合者一。美憲草創，係折衷兩
派意見而成，以示調和而免爭執，所謂和者，在中央各邦權限分配之
點，人民權利並未蒙其影響，中山乃謂美憲由調和而成，民權亦受限
制，此不合者二。凡住民達成年以上，並未牴觸消極條件（如有精神病
者或犯罪被奪公權者）者，均有選舉權，是謂普通選舉。美國各邦早已
施行普選制，而美民選舉大總統，在今日仍為間接選舉，故普選與直接
選舉顯為二事，不相關涉。中山乃謂今美民選舉議員官吏，漸由間接改
為直接，此即名為普通選舉，蓋誤認間接選舉為限制選舉，而將普選與
直選混為一談矣，此不合者三。
　　雖然上述各端，非關宏旨，自可無庸深論，其最關重要之點，我國
應否確立省自治，是不得不詳加討論矣。中山謂美利堅合眾國，先有各
邦而後聯合成國，我國各省，非美國各邦之比，強為效響以施行聯邦
制，與國情大不相合。不知所謂國情者，由歷史的遞嬗而來，而歷史上
事實有因有革，有沿襲亦有創造，若專以沿襲為合乎國情，則我國數千
年君主制度，相承不替，一旦改建共和，亦與國情不合矣，此應糾正者
一也。美、瑞等聯邦，固先有邦而後有國，南美諸小國之聯邦，則與美
利堅不同，大勃列顛帝國容許南美，加拿大，澳大利亞各屬，及愛爾蘭

自治亦不害成為聯邦國矣。此可見政治一端，並非一成不變，常受環境之影響，而隨時勢為轉移。

我國近年所由發生省自治論者，乃因中央失馭，政令不行，疆吏專橫，莫由裁制，乃欲藉輿論之力，促省民各謀自衛，省民夙屈伏於其勢力之下，一旦結合鞏固，要求自治，政權勢將下移，不失為釜底抽薪之一招，故省自治論所以為裁制疆吏而發，中山乃有所誤會，謂為擁護武人，此應糾正者二也。聯省自治之說，用意在取法聯邦，惟聯邦政府各有不同，除澳（澳大利亞）、加（加拿大）非獨立國無可取法外，德、俄、美、瑞，均為聯邦中之尤著者。新俄雖名聯邦，實則以大俄羅斯為盟主，猶如舊德國中之普魯士，壟斷政權，殊欠公允，美、瑞等國，邦各制憲，國憲列舉中央權限，其餘為各邦所固有，新德中央權力較大於美、瑞，我國之省自治，自應取法美、瑞，舍短從長。具體條目若何，本篇不暇詳述，要其惟一標的，在確立自治基礎，保障省之地位，藉杜武人兼併。中山非特不鼓勵自治，反斥此舉為破壞統一，便於野心家之割據，不知志在武力統一者，乃為野心家，（南征北伐雖不同道，其志在武力統一則一也）主分疆而治者尚不足以當之，此應糾正者三也。

或謂省自治已實行於我國，成效若何，眾所共睹，粵、浙各制省憲，並未施行，姑可無庸置論。湘省頒憲，公選省長，試行數年，卒肇此次南北大戰之禍，然則分疆而治，非特不能消弭兵禍，反足以激起戰爭，自治制憲，真為一不祥之名詞矣！則應之曰，此次戰役，以湘之趙、唐相爭為導火線，趙、唐兩方各挾強有力為後援，以致兵戎相見，演鬩牆慘劇，正因不實行自治之故。設使兩方軍人各有覺悟，不乞外援，人民則主持公論，調解其間，俾武人有所畏忌，得以和平解決，湘省自治之局仍可維持不替，將為全國模範矣。今各省中處於舊勢力之下者，民治莫由發展，固不待言，黨軍勢力所及之地，亦勵行黨治，與自治精神根本抵觸，黨治與自治，蓋若冰炭之不相容，柄鑿之不相入，嗚呼！自治為民權之萌芽，人民活動之源泉，強有力者必芟夷之而後快，鋤去之而後已，其手段抑可酷耶」。

無黨生的批評已經很痛快，尤其是一個堂堂的大政治家，國民領

袖，連普通選舉和直接選舉的分別都弄不清楚，連地方權和民權都收為一番。中山的誤點，第一，在不懂得統一和集權，割據和分治的區別，他以為中國歷史上向來是統一的，現在提倡分治即是破壞統一，殊不知分治是和集權對立的名詞，分治主義是反對集權，並不是反對統一。真正的統一國，並不一定是集權國，美國政府並不集權，但仍是一個很著名的統一國家。中國歷史上向來是統一的，但並不是集權的，中山親口說過，中國歷朝政治，大都對於人民取寬大態度，所以人民的自由太多，中山卻不知道，中國歷朝中央政府對於地方，更是取寬大態度，尤其是近七年來，地方政府的權力，一天比一天發達，結果已經是分治好久了。中山所躬為領袖的辛亥革命，也是以地方權力為根據的革命，現今的聯治論，不過是順著這個已成的潮流往前跨進而已。（詳細討論，請參看《醒獅週報》一六二期起登載的拙著〈聯治救國的步驟〉一文）中山以為分治即是分權，真是毫無政治常識的說話，到了今日其忠實信徒如李石曾之流，還不得不提倡「分治合作」，不知中山有知，作何感想！

中山的第二誤點，在誤認聯治論運動是為武人割據作護符，殊不知實際上聯治運動乃是割據武人的大對頭。正如中山所想的相反，武人是不要法律的限制的，然而聯治運動一起，盧永祥，趙恆惕之流，都不得不勉強接受憲法的限制。武人是從來不管地方民意的，然而聯治運動一起，盧永祥不得不自稱是江浙人。武人是可以隨意用兵的，然而聯治運動一起，江、浙兩省軍閥不得不制定和平的公約。誠然這種限制是薄弱的，尚未能使各省政局真正安定，然而試問，在武力統一政策下的情形如何？比今日國民黨統一勢力下之政治如何。不是那時軍人尚有法律可循，今日則毫無法律可以限制；那時軍人尚有民意要敷衍，此時則一無民意可畏。即以湖南而論，聯治精神固未能真正實現，然苟無吳佩孚之舉旗南征，與蔣中正之率師北伐，則湖南大局何至糜爛至此？倘若湖南大局不糜爛，則縱使讓趙恆惕任用非人，不能聯省之實，然人民循省憲之軌道，以逐漸得到圓滿權利，亦非毫無希望。

聯省自治運動之破壞，直系與國民黨兩者之謬誤觀念，實應負大責。孫中山與吳子玉，一對頑固聯合，一旦界定聯省自治即是破壞統

一，結果將國事敗壞至此，吳氏軍人本來不足論，孫氏號稱政治家，其手下領率有數十萬青年，其發言不慎乃如此，「春秋責備賢者」，我們就不能對於中山再有恕詞了。中山在民權主義各講中，最大的毛病就是並沒有將民權的定義弄清白，雖然他在開頭時就給民權下了一個定義，末了又舉出四種民權來作例，但中間相矛盾之處甚多。譬如民權和平等自由究竟是一件東西，還是兩件東西？民權和地方權有無區別？

中山既講唐繼堯等的割據，不是人民自治的聯省，然則他對於人民自治的聯省究竟贊成呢？還是也一齊攏統地加以反對呢？怎麼叫做充分的民權？怎樣叫做不充分的民權？中山既說法國大革命的恐怖現象是充分民權造成的，然則中山是否反對充分民權而主張對之加以限制？屬地對主國的要求獨立，似乎應當屬於民族運動的範圍，工人對政府的要求權利，似乎應當屬於民生主義範圍，中山一概目之為民權運動，是否和我們在總評中所講的意思相同，認為民族、民生皆不過為一種變相的民權運動？中山既說自社會主義出現以後，人民便不熱心爭民權，而只要爭經濟權，何以又說最新的民權思想，發源於德國？社會主義運動究竟是不是民權運動呢？社會主義若只是要求工人生活的平等，然則俾士麥的國家社會政策已使工人生活近於平等，何以中山又說他是反對民權的大手段呢？中山既說俾士麥的國家社會政策是反對民權，然則如國民黨所主張之民生主義，也正和俾士麥之社會政策相同，是否也是反對民權的大手段呢？像這些矛盾問題，中山在日都未解說清楚，只好期待後來的忠實國民黨員，去各執一說，各變各的民權主義把戲吧。

中山在前面既主張中國今日只要爭國家的自由，不必去爭人民的自由，後面又主張萬能政府之說，而中間獨對於俾士麥提高國家權力，實行國家社會主義之舉動，謂之為民權的障礙。既謂之為民權的障礙，而中山的民生主義，《建國方略》，卻大半模倣俾氏的政策，這真是矛盾之中最大的矛盾。根本的原因，就是由於他對於工人運動是否民權運動這一點，未曾弄的清楚，所以說話往往自相矛盾。中山以為各國爭民權，終果不過爭到代議政體為止，這當然是不滿意，底下卻說俄國發明一種人民獨裁新政體，這種政體「當然比較代議政治改良得多」。人民

當然是很多的人，何以謂之獨裁？蘇俄政治是否即真正人民的獨裁？獨
裁政治何以反較代議政治為改良？這些問題中山都未給我們解答清楚，
只根據了一些很少的材料，便謂之為當然比較代議政治改良得多，這
「當然」兩字，未免下得過早了罷？

　　依我們看來，國民黨所主張四種民權，雖實際上實行有無流弊，尚
待研究，但終究還不失為較舊式代議政治改良進步之主張，至蘇俄今日
所行之指名選舉法，名為人民選舉代表，實則全係政府指派，此種包辦
民意之手段與袁世凱之指派國民代表絲毫無異，以此而言民權，真不知
和真正的民權相去幾千萬里了。中山當日所得蘇俄材料甚少，故其誤信
俄國，猶可原諒，今日蘇俄真相業已暴露，而一部分自命左派之國民黨
員，猶抱迷信蘇俄之思想，真是不知其心理何在了。中山主張在政治上
將「權」與「能」分開，人民只要有四種民權，而委任一個萬能政府去
處理一切，這話雖然也引起一部分人的訾議，但依我們看起來，他的話
倒是很有道理。本來近代的國家，一面人民的權擴張，一面政府的能力
也極端擴張的，因為近代政府的職能，本是一天比一天擴大的。不過若照
中山所擬的方案看起來，人民既不免常常運用四權以牽制政府，而同一政
府又分割為五權，美國實行嚴格的三權分立制，論者已感政府權力不統一
之苦，今中山又擴充之為五權，不知道這五個機關彼此之間如何聯屬？

　　中山所舉人民應有選舉，罷免，創制，複決等四權之說，不但在瑞
士，美國已有其實際的試驗，且經歐美一部分學者之鼓吹，如廖仲愷先
生所譯之威爾確斯《全民政治論》即其一例。中山的主張並非個人所發
明，乃自矜為「先知先覺」，謂歐美沒有管理政府很周密的方法，中國
應當自己發明新法，不知其所發明者為何物？這種厚臉吹牛的大話，只
好騙騙一部分昏頭昏腦的小子們而已？依我們看來，中山所主張的人民
四權，政府五權，及萬能政府之三說，分開來看，固然各自可以成立，
但若一經綜合到一處，則矛盾抵觸之弊立刻顯露。譬如人民有罷免權，
乃近世主張直接民主制論者的主張，其用意在限制政府之權能，與萬能
政府之說正相反。又如五權政府乃自三權分立說推演而來，其用意更在
限制政府的權能，與萬能政府說更不相容。且中山既說議會政治是不進

化的政治，而其五權憲法則仍不脫議會政治之範圍，像這些矛盾之處，一經說破，便無法自圓其說。至於直接民權制，究竟是否在幅員廣大，民智低下如今日之中國者所能實行，以及考試是否可獨立為一權，這些問題更是非當時所能決定的了。

　　中山關於民權的主張，所以互相抵觸之故，依我看來，是因為他主張的來源不同之故。中山的民權主義，有三個不同的來源：一個是歐美舊式的民權說，歐美舊式民權說主三權鼎立，中山的五權憲法雖然根據中國舊時制度添上監察，考試兩權，但其根本精神仍本之於三權鼎立說。中山的五權說提倡最早，純是受了這種舊式民權論的影響；一個是美國新式的直接民權說，中山的直接民權制是根據威爾確斯之說，已在上面引過，這種主張是美國近來地方政府的一種新潮流，中山以為新奇，於是引用過來；一個是蘇俄式的萬能政府說，萬能政府的理論本非起於蘇俄，近來美國的市政府採取的包辦制者，即依據此種理論，但尚未聞有試驗之於國家政府及其他較大之行政區域者。

　　蓋除在專制的國家，只求行政便利不計人民意向如何外，其他以民權為重的國家，若欲實行萬能政府，則必有一先決條件，即人民有權足以隨時監督政府，改換政府是。故此制若求與民權無衝突，則只有在較小的行政區域實行，區域愈大，人民監督政府之能力愈小，則政府萬能之流弊愈多。中山以直接民權制來補救萬能政府之弊尚有可說，不過萬能政府之精神，即在擴大行政機關權力，不受議會之監督掣肘，使有能力的行政首領得以儘量施展其能力，今中山一面主張政府萬能，一面又仍沿用舊說，將立法、監察兩權獨立，甚至本屬行政範圍的考試權也獨立了，不知結果政府所能者何事？以此而言萬能，真是南轅北轍了。

　　中山的民權主義原意本同歐美學者一樣，本以限制政府權力，而非以擴張政府權力，其後忽然主張萬能政府說者，固因身在政府地位，有實際的經驗，故其感想主張較前不同；一面也因受蘇俄一黨專制說之影響，因而想擴大政府權力。不知蘇俄的制度純係專制國的制度，與直接民權制的精神根本相反，中山乃欲以兩種絕對不相容的主張，牽合到一處，自然要矛盾百出了。

統觀中山的民權主義六講，有幾句總評，就是每段的主張拆開來看，都各有道理，但是合到一處，就成了個系統淆雜，自行矛盾的東西。其原因在根本未將民權的意義弄清，而所有辦法又都係東抄西襲湊拼而來，但求辦法甚多，新穎動人，而不顧其互相抵觸矛盾。所以國民政府成立兩年，直接民權，五權憲法，萬能政府三說未能實行其一，大統也由於知道該黨主張之決難見諸實行，而姑且擱起不提的緣故罷。

四、評民生主義

「民生」雖是中國的一句老話，但「民生主義」卻是中山獨創的名詞，單就「民生」的本來用法講，是非常膚泛的名詞，絕不能用以包括中山意中之所謂「民生主義」。中山也講：「民生兩個字，是中國向來用慣的一個名詞，我們常說甚麼國計民生，不過我們所用這句，恐怕多是信口而出，不求甚解，未見得含有幾多意義的。但是今日科學大明，在科學範圍內，拿這個名詞來用於社會經濟上，就覺得意義無窮了。……我現在就是用民生二字，來講外國近百十年來所發生的一個最大問題，這個問題就是社會問題，民生主義就是社會主義，又名共產主義，即是大同主義，欲明白這個主義，斷非幾句定義的話，可以講得清楚的。必須把民生主義的演講從頭聽到尾，才可以澈底明白了解的」。

可見民生主義，決非中國古代一般所謂「國計民生」之「民生」，而另有其科學的涵義在，民生主義實即「社會主義，又名共產主義，即是大同主義。然則為什麼中山不即名之為社會主義，共產主義，或大同主義呢？中山另有他的用意，因為馬克思以物質為歷史的重心是不對的，社會問題才是歷史的重心，而社會問題中又以生存為重心，那才是合理。民生問題就是生存問題，因此中山就用民生主義來自別於馬克思一派的社會主義，共產主義。中山解釋他採用民生主義這個名詞的用意略如上述，他的說法是否對呢？

依我們看，用特製的民生主義一名來代表某種性質的社會政策或社會主義，本來未嘗不可。不過定要說民生主義是含有以生存問題為中心

的意義，和馬克思以物質為中心的意義相對立的，這就未免牽強。物質的對面是精神，生存的對面是死亡，消滅，或停滯。中山倘若反對馬克思的唯物史觀，則反過來自應唱唯心史觀，何以忽然牽涉到生存問題上。若說認為人類求生存的欲望乃是一切社會變動之總因，民生主義即是發展此種求生欲望，然人類的生存問題不僅倚賴於欲望，而尤須仰仗於物質環境，是生存問題決非可以離物質而獨立者。即如謂精神上的欲望是第一原因，而物質是第二原因，此說自與馬克思的唯物史觀相反，但統觀民生主義四講中，並未有絲毫計畫注意此種精神問題。

中山所講的民生主義，不過仍是國計民生之舊套，雖與馬克思的主張不同，但決非相反。即就馬克思所主張的共產主義而論，也無非是注意於工人的生存問題，也可謂之為一種民生主義，兩者並非彼此對立絕對相反的主張，何能相對立論。中山應該說，他的民生主義，本是二十年前的產品，彼時社會主義，社會政策的名詞，尚未輸入中國，中山不得已自創一名詞來代表他的主張，猶如嚴又陵譯經濟學為計學的一樣，未為不可。至今社會政策，社會主義諸名雖已用得慣了，但民生主義也已成為國民黨人的一般信條，所以仍不妨沿用。且民生二字也可代表一部分意義，未為不可。如此講法，自無語病，今不此之圖，轉以毫不相干的生存與物質二問題相提並論，而實際上中山所講的發展民生計畫，無一非解決物質的問題，無一為解決精神的問題，民生二字便無特別使用的良好理由了。

中山對於各種社會主義的界限似乎不大注意，所以他說「民生主義就是社會主義，又名共產主義，即是大同主義」，此語後來為人所利用，生出多少的流弊。其實最初中山原意本很簡單，中山之所謂「社會主義」，意義很廣大，他是將社會政策也歸入社會主義範圍裡面去的。所以他說社會主義的範圍，是研究社會經濟和人類生活的問題，就是研究人民生計的問題，又說各種社會黨中最著名的是共產黨，國家社會黨，和社會民主黨，可見他的社會主義定義極其廣泛，凡研究人民生計的問題，都可謂之社會主義，因此普通所謂社會政策者，他也歸之於社會主義範圍之內。

　　本來社會主義之名，在歐洲也無一定之解釋，國家社會主義之名不起於中山而起於德國。嚴格言之，國家社會主義本來有兩種意義，像列寧在蘇俄所實行的，將一切生產事業收歸國有國營，名為國家社會主義，實即國家資本主義；像俾士麥在德國所實行，以及德國一般自命為國家社會主義的學者所鼓吹的，名為國家社會主義，實即國家社會政策。社會主義之定義雖因人不同，但至少須有一最低之限度，即：一，社會主義之下，絕不應承認私人資本之存在；二，社會主義必須主張將生產權分配之於全民眾，而非集之於國家一個機關。由前而言，則俾士麥之國家社會政策，猶承認私人資本之存在，故不得謂之為社會主義。

　　由後之說，馬克思雖主張集產的社會主義，但其集產只為一種過度之手段，而決非最後之目的，故蘇俄猶以共產主義為名，可見蘇俄今日猶未到真正社會主義之境，其所行之國家資本主義，絕不得謂之為社會主義。中山之民生主義，所舉辦法僅「節制資本，平均地權」二項，既云「節制資本」，可見猶承認私有資本制度之存在，既云「平均地權」，可見猶承認私有土地權之存在，是中山主張的仍是一種社會政策，而不得謂之社會主義。中山因為將社會主義的定義弄得過大，凡是研究社會經濟和人類生活問題的，凡是研究人民生計問題的，都命之為社會主義。因此他說到歐戰發生了之後，反對社會主義的人都降服了，自然到歐戰以後，世界上再沒有反對注意民生問題的人。但注意民生問題不一定就是贊成社會主義，有許多人不贊成用社會主義的辦法去解決民生問題的仍很多。就是中山雖自命為社會主義者，其實他根本仍承認私有資本制度之存在，在真正社會主義者看起來，絕不能引為同志的。

　　民生主義嚴格講起來，既然並非社會主義，當然更不是共產主義了。按共產主義（Communism）一名在最初原是主張將生產事業公諸全社會，「各盡所能，各取所需」，不設任何的限制，與無治主義的主張最相近。故巴枯寧、蒲魯東等界稱為真正共產主義，至馬克思組織第一國際，發表〈共產黨宣言〉，雖用共產主義之名，其實馬氏是主張將生產事業集中於一個總機關之手，由此總機關執行分配之權，其主張與巴枯寧等根本相反，故馬氏及其黨徒雖自稱為共產主義者，而一般仍目之為

集產主義（Collectivism）。今日馬氏嫡派，無論急進如蘇俄之布爾錫維克黨，緩進如德國之社會民主黨，總之都是承認生產權應歸之於一個總機關，即仍變相的承認國家和政府之存在，故仍不得謂之為真正共產主義。

這些區別暫且少講，只就中山的民生主義而論，與無論何種意義的共產主義都不相合。民生主義既承認私有財產制度之存在，怎能謂之為共產主義呢？所以中山雖然偶然講錯了一句話，說民生主義即是共產主義——也許他是故意敷衍共產黨的話——但真正忠於民生主義，和真正忠於共產主義，以及真正忠於真理的人，都不應該隨隨便便就承認了這句話。至於大同主義，更係一部分哲人的空想，並無具體的說明，〈禮運〉所講孔子大同之義，也未必即與民生主義相合，更無從比附起了。中山的民生主義既不是社會主義，又不是共產主義，更不是大同主義，然則是什麼東西呢？依我看來，民生主義只不過是社會政策之一種，並無其他高深意義。社會政策自俾士麥首先實行以來，各國已紛紛採用，雖內容節目不盡相同，但精神原無二致。民生主義之精神，本與社會政策相同，均係以國家的力量調和各階級不平均的現象，與社會主義者，或社會黨之純站在無產階級地位上說話者，性質完全不同，想讀過三民主義的人，必能都承認這句話。

中山在民生主義第一講中，批評馬克思主義的錯誤，大半都是根據德國修正派馬克思主義者伯恩斯坦（Bernstein）的話，發揮地不詳盡，但內容尚為正確。中山這樣反對馬克思主義，而猶誤用共產黨，釀成國民黨之共產化，可見畢竟是「知之匪艱，行之維艱」，而中山的「知難行易」說，不免有疑問了。三民主義之矛盾錯謬，人所易知，但一部分好奇的青年，因為不滿意於三民主義，就逐漸的投到舶來品馬克思主義的旗下去，這實在是更可憐的舉動。但三民主義旗下的青年，容易發現他們自己的錯誤，而馬克思主義旗下的青年，卻不容易發現他們自己的錯誤，何以呢？因為孫中山的著作是很簡明的，是用本國文字寫出的，因為這樣，所以人人能讀，因此也就人人可用自己的理智去判斷他。

至於馬克思的著作係用蟹行文字寫出，《資本論》至今無中文譯出，即使譯出，也不是人人可以看得懂的。因這種自然的限制，所以馬

克思主義的宣傳反增加多少神祕性。從前天主教專橫時代，禁止人民讀
聖經的，回教亦然，因為愈神祕則愈能保持其威嚴。現在馬克思教的聖
經，因為有自然的限制，所以雖不必禁讀，而自然無人能讀，因無人能
讀，故其教旨遂愈覺尊嚴。從前我有一個好朋友，他是一個信仰馬克思
主義的，有一天他拿馬克思對於經濟的主張，去問一個對於社會學經濟
學都有研究的某博士，那位博士回答他說，馬克思的經濟理論是很淺薄
的，那位朋友氣極了，回來告訴我這一段事，並且憤憤地說：「依我
看，並不是馬克思的淺薄，恐怕還是這個博士先生的淺薄罷」。

其實，博士先生的淺薄與否雖不可知，但贊同馬克思主義的人，並
也未將馬克思理論的立足點分析清楚，其為淺薄與反對馬克思主義者相
同。最近又有一位朋友從湖南回來，講到共產黨在兩湖廣東殺人放火屠
城劫舍慘狀，然而湖南的一部分青年，還是照舊迷信共產主義，甚至認
為彭湃在海陸豐的絕對屠殺也是很對的，為什麼呢？因為這是「世界潮
流」。被文化封鎖了的湖南人，連一千里以外的新聞紙都看不到，卻居
然曉得什麼是世界潮流！不但小學生們是如此，即鼎鼎大名的黨國領袖
們見解也是如此的淺薄。李石曾先生主張「分治合作」，本來有一部分
理由，但他不從實際的理由立論，卻偏偏講什麼世界有二大潮流，一個
是馬克思派的潮流，一個是蒲魯東派的潮流的怪話。

于右任先生看了不服，又出來主張世界上還有一個大潮流，就是孫
中山的三民主義潮流，於是馬派，蒲派，孫派，遂鼎足為世界的三大潮
流了，看了這些怪議論怪思想，真令人感想中國人常識基礎的太缺乏。
共產黨之所以居然能流行中國，只有一個最重要的原因，就是中國人的
太無常識，唐煥章的八月十五天搖地動說，尚能搖動一部分的人心，何
況馬克思的階級鬥爭說呢？譬如在英國，工人階級的常識非常健全，自
然不容易為異說所搖動，又如在德國，社會民主黨領導下的工人階級，
已一步一步實現他們的理想，自然更無不完全思想的發展餘地。中國不
幸，人民的智識太低下，不但工人毫無常識，即青年學生的智識，比之
英、德的工人還恐遠不及，像這樣情形，焉能不為邪說所利用呢。詳細
批評共產主義及共產黨，不是我們這短篇的本文所容許的，但既然講到

這個問題，就不能不趁便研究一下，以結束本題。談到這個問題，我們就須注意三件不同的對象：第一是馬克思主義，第二是蘇俄的一黨專改；第三是中國共產黨的流寇戰略。這三件東西雖然從表面上看來是一種面目，但其實內容各不相同，我們應當分別去看他。

現在先簡單批評馬克思主義的謬誤，馬克思主義的謬誤，中山先生已經批評得很痛快，我們現在只就他所未及闡發之點，參考他書，略為一論之。馬克思主義以唯物史觀為出發點，唯物史觀雖不無一部分之真理，但就全體理論觀，實在是不免武斷。我們只能承認生產的方法和技術，是社會進化的重要原因之一，但不能認為是唯一的最高原因。馬氏和其黨徒以為，一切社會上的法律，道德，宗教都是受經濟狀態的支配，這是謬誤的學說。我們只能承認法律，道德，宗教等演進是受經濟的影響，但同時也應承認經濟的演進也受法律等影響。馬氏倘若主張經濟是社會許多動因中一個重要的動因，勸人研究社會問題不可忘了經濟原因，則是很對的。但如果說，只有經濟才是最高原因，而其他制度等都是第二原因，則不免是武斷的學說。

近世佛洛依德一派心理分析學，想拿性的問題來作人類活動解釋的中心，也和馬克思一樣，均有一部分道理，也均不免有以偏概全的毛病。馬氏黨徒因為硬要拿經濟狀況作一切社會化的總動因，所以常常武斷的解釋一切歷史上的事實。譬如一個發明家，用盡心力發明一件物品，這裡面明明物質和精神的動因各半，唯物史觀論者卻偏偏抹殺了那一半事實，而單將這一半事實全面擴大起來，唯物史觀派根據了這種錯誤的觀點，於是對於一切史實任意變換。在他們的認知，以為人類歷史上一切鬥爭，都是由於經濟背景的支配。殊不知大部分歷史上的爭鬥，經濟問題不過是其中的副因，而人類的精神活動方是主因。

譬如古代波斯與希臘的戰爭，不過波斯王大流士的個人野心，而兩國經濟衝突乃其副因。且照馬克思的意思，僅僅已經濟同樣解釋政治爭鬥尚不夠，必須是代表各種生產方法的不同，才是真正的原因。但波斯並不是代表大地主，而希臘也不是代表小資產階級。其他如中古十字軍的戰爭，如三十年宗教戰爭，如法蘭西的大革命，如美國獨立戰爭，如

中國的革命，如直奉戰爭，直皖戰爭，雖然我們都可承認經濟問題是其中的一個原因，但我們豈能說，這些爭鬥都是兩種不同的生產方法的爭鬥？政治系與研究系有何經濟利益的衝突？國家主義與三民主義有何不同的階級背景？日本的政友會與民政黨豈是兩個階級的爭鬥，像這些都非純用唯物史觀所能解決的，馬氏的理論就不免有武斷之跡了。

唯物史觀既然不能完全站得住，再看他對於社會革命的理論更是武斷。他以為資本制度演進的結果，則資本必定集中，資本集中則勞資之分化愈顯著，勞動者的生活艱苦，於是階級鬥爭遂為不可免之事實。但八十年來，社會演進的情形並不全如馬氏所料。馬氏以為資本制度演進之結果，資本必集中於少數人，中產階級必消滅，但八十年來的歐洲，事實上資本雖有集中之現象，而中產階級並未消滅，反日見其彊固。同時在產業發達的國家，勞動者的生活不但不艱苦，反較之產業未發達的國家的勞動者生活更為舒服。固然勞動生活的優裕，一半也由於實行經濟的侵略，向產業未發達的國家中抽取商業利益而來，但另一半則由於科學的進步，利用天然力的結果，我們也不能否認這個事實。

再者，階級即使日趨分化，也並非除採取革命方法外別無方法。自俾士麥發明社會政策以來，給勞資的衝突添了一種緩衝方法。國家並不是資本家的，也不是勞動者的，乃是超於二者之上的，乃是代表雙方的利益的。因為這樣，所以由國家作仲裁人，一面限制資本的過度發展，一面保障勞工的利益，用法律的手續，逐漸將資本變為國有。換言之，即為全民公有，此與社會主義者最後目的本來相同，且許多有經驗的社會黨人，如德之社會民主黨，英之工黨，均係採用此種政策。即蘇俄自實行共產政治失敗，改用國家資本主義（新經濟政策）之後，也走入了這條路上，因蘇俄經濟革命之失敗，更可證明經濟問題之解決，只能用改良手段，並不能用革命手段。蓋經濟制度在今日，已成一全世界極大的蜘蛛網，決非鹵莽破裂的手段所能改革。共產黨人既承認經濟狀態是最後的動因，而又妄想以少數人的心力變更經濟制度，真是矛盾已極。

照馬克思的話，本來須在資本制度極度發達以後，資本極度的集中，則社會革命自然的來到。中、俄等國為生產落後之國，依馬氏的

話，其未到社會革命程度，乃當然的事實。自國家社會政策發明以後，生產發達的國家，是否可以和平手段解決經濟問題而避免了革命的痛苦，也還是一個值得注意的問題。共產運動是否必要！就很有考慮的餘地了。無論共產的社會革命是否需要，而就中、俄兩國生產事業落後的現狀看起來，總是無社會革命的需要和可能的。列寧在試驗共產制度失敗，改行新經濟政策的時候，曾宣言道：「說資本主義是罪惡，社會主義是不正確的話。因為我們忘記了還有較以上二經濟階級更壞的一個階級。資本主義比之社會主義固然有弊，但比之小工業小生產時代已為幸福進步，我們現在不能從小工業一直跳到社會主義的階段，則資本主義未嘗不可利用為共產經濟之一要素」。

可見列寧已明白承認資本主義和社會主義，都是人類進化中一種當然的階段，無所謂絕對的是非善惡，只有合乎時合乎地的就是好的。俄國因為一向是在小生產事業的經濟環境之下，欲想一步邁入社會主義的階段，是絕不可能的。徒引起人民許多困苦，列寧起初不知道這個道理，貿然實行了這種鹵莽破壞的政策，以致弄得民不聊生，以後覺悟了已往政策的錯誤，才不得不轉回頭來低首下心，公然承認資本主義正當的存在權。新經濟政策實行以後的俄國，是公然承認了國家資本主義的名詞，國家資本主義是什麼？還不是資本主義國家所謂社會政策嗎？我們說社會政策是解決現今勞資問題唯一的良途，共產黨人罵之為妥協，不澈底，但是共產黨的首領列寧，也終於不得不採取了國家資本主義，這又是何說？

列寧主義與馬克思主義不同的地方，人都知道，但列寧死後的蘇俄與列寧生前的蘇俄又大不相同，人知道的尚少，自列寧被刺重傷以後，臥病年餘，大權旁落，斯達林輩把持黨權，高下由己。列寧死後，斯達林與金維諾大，託羅斯基分派相爭，直到一九二七年，乃有開除金、託二人黨籍之提議，刻下金、託二氏雖潛勢力仍在，但黨和政府的大權，都已集中於斯達林之手，實際上斯達林已是俄羅斯的拿破崙，不過沒有拿翁的武力罷了。蘇俄的政制號稱是代表大多數無產民眾的意思，但實際上全俄國民眾的意思，都是受黨的操縱，而掌權操於最高幹部少數領

袖之手。選舉用口唱而不用投票，由辦選舉的人當場提出名單，向民眾諮詢贊否，結果凡政府所授意提出之候補人，無不當選，因為在這種場合，當然沒有人敢加以反對的。

中國共產黨在兩湖執政時，也用的是此法，有所謂民眾審判大會者，以被審判者之姓名提出於民眾大會，凡多數舉手者，即可判其以死刑，或其他嚴刑，結果提出一人，無不通過判罪，因在這種場合，若不隨聲附和，則自己連帶的也要受反革命的嫌疑，這還能算真正代表民意嗎？俄國的內政既非民治主義，而成為變形的專制，對外也仍不脫帝國主義侵略之本色。蓋俄自實行新經濟政策以後，已公然承認國家資本主義，既承認資本之存在，則無論資本之屬於國家抑或屬於個人，總之不能免除對外之經濟競爭。欲求發展國富，不能不輸入外資，生產事業發達以後，又不能不向外開闢市場，因此伴隨國家資本主義而起的侵略行為，乃是萬不可免的事實。所以蘇俄之終必變為帝國主義，而向外野心侵略，不必待事實而已證明。

我們固然在理論上可以不贊成帝國主義，但事實上，不是消極的不理，或盲目的破壞，所能抵抗得住的，蘇俄在最初，本想以共產社會的組織，來抵抗帝國主義的侵略，乃不料共產主義實行以後，徒足以使本國生產全都停滯，而外國的經濟侵略，不但不退步，反而日見發達。蓋人類經濟欲望本是與有生以俱來，不是政府力量派能改變。本國生產事業完全破壞的結果，勢不能禁止人民不購買外貨以應日用之需，政府於此，若想抵抗外貨之侵入，就除非封鎖匪境使全國人民餓死，否則即不能禁外國不來實行他的經濟侵略，列寧有鑒於此，知道俄國若長此實行盲目破壞自國生產組織，和實行空想的背乎人情的共產政治，其結果不但真正共產的幸福不能達到，反有淪為帝國主義奴隸的危險。

解除這個困難的方法只有兩途，一則放任人民自由競爭，造成一個純粹資本主義國家，一則以國家來代替個人的資本家，將全國重要生產事業俱握之於國家掌中，努力發展本國的生產，以抵抗帝國主義的侵略。前者與共產主義的理想大相抵觸，且流弊甚多，不可採用；後者則為近代各國解決社會問題最妥善的方法。雖各國施行這種政策的態度各

有不同，但其對內以國家資本制裁私人資本發達的流弊，對外以國家資本抵抗外國資本侵略威風則一。列寧自毅然採用了這種政策之後，才將俄國救出了沉淪的危險，我們於此，不但佩服列寧的眼光敏銳和手段爽利，而且佩服他的真正愛國愛民的心腸和遷善改過的勇氣。

　　從新經濟政策實行以後，列寧和他的黨人已拋棄了國際主義的空想，而走入了國家主義之途了。我們所不滿意於俄國現行政治者，只覺他純由少數人專制，違背民治精神太甚，若單就國家社會主義一節而論，我們是值得加以讚許的。但是贊成蘇俄的政策，並不是即可以作為傾向蘇俄的理由；說國家主義將有變為帝國主義的危險，也不能即作為中國不應採取國家主義的理由。蘇俄為他的本國人民打算，採用了較適宜的政策，我們也只有為我們本國人民打算，採用適宜於我們本國的政策，列寧已經盡了他為俄國的本分，雖然結果對於中國引起多大的擾亂，雖然蘇俄的侵略政策是於中國不利的，但列寧知採用此種政策，對於俄國並沒有什麼對不起的地方，中國之自命列寧者，若是能採用列寧的手段，為發展本國人民生活幸福起見，向外施用各種侵略行為，我們雖不必一定贊成，但可以相當諒解。若是一面贊成列寧的精神，一面卻又反其道而行之，專去破壞本國人民的生活的安全，秩序，幸福，替一切帝國主義造成侵略的機會，則不但為全國國民所不許，抑且是列寧的罪人。

　　共產主義者最大的矛盾，即在一面高呼唯物史觀，承認客觀事實對於社會問題的解決有極大的勢力，一面卻否認一切各民族的客觀環境，妄想以同一理論和組織施之於全世界。俄國民族的物質條件與西歐不同，中國民族的物質條件又與俄國不同，而共產黨則欲以馬克思個人的空想整齊畫一之。結果所在扞格不通乃是當然的情理。在蘇俄則由共產主義不得不蛻化而成為國家資本主義，上面已經看過，現在再看看共產黨在中國活動的成績如何。在生產事業百般落後的中國，不合於馬克思社會革命的條件，乃是顯著的事實，雖共產黨人也不能否認。共產黨人所藉以辯護的唯一理由，就是俄國也是生產落後的國家，但蘇俄已經懊悔了共產政治的失敗，而回復到國家資本主義的路上去，中國何以不能領略這種失敗的教訓，而逕直就採用了社會政策？俄國已經試驗國際主

義的失敗，而復歸於國家主義，中國何以不能領略這種失敗的教訓，而
逕直就採用國家主義？

這個問題且擱過不提，中國共產黨所惟一模倣俄國的是一黨專政
——按俄國雖實際上採用一黨專政，但表面上尚偽稱為一階級專政，而
不肯承認一黨專制之名，蓋一黨專政並非美名也，至今日中國國民黨乃
公然以一黨專政自居，儼然引為得意，其無常識一至於此！——但共產
黨在中國究竟貫澈了一黨專政的主張沒有呢？武漢政府短期的恐怖政
治，已引起各方面猛烈的反攻，共產黨終於不得不逃遁以去，一黨專制
之第一度試驗，已經失敗。

至於國民黨雖然自命為一黨專政，其實他們尚夠不上所有黨，更說
不上什麼真正的專政了，共產黨的專政主張既然失敗，他們的工人運動
也不能說成功。因為在中國，近代工業並未發達，工人在全國人民所佔
的地位並不重要，全國工人有勢力的區域也不過上海，漢口，廣州，天
津等幾個大碼頭，而這幾個商埠又是受帝國主義侵略最深的。共產黨若
想施行純粹的工人專政，勢非於此幾個口岸努力不可。但這幾個口岸並
不能控制中國的全部，共產黨即使完全統治了這幾個口岸，也不過統治
了佔全國人民極少數的工人，對於全部人民仍未能任意指揮，何況在帝
國主義鐵蹄之下，這幾個口岸的佔領，又絕對是萬不能實現的事情。

因此，共產黨若專從工人運動下手，就永無成功的可能，這是最近
中國共產黨所以突然改變城市運動政策，而改用流寇戰略，專向農人方
面下手的緣故。最近中國共產黨宣布他們的新戰略，叫做「遊擊式的戰
略」，就是帶著一群武裝暴動的農民，去周遊各地做殺人放火的勾當，
我們的老話就叫做流寇。中國共產黨採取這種策略確是很特殊的策略，
不但世界上各普通政黨無此策略，就是世界上的共產黨也無此策略。法
國的共產黨是從議會下手的，俄國的共產黨是從一黨專制下手的，卻從
沒有聽說有從流寇下手的。

然而中國共產黨所採取的新戰略，卻不失為適合中國的國情，卻比
較舊日所採取的一黨專政，工人運動的策略更高明得多，是可以有成功
的希望的。蓋中國人民向來對政治關係很少，消極的抵抗暴政之力甚

大，故一黨專政絕難成功。反之，因社會組織鬆散之故，如有一種的集團的勢力以全力從事擾亂，則頗能收得相當之效果。不過擾亂之結果，人民固大受其苦，共產黨也難有什麼新的組織出現。蓋任何政治組織，必須建立於國富民安的基礎之上始能久遠，若將全國人民生計組織破壞淨盡，而欲求新政治之建設成功，真是南轅北轍，結果不是為紅色帝國主義供驅除，即是為白色帝國主義供驅除。但蘇俄此時尚無收拾中國之力量，故共產黨流寇策略之結果，只以促成白色帝國主義之共管政策耳。

目前抵禦共產之禍的方法，只有一面聯合中流階級築成防禦的陣線，以民團抵禦流寇；一面趕緊採用保護政策和中山的開發實業計畫，使全國人民都變為有產階級，則禍亂自然停止。今日共產流寇禍亂之養成，一半是舊式傳統腐舊禮教壓制下之精神的反動，一半則是人民生計受帝國主義經濟侵略至於山窮水盡的反響。共產雖是大禍，但決非已往南北政府所用的屠殺政略所能消滅，使青年思想有生路，使人民生活得保障；政治社會都上了正式的軌道，則一切病的罪惡自然消滅。不此之圖，徒以慘殺青年為事，那真是為共產黨造機會。將來冤冤相報，糾紛不已，國民生計，都斷送在一念憤激之情裡面，又豈僅是共產黨人之罪哩！以上因為批評中山的民生主義，遂連帶的談及共產主義。

依我個人的意思看來，今日潛伏在三民主義旗幟之下，為國家最大之患的，並不是共產主義，而乃是所謂無治主義。中國的共產主義，雖然未流於窮凶極惡，然而畢竟是向前進的，有主氣的，有血性的，是一種西方式的現代精神。至於今日中國所流行的無治主義，世界主義，人道主義，和平主義，等等各色，乃是從老、莊以來的傳統的東方思想，是懶惰的，落後的，反動的思想。這傳統的思想，在中國人的腦筋中，已經根深蒂固，發之於文藝，發之於思想，發之於談話，結果徒造成兩晉清談之禍。要矯正這種危險，必須創造出一種新的積極的精神，要帶著國民向猛勇慈善的路上走，而不向刻薄冷酷的路上走，思想上需要如此，文藝上需要如此，政治上也需要如此。

這都是話裡帶出來的多餘的話，我們就此「帶住」。至於中山先生民生主義的內容，如「平均地權」、「節制資本」之類，我們此處可以

不必細講，因為這種政策在精神上總是不錯的，在實施上又未免太簡單。社會政策中要注意的事項甚多，非是這兩條簡單標語所能包括得盡的，中山先生的發展民生的計畫，具見於《建國方略》各書，以後我們另作一個批評，單獨對於該書作一番研究的工夫，此處就可以暫時省過。對於三民主義的批判就此可算終結，所批判的是否合理，自然有許多研究三民主義的人來回答，我們可以不必過慮。末了，在全書要完結的時候，我對於三民主義的創造者，也就是中國革命的先覺者──孫中山先生──表示最大的敬意！

下篇：

雜感集

致陳獨秀函（一：古文與孔教）

獨秀先生座右：

前從友人處假得《新青年》二卷一、二兩號讀之，偉論精言，發人深省。當舉世混獨之秋，而有此棒喝，誠一劑消涼散也，惟僕於二號通信中，胡適君論改革文學一書，竊有疑義，願為先生及胡君陳之，乞裁正焉。

胡君所陳改革八事，除（五）、（八）二項，先生已論及外，其餘若（二）、（六）兩項，僕極端贊成，亦無庸贅言，惟（一）、（三）、（四）、（七）各項，咸有一二疑義，不敢自默也。

吾國於文學著作，通稱文章。文者，對質而言；章者，經緯相交之謂：則其命名之含有美術意義可知。夷考上古文之一字，實專指美術之文而言。其他，若說理之文謂之經，紀事之文謂之史，各有專稱，不相混淆。降至漢晉，相沿勿衰。故觀江都龍門諸子所為紀事說理之文，要皆錫以專名。而如《文選》所載，雖多浮豔之詞，實文之正體也。自韓退之氏志欲標異，乃創為古文之名。後人推波助瀾，復標文以載道之說，一若除說理之文而外，即不得謂之文者，摧殘美術思想，莫此為甚！胡先生以古文之敝，而倡改革說，是也；若因改革之故，而並廢駢體，及禁用古典，則期期以為不可。

夫文體各別，其用不同。美術之文，雖無直接之用，然其陶鑄高尚之理想，引起美感之興趣，亦何可少者？譬如高文典冊，頌功揚德之文，以駢佳乎？抑以散佳乎？此可一言決矣。僕以為改革文學，使應於世界之潮流，在今日誠不可緩。然改革云者，首當嚴判文史之界（今假定非美術之文，命之曰史），一面改革史學，使趨於實用之途，一面改良文學，使卓然成為一種完全之美術，不更佳乎？若六朝之敝，非因駢體，實用駢而無法以部勒之敝也。譬如衣木偶以華衣，華衣累木偶乎？木偶累華衣乎？今若取古文之法以御駢文，斯可矣。

嘗觀今之老師宿儒，動倡保存國粹之論。其所謂國粹者，乃指道德

學說而言。然愚以為道德學說，乃世界之公物，非一國所得私有，即不得目為國粹。真正之國粹，正當於此等處求之。吾國之駢文，實世界唯一最優美之文（他國文學，斷無有能於字數音節意義三者對整，而無參差者），而非可以漫然拋棄者也。至專以古典填塗，而全無真義御之，如近世浮薄詩家所為，固在必革之列。然若因此而盡屏古典，似不免矯枉過正，詩文之用古典，如服裝之御珍品，偶爾點綴，未嘗不可助興，但不可如貧兒暴富，著珍珠衣過市已耳。若用俗字入文一項，愚意此後文學改良，說理紀事之文，必當以白話行之，但不可施於美術之文耳。

憶某報文藝話中，曾有一則，謂白話小說，不如韻文能寫高尚之情。即如京戲譜，可謂鄙俚，然其詞句亦有非白話所可代替者。如「走青山，望白雲，家鄉何在」一語，寫思家之情，斷非白話所能形容云云。愚謂他日白話體進步，此種語情，未必不可表出。但今日之白話，則非其倫耳。

為今之計，欲改革文學，莫若提倡文史分途，以文言表美術之文，以白話表實用之文，則可不致互相牽掣矣。且白話作文，亦可免吾國文言異致之弊，於通俗教育，大有關緊，較之乞靈羅馬字母者，似亦稍勝也。

詩文須有真性情，獨標我見，不相依傍，自是作文要訣。然此第於平日之蓄養致力可耳，若於執筆作文之際，乃懷不落窠臼之見，此與所謂文以載道之習氣，實無以異。誠恐人見雖除，而支離之弊又起也。未審然否？

愚年未及冠，智識非所敢言，惟願以其不完全之理想議論，敬乞長者為之完成之耳。或亦先生之所許乎？

再觀先生〈駁康南海書〉一文，亦有愚見，略陳左右。先生之駁康書是也，獨其中有「孔教與帝制有不可離散之因緣」一語，未審所謂孔教云者，指漢宋儒者以及今之號為孔教孔道諸會所依傍之孔教云乎？抑指真正孔子之教云乎？（教者教訓，非宗教也）。如指其前者，則僕可以無言；如指其後者，則竊以為過矣。

孔子之教，一壞於李斯，再壞於叔孫通，三壞於劉歆，四壞於韓

愈。至於唐宋之交，孔子之真訓，遂無幾微存於世矣。所可考見者，惟其一生之行跡耳。然亦經偽儒之塗附，而令人迷所選擇。孔子一生歷干七十二君，豈忠於一生者乎？公山佛肸皆欲應召，豈拘泥叛名者乎？其所以扶君權者，以當時諸侯陪臣互爭政柄，致成眾人專制之象，猶不若一人專制之為愈也。所以尊周室者，以當時收拾時局，在定於一，而周室於理最順故也。豈忠於周哉？孟子以繼孔自命，而獨不倡尊周，且大張民權之說，斯可知矣。

又文中引《論語》「民可使由」及「天下有道」二節，似有不慊於原文者。僕以為所謂天下有道，則庶人不議云者，謂無可議也，非如近世民賊獨夫之箝制輿論也。代議政治，本非郅治極軌，則孔子之言，亦未可非也。至「民可使由之，不可使知之」一節，則純係對於當時立論，非可範圍後世。且平心論之，今世學者，競言民權矣，其實言民權，毋寧言士權之為愈。必欲於今世求可言民權之國，惟德意志其或庶幾（以其國民皆士也）。若其他諸國，則遠遜矣。若於吾國則所謂民權者，亦等於專制之稱天而已。而不然者，試以吾國之國政，盡公諸四萬萬人，而求所謂大多數之民意者，誠恐蓄髮辮，用舊曆，廢學校，復拜跪諸政，將繼續而頒行矣。然則苟非世界大同，人盡聖哲，民權未易言也。孔子之言，又何可非哉？

（北京高等師範預科生晉後學常乃惪上言）。

文章出處：《新青年》第2卷第4號（1916年12月1日）。

致陳獨秀函（二：古文與孔教）

獨秀先生大鑒：

　　年假滿來都，購《新青年》第四號讀之，知曩者狂妄之言，已蒙登錄，且加以指正矣，欣感何極，雖然，猶有未喻於懷者，故敢卒陳其所見，幸垂教焉。

　　以史概應用之文，定名自是不當，前書不過假定，取便行文耳。然文學之文，與應用之文，究不可以不分，則先生固是其言矣。文學美文，雖不專在駢體與用典，然駢體與用典之文，不能謂為非美文也。駢文不過體裁之異，尚不足道，若古典之為物，則竊以為不善用之，固足以束縛性情，牽強失真，善用之，卻可以助文章之省簡。譬如敘一事，狀一物，以常文說之，累累數十言，未必能盡且肖，取相類之古典一、二語代之，足矣。蓋古典之為用，頗似專門名詞。名詞括物之德，古典狀事之情，一也。特是苟專恃古典為生活而成之文，則誠有如先生所言，易傷文學之天才者，惟因此遂全禁古典，似不必耳。二十世紀雖為物質文明之時代，然精神生活，究不能全然拋棄。則文學美術之文，亦何可少乎？

　　至僕對於孔學之觀念，有數語可以概括之。郎僕信孔學之實質，與宗教之實質，全然殊科；又信孔子之言，未嘗專主於專制政體。至孔子之道，果適於現在生活與否，僕未嘗取孔氏之書盡讀而曉其義，不敢斷言。然私心竊以為世界過去之聖哲，無論何人所稱道之學說，未有能與後世之生活完全適合者，亦未有完全不能適合者。孔子亦其中一人也，則何能外此公例哉？

　　先生以為漢唐諸儒，何以不依託道法楊墨，而獨依託孔子。僕謂此當分兩等人觀之。如叔孫、劉歆之屬，此輩心志，不過假學問為干祿之具，值所師為儒者，或世主好儒，遂因緣以為進身之途耳。是孔道自孔道，此輩自此輩，不足論也。乃若韓愈以及唐宋諸儒，其心目所期，未嘗不以繼道統者自命，獨惜所得為孔道之一部而非全體，所見為孔子之

雅言而非微言。是故謂唐宋諸儒所學與孔道之一部適相脗合可也，謂孔
道之一部與帝制有關亦猶可也，遂謂孔道即與帝制有不可離散之因緣，
是以分概全，未為可也。若謂漢唐諸儒獨依孔道，遂謂孔道即帝制之
證，則張道陵未嘗不依託老子，摩門教未嘗不依託耶穌，將謂老子、耶
穌亦嘗言符咒之術，善多妻之風耶？若謂孔子嘗稱帝制，與二氏之憑空
依託不同，則孔子又嘗道，食不厭精，膾不厭細矣。今使有人衣狐貉之
衣，食必薑醬，自以為是孔子之道，又以是教人焉，則亦遂謂孔子為口
腹之鄙夫，可乎？

　　竊見孔子雖嘗言專制，而未嘗不言大同。如《禮運》所載「大道之
行」一節，或有非今日共和政體所能躋及者。孔子生未開化之世，一言
一動，胥以救時為亟，故不得不常言專制。如《詩》、《書》與《禮》
皆所雅言，而《詩》、《書》與《禮》則皆專制之法，不可行於後世者
也。〈禮運〉一節，雖首稱大同之美，而其究歸於小康（蓋亦對證發藥
之言也）。宋儒學行，誠有卓絕者。僕謂不第宋儒，即如韓昌黎者，吾
人雖不是其〈原道〉之說，而其品行文章，亦實非後人之所及。特是品
行自品行，學術自學術，不能以持躬之正，遂許其見道之篤，亦猶不能
見道之篤，遂許其持躬之正。此理至明，無足贅也。

　　孔子生於二千年之前，其思想言論，不能以後世眼光論之，吾人固
不必強為裝點，如近世儒者所為，甚至有以周、召共和，為今之共和，
以唐、虞禪讓，為今之民選者。惟孔子未嘗專以君主專制為是，則證據
鑿然，未可抹殺也。昔孟子以繼孔自命，稽其言行誠不必盡似孔子，獨
其謂孔子為聖之時，則可謂深得孔子之奧。孔子之道可推行於後世者，
一「時」字而已。其他一切則皆是枝枝葉葉，適於古者未必遂適於今也。

　　僕見本期論文中，有〈孔子之道與現代生活〉一篇。其中所言，僕
幾無一語不五體投地。嘗謂今之尊孔者，其病在明知孔子非宗教家，又
既知孔子之道，未必全適於後世，然因誤認今日社會道德之墮落，為亡
棄舊學之故，思以孔道為補偏救敝之方，故不得不曲為之說，而以孔子
為宗教，以孔教為國教之議遂興。此其數皆不明道德之真象，不通論理
之思辨有以致之。故先生謂孔子不必尊，僕亦謂孔子不必尊。然謂孔子

不必尊則可，謂孔學為純然專制之學，則猶未敢以為信也。

至於眾人專制一語，不過沿用俗稱。其實一人為暴，不過專制；眾入為暴，乃成亂治。專制之暴，為力尚微；亂治之暴，遂不可救。得失之數，蓋較然也。必謂一人可以為暴，眾人即不可為暴，竊謂所謂眾人者，不過較一人為眾而已，持較群氓，猶是少數。以少制多，雖謂非專制焉不可也。矧孔子所值之時，乃是眾人各自於其勢力範圍之中，而施其專制，此則確然為專制而非亂治也。

先生謂吾人寧取共和民政之亂，而不取王者仁政之治。此言蘊理至精，僕寧敢妄有訾議？惟是國之施政，不第當問其欲不欲，尤當問其能不能。使國情而適於共和也，則從吾所欲，取共和可也；使國情而不足語此，吾人雖甚欲，其如不能何？（僕此言頗與籌安會人表面所持理由相同。然彼輩謂中國不能行共和，僕則謂吾民既能有辛亥倒清室之戰，復能有去歲爭人格之戰，則吾民非不能行共和者也，至開國艱屯，何國能免？要在吾民有以自奮而已）。

抑又聞之，共和民政無亂也。（真正之共和民政，亦未嘗無亂。其亂在挾多數之意以臨少數。穆勒《群己權界論》論之詳矣。然今日所謂共和民政云者，既不足以語於真正大多數之民意，則為治為亂，固無係乎此耳，故可以不論）。其所謂亂者，必其鄰於專制者也。蓋今所謂共和民政之亂者，有二端焉耳。其一則蒙共和之名，行專制之實，如近世民賊大盜之所為，其為專制易見也。又其一則勢均力敵，莫能相下，或樹黨以互攻，或恣戮以快意，馴至如法國大革命後之恐怖時代，人人自危，有朝不保夕之虞，此固世俗所嘗目為共和民政之亂者。雖然，苟即其事而一審之，則知此皮相之見，未可據以為共和民政之罪符也。蓋其恣睢暴戾之現於外者，固若以大多數之民意行之，而其實則內幕之中發縱指示者，別有人焉。殺人者一人，被殺者又一人，此亦變相之專制耳。其所謂亂，專制之亂，而非共和之亂也。夫共和民政，固足以導吾人於能力發展之途，而共和民政之出乎軌道以外者，其不足以語此，抑亦明甚。

是故苟以共和與王政較，則去取之間，固人情所同；而以共和之

亂，與王政之治相較，則僕寧取其治者以苟安旦夕耳。何則？既同有專制之實，同非自動之制，則除以治亂判去取外，尚有何法以軒輊於其間乎？此則愚見所及，不敢苟為從同者也。為是為否，尚祈有以教之為幸。即頌撰安。

　　常乃悳上言。

　　　　　　　　文章出處：《新青年》第2卷第6號（1917年2月1日）。

致陳獨秀函（三：儒教與家庭）

獨秀先生大鑒：

　　月前郵上一函，計已呈政矣。日來都中始得第五號讀之，未知六號已出版否？茲將近作〈我之孔道觀〉一文，寄呈尊覽。此乃近日來所體會而得，為是為否，無所就正，願先生為卒教之。

　　又五期載胡先生論改良文學一文，其解釋古典之用法，與僕前函頗可印證。若白話為文體正宗之說，尤僕所私心祝禱，期有日得見此盛者。僕尤願胡先生歸國後，能一以改良文學為己任，或創一白話報，以作改良之模範，則登高一呼，盛業當不朽也，大誌此後能時時提倡此種言論尤善。

　　又有所私望於大誌者，願大誌此後，提倡積極之言論，不提倡消極之言論；提倡建設之言論，不提倡破壞之言論。即以家族制度而論，與其提倡破壞舊有的大家族制度，何如提倡建設理想的小家庭模範？優勝之小家庭既立，則大家族自在劣敗淘汰之列，正不必再勞破壞也。

　　至如所謂不經破壞，不能建設一語，此僕所極不敢贊同者。竊以此語不過就過去之現象，所得抽象之觀察，不知過去之現象，悉為天然的而非人為的。進化論者有言：「人治有功，在反天行」。今日凡百治業，罔不以反天行為勝矣，何獨於此語，而猶囿於現境為也？是否有當，幸垂教之。即頌箸綏。

　　常乃悳上言。

　　　　　　　文章出處：《新青年》第3卷第1號（1917年3月1日）。

致陳獨秀函（四：孔教）

獨秀先生座右：

頃讀大誌第六號，蒙指示一切，感甚。去月十八日，曾上一函，附〈我之孔道觀〉一文，當均呈政。此文不過略陳鄙見，以備採擇，無價值之可言，似不必為之披露也。

就實際而論，孔子之道，比較的在周秦諸子中為毗於專制，無可諱言。然當思孔子所承為宗法社會封建制度極盛之後，則其所稱道，較之已為革新為進化，所異者，孔子為積極建設派，與老、楊之消極破壞者不同；為漸進派，與莊、墨之急進派亦不同耳。

先生闢孔道另具苦衷，僕亦頗能領悟。惟竊以為今日國中尊孔之主持者，不過少數迂儒。此輩坐病亦只在頭腦稍舊，見理不真，尚未必有蓄意淆亂是非之心。倘能因其勢而喻以公理，未必竟不能翻然覺悟。今日反對、贊成兩方，各旗鼓相當，所缺者局外中立之人，據學理以平亭兩造者耳。若公斷之言，稍涉偏倚，則不惟無以折尊孔者之心，誠恐意見所激，則解決此問題之法，將不在學理，而在他種之勢力，此豈吾人所欲乎？若夫學術界定於一尊之思想，則根本上即不能成立，又不在孔道之若何若何也。

至共和與專制之利害，僕非敢謂共和不如專制，亦非謂國有不適於共和者。惟以為吾人欲求共和政治之實現，當從根本上著手改革，使其民而盡成共和之民，則共和政體何患不成？此固舍教育不為功矣。否則實質未殊，分子依舊，則雖經十度百度之政治改革，庸何濟乎？

人生於世，不可無理想之鵠的以為進行標準，此僕所信以為然者也。然此理想鵠的之建立，要不能不依於現境。竊以為人生最大職務，即在就吾人環境之現境，加以變動，使實現吾理想之鵠的，如是而已。知有現境而不知有理想，固為不可，若舍現境而專言理想，則其所謂理想者，將何從以徵其實現乎？

若夫圖一時之苟安，昧百年之大計云云，則固僕所常自警惕，庶幾

一日得免此病者，先生之言，僕敬佩之矣。即頌教綏。

　　常乃惪上言。

　　　　　　　文章出處：《新青年》第3卷第2號（1917年4月1日）。

我之孔道觀

今當述此論之前，當先陳僕對於現今尊孔之意。僕不第反對定孔教為國教之說，並反第十九條第二項對憲法草案「國民教育，以孔子之道為修身大本」。國教之無理由，可不待論，若憲法草案之不當，亦有種種之理由。其一、教育不過行政之一部，國民教育又不過教育之一部，修身一科又不過國民教育之一部，以憲法而越俎於行政之最小部分，可乎不可。其二、假令國民教育可以孔子之道為修身大本，則軍事教育亦何不可以關、岳之道為大本。推之實業交通等項，亦皆求以誰某之說為大本，可乎不可。其三、修身大本是否僅可限於孔子之道，與孔子之道是否僅侷限於修身大本。倘使兩皆不能互限，則為此兩不盡物之文，於實際有何用處。其四、前乎孔子者，有堯舜禹湯文武，皆孔子所祖述憲章。後乎孔子者，有馬鄭程朱陸王，皆孔子之宗子嫡派。究竟以何者為孔子之道，則必如謔者所云：「孔子之道，別以法律定之」。試問如此，尚復成何說法，不如此，則更有何法。

凡此種種、皆對於孔道定入憲法之疑問，尚不必問孔道之實質、果宜於國民教育否也。故以個人之見，與其願定孔道為教育大本，寧願定孔教為國教。何則，孔子之學，雖非宗教。國教二字，雖不成意義（宗教為超世間的，國家則世間之一物耳，以世間之物而範圍超世之教，其說實不可通）。究竟尚有前例可援，若某人之道云云，定入憲法，則全球無此笑聞。其二、定為國教，不過稍侵信抑之自由，其他尚無顯著之弊害。若以孔道定教育大本，則必悉以孔道之精神，納入教育。其可行者固無妨，其不合於現世者，亦必強而行之。蹂躪思想自由，何可勝言。且國民教育而求尊孔，則必以小學讀經為入手第一步（今之主張孔道者，其目的即在此事，所謂項莊舞劍意在沛公者也）。

夫小學讀經之利害，在今日實已無討論之餘地。總之，此事一行，勢必使多數天真活潑之兒童，陷入悲慘之境遇，而中國前途一線之生機亦絕，可斷言也。定為國教，不過一部分人受其損害。糅入教育，則蒙

其害者將在全國，此吾所以寧取彼而舍此也。又有以孔道問題，與信教自由相提並論。倡為存則俱存，廢則俱廢之說者，此尤可笑。信教自由，為人民之權利，為消極之制限，孔道問題，為人民之義務，為積極之行為。信教自由云者，乃許其自由，並非不許其不自由也。

憲法雖有信教自由之文，假令其人信仰一教，即不得再信他教。不能援憲法之條文，謂憲法許汝自由，汝胡為不自由也。是則憲法雖有規定，而從舍仍在人民。孔道之於教育，能如是乎。假令憲法條文為國民教育，許其以孔子之道為修身大本。則無論其他點衷理與否，尚可與信教自由，相提並論。然而今之憲法草案所規定者，固明明為強制而非任意也。且信教自由，為近世文化之根源。與定於一尊之舊思想，根本不能相容。兩存固不可，俱廢亦豈能乎。

由此觀之，則尊孔之說，無論由何點觀之，實無一是處。是故欲明孔道之真相，必先袪其尊孔與詆孔之一念，而後始得有公平之觀察。此下所言，乃僕個人對於孔道之意見，不敢謂他人亦同此觀念。然見仁見智，各如其分，故曰：我之孔道觀，而非他人之孔道觀也。欲觀孔道之若何？必先明孔子在學術史上所處之地位。善夫馬君武先生之言曰：「孔子不過古代學術家之一，其功罪是非，當與其他學術家比較而觀，不當特異視於他人」（原文字句稍有異同，見二月十二《民主報》），此言可謂持平之論矣。雖極尊孔子者、不能謂其非古代之一學術家。雖善詆孔子者，亦不能謂其非古代之一學術家。然則就學術史上之地位而觀察孔道，其殆無偏無黨之論也乎。

吾人本此見解以觀察孔道，其第一之特彩，迥非他派學說所可及者，即其學說系統之完密，與持論之一貫。中國學者不講邏輯因明之學，故其持論往往首尾不能相應，易蹈顧此失彼之譏。然孔子之學說獨不然，其政治學說、倫理學說、道德學說，皆以一貫之學理通之。深至鬼神哲學，淺如日用纖悉，無不以此一理，貫澈始終。其理維何？即所謂絜矩之道而已。吾人試一繙《論語》《學庸》之書，則見纍纍者言，無非發明此一理。所謂君使臣以禮，臣事君以忠也。所謂父父子子君君臣臣也、所謂與父言慈與子言孝也、所謂己所不欲勿施於人也，若此者

舉之不可勝舉。而《春秋》一書，即專為闡明此理而作。故曰：參乎，吾道一以貫之。一者何，絜矩之道而已。曾子以「忠恕」二字釋之。忠者為己所當為；恕者不為己所不當為，為己所當為者。《孝經》所以寓孔子之行，不為己所不當為者，《春秋》所以見孔子之志，其實皆由絜矩之道出也。

孔子之道，最為今人所訾議者，莫如綱常之說，因之尊孔者，乃有倡綱常非孔子原始教義，以護其說者。其實此語殊不盡然，綱常之說，確為孔子之教義，且亦由此一貫之絜矩學理而出。其遞演之情狀，請為圖表以明之：

```
（孔子之道）－－－   絜矩之道－－盡職  恕 ｝ 慎終
                                忠 ｝ 追遠 ｝ 三綱
                 封建制度                明分 ｝ 五倫
（上古遺傳之思想）－－鬼神思想－－報恩  孝 ｝ 辨等
                 家庭制度
```

由上圖觀之，孔子之道，實以絜矩為起點。由絜矩之理，而得有盡職之觀念。蓋惟人人盡其職，而後絜矩之道始可言也。孔書中如君子思不出位之類，皆明此理，由盡職而再進一步，乃得有忠恕之觀念。忠為積極，恕為消極，皆所以求盡職之道。

前文已言之，蓋當為者為，固盡職。不當為者不為，亦盡職也。孔子既以忠恕為實踐之教義，於此時、而適有古代傳來之思想，若忠孝二字者，適足為其教義之一大聲援。乃即取以與向有之教義相糅合，而別等明分之學說出焉。忠孝二字、本古代遺傳之思想，非孔子所自創。其觀念之構成，由於報恩一義。與孔子所主張盡職之說，迥不相同。報恩之義者，實吾國古代（春秋以前）思想之根源，其來源由於鬼神、封建、家族三思想結合而成。其被於古代政治學術諸界之影響，至偉且鉅，（其詳見《庸言報》梁任公所論）。由報恩一義，而得有忠孝之觀念；亦猶由盡職一義，而得有忠恕之觀念，乃自然之趨勢，不足深論。所當知者，忠孝之忠與忠恕之忠，二者名雖同而實則大異。前者由於封建之遺制，所謂食毛踐土，具有天良者也。後者由於盡職之教義，所謂

人人修其身而天下平者也。可知忠孝之忠，與忠恕之忠，實為二事。至其所以混為一談，而別構成一新教義者，則孔子為之也。

孔子所以必引忠孝以入己說者，殆由當時報恩之觀念，已廣布於學者思想界中，不可遽滅。因即其說而擴充之，以樹自己之新義。且報恩之義，與盡職之義，亦最相近。報恩者，對於一人之償負行為。盡職則移，其對於一人者，而對於眾人，對於職務。此即孔子所以利用古代之思想，而導之使同化於自己之教義之故也。因此二義之結合，乃產出所謂明等差別貴賤之學理。而綱倫之說興，是故可知綱倫之說，實孔子之教義，並非後人所偽託。不過孔子之綱倫說，出於絜矩之道，乃相對的義務，非如後儒所說，一方面絕對有權利而無義務；一方面絕對有義務而無權利，此則證之經書，所可曉然者也（如小杖則受，大杖則走之義，使後人言之，得毋曰子罪當誅，父固聖明耶）。

孔子之論男女，多尊男抑女之辭。此則與其一貫之絜矩學理，不能相應，此甚可怪。若求其故，當是囿於當時習俗，不克遠見。試觀當時諸子百家，異論紛起，而未聞有提倡女權之說，可知習俗入人之深。蓋古代男女之際，本帶有主奴之性質。《左傳》所載諸侯大夫取一正妻，則其諸姑姊妹，悉為媵妾，則固夷然奴視之矣、傳言孔子亦有妾，而孔子之弟子屢有出妻之事，則孔子之不主張男女平權可知。且孔子之教義，以宗祀為極重，以無後為不孝，此亦其重男輕女之一因也。昔蘇格拉底希臘大哲，而獨主張蓄奴之制。習俗囿人，賢者不免，士論至今惜之。孔子之重男輕女，殆亦類於此者歟。僕以為居今日而言改革孔道，其最先宜注意者，即在恢復女子之自由一事，與此事相連而起者，則孔子之家族主義是也。家族主義、嗣續主義不破，中國人終不能出水火而登袵席。與其以專制罪孔，而孔不任受，何如以家族主義罪孔，尚得其實乎。雖然家族主義雖成於孔，而非出於孔也。自二帝三皇以來，家族之基礎，已不可破矣，孔子特承之，而益光大之而已。

孔學之精華，著於六經，故論者每即經以求孔子之說，此固莫得有非之者。然竊以為，此中亦自當分別觀之。如《詩》如《書》，乃古代典章，孔子不過為刪節而已。此外，更無所增益，故不得藉此以論孔

學。可藉以覘孔學者，莫如《易》與《春秋》。《春秋》孔子所自作，《易》則曾繫辭焉，皆足以傳其學。此外若《論語》之類，雖為弟子所雜誌，不足以明一貫之理，要亦可窺其細微之節。獨《禮記》一書，雖多載孔子之言，然泰半皆周之典籍，漢儒又雜引漢制以淆之。孔子雖有言，僅解釋經義而已，似不當即此以論孔學也。

　　僕所見於孔道者止此，意既匪穎，言詞又不足以達之，宜卑卑不足道。顧所以為此者，將以求正於先達也，非以自炫奇也。儻有為點其是，而斥其非者乎，私日望之矣。

　　　　　　文章出處：《新青年》第3卷第1號（1917年3月1日）。

紀陳獨秀君演講辭

三月十七日，本校德育部開講演會，陳君蒞會，為說道德之概念及其學說之派別，洋洋千百言。歸乃憶其大略，紀之如左，其詳則本校別有記錄可參考焉。

欲討論道德問題，必先明道德之概念若何？然後立論始有範圍。原夫道德觀念之成立，由於人類有探索真理之心，道德之於真理，猶木之於本，水之於源也。宗教法律與道德，三者皆出於真理。宗教以信仰為基礎，法律以權力為運用，而有信仰所不能範、權力所不能及，則道德尚焉。由是觀之，道德與宗教法律，三者在真理之下。其內包與外延明、則道德之概念亦朋矣，道德之概念明，則應知其與宗教法律，皆真理之外形與名詞，皆應與時變遷。吾人往往以為道德不能變易，吾人今日所遵之道德，即自有生民以來所共認之道德，此大誤也。

夫道德變遷之跡，實有顯著不可掩之事實。如野蠻部落之民族，往往以能殺人為榮。有子成立，必教以殺人之術。殺人愈多，則受人之崇敬愈甚。此在吾人觀之，似覺怪誕，然彼輩固以是為道德也，從可知道德之不必一成不變矣。今日國人對於道德之誤解，蓋有二端。其一以為天不變，道亦不變，此其謬點，上已言之。蓋道德與宗教法律三者既為平等，則不能獨異於他二者也。又一派人則以為，科學發達之結果，道德二字，將不復存於人類社會中，此亦誤也。夫道德之所由起，起於二人以上相互之際。與宗教法律，同為維持群治之具。自非絕世獨生，未有不需道德者。試問科學縱極發達，能使人人皆離群而索居乎。如其不能，則有二人以上之社會，即有道德寓乎其中，故謂道德有滅絕之虞者，此未深察之論也。

道德之概念既明，乃可進而考求道德學說之派別。現今道德學說之在歐西，最要者有二派。其一為個人主義之自利派；其二為社會主義之利他派，此二派互為雄長於道德學說界中。自於吾國舊日三綱五倫之道德，則既非利己，又非利人。既非個人，又非社會，乃封建時代以家族

主義為根據之奴隸道德也。此種道德之在今日，已無討論之價值。其或有戀戀不捨者，奴性未除，不敢以國民自居者耳。若泰西二派之學說，則上知利根之士，猶遲迴不決於此二者之間，是真吾人所應研究者也。歐洲之文明、本有二源：一為歐洲古代遺傳之文明，即希臘羅馬之文明也；一為中世紀吸收外來之文明，即耶穌教之文明也，此二文明為歐洲文明之源泉。

凡百學術，悉出於是。道德學說，亦不能外之。個人主義，乃希臘羅馬遺傳之思想，至近今而大昌。一變為達爾文之物競學說，再變為尼采之超人論，三變為德意志之軍國主義，皆此思想之遞蛻也。社會主義，乃耶穌般文明輸入之思想，亦至近今而大昌。俄國之托爾斯泰，即力倡此學說，和之者甚眾。與尼采之超人論，成對抗之勢。逆料戰事告終，道德學說，必生一大變動，則解決此二思潮之期不遠矣。就根據之確實而論，自以自利主義為少勝。天下無論何人，未有不以愛己為目的者。其有昌言不愛己而愛他人者，欺人之談耳。言愛他主義之極者莫若佛，不惟愛一切人也，乃並一切眾生而愛之，其願力何等宏大。然究其歸宿，仍為自性涅槃、脫生死輪迴，以至佛地計耳。是寧得謂非自利主義乎，故自利主義者，至堅確不易動搖之主義也。惟持極端自利主義者，不達群己相維之理，往往只知有己不知有人，極其至將破壞社會之組織。

夫人者，群居之動物也，文明愈進，則群之相需也愈深。試觀吾人今日飲食衣服，乃至凡百什物，何莫非仰給於社會之互助。此豈一人之智力所能盡舉，即曰能之，亦但有保守而無改良進步之餘力，可斷言也。故言自利主義，而限於個人，不圖擴而充之。至於國家自利、社會自利、人類自利，則人類思想生活之衝突，無有已時，他日道德問題之解決，不外是歟。

謹案先生之言，於道德之真象，可謂發揮盡致矣。吾國儒生，往往以道德為不可變易之物，故有天不變，道亦不變之言。而不知道德與良知不同，良知者，吾心本有之元知，不假推理之作用，而自顯其功能，此謂之不變，可說也。道德則包元知、推知二作用而同有之，有本心所

自有者,謂之元知。有習慣所養成者,謂之推知。故道德之為物,自一方面觀之,則為本心自具之良知。自他方面觀之,則又為一群演進之大法。其一可不變;其二未有不變者也。

至於道德學說之比較,蒙則最服膺個人自利主義,以為人生之目的無他,惟有自利而已,合乎此者謂之道德,悖乎此者謂之不道德,可一言而決也。或謂自利主義,可行於遠西,而不可行於中國。以中國今日人心之沉溺於私利,既深且久,方拔拂之不暇,乃更以自利主義導之,是教猱升木也,奚其可,不知此未深察之言也。中國今日之人心,雖沉溺於私利,然謂之有自利之心可也,謂之得自利之道不可也。

夫有自利之心者,諦而觀之,豈惟中國今日之人為,蓋自含生之儔,胥具愛根。有愛根而後有欲望。有欲望而後有避苦就樂,留羨補不足之心。所謂自利之心,即此是也。若此者、自無始有生以來,已莫不皆然。群治之進,文化之啟,端於是矣。此固非高談仁義者所得而遏止之,抑亦不必遏止者也。有自利之心,而後知求所以自利之道,此亦自然之趨勢。然自利之心,雖為有生所同具。而自利之道,卻須視物智為轉移。智識愈進者,則其所謂自利之道,也愈精遠而近於真,否則反是。由此觀之,吾人可以知所以求自利之道矣。

夫今日所謂倫理道德上之名詞,若善、若惡、若仁、若不仁等,此俱非無始以來,此類物屬即自具有此諸名也。其得名之由,乃吾儕後起之人類,所命加所賦予也。吾人曷為而命此諸物屬者,以善與仁;抑惡與不仁之名詞。吾人曷為而於此雜然俱陳之諸物屬中,而即知所以善其善而惡其惡;抑其不仁而揚其仁。此無他、吾儕數千年以來之先民,本其積世之經驗、超人之智識,於此雜然俱陳之諸物屬中,取其有利於身及子孫者,制其名曰善、曰仁,以遺諸後來,俾遵效焉。取其有不利於身及子孫者,制其名曰惡、曰不仁,以遺諸後來,俾避止焉。惟先民垂此標準以詔吾儕,而後吾儕乃得據以決夫行止去就之分際,此道德倫理之觀念所由起也。

是故吾人今日所謂道德倫理之諸名詞者非他,吾先民所發明之制勝之公例,求真利之途徑而已。雖人智進步,道德隨之。今日所謂道德云

者，未必即與求自利之道完全相合。然其日漸而日近焉，固可斷而言也。然則吾人不欲求自利之道則已，苟其欲之，而所行乃與今日公認之道德相背馳焉，吾未見其可也。嗚呼！準此而觀，則中國今日一般人之所以求自利者，其前途可概知矣。營營擾擾者，固將以求夫自利，而不知適以自殘而自殺，此民智不足之過也。是故今之急務，不在遏其自利之心，而在教以自利之道，使其舍小利而就大利，舍近利而就遠利，舍一時之利，而就永久之利。則民猶有不強種、猶有不進者，吾未能信也。有以自利主義導吾民者乎，為之執鞭所欣慕焉。

文章出處：《新青年》第3卷第3號（1917年5月1日）。

中國歷代政治權力之變遷

　　凡一國政治必有其主權之所寄焉，如民主國家主權在國民，君主專制之國家主權在君，此其為例，或以明文定之，或不以明文定之，然考其政治組織之形式，與夫所以運用之精神，則其國家之權力何在，可立知也。我國政治權力之寄託，從古至今，有三變焉。上古時代，為封建政治，其政治之權力在於少數之貴族，君主與平民，皆無最後決定之權，此為一時期。自秦以降，君主專制之局形成，大權操於一人，群庶皆為奴役，歷漢晉唐宋以迄於清，愈演愈進，蓋二千年來皆在此時期中，然細分之，則隋以前中央集權之勢猶未穩固，貴族之餘跡猶存，自隋以後，乃真成君主一人專制之局面，是此一時期之中，又自有前後期之不同也。及清末，海禁既開，民權思想輸入，君主專制政體遂無存在餘地，然民國以後，專制之形式雖覆，法治之精神尚未普及，獨裁與武力統一之迷夢，猶盤據於大多數人之腦筋中，雖最後之勝利終在民眾，不難預卜，然此時期固不能不承認，猶在專制與民治之過渡時代也，此又為一時期。統此三代，劃分四期如左。一曰、貴族政治，或封建政治時代（自上古至春秋末）。二曰、貴族政治與君主專制政治之過渡時代（自先秦至隋）。三曰、君主專制政治成熟時代（自唐至清）。四曰、君主專制政治與民主政治之過渡時代（今日）。

一、貴族政治或封建政治之盛衰

　　自古初開化之國，其政治權力恆不在君，不在民，而在少數貴族之手。逮社會進化之後，此種政治，始漸衰微。我國自有史之初，即為貴族政治。唐虞之禪讓，說者謂其時，君主不過貴族之一首領，同族之中互相授受，乃其常例，非若後世敝屣天下之難能，故不足為怪。降至夏商，其政治之運用雖無明文，然觀書籍之所載，凡出師、用眾、遷國、授官諸事，無不先詢之於父老，託之於宗室，其貴族勢力之未嘗減削可

斷言也。周以親親立國，貴族勢力更加穩固，兄弟甥舅分封於列邦，為諸侯國君者無論矣。王朝之內，則周召二公，世為輔政，皆周之同姓，其餘世卿，若單、劉、虢諸氏，皆貴族之最著者。故厲王出奔，則周、召二公共和為政，平王東遷，則晉鄭二國是輔是依，皆貴族政治之證也。其餘諸侯亦多效周制，或以同姓宗室為輔政，如魯之三桓，鄭之七穆，或以異姓世卿為輔政，如齊之高國，晉之六卿是也。

蓋其時，貴族皆父子遞傳，世守其官，有一定之采地，有相當之屬民，與君主地位相差不遠，其時之社會組織，實為一寶塔式，尖端為天子，其下為諸侯國君，其下為卿大夫，而卿大夫之家，又各有其私宰、私屬，此實封建制度之極精密的組織，亦貴族政治之極圓滿的發展也。此種制度至春秋時，因王權失墜，禮教不能束縛人心之結果，遂趨於破裂，以臣逐君，以下凌上之事，層見疊出，而政治失其秩序與重心。降至戰國入主，務抑貴族而用布衣，處士橫議世卿制打破，而此時代遂告終矣。

二、君主專制政治之初起

戰國之時，為君主專制政治代貴族政治而興之過渡時代，首先應此時勢而卒收富強之效者，為秦國。秦自孝公用商鞅以來，即專以裁抑豪強，整齊風俗為務，故六國之時，惟秦專用客卿，雖尤其公族勢力自來微弱，亦秦君主不加以信任之故也。及以此統一天下之後，其君臣更曉然於君主專制之遠勝於貴族政治，更力為剗除貴族政治之設施；廢封建，立郡縣，收地方政軍之權於中央，徙六國豪族於咸陽，以滅殺其地方反抗之勢。然其時貴族之潛勢力猶甚大，壓抑愈激，反抗力亦愈甚，項羽卒以楚國貴族之舊勢力而亡秦。秦亡之後，六國紛紛自立，皆各國貴族為之主動也。然劉項爭衡，貴族出身之項羽，卒敗於平民出身之劉邦，項羽以封六國後而亡，漢高以銷六國封印而成功，貴族政治之大勢已去，蓋可知矣。

自是以後，漢以一姓傳國至四百年，君主一尊之基礎遂穩固，惟貴

族政治之餘勢，究未能完全消滅。漢初定鼎，即分封諸侯君王以為屏衛，而七國之變而告一段落。西漢末葉，外戚勢力代之而起，東漢一代，因之不改。此種外戚政治，自隋唐以後絕少其例，而獨盛於西漢者，良以去古未遠，貴族政治之積習猶存故也。東漢一代，外戚與宦官交搆，殆可視為君主專制與貴族政治之爭鬥史，蓋宦官之所依賴者，為君主個人之勢力，而外戚則貴族之勢力也。其結果何進、袁紹以外戚世家之力，卒盡殺宦官而造成諸侯割據之局，則貴族政治之不易剷除抑可知矣。西晉八王之亂，又其餘力之更顯著者也。

自五胡亂華，中原故族，多受蹂躪，貴族勢力為之一殺；然進入中國之異族，其本族之貴族勢力，殆較諸夏為尤大。而華夏故族，則因家族之外，又重以民族之苦痛，於是更激而為反抗之勢，益堅其壁壘以對外人；故六朝之際，貴族政治反似有復興之勢。北朝之望族曰范陽盧氏、蒙陽鄭氏、清河博陵、二崔氏，南朝之望族曰琅琊王氏、陳國謝氏，皆峻其門閥不與他姓通交際，甚如北朝貴族，至不與帝室通婚姻，此風至唐未滅。唐文宗至有「我家二百年天子，反不若崔盧」之歎（見《唐書》〈杜羔傳〉），可見其潛勢力之大矣。惟自唐朝以後，貴族在社會上之地位雖依舊，而其政治上之地位則逐漸低降至於全無，蓋科舉制度之創立與有關係。要之，自隋以前，蓋可謂君主專制與貴族政治之爭鬥時期，而貴族政治則日趨失敗，此大勢所在，非一二人所能改變者也。

三、君主專制政治成熟時代

貴族政治自三代以後，即已日趨衰落，前節已言之矣。漢初裂土分封，不旋踵而皆被夷滅，外戚之專政不過假女后之私蔭，藩鎮之割據又皆屬一時之變態，其與三代諸侯世守其國，貴族世柄其政者，固已殊矣。六朝之貴族雖盛，特社會上一種地位耳，其於政治實權蓋微之至也。此種趨勢皆足為貴族政治，已不適於時代之徵。及隋煬帝創科舉之制，布衣卿相之局大成，而君主專制遂趨於成熟，唐人繼之，其制最為

便於君主。其封建也，仍有親王、郡王、國公、郡縣開國，公侯伯子男等九等之號，而無官主，其加實封者，則食其所封，分食諸郡，以租調給之。

王侯不必親臨其國，惟在京師衣食租稅而已，於是貴族之勢遂全殺矣。宋代鑒藩鎮之敝，務削地方實權而集權於中央，故有宋一代有外患，有盜賊，而無貴族諸王之亂，此專制政治之極軌也。金元以異族入主中國，其宗室諸王勢力甚大，故帝位時有攘奪之事，然此屬異族特有，與中國固有習慣固無影響也。明初亦有封，且屢釀變亂，然以視漢七國，晉八王，則微乎其微矣。清代亦以異族侵入，其初貴族勢力亦頗強，雍正以後務除宗室，實行集權，專制政體遂臻大成。其制元功宗親皆留京師，宗室自親王以下，至奉恩將軍列爵九等，皆於以直隸及關東之田，功臣自一等公以下，至恩騎尉，列爵二十六等，皆予俸，無官受世職單俸，有官受雙俸。故其貴族有祿而無權，不得與君主相抗焉。

自唐以後，不但貴族封建之勢全殺，即宰相之權亦逐漸剝奪，寢假而國之政治，惟君主一人之喜怒是定。要之，君主專制之局始於秦漢，盛於唐，而大成於明清。明之宦寺，以檻豎而杖殺大臣無不始如意，其所竊者，君主之威也。清之女后，以婦人而駕馭功臣無不帖服，其所憑者，君臣之義也，專制之局至此而極，專制之禍亦至此而甚矣。

四、民主共和政治之開始及其將來

君主專制政治既至明清而極盛，物極必反，理有固然，故至明清之交，而反動思想遂生，黃梨洲之《明夷待訪錄》其最著者也。至清末歐西文化輸入，民主思想遂因而潛滋。臺灣之割於日，臺人舉唐景崧為總統以抗敵，事雖不成，然可為中國民主之嚆矢焉。自後民主思想與種族思想相結合，產生以推翻清朝為目的之革命黨，戰勝穩健之君憲黨，而中華民國遂告成立，此為民主共和對君主專制之第一次勝利。民國成立後，反動思想猶不能遽爾撲滅，故有袁世凱之帝制運動，張勳之復辟運動，兩次運動俱失敗之後，共和政體始保穩固。至今雖軍閥專恣，人民

無力,然卒無有敢昌言恢復帝制者。且自民國十三年取銷優待條件,驅逐溥儀出宮後,復辟之機,又為之一挫,自今已復往,共和政體,其保之萬年矣乎。

雖然共和政治,雖幾於長久矣,然猶未得為安果也。夫共和政治之精髓在憲法,民國創立十五年,憲法至今尚未定出(曹氏憲法不為人民所仰,不足為據),甚至碩果僅存之《臨時約法》亦庋之高閣。人民既無參政之機會,國安得謂之民國。至於權利自由之橫被非法摧殘者更無論矣。故民國之名雖在,而民國之實尚未完成,此不得不賴人民之努力也。繼自今已往,其足為民主共和政治之顯患者,以吾觀之,約有數種,一曰、復辟遺老,二曰、強橫軍閥,三曰、迷信一黨專政之共產黨,四曰、與共產黨相反成之捧喝團。其中自以二三兩種刻最跋扈,第一種已成過去,第四種尚未發現。然民治政體究為最進化之政治理想,一切反動勢力,終必自行消滅耳。

文章出處:《民鐸》第8卷第2號(1926年9月1日)。

建設論

「變法自強！變法自強！！」這四個字的呼聲，傳入中國，差不多有二十餘年了。這二十餘年之中，我們國民，沒有一天不喧嚷這四個字。但是所得的結果究竟如何，恐怕法雖然變了不少，自強的效驗卻是絲毫沒有得著。到如今只聽見舉國上下口口聲聲只嚷得救亡二字，更不聽見這自強二字了。唉！這是什麼緣故呢。就普通看來，中國所以不能自強的原因，本來不止一端。但是舉其最重要最顯然易見的，莫過於新舊二派的氣味思想不能融洽。所以有人說：中國現在的搗亂，實在是時代錯誤的結果，因為這新舊兩派中間的距離相差太遠，彷彿若以新派作單位，則舊派的思想人物，至少也需生在百年之前。若以舊派作單位呢？則新派的思想人物，至少也需移在百年之後。以這種臭味不同、思想異致、風馬牛不相及的人，卻偏偏的要使他生在同時、同地，在同一舞台活動，怎能夠不起衝突呢。衝突的結果，怎能夠不使國家社會的現象日趨紊亂呢。這些話誠然不錯，我們試把維新以來的歷史，翻過來從頭看一看，就知道這新舊不能融洽，確乎是目前實在的現象。

政治上固然不必說，就是思想上、物質上，種種事實，何嘗不都顯然有新舊隔絕的痕跡。所以一面有人已是主張急進的無政府主義，把固有的語言文字都想廢掉。一面卻有人依然提倡祀天、提倡祭孔，想拿二千年前的綱常名教，去維持現在的世道人心。一面汽車輪船飛艇已然是一日千里，一面卻有人依舊推了二把手的小車子，去一步一步的挨幌。這種新舊並立，矛盾齊出的奇觀，便是中國現在的實在情形，便是社會國家所以杌隉不安的原因。話雖如此，社會國家的現象，果然是新舊不能並存麼。衝突的結果，果然是非定於一不可麼。我想這句話，恐怕任是何人不敢一口斷定。因為從歷史上看起來，社會國家的改良進步，往往由於新舊二派的衝突，因為衝突的結果，才有了調和，有了變化。這調和變化，便是社會國家所以改良進步的方式，所以新舊的衝突，只有於社會國家有益，決沒有有損的道理。我們試看那自由祖國的英吉利，

不是保守和自由兩黨對峙的局面麼。那人道福星的美利堅，不是民主同
共和兩黨競爭的結果麼。一樣的黨爭，一樣的有新有舊，何以在他國便
以促成進步改良，而在我國反倒作成了搗亂的原因呢，請大家平心去想
一想，為我下一轉語來。

　　據我個人的意思，以為新舊二種思潮，並不是絕對不能存在於同時
同地。而社會國家的現象，正須賴這新舊二派互相衝突，互相磨礪，方
才能觳有改良進步的希望。所以我想中國近幾年來胡鬧的情形，並不是
因為新舊二派，互不相容，實在是因為，新的不是真正的新；舊的也不
足為真正的舊。他們兩派天天借了新舊的題目，去在那裡爭鬥，實在
他們骨子裡，並不曉得真正的新舊是怎麼樣。何以這樣說呢？我以為今
日中國的新派，實在不過只知道破壞二字。那舊的呢？也不過只曉得保
守二字。一派拼命的去破壞，一派拼命的去保守。到了終局，破壞的把
舊勢力、舊習慣弄得一乾二淨了，卻沒有別的東西去替代他。那保守的
呢？固然是也受破壞的影響，不能竟其保守之業。但是就假定沒有一般
破壞的人去妨害他，縱容他們充其能力，大保守而特保守。請問到了二
十世紀，飛艇火車絕跡飛行的時代，還要保守著那二把手的推車慢慢的
轉動，這種保守政策，能夠永遠維持下去不能呢？

　　所以我們反回來說，一個社會國家之內，並不是不容有新舊二派勢
力同時並存。但是我們要認清題目，這新的勢力，絕不是破壞二字所能
代表，那舊的勢力，也絕不是保守二字所能概括。我們應當從新字典
中，別尋出兩個名詞去替代他，這兩個新名詞是甚麼呢？我以為便是建
設與進步。吾國的儒家，最講究中庸之德，歐西的亞里士多德，也常說
道德之價值即在折中。比方節約罷，是吝嗇與奢侈的折中。勇敢罷，是
怯懦與暴烈的折中。凡是為兩極端的中間的，方有道德的價值，這些話
確乎是至理名言。任是甚麼事業，要想成功，必不能走於極端。所以我
盼望新舊兩派的人，都要覺悟，真正的新，不是破壞二字，真正的舊，
也不是保守二字，這兩個名詞都當棄掉，另去找一個適中的名詞去代
他，這名詞便是建設與進步。

　　雖然，保守與破壞，何以便不能成立呢？何以便必須以建設與進步

去替代他呢？這話在新舊兩派的人看起來，都不免要起疑問，都不免要爭辯幾句。所以我不能不把所以然的道理拿來申訴一番，但是保守政策之不能適用，稍微有點常識的人，都可以知道，所以不必我來再說。如今且說破壞所以不能成功，和建設所以必需的緣故，這便是本文標題的「建設論」了。

我常聽見近十年來，人人有一種口頭禪，叫做「非破壞不能建設」。他們說這話的理由，以為天地萬物，都是新陳代謝，那舊的決計不能存在於新的空氣之中，所以我們應當拿新的來替代他。但是想要新的，必定先去舊的，舊的不去，新的不來，這便是所謂非破壞不能建設的理由了。我以為這一節話，應當分作兩段去評論他。前一段所說，新陳必應代謝，舊的事物必不能存在於新空氣之中，這話是確乎不疑的。所以我們不贊成舊派的保守思想，想要拿進步二字去矯正他。但是這後一段的話，卻不免有些謬誤。並且因為這一段的觀察謬誤，所以使一般新派，把真正新的意義丟了，硬把這破壞二字，當作神聖不可侵犯的格言。中國變法二十餘年，所以不能自強的原因，一半在此。這話怎麼說呢。我們要想評論這「想要新的，必得先去舊的」一句話的是否，應當先把新舊兩字的關係弄得明白。我以為新舊二字，其間的分別，只是程度的關係，不是性質的關係。

換言之，新舊之間，只是時代上的位置有遲有早，並不是根本上絕對不能相容。我們應當知道，無論那一種社會國家，他的歷史，都是連續不斷的現象。前後時代之間，絕不有顯著的差別。並且從因果的關係看起來，沒有一時代不是前時代所生之果，也沒有一時代不為後時代發生之因。這種因果連續不斷的法則，在是甚麼社會國家不能逃出他的範圍。由此看起來，我們現代的社會國家，雖然與前代已往的社會國家表式不同，卻絕不能說，他絲毫沒有相符的地方。正如一家父子之間，雖然面貌舉止不能處處相同，卻絕不能說，他兒子的血中沒有含著他父親的血。社會國家的現象，既是如此。理想因時勢而生，絕不能完全離開事實。所以這新舊之間的變更，只能有因革損益，絕不能完全撤去舊的專講新的。若是定說想要新的，必得先去舊的，舊的不去，新的不來，

這正如說，想要做兒子，必定先把所含父親的骨血都提去，這是事實上所辦不到的。並且他不想，倘若沒有父親，那裡來的兒子，兒子要是可以不含父親的血，那兒子兩字的意義就都失了。

這是說，歷史上的現象，原是連續不絕，所以新舊之間，只有程度之差，沒有根本不相容的道理。新的固然應當採用，舊的也不能完全破壞。如今讓一步說，假定舊的現象，就是果然和新的現象，有絕對不能相容的理由，也決沒有完全破壞舊的，來採用新的道理。為什麼呢？當初德國的大哲學家海格爾曾經說過，宇宙的現象，原是矛盾的，譬如有個甲，便有個非甲，甲與非甲之間，是絕對不能相容的，但是宇宙的真理，卻不存在於兩極端的自身，必須於這兩極端之中，取一個適中的調和。譬如甲與非甲之矛盾，其真理卻不在甲與非甲，而在於乙，乙便是甲與非甲之調和，這便叫做矛盾之調和，這便是宇宙惟一的真理。這種道理，和前述儒家及亞里士多德所說的中庸，正是一樣。不過一個是專說論理，一個是概言哲理罷了。

由此看來，便是假定新舊思想絕對不能相容，也只有取調和的一法，絕沒有完全破壞其一的道理。但是如今主張破壞的論調，卻彷彿是舊的非完全破壞不成。正如說真理惟在非甲，不在其他的一般。卻不想非甲者，只是甲之消極，其自身並沒有獨自存在的價值。正如一千與一萬，數目雖然不同，但是我們只能說一萬不是一千，不能說不是一千便是一萬，因為不是一千的，還可以說是二千，說是九百，說是十，說是一，說是零，說是其他等等，……這「不是一千」四字，並不是一個確定的數目。我們要想說一個確定的數目，必須用適當的數字，確表出來，或是一萬，或是九千，而絕不能概之以不是一千，因為消極的名詞，決沒有積極的價值，所以破壞的事業，決沒有建設的結果。

以上所說，還是指想要完全破壞舊的一般人而言。還有一般人，他也知道想把舊的完全破壞，是絕對不可能的事實，但是他總以為不經破壞，不能建設，所以有局部的破壞之主張。這種思想，雖然比前一派稍近事實，照此辦去，也還可以實行。但是我總覺得，建設本有獨立施展的能力，不必定要用破壞去作他的馬前先鋒。並且無破壞的建設，一

定比有破壞的建設利益較大。何以說建設本有獨立施展的能力呢？我們所以要建設的緣故，原是因為舊的不適於時勢，想要拿新的去替代他。但是按適者生存的原則，舊者既然不適於時勢，當然自會消滅，沒有生存的能力。我們只要拿新的來建設一下便已足了，更用不著費力去破壞他。若是說，這舊的非經破壞不能消滅，是舊的本身已有存在的價值了，本身既有存在的價值，當然是適於時勢，既然適於時勢，我們何用再去破壞，便是去破壞，又如何破壞得了。近年來破壞的事業，所以屢起屢仆，不是由於這個緣故麼。

何以說無破壞的建設，比有破壞的建設來的效力大呢？這個道理也極為淺顯，因為我們的能力只有此數，要是多用幾分於破壞，便少用幾分於建設。譬如我們有十分的能力，倘若要先用五分去從事破壞，再用所餘的五分去建設，比起用十分能力去從事建設的，其成績當然不同。何況如今所謂主張破壞的，竟是要拿十分的能力，去從事破壞，無怪乎！破壞已畢便沒得事做了。還有一層，主張破壞的理由，仔細想起來，不免有倒果為因之弊。他們說舊的不去，新的不來，其實卻是新的不來，舊的不去，這話怎麼說呢？我記得張東蓀先生有個譬喻，說得最好。他說，「譬如一個瓶，藏滿了舊空氣，如要改為新空氣，必定先輸入新空氣，由新空氣把舊空氣逐漸擠了出去。若是不先輸入新空氣，雖是終日拿這個瓶來搖動，那舊空氣依然是不出去的」（見七年十二月十四日《時事新報》小言）。

這樣看起來，我們倘若想求一個適於新時勢的生活，只有豎起脊梁，努力向建設一途作去，倘能真正作出一個好建設的模型擺在那裡，那舊而不適的事物，自然要歸於消滅，更不勞我們再去破壞。譬如有了車馬，自然人不樂步行。要是不從建設方面著手，一味的高唱破壞，姑無論這破壞的目的，終不能完全達到，就是有一日能達到了這種目的，請問這破壞已完；建設未始的中間，青黃不接之秋，拿甚麼來應社會國家的需要呢？豈不是車馬尚未有，已要禁止步行，人又豈有終日不動之理。

上來所說，已經把建設勝於破壞的理由說明白了。但是如今還有一種人，抱定了非破壞不能建設的迷信。他們常說，縱然理論上，建設可

以無需破壞，但是從已往的歷史看起來，建設的事業往往離不了破壞，純然的建設是沒有的，可見這建設必需破壞，乃是自然的現象，不是理論可以改變的。這話誠然有一部分是不錯，已往的歷史，我也承認，有什之九都是先有破壞，然後才來建設，但是這不過是自然的現象。我們人類的生活，是要戰勝自然的，不是要服從自然的。如果要是必須服從自然，那就社會國家之中，種種政策、種種主義，都可以說是無用。我們現在無論主張建設，或是主張破壞，都是白費氣力。在自然派的哲學家看起來，都可以叫做「天之戮民」，我們又何必特地磨筆費墨，來爭這種無謂的問題。

然而事實卻不是如是，我們人類今日的位置，實在是乃祖、乃父，從千萬年來含辛茹苦，櫛風沐雨把自然戰勝，然後得來的，我們在別的方面，沒有說自然勝於人治，何獨對於這個問題，便必須順著這自然行呢？況且已往破壞的事實，不必一定都是由於時勢的不得已，有一多半卻是從人類排除異己的根性發出來的。因為有這種排除異己的根性，所以覺得宇宙之大，只容我自己存在，臥榻之傍，絕對不能容人鼾睡，縱然是他不來擾我，我卻不能不去擾他。這種根性發出來，見於政治，所以一國滅了他國，必要先行他的屠殺政策，見於宗教，所以一教代了他教，也必定抱住他的定於一尊的主義，不許有異端邪說發生，這種思想，是野蠻民族特別的色彩，到了文化漸漸進步，是不能久存的。試以宗教而論，猶太教是未進化的宗教，他的教義十分狹隘，排除異己的心十分激烈，所以耶穌基督因為提倡異說，便受了十字架的苛刑。到了基督教便不然了，他的教義，雖然尚未能十分脫了狹隘的思想，但是有一部分已然比較稍微寬大，所以《新約》上有一段道，「現在我對你們說，不要管這些人，任憑他們罷，他們所謀的所行的，若是出於人，必要敗壞，若是出於上帝，你們就不能敗壞他們……」（〈使徒行傳〉五章，三八至三九節）。

這一段話，很可以表示出文明和野蠻思想的異點來，野蠻人的思想，以為我與異我是不能兩立的，非推倒了異我，不能維持我的存立，所以建設的事業，多要先之以破壞。文明人的思想卻不然，他以為我的

存立、不存立，在我的自身如何，不在異己的有無多少。所以我們要想維持我自身的存立，須要努力使我自身有可以存立的價值，絕不是破壞了他人，便可以成全了我。這一點思想發展出來，見於政治，便是今日眾口艷傳的民族自決主義，見於宗教，便是十五世紀以來，人人樂道的信教自由。這便是現代文明所以遠勝於古昔的根源。我們應當順著潮流去提倡這種主義，不應當逆著潮流去反對這種思想，要是不講道理，不看時勢，抱定了非破壞不能建設的迷信，想要拿已往野蠻民族的成事，來適應現代的潮流。這種思想，有幾句話可以拿來評論，便是孔子說的，「生乎今之世，反古之道，災必及其身」。

以上所論，差不多把所要說的也都說完了，如今我且拿來總說一番，使本文的意思更為清晰一點。第一、我以為新舊之間，只是程度的關係，絕不是性質的關係，所以新舊之遞嬗，只有因革損益，沒有完全破壞舊的之理。第二、就假定新舊之間有根本不能相容的情勢，按矛盾調和之法則，只有取適中的辦法，沒有單單破壞一面之理。第三、按適者生存的公例，新的一定可以代替舊的，舊的一定自會消滅，所以建設的事業，用不著破壞去幫忙。第四、人之能力，只有此數，多用一分於破壞，便少用一分於建設，所以破壞不但不能幫助建設，有時反要妨害建設。第五、舊的文物，雖然不適，但是若不拿較優的文物來替代，他卻不能自趨於無有。第六、非破壞不能建設，是由野蠻人排外的思想發生出來的，我們生在二十世紀文明大啟的時代，不應當還拿野蠻人的思想當做金科玉律，這種思想早已應該拋棄，因為他已經不適用了。以上六點，便是本文所以主張建設，排斥破壞的理由。

但是臨了還有一句話，不得不申訴一番，我雖然不主張破壞，卻不是主張保守。我以為宇宙的歷程，是連續不絕的進步，絕不是一成不變的。因為他是連續不絕，所以新舊時代之間，絕不能有顯著隔絕的痕跡。因之那驟發的破壞主義，便不適於用。因為他是要進步，所以前時代的文物，在後時代絕不能完全適用。因之那固定的保守主義，也當在排斥之例。若是拿譬喻來說，如同我們有萬金的家產，按人類的欲望心，自然是愈多愈好，所以有了一萬，還想進至十萬，有了十萬，還想

進至百萬,這種增進的思想,便是進步。但是想要財產增加,必須想出種種方法,或是行商、或是坐賈、或是巧取、或是豪奪,無論用什麼方法,目的都是要財產增加,這便叫做建設。

　　但是主張破壞的人,他雖然也希望財產增加,卻定要說非將固有的一萬棄去,不能得至十萬百萬的地位,這種手段可以說是南轅北轍,恰與他所希望的相反。至於保守的呢?他也不希望財產增加,只要長保住固有的一萬便已足了。這種思想,縱然沒有四圍的境遇改變來逼迫他,已經是不可。因為天下的事,不是進,便是退,他縱然保住了固有的十萬家財,也終難免有坐吃山空的一日。所以保守不過是退步的代名,世界上決沒有真正的保守。何況天下的富豪,不止一家,你雖然只要保守,人家卻要想求個進步,等到人家進到了十萬百萬的地位,那麼你這萬金家財便相形見絀了。所以我簡直說一句話,我們反對破壞,不過僅僅手段上的不同,反對保守,卻是手段和目的都要排斥的。但可惜如今的人,把新舊兩字都看錯了,以為天下的事,不過是保守、破壞二字,把頂好的建設二字,丟在九天之外。無怪乎!變法二十餘年,不過得了今日的結果。諸位想想,還是怨天呢,還是怨自己呢。

　　　　文章出處:《國民雜誌》第1卷第3號(1919年3月)。

愛國——為什麼？

我為什麼愛國？這個問題，有兩種答法：一種是把愛國心看作自然的現象，為什麼愛國，就是為什麼發生愛國心，——愛國心怎樣發生；其他一種，是把愛國心看作人為的現象，為什麼愛國，就是國家有什麼必須愛的緣故。解答這個問題的，往往單講到第二種的答案；但是我以為第一種的答案，也是不可忽視。因為一種現象的發生，一定是由於多少原因積造而成，並不是偶發的現象，尤其不是故意的行為，所以把行為看作純粹是個人自由的意思，就在極小的事情都不可以，何況愛國心是近代文化史上一大名產，是普遍而汎被於全世界的一種現象呢！

那麼，先解答第一個問題，愛國心由何而來？這個問題，還可以分作兩項解答：第一項是愛國心由什麼根源發生，第二項是愛國心由什麼原因發生。愛國心的對象是國家，國家沒有發生之先，當然沒有愛國心；然而愛國心又是愛情的一種，國家沒有發生之先，雖然沒有愛國心，卻不是沒有愛情。愛情是主體對於客體間的一種關係，無論何時何地，只要一個有意識的主體和客體接近，就會發生愛情。愛情是一個總名，因他對象的性質如何，可以分作種種名稱。對象是國家，便叫做愛國，對象是社會，便叫做愛群；愛家族、愛個人都是一樣。國家是社會各種組織中，最進步的一種形式，國家的原始形態就是社會，所以愛國心就是愛群心的一種變形。再深推起來，愛群心還是愛自己心的一種變形，愛自己心還是細胞間的集心力的一種變形。所以若問愛國心從什麼根源發生，我可以回答是，由愛社會的心、愛自己的心發生。……

愛國心由什麼原因發生呢？國家的成立，自然是愛國心發生的一種要件；但是這個要件，不是完全合理的，因為翻回來，也可說國家的成立，由於愛國心的發生。國家不是一天兩天就成立，愛國心也不是一天兩天就發生；這兩件東西孰先孰後還是一個問題。所以我們暫且把這國家成立的一條撇過，用別的原因來說明愛國心的發生。愛國心發生的第一個原因，我想就是同情。我們方才講過，愛國心是愛情的一種；凡

是稍微研究過心理學的，都曉得愛情和同情是感情的兩種情操，這兩種情操雖然不是一樣，卻也有相同的地方，就是同情心發達到極度，就會變作愛情。同情心是隨著空間、時間、境遇、形式、目的、利害種種關係而增加的。同一地方的人，比別地方的人，格外親密；這是空間的關係。十年的老友，比乍見面的生人，格外親密，這是時間的關係，其餘各種關係可以類推。同是一國的人，空間上是接近的了，時間上是長久的了，境遇形式目的利害種種關係是格外相同的了；所以比起對待他國的人來，一定是格外親密。對待這團體裡邊具體的各分子，既然格外親密，所以對於這個各分子，集合起來構成的抽象的團體，自然也就不知不覺的親密起來，這是愛國心發達的第一原因。

愛國心發達的第二原因，是宗教心。宗教心也是情操的一種，從最野蠻的人類，到最文明的國民，一樣的具有。宗教的形式儘可以隨時更變，那種信仰的心，是永遠不會消滅的。原始的社會裡邊，拜物教和性之崇拜盛行。到了宗法社會成立了，就會崇拜祖先。部落的社會成立了，就會崇拜英雄戰士。還有崇拜聖賢，崇拜上帝，崇拜哲學上的玄想世界。雖然所崇拜的各各不同，其實都不過是時代造成的反影。本質的宗教心，──信仰力，──還是一樣。所以到科學進步以後，那種宗教上神權的傳說，漸漸維持不住人的信仰了，那種信仰力就會自然而然的移到別的東西上去，這個東西便是國家。所以我說國家是代神權而起的一種宗教，愛國心便是宗教信仰的變形。明白了這個，就可曉得，為什麼歐洲愛國心的發生，要在宗教改革以後。也就可以曉得，為什麼在宗法社會祖先教盛行的中國，愛國心不會發生。這樣，宗教心是愛國心發生的第二原因。──以上兩個原因都是屬於內的。

愛國心發達的第三個原因，是傳說和習慣。國家的發生成立，無論從契約說也罷，從威制說也罷，從別的學說也罷，總之，國家的成立，都一定是有不能不成立的緣故。既然有不能不成立的緣故，所以在成立以後，就一定要設種種方策，來維持他的永久生存。用什麼方法呢？自然不外乎教育、輿論、學說種種的鼓吹陶染了。一個人從落地以來，所受的教育，社會上所聽見的議論，他所崇拜的大學者的學說，無一處

不是鼓吹愛國的思想，獎勵愛國的運動，這個人自然不會不生愛國的觀念。一個人是如此，社會上的眾人也是如此。所以我們就不能不承認，這傳說和習慣，是發達愛國心的第三原因。

愛國心發達的第四原因，是模仿和比較。Dr. Giddings說：社會的成立，完全由於人類的互相模仿性；愛國心的發達也是屬於這一類的一種。本來學說和輿論的感化，也是模仿性的力量；但是此處所講的，卻是專指對外而言。世界上倘若只有一個國家，愛國心當然不會發生。所以中國在和西洋沒有交通以前，那時的人民並不知道什麼是愛國。因為那時既沒有別人愛國的舉動可以模倣，又沒有別人愛國的成績可以比較，而且沒有並立的國家，也就形容不出我們是一個國來。這樣愛國心就不會發達，所以愛國心的發達，要算模倣和比較作第四個原因。——以上兩個原因是屬於外的。

從以上的四個原因看起來，我們就可以用自然的眼光去回答這「為什麼愛國」的一句話。為什麼愛國？因為在內的同情心的增加的結果，和宗教心的需求，加以外界的傳說習慣的薰陶，和對於他國人的模倣及比較，諸緣湊合；才使我們知道要愛國，一定要愛國。以上是用機械觀的論法，去解釋這個問題，承認我們的愛國是自然進化的結果，不是故意的行為。但是這樣解釋，不能算作完全的答案。因為人類固然沒有絕對的自由，卻也並不是絕對的不自由。在某種條件之下，我們不能不承認，愛國是人類的自由選擇的行為。所以我們同時也應當拿意志的自由作基礎，去回答這個問題。我們為什麼要愛國？據我想來，也可以有幾個原因，——注意；這幾個原因是限於時代性的

第一個原因，是為互助的生活起見，不能不愛國。國家的起源，本來可以說是互助的結果。個人孤立老死不相往來的世界，吃也困難，穿也困難，交通運輸種種行動，無一而不困難；所以互助的社會不能不發生。有了社會了，社會是散漫而無統制的，依然不能達到完全美備的生活，所以國家就應這個需要而起。近世世界的國家，那一個不是以人民的生活保障為目的？從這一點看起來，我們當然不能不愛國。

第二個原因，是為防禦公敵起見，不能不愛國。古時的人類散在各

處，身小力微，往往要受他種動物的欺負，所以不能不大家結一個團體，來防禦公共的敵人。這團體長久的維持下去，更成了社會。有了社會，人類以外的欺凌免了，人類以內的爭鬭又起。為防止弱者被強者的欺凌起見，在社會裡頭，不能不有一種規制來保護這些，抑制那些。有規制的社會，就是國家的起點了。到了今日，世界上頭沒有一處不是有國家的組織。沒有國家的人，一步都行不出去。所以從這一點看起來，我們又不能不愛國。──以上兩個原因是屬於外的。

還有一個原因，就是為滿足信仰欲起見，不能不愛國。人類有宗教性，上文已經說過；有宗教性的人，倘若一旦沒有了信仰的目標，就同猢猻丟了棒似的，把生命的意味和慰藉都失了。這樣的人必定陷於失望和厭世的領域。為免除這個弊害，滿足生活上、心靈上的不安起見，不能不拿一件東西來作信仰的目標。可是在這科學萬能宗教守府的時代，要想選出一個稍微合理的目標，也是困難的很。所以國家的信仰，就不能不代宗教而起。我們為滿足信仰欲起見，也不能不愛國。──這一個原因是屬於內的。

以上三個原因，可以說是合理的原因。還有幾個不合理的原因。第一、是個人的私利，為個人的權力勢位起見而愛國的，自然不能算作愛國。就是為博愛國的名譽，或是出出風頭，而愛國的，也不是合理的愛國。第二、是好勝的感情，為著自己國家的虛榮起見，侵略別人的國家，縱然不是為一個人的私利，也可以說是不合理。第三、是無意識的盲從，看見人家都講愛國，我也跟著講罷。愛國愛國的聲音，從這無意識的神經發出。這叫做不合理，──但是單從意志自由的論據上看的。

從以上三個合理、三個不合理的條件看起來，我們可以下一個定義，就是怎樣的國家才可以愛？那麼，第一、不能幫助我們生活上安全進步的國家不可愛──因為他違背了合理的第一條件。第二、不能為我們防禦公敵的國家不可愛──因為他違背了合理的第二原因。第三、國家的內容不能引起我們的信仰的不可愛──因為他違背了合理的第三原因。第四、只能侵略別國的國家不可愛，──因為他犯了不合理的第二原因。第五、找不出愛國的理由的不可愛──因為他犯了不合理的第三

原因。除去這五條的反定立，那才是可愛的國家。

我們還可以再拿近世國家的性質，來符合這五條反定立。第一、秩序擾亂的國家不可愛——因為他犯了第一條。第二、弱的國家不可愛——因為他犯了第二條。第三、民族不統一，或是沒有歷史的國家不可愛——因為他引不起國民的信仰心，犯了第三條。第四、強權黷武的國家不可愛——因為他犯了第四條。這樣又發生一個問題，倘若我們的國家，犯了以上的四種條件之一——我們應當取怎樣的態度？這方法只有兩種：一種是尋出一個可以代替國家，而不犯以上四個條件的東西，把愛國家的愛改來愛他。一種是努力改造國家，使他到可以承受我們的愛的地位。第一種方法，雖然未嘗不好；但是我們尋來尋去，要尋到一個可以代替國家，有其利而無其弊的東西，竟是絕無僅有。只有世界，或是人類全體，可以差不多夠這個資格了，然而也還只免了第一、第二、第四，三條。

但是在這各國並立的時代，單單我們拋棄了國家去愛世界，就不免仍要受別人有國者的欺凌，所以第二條的害處還是不能免。由此看來，第一種的方法理想雖好，暫時還不能實現。我們就只有走第二種的路，努力改造國家，使他不犯這四種條件。在秩序擾亂的國家，使他秩序不要擾亂。在弱小的國家，使他不受別國欺凌。在民族不統一的國家，設法使他統一。在窮兵黷武的國家，使他安分守己，抑制自己的野心，尊重別國的利益，這是解決這問題的唯一方法。滿足這幾樣條件的，便是「世界的國家」。

以上是通論愛國的要件；倘若再拿中國的現狀比照起來，我們就可以曉得，在現在的中國，我們要想愛他，應該取怎樣的手段。在上列四條弊害之中，第三、第四在中國是沒問題。中國的弊害，只有一、二兩條。我們要想講究愛國，應當先使中國變成有秩序，有進步，可以保障治安，抵禦外侮的國家。怎樣能夠如此？這是我們愛國的國民的責任。還有一件極重要的理由忘了，如今補記在此。我以為人類社會的進化途徑，是由分而合的，由個體而團體的。進化的目的，是要把許多許多的小個體，聯合來成了一個大個體；脫了小我的限制，入了大我的範圍。

人身的組織，是他的範形；蜂蟻的社會，是他的先例。從這一點看來，國家可以說是社會進化線上必經過的一點。我們要想使社會進化終局的目的早早實現，不可不努力增進自己的愛國心。偉大的愛國心，是引導小我入於大我意識範圍的一種最有力的手段！這段意思很多，容再討論。

文章出處：《國民雜誌》第2卷第1號（1919年11月）。

東方文明與西方文明

在四、五十年以前，中國人民不曉得世界上還有和自己一樣的國家，以為所看見的、所聽見的，都是些蠻夷貊貉之邦，并沒有什麼東西可以當得起「文明」兩個字，因此就覺得世界上只有一個文明，在這個文明以外，四周的民族，都不過是受這種文明的感化，因此把自己起名叫做中華、中夏、天朝等等名詞。這些名詞都是表示文明的主源地的國家的。到了經過幾次慘痛的失敗以後，西洋文明的價值漸漸的有些認識了，從前以為不過是槍炮製造可以取法的，現在覺得除了這些以外，也還有別的東西應當為我們所知道的了。兼以鄰國的日本，從前原是中國文明所造就出來的一個徒弟，現在自從接了西洋文明之後，幾天之間居然面目一變，現在轉來要做我們的老師了。

我們這才知道，西洋文明的價值是怎麼樣，有許多地方不是向來固有的那種文明所可及的。然而一方面，總還不肯低聲下氣完全承認人家西方文明的完全勝利，總覺得，我們固有的文明也還有可以與人家的文明起來抗一抗的價值。於是「東方文明」、「西方文明」這兩個名詞，居然成了學術界上的一個問題。這兩個名詞的起源或者也許是從日本來的，因為日本的許多許多的思想家、學術家，現在正在腳踏兩隻船的時候，滿心裡想做一個東西洋文明的調和者，於是不得不先造成這個東西文明對抗的局勢，好做他調和的目標。但是我覺得，目下中國的智識界裡邊，的確也有許多人是這樣想，並且自從世界的大戰爭爆發之後，西洋文明漸漸顯了許多破綻，因此就有人覺得，這種破綻或者也許是等我們東方的文明過去，才能給他補上，因此也竟有許多人想做這種補綻的事業。但是，東方文明和西方文明的關係究竟是怎麼樣呢？根本上是不是可以對稱的呢？在今後的世界，西方文明固然漸漸失敗，東方文明是不是可以有與君代興的資格和能力呢？在這幾個問題沒有解決以前，我想就來談東西洋文明的調和，實在是一件很危險的事情。

我們這一次去日本，聽見許多許多的學者、政治家、教育家和青年

的學生；他們對我們所說的話，差不多「異口同聲」都是說中日兩國應當互相提攜，共同維持這個東方的文明。這固然是他們的一種手段，可以顯而易見的，但是除了這種手段的門面話以外，我覺得這東方文明四個字，的確在他們的腦筋裡頭，有很深的印象。我覺得他們裡頭，上至學者下至學生，的確有許多人是相信東方文明與西方文明有對抗的能力。我用這個見解去留心觀察他們的政治、教育、思想、言論出版物，越發覺得處處都可以證實我這觀察是不錯，越發覺得日本雖然接受西洋文明已經五、六十年；但是骨子裡依舊含了許多東洋的氣味。

　　他們用西洋文明作他的表面，他們還用東洋文明作他們的裡子，試看二十年前的政治，是不是依然套著《戰國策》遠交近攻的老法？他們的大政治家，如伊藤、大隈、桂太郎等，是不是還脫不了戰國策士的派頭？軍國民教育是不是武士道的變形？忠孝節義是不是依然還作國民教育的基礎？社會上女子的地位是怎麼樣？非人穢多等下級民族的位置是怎麼樣？再轉過頭來看一看學術界的現象，試問四十年來日本的學者，除了一個功利主義的加藤弘之、一個進化論的互淺次郎之外，有幾個人敢大擂大吹地主張西洋學術，攻擊東方固有的文明？許多的哲學博士、文學博士，還不都是打著「新理想主義」、「唯心論」、「理性派」的旗號，去發揮他們的東洋式的哲學。

　　一直到現在，還有許多的中國人、日本人仍舊一廂情願拿著「良知學說」當作他們的「萬應妙方上獨一無二的靈藥」。但是「良知」是個什麼東西？在心理學上找得出來嗎？他們不知道，這便是東洋文明的根本精神了。因為這個，所以我們不得不特為提出這個題目來討論討論。假定以日本人所對我們說的話，作為主張東西文明對立說的理論的根據，則我們分析他的話可以作為以下的數層——第一、世界上有兩個文明：一個是西洋，一個是東洋。第二、這兩個文明的根本精神正相反對。第三、西洋文明的發源地是歐美，東洋文明的發源地是中國和日本。第四、前世紀之末，是西洋文明極盛的時代，目下他的破綻漸發現了，應當請出東洋文明來補救他的流弊。

　　我們且看他這四條理論，是否一一都能成立。第一、世界文明是否

只有二元的問題，我們但從歷史上逐一考察一回，便可證明他的是非。在太古的時代（3000B.C.以前），世界的文明誠然只有二元，一是埃及，一是加爾底亞。但這兩國不見得就是後來東方、西方兩個文明的始祖。倘若勉強附會，或者也可以說埃及是西方文明的遠祖，加爾底亞是東方文明的遠祖。但事實上是否如此呢？近代西洋文明的兩個淵源，我們曉得，一是希臘文明，一是基督教文明。基督教是猶太思想的結晶，猶太民族曾經在埃及作過俘虜，他們的思想學說，是受埃及文明的感化，還可以說，——其實他們正因為自己的思想與埃及人衝突，才致被送出來，可見所受埃及的影響也很微。希臘民族本是從黑海、裡海之間搬過去的一種游牧人種。他們的文明倘使不受外來的影響便罷，如果要受外來的影響，自然一定是受加爾底亞的多，埃及的少，我們由此可見，西洋的文明，只可以說上古兩種文明的混合，不能說專是承受埃及的文明。至於所謂東洋文明發源地的中國，倘若在「漢族西來說」未確實證明以前，我們盡可以說，與上古的兩大文明都不生影響。由此我們可以得到一個結論，就是在3000B.C.以前的時代，並沒有東西文明對峙的局勢。

再看3000－1000B.C.的時代；那時希臘的文明、腓尼基的文明，還都沒有興起。世界文明的國家，在東方只有中國和印度，在西方仍然就是埃及和加爾底亞。倘若勉強把文明分作幾元的話，也只可以說是四個獨立各不相涉的文明，不能說是兩元。因為現在所謂東方的文明，並不就是中國、印度兩個文明的結晶體，而西方文明也並非就是埃及和加爾底亞的文明。況且倘若加上西半球的墨西哥文明，豈不是成了五元了嗎。紀元前一千年以後，西方的巴比倫、亞述衰滅，希臘、腓尼基、猶太、波斯幾個國家繼續興起。他們每個國家都有自己固有的文明，雖然彼此之間未嘗沒有相互學習的關係，但我們不能武斷就說他們的文明都是一樣。所以那時的文明，也還是多元，不是二元。

等到紀元以後，三、四百年之間，羅馬代希臘而起，統一歐洲，吸收古代諸國的精華，造成一種混合的文明。倘若拿來和東方中國漢代的文明對舉，似乎是二元了。其實當那個時代文明的國家，並不止是這兩國，東方的大月底（氏）承受印度佛教的文明，西方的安息、大夏，承

受希臘和波斯的混合文明。他們的程度都不在中國和羅馬之下，那能一筆就輕輕抹殺呢？九世紀以後，歐洲正在中古黑暗的時代，並無文明可言。中國經過三國、六朝的紛亂，到了隋唐，文明復興，那時西方文明與他可以對抗的，不是垂死的拜贊廷王朝，和沙里曼帝國，乃是新興的阿剌伯文明。回教文明受希臘的影響誠然也不少，但這二種文明並非全然一致，這是顯然可見的。

文藝復興以後，歐洲的文明忽然從死灰裡復活。不但復活，並且挾著超越前古的勢力，蓬蓬勃勃往前進行。一直到現在，不但把歐洲數點的錦上添花，並且影響及於全世界。回看並世諸國，阿剌伯、印度、埃及、波斯的文明固然都沒有了。中國的文明又在那裡？試看近百年來的思想界，可找得出幾部代表思想的著作？幾件表現精確的美術技藝品？幾個偉大的人物？幾樁不朽的事業？我們誠然記得周秦的學術，漢唐的文章，宋元的技藝，都是文明界上偉大的出產。但這是過去的，過去的文明只應和過去的文明並論。漢唐宋明的文明，縱然在當時超越一切，但現在已經不是漢唐宋明的那個時代了。陳年的流水賬，救不了現在的饑荒。我們怎麼就能拿漢唐宋明的老牌號，來遮掩目前的醜態呢？

以上歷史的追溯，使我們得到一種結論。就是從有史以來，除過埃及、加爾底亞不算，沒有一個時代是二元對峙的文明。所以使我們認成是二元的緣故：一者由於讀史的粗心，忽視當時西亞諸國的文化。二者忽視時代的差別，強要拿過去的東方文明和現在的西方文明相比論。三者國拘的蔽過重，因而生出觀察的錯誤。倘使我們拿超然事外的眼光來看，現在中國思想界的程度，何嘗有勝於埃及、印度。埃及、印度古代的文明，既然不能算在現代的文明裡頭，中國的文明為什麼就能充數呢？

我們假定退讓一步，承認現在中國的文明還算存在，還可以同西洋現代文明來比較比較。那麼且看這兩大文明中間的關係，差別是怎麼樣呢。現在一般講東西文明比較論的，都說東方文明是精神的文明，西方文明是物質的文明。他這個話的是否，我們可以暫時擱過，留到篇末再講。但他們所舉兩大文明的特質，頗有可以供我們採取之處。今撮舉近

來幾篇論東西文明的文章裡頭，所舉的幾點不同之處，列為下表：

東方文明的特色	西方文明的特色
重階級	重平等
重過去	重現在
重保守	重進取
重玄想	重實際
重宗教	重科學
重退讓	重競爭
重自然	重人為
重出世	重入世

　　因為沒有參考書在手底，以上所舉，不免有很多的掛誤、闕漏、重複。但我們可以大致看出這個趨勢來，就是一般人都以為西洋文明是動的文明，而東洋文明是靜的文明。這種觀察是否確實呢？我以為他們所以為是東洋文明的幾個特質都沒有說錯。因為東洋文明從古以來並沒有改變，我們現在所勉強可以叫做東方文明的一點東西，仍然就是幾百年、幾千年以前的那點東西，所以古代文明所有的特質現在仍然保存。至於他們所謂西方文明的特點就大謬不然了，他們第一的誤點，在誤以近代文明的特質，當作西方文明的特質，因而也就誤以古代文明的特質，當作東方文明的特質。世界上有一個靜的文明，還有一個動的文明，誠然不錯。但這兩個的關係是前後的，不是對峙的。我前頭所以苦苦的辨明，歷史上沒有二元對抗的時代，就為顯明並沒有一個靜的文明和動的文明對抗的時期。我們想要證明這話的是非，但看古代西洋諸國人民的生活是怎樣，便可知道。

　　為省事起見，仍然用圖表來表明古代西洋諸國的文明精神。

> 埃及（重宗教，僧侶的權柄最大，社會上分好幾個階級）。
> 加爾底亞（沒有詳細的考據，但知道當時的宗教和君權都很重）。
> 猶太（重宗教、重保守、重退讓，本族和異族間的階級也很嚴）。
> 腓尼基（君權、神權的觀念也很重）。
> 希臘（神權亦重，階級亦嚴）。
> 羅馬（重君權，神權）。

　　以上一表，解釋前漏，恐讀者看不大明白。但倘若稍有點歷史知識的人，一定可以相信，所謂東洋文明的幾種要素，往往在古代西洋諸國裡邊，都可以找出來。就如宗教的觀念，是古代民族所同有的。君權時代，也是社會進化必經的階級。西洋東洋全是一樣，並沒有分別。故此，我們可以斷言，一般所謂東洋文明和西洋文明之異點，實在就是古代文明和現代文明的特點。不過西洋文明已從古代邁入現代，而東洋文明還正在遲遲不進的時候，所以就覺得東洋的空氣是如此，西洋的空氣是如彼。其實在幾百年以前，歐洲的所謂思想界，何嘗也不是頑固遲鈍萎縮矯詐諸習並存，豈止現在之中國為然？

　　至於為什麼古代文明是如彼，現代的文明就是如此呢？我想用孔德的學說來證明他。孔德分社會進化為三個階級，最初是神權時代，其次是玄想時代，最後是科學時代。在神權時代的社會，萬事聽之於神，階級的區別最嚴，到了玄想時代，哲學上是崇拜自然，主張出世，政治上是君權代神權而興貴族的階級原則。僧侶的階級，為維持人事起見，不得不崇拜祖先，因此就不免趨於過去和保守。在君權壓制之下，奴隸的道德最好，所以重退讓。這幾種的性質，都是相因而來的。

　　東方諸國，如中國、印度都是早已進到這一時期，所以所含的這期的特質最多，容易被人誤認作東洋文明的特質。至於西洋古代諸國，脫神權的羈束最遲，而近代文明認識科學的價值又最早，所以對於第二期的特質所含較小，其實並非絕對沒有。大概古代的人民，知識未開，科學不發達，對於自然的恐怖最深。到了知識漸漸開發，自然的壓力也漸漸減退。一部社會進化史，不過就是人類與自然抗爭的歷史，而人當終久得了勝利。從空虛往實際裡走，從靜止往活動裡走，這是人類歷史一般的現象，西洋如此，東洋也如此。

　　由此看來，我們就曉得現在一般所謂東洋文明，實在就是第二期的文明，而西洋文明卻是第三期的文明。社會的歷史倘若不是進化的便罷，如果還是進化的歷史，那麼文明的趨勢，只有從第二期向第三期進行，沒有從第三期倒退著往第二期走的道理。我們不滿意第三期的文明，應當往前找出一個第四級，不能帶著第三期向反對方面走。至於第

三，所謂文明發源地的話，我們既不承認文明有所謂二元，當然世界文明是以世界為發源地。或者因為各地的風俗習慣不同，影響於文明的也各自另加一點色彩。但這是在地球上所有各小區域都自有面目的，並不能概分之以二元。然而這還是在古代交通不便時代的話，到了現在交通大便的時代，凡有輪船火車所到的地方，決沒有不同的文明，所謂世界潮流之不可抗者在此。

我們既然知道，所謂東洋文明就是第二期的文明，而西洋文明就是第三期的文明，我們應當曉得，十九世紀的末年，西洋文明是在第三期，而中國方面卻才從第二期覺醒過來。這一次的大戰，西洋文明誠然顯了許多破綻。將來的變化，是否要舍去第三期的文明，開拓出個第四期的文明，我們也不敢預定。但我敢說，他絕不是要往第二期的文明方面走。將來的變化只有從科學裡邊出科學，實際裡邊求實際；是要比從前的文明更加普遍、深刻、確實、活動、完美；是要戰勝自然，不是要歸伏自然；是要發展人性，不是要抑制人性。戰後一部分道德的墮落和自然生活的壓迫，我承認是一時反動的現象。沒有極大的壓迫，逼不出雄深的創造力。我們看了現代社會的種種困難，我們就可以預料，將來一定有一個莊嚴璀璨的文明在後頭，但這個文明絕不是所謂東方文明也者。

但是一部分的中國人一定還不甘心，以為現在西洋文明只是物質的文明，將來補救其弊的方法只有提倡精神文明，然而精神文明的發源地舍我中國其誰。這句話不但國粹的先生們是以為如此，就是崇拜歐化的人，也未嘗不以為精神文明為中國所特產。但是我曾經從中國歷史上詳細研究了一回，覺得中國人實在是個實際的民族，對於精神方面發達的很欠完備，要想證明這句話，有底下的幾條佐據：

第一、中國人對於精神的觀念很薄弱，上古所祀諸神如勾芒、后土、祝融、蠟之類，沒有不是與民事有關的。可見他們的神祇是實際生活的代表，不是精神生活的代表，與希臘諸神代表抽象觀念的大不相同。

第二、中國的哲學最古如《洪範》五行，《周易》八卦，都是言人事的書。周末諸子，如孔、墨、農、法都是實際的學問，只有老、莊偏於出世的玄想，然而老子也還說，將欲取之，必先與之，他的學說仍然

是要用世的。兩漢儒學更重實際，魏晉清談遂為當時、後世所譏。到了佛學輸入，在印度本是極重思辯的一個宗教，到了中國也都趨重實用，於是三論，唯識，都不發達，而最盛行的反倒是一個直指本心的禪宗，一個念佛的淨土宗。宋明理學雖然受了佛學的影響，頗談空理，然而畢竟脫不了實用的本色。可見中國思想界，處處離不了實際，是他的特色。

第三、中國人對於求真的思想最不發達，所以論理學不能成立，物理學也不能成立。上古的哲學，講到名言，不是因是因非，便是白馬非馬。佛教到了中國，便把在印度的那種激烈爭論的態度失了。一般人所曉得的佛學，只是非有非無，不落言論；「色即是空，空即是色」的思想，反到助成了中國人，籠統含混不耐思辯的習慣，這是中國思想界的一大特點。

第四、中國人對於審美的觀念也很薄弱，中國的美術實在不算發達，歷代的繪畫音樂雖然不絕，但是不能算作普遍，因為中國固有的美術都是貴族的。抽象的中國的繪畫以寫意派最高，寫意派是代表一種高人隱士的意境，不是一般庸眾所能領會的。音樂方面，只有歷代帝王的國樂，沒有民間的民樂，琴瑟的「中正和平」之音，也不是一般民眾所能懂得。假如不是印度佛教的雕刻建築繪畫輸入，恐怕到現在，還沒有一般人所賞鑒的藝術。假如不是有羌笛胡琴之類，恐怕到現在，還沒有一般人所娛玩的音樂，這也是中國民族性的一大缺點。

第五、中國人沒有為真理擁護的決心，也沒有搜索真理的毅力。歷史上只有為國盡忠，為父盡孝，為宗教捨身的義士，沒有幾個為真理不屈而死的殉難者。只有目不窺園的干祿家，沒有目不窺園的理學士，清代漢學家的研學態度，要算中國民族的一大進步。

由以上的話看起來，我們就曉得，中國固有的文明，並不夠被稱作完全的精神文明，因為他的文明是偏枯的，局部的，發達不完全的；是偏於實際的，功利的，是偏於善的，不是真善美三者平均的。議和西洋文明比較起來，無論和近代真善美三者俱備的西洋文明不能比較，就是希臘時代的學術，雖然初期頗偏重於美；但到蘇格拉底起來，辨善的學說便發達；亞里士多德起來，求真的法則便成立，畢竟總比較的完全，

不似中國的文明，到老只發達了一方面。

我不是說，實際主義、功利主義不好，我是信仰功利主義（Utilitarianism）的，我相信功利主義是人生唯一的正鵠。我相信中國人幸虧功利主義，才維持這個民族到現在，不致步滅亡古國的覆轍。但同時也因為功利主義太甚的緣故，養成一種苟且、因循、淺短、萎靡的國民性。他們以為人生如朝露，所以諸事最好聽其自然；他們以為萬事無往不復，所以不肯前進；他有以為強梁者不得其死，所以置身，甘處其下流；他們以為生為堯舜，死亦枯骨，所以不肯作有益的事業。黃老的學術，便是代表這一派功利主義，算計最深的中國民族的思想。

但是算計最深，顛倒變了淺短，就因為看得事過於透了，所以一件事作不出來。中國人所最缺的，是一股傻氣，救治的方法就是要培養這種傻氣，古語說「大巧者拙」，中國人若真正是大巧，便應當努力往拙裡學。這不是非薄功利主義，正是大大的應用功利主義。真正的功利主義，不是淺薄的肉體享樂主義，乃是靈肉一致發達的人格圓成主義。

以上的話，或者不免軼出了本文討論的範圍。如今總結一句話，就是我們大家要曉得，世界上只有古代文明和近世文明，沒有東方文明和西方文明的區別。現代西洋的文明，是世界的，不是一民族的；是進化線上必經的，不是東洋人便不適用的；是精神物質都發達的，不是偏枯的；是科學的，不是非科學的。誠然大戰之後，這種文明也起了許多破綻，但我相信補這種破綻的，是未來的第四期文明，不是過去的已死的第二期文明。我們不滿意十九世紀的文明，應當往二十世紀的文明走，不應當退向十八世紀以前去。倘若初民的生活還可以保存，那麼現在的世界也不會出現。謳歌太古，謳歌自然，是詩人的無聊思想，不是科學家的嚴明態度，我們只相信一個進化，相信一個科學。也許將來有一個超出科學的東西，但我敢說絕不是已死的宗教和玄想。

眼看著進化的線程是從個人往社會，從小我往大我，那種絕對的個人主義，自由主義，已經不適用了。我相信社會的組織，是漸漸的趨向有機方面。有機的組織是以團體為本位，不是以分子為本位。現在的社會組織，固然有許多缺點，但他總算是有組織；有組織總勝於無組織。

中國現在正是徘徊歧路的時候，往前進的道很多，我們應當走那一條，這是不可不仔細審考，萬一走錯了方向，向著反進化的方面走，不但誤了文明史上的決賽，並且牽累了世界文明全體的進行。世界總人口四分之一的民族的行動，不是輕易可以隨便的。我相信現在世界的新思潮裡面，也有反進化的趨勢。這種趨勢是與往前走的趨勢並存，選擇那一樣，聽我們各人的意思。我只奉告大家一句話，不要忘了社會是有機的進化。倘若有一天，中國民族往破壞裡出來，在想選擇建設的標準的時候，我是第一個要拿著銀裝的號筒，站在街上大聲呼叫：「反對自然！反對個人！反對無組織！」

文章出處：《國民雜誌》第2卷第3號（1920年10月1日）。

文化之橫展與豎進

　　文化，文化，這個名詞也被人嚼得爛熟了，但究竟什麼叫做文化，卻人人言殊；有人說：「人人有他自己的哲學」，我說：「人人有他自己的文化觀」，這話大約也不錯罷！因此，就把我的文化觀在此寫出來。一、什麼叫做東方文化？近人說文化者，恆喜舉東方文化、西方文化之名，似乎兩者之間有對立，而又互相不可逾越的界限，猶如陰與陽，水與火之不同一般，這是我所最不解的地方，現在解剖文化觀，就先從此處開刀。我們先研究他們，所謂東方文化的問題。什麼叫做東方文化？文化有東、西之別嗎？人類之有文化，就譬如人類之有衣食住的習慣一樣，因人因地原可各自不同，譬如說，中國人好吃香油，日本人好吃醬油，西洋人好吃牛油。這原不算不對，但若因此將人類嗜好橫分為兩大支，而又硬判這兩大支，是互相對待絲毫不能相混的，則盡人皆知其妄，獨有講到文化的問題，則人多為此說所誤。

　　許多的人說，文化是有東、西之別的，東方文化是靜的文化，西方文化是動的文化，亙古如此，到現在還是如此，或者將來也不能不如此，但這話是全無根據的。譬如說「東方文化」，這「東方」兩字的範圍先就難以確定。埃及算東方不算？巴比倫算東方不算？印度、阿剌伯算東方不算？但若都算的，這東方文化範圍之內，先就有許多不同的色彩，若說都不是，只有中國才是的，那麼何以見印度、阿剌伯等文化，便都應當歸到西方文化之內呢？這已是第一個大講不通的地方了。再看他們所謂東方文化之幾個特色，依我們看來，都不是東方民族所特有的。

　　譬如說：東方人是重農業的，但我們知道，便是純粹的西方人，也都不曾不經過農業生產的時代。且莫說現在的俄國人、美國人，法國人他們看農業也並不比工業輕，即以古代而論，羅馬人難道不是靠農業為生的，中世紀的日耳曼平民難道不是靠農業為生的，又何必只有神農炎帝的子孫，才許有談農國的權利。歐洲人不能不從重農的民族，一變而為重工商的民族，難道所謂東方民族者便能外此嗎？

　　又如專制政體，似乎也是東方民族的一個特色，但我們曉得，歐洲人受「朕即國家」之痛苦，也並不比中國人輕，這話當然是靠不住的了。又如家庭主義，也有人說是東方特有的，但如有人將羅馬早年的歷史看一看，則此說亦可不攻自破。又如謂，東方人是以禮讓為國的，且莫說現在，在每三月一回遊戲的督軍政治之下，禮於何有，讓於何有？難道歐洲人就不懂得禮、不懂得讓嗎？凡是穿著燕尾服去赴過白種人讌會的人（對不住，我卻沒去過），想來都可以證明此話的虛假罷。

　　又如謂，出世的思想乃東方文化之一，其實這話說印度人，還有幾分對，至於中國人則純是講實利的民族，我們的國產宗教，只有長生不老的思想，卻沒有解說出世的思想的呀！又如謂，順應自然為東方文化特色之一，不知智識未開的民族，都是順應自然的，歐洲人至今還有迷信占卜的呢，至於抱戡天主義與自然抗爭的人，我們中國曷嘗沒有。隨便拿出一兩件所謂東方文化之特點也者，都可證明其非東方人所特有，而已往人類所共有的，然則請東方文化的人，也可以自休矣。

　　二、什麼叫做西方文化？我們再看一般人所指為西方文化者是什麼東西，你說進化學說是西方文化的特色嗎？則我們的聖人，也曾於鑽木取火之後發明油燈，於乘桴浮海之後，發明舟楫，難道進化為西方所獨有嗎？你說權利思想，是西方人所獨有的嗎？那麼請看我們中國人的權利思想是否淡薄？你說物質文明是西方人的特色嗎？然而西方人在二百年以前，卻也並不曾有什麼電燈、電報、飛艇、火車之類，可見他們老底子，也並不比東方人強。像這些例子，都是不值一駁的。然則論起來，所謂西方文化者，也都不過與東方文化一樣，並不成其為名詞。世界上有的，是全人類的整文化，存的，是各民族、各地域的分文化，但決沒有一個整個的東方文化和整個的西方文化。也許東方與西方之民族，文化大體是不相同的，但所以不同之處，決非如陰陽、水火之絕對對立，而不可逾越。

　　三、東、西文化分野說謬誤之由來，我們推測這東、西文化分野的謬誤見解之由來，全是由於不懂世界文化史的真相之過。無知的人只看見現在世界上有個西洋文化，挾著物質文明的勢力大出其風頭，東方人

是不能不承認它的，但又覺得完全屈服總似乎不甘心似的，總想把自己
的固有文化抬出來，和人家配一配，才覺舒服。但講到物質文明方面，
我們的固存文明，確是離人家差得很遠，很遠，這個比賽是萬不會露臉
的；於是不得不想到其他方面的東西。講到虛無縹緲的精神文明方面，
似乎比物質較易自解些，因為他尚無十分客觀的標準，可以憑兩片嘴皮
說來說去的，搭著我們對於歐洲的近代精神文明的確也不了解；因此自
然便創出一種謬誤的說法，把我們算做精神文明的代表，把歐洲人算做
物質文明的代表，以為你們雖物質文明勝過我們百倍，但講到精神文明
方面，你們便差得多多；這樣說去心裡便覺得舒服，不這樣說心裡便不
痛快，這原是民族自尊心的發現，從一方面看未始不好。

　　但若執此以為西方文化全無價值，我們自有列聖相傳大中至正之
道，那便是自己將前進的門塞住了，自尋死路，我們不能不大聲反對。
我們倘若稍稍留心一點世界各民族的文化史，便可見文化是多元的，而
絕不是二元的。除了中國，除了歐洲以外，如中央亞細亞在歷史，曾經
有許多富有文化的國家，而他們的文化，絕不是受了什麼中國文化和
歐洲文化的影響，我們不應當閉著眼把這些事實不顧，而倡二元說的空
論。苟如此平心一想，則知歐洲文化與中國文化之間，並不是絕對不可
逾越之界限，而為兩大潮流之分野的了。

　　四、我們的意見，然則我們對於文化觀的意見是如何呢？我覺著就
現狀而論，中國與西洋誠然有絕不相同的兩種文化，一種是農業的，一
種是工業的。但這兩種文化並不是基於民族性的不同（如梁漱溟先生所
說）。因為就歐洲已往的歷史看來，我們確知其與中國現代有許多相同
之點，我們認這種相同並不是偶然的，乃是農業社會下當然的現像。現
在歐洲已脫離農業社會進入於工業社會，中國則尚留滯於中途，因此顯
出不同的樣子。其實由農業社會進入於工業社會，乃是自然的趨勢，歐
洲不過早些，中國亦終久不能不到。因此我們認東、西文化之差別，乃
是今、古的，不是東、西的；是豎進的，不是橫展的。

　　歐洲人在近代搶先揭開了文化的第三幕（由專制進於民治），猶如
中國人在二千年前，搶先揭開了文化的第二幕（由封建進於專制）一

樣。不過時有遲早；歐洲人終久不能不打破貴族政治，建立君主專制政
體，中國人也終久不能不打破專制趨於民治；歐洲人不能不採用中國發
明的羅盤針、印刷術、火藥；中國人也終不能不採用歐洲發明的火車、
輪船、電燈、電報，這都是自然之理，不足為怪。倘若自矜珍祕不肯隨
著潮流走，那當然是天生預備淘汰的東西，有我們前輩苗蠻人和西印度
土人為例，便是世界上所謂老大帝國如埃及、印度、土耳其、波斯等，
何一不是受著這自然界的苛罰哩。

　　我們的意見既已如此，因此覺得中國民族現今只有一條大路可走，
便是隨著世界工業文明的趨勢，向前進。只有努力的發展科學改善物質，
沒有什麼離物質而獨立的虛無縹緲的精神文明。一切妄人的主張，如
「以農立國」之類，都是阻礙民族進化的生機，我們非反對不可。便是
假新起潮流為反動運動，如基爾特社會主義與共產主義之反對物質文明
與民治主義，我們也非攻擊不可。（附白：此文因為他事所牽，未能充
分將意見寫出。讀此如有不明瞭之處，可參看前幾年出版的《國民雜誌》
二卷四號，拙著〈東方文明與西方文明〉一篇）。

　　　　　　　　文章出處：《狂飆》第1期（1925年12月）。

常乃惪致李石岑函

石岑兄：

　　承示顧頡剛先生提出的學術獨立問題，弟意就振鐸兄所說四法之中，約而言之，可有三條路：第一條路是打破現代社會組織，重新開闢一條理想的大道，自然學術界不必再愁吃飯的問題；這是最澈底最完全的辦法，除此以外，更沒有別的完全無弊的法子。不過這是我們目前所不能辦到的，頡剛先生的原意，想也不是問這一條路，這樣遠水不濟近火的空談，說了等於不說，故實在算不得一條路。

　　最簡單最容易的事，是學術界自己的小組合，自己置備東西自己去研究。不過這事正如雁冰先生所說，文學藝術或者勉強可以，科學是萬不行的。「躬耕讀書」是十八世紀以前的話，現在不是那時候。而且老實說起來，鄉村的環境並不比城市好，恐怕還要壞一點。我們平素中了古人的書毒，故每每幻想田園的快樂，其實你若真正去那臭氣熏騰的村落中住上一年，管保你一定要逃回城市來的。所以這一條路說來似乎好聽，其實若求真正的學問，絕不會有如此省錢便宜的事。

　　我的意思，就目前的情形而論，最平穩切實而且有把握的事，只有取振鐸兄所說的第二第三兩法，鼓吹政府資本家來幫辦學術獨立的事情。自然，這事於思想獨立上不免稍有不便，但是這也是不得已的一種辦法。「又要馬兒好，又要馬兒不吃草」，天下沒有那樣便宜的事。你不信，假如去現在的俄國調查一調查，恐怕在共產主義下，學術思想的不自由，比資本家還要利害哩！好在在可能的範圍以內，他不致妄來干涉，我們也就將就過去了，這並不是絕對不可能的事。況專門學術本有點遺世獨立的性質，不像社會主義是要搶飯吃的，似乎也還不致惹他們的大忌。

　　我的意思，我們現在惟一的辦法，只有鼓吹政府資本家——尤其是資本家——出錢來創辦各種科學研究所。我並且平常有一種狂想，覺得在中國的現在，與其拿錢辦小學，不如拿錢來辦戲院、辦電影；與其辦

中學，不如辦圖書館、博物館；與其辦大學，不如辦研究所。這話或者過激，但若只就大學而論，我相信我這話總還有一部分道理。現在願意拿出錢來辦大學的資本家似乎尚不致沒有，只要勸他把這筆錢改辦一個研究所，那是很容易的事，不過我們要努力，把研究所比大學重要的理由，鼓吹給社會上人知道，便好辦了。

如果應用我這個計畫，有幾條必要的條件列在下面，以供大家研究。——參看本誌學制課程研究號，「師範教育改造問題」末尾，論教育研究所的主張。一、暫就全國各大都會附近，分設各種科學研究所各一處，以後再設法增設。

二、入所研究生資格如何，似可不問，但必須經過極嚴重之身體、精神雙方之試驗。

三、仿舊日書院制度，凡入學研究諸生，給以相當的可維持生活以上的津貼。

四、所中但請幾位著名的科學家住所，作為顧問便可以了，不必聘多少教員。

五、研究時間無限期。

以上所說雖然很粗淺，但我認為卻是可以辦得到的。不過在研究者的本身方面，卻也須有幾種必備的條件。第一、須真正有以研究學術為終身志願之精神。第二、須能甘於淡泊質素之生涯。第三、須無家庭之牽累。以上第三條，雖為一般人所同感之苦痛，但大勢所趨，此問題當可不解自解。其餘二條則在學者自身如何，若真能有這樣精神，自然別的都不是甚麼難事。若沒有這樣精神，則縱然創出這樣一個環境，也恐怕是無用的，但我相信中國之大，總該至少也有幾個這樣的人。

文章出處：《教育雜誌》第14卷第6號（民國11年6月20日）。

對於「非宗教大同盟」之諍言

在轟轟烈烈的「非宗教大同盟」、「非基督教同盟」運動之中，「世界基督教學生同盟」已在北京開會了。兩方面既無何等短兵相接之事實，僅僅發宣言打電報之類，原是個人的言論自由，無所用其評論。且根本的主張，我們原是很贊同的，更不必對於自己的友人攻擊，而助敵人張目。不過若從另一方面看來，我們既不是基督教徒，或基督教的擁護者，我們對於「非宗教大同盟」所以不敢表示滿意者，也並非因其阻礙「世界基督教學生同盟」的開會的緣故，則「基督教學生同盟」的開會與否，與我們毫無干涉。縱然「基督教學生同盟」照舊開會，我們為真理起見，也不能不對於這個問題，仍然加以討論。

而且照目前群眾的狂熱狀態看來，我們對於思想界前途的自由問題，實不勝區區憂慮之至，不能不令人聯想到，這幾年的思想改造運動，未免太無功效，韓昌黎一派的〈原道〉見解，仍然盤據於中國學者腦筋之中。「蒙共和之名，而行專制之實」，這是幾年來政治上傷心的狀況：我們不願眼見學術界中，也有同一的現象發生。而不幸環顧近幾期來的言論，除了周作人先生等五人的宣言，及楞伽先生的一篇評論（見三月卅一及四月二日《晨報》）——主張果然相同與否，是另一個問題——之外，滿紙所載，都是些「利劍誅魔」、「決死一戰」等等令人生慄的名詞，竟沒有第三篇敢表示異議的文字，（據我們所看見的而言）。我們前幾天，雖也曾對此問題，略略談過；（見三月念三日《時事新報》），但一者是附帶著談的，故語焉而不詳。二者當時對於此運動，雖以為無號召之必要，但還覺著既然有人號召起來，也未嘗不可表示相對的同意。

及至近數日來，看了各處的宣言通電等措辭，令人不由不感觸，長此下去所生的好果，將不及其惡果之多。因此不得不變相對的贊成，而為決然的反對。且那篇文字的後半段，對於別一問題，曾因一時感情的關係，措詞未免有過當之處，也陷於同一「原道式」的態度，故尤有藉

此表示懺悔的必要。我們覺著在群眾熱潮之中，應當仍保持個人的思想自由之權；故我們為人格起見，為真理起見，敢對於「非宗教大同盟」諸公，進一點忠告。

在進於評論之先，應當先表明自己的主張，以免去許多的誤會。我們是相信科學的價值的；我們相信，原始的宗教與科學有許多衝突的事實，我們相信在二十世紀裡，將無宗教存在的餘地，我們相信在中國的現狀之下，更不能容絲毫的宗教思想滲入學術界中；我們尤其相信，欲改造中國的思想界，非絕對的維持科學的理論、科學的態度不可。如果這一次的「非宗教大同盟」，果然盡如王星拱先生等的〈非宗教者宣言〉中所說，僅僅為「我們不信仰一切宗教的人」，根據我們的「自由」權利，來作「我們的宣傳運動」，而並不「想靠一種強有力者的勢力，壓迫或摧殘信仰一種宗教的人們」，則我們對於這種運動，不但不敢反對，或許還要表示熱烈的歡迎。

但不幸，我們看了近來一切報紙上發表過的宣言通電之後，我們只覺得，雖然發起諸公，都很有澈底的覺悟，而終久勝不過一切搖旗吶喊聲中的「武斷」、「謾罵」、「兇暴」的空氣。在發起諸公，或者明知其誤，而因一時利用以擴張聲勢之故，不免有包容一時，以徐圖補救的苦心。但是我們很恐怕這種苦心，不為一時搖旗吶喊的群眾所了解，轉以助長「武斷」、「謾罵」、「兇暴」等非科學的氣燄。固然彼此根本的主張是相同的，而且在這種大運動中，還有我們許多平生最敬愛的師友在內；但我們總不忍以一時感情上的迴護，而抹殺真理的實際。我們相信群眾有時也需要規諍的人，我們願意以至誠懇的意思，而進此不入耳的規諍。

還有一層：我們現在所欲對言的，是「專為解脫宗教羈絆，發揮科學真理」的。「非宗教大同盟」，是自稱為「無論貴族平民，只要他是非宗教」，都可加入的。「非宗教大同盟」，若是單根據共產主義而反對基督教的，我們從態度一方面看，認為他是言行一致，不願加以反對。因共產主義是一種信仰，既然覺得基督教是與共產主義根本衝突（究竟衝突與否，我們此處不願加以討論），自然應當表示反對，這是

言行一致。至於為維持科學而起的同盟，則應完全依據客觀的真理，不應當還夾雜有絲毫的感情的主觀態度。若也陷於同一的論調，則是言行已先不一，我們即是對於這些言行不一的群眾，要加以規諍。

我們很贊成陳獨秀先生的「基督教」與「基督教會」，應當分別討論的主張（見《先驅半月刊》的第四號）。我們看了近來一般攻擊宗教的文章，即覺此兩點的區別，並未分辨清晰。在許多文電中，所舉出的基督教的惡點，（姑以基督教代表一切宗教）。總括起來，不過「束縛思想」、「慘殺人類」、「擁護階級主義」、「暗行侵略手段」的四種。我們覺得這四種之中，前兩種，是指基督教本身的教義及過去的教會而言；後兩種，是指現在的教會及其信教徒而言。我們願意先請問「非宗教大同盟」的諸公一句話，公等反對基督教，還是反對他的教義呢？還是反對教會的行為呢？抑或兩種都在反對之列呢？以我們愚拙的想頭，公等的反對宗教，既然專為「發揮科學真理」，則只有與科學真理相違背之點，才在被反對之列。以此而論，則基督教義的與科學真理衝突，固然應當反對；但除此以外，我們愚拙的腦筋，竟終想不出「擁護資本家」、「實行侵略」等事，與科學真理有何關涉，而勞諸公也加入在反對理由之內？這是我們所不解者一。

若說諸公的反對基督教，不僅在擁護科學一點，而也兼含有「社會主義」、「人道主義」、「愛國主義」等等的色彩，則且無論此已與「非宗教大同盟」東電所說「不承認是過激黨」及「貴族平民都可加入」等語自相矛盾；即專就此而論，基督教的本身，是否與此數點有必不可解散的因緣？諸公對於此，究竟有了忠實的研究沒有？這是我們所不解者二。以我們看來，基督教教義，誠然有許多處，是與科學真理反對的；但是我們相信，現在的基督教徒，已不是三百年、五百年以前的基督徒，我們不相信，在現在基督教的國家內，對於科學事業的發展，還有多大的阻力，英國、美國是基督教國；但他們的科學進步，比非基督教的中國，究竟誰好誰壞？我們不知諸公對此點曾研究過沒有？這是我們所不解者三。

我們不是說英、美的科學進步，是由於有基督教；我們也不是說，

現在的基督教徒，果然都相信科學的真理；我們只是問，現在的基督教會，對於束縛思想的事業，還有幾多的大影響，要我們費九牛二虎的力去對付他？這是我們所不解者四。我們也知道諸公中，有許多是曾經在法蘭西等宗教餘毒尚盛的國家內住過的，眼擊他們教徒的橫暴態度，因此才惹起一片的義憤心；但是中國基督教，是否有如在法國那樣的勢力？將來的基督教，是否還能發展到若何地步？別國的情形是否可以照抄到中國來，這是我們所不解者五。宗教對於束縛思想的惡影響，我們雖然不承認現在還有用全力反對的必要；但是還可加以相對的贊成。至於慘殺人類的事，我們不知現在的基督教徒，還有誰曾作過這類的罪惡？這是我們所不解者六。

我們也知道，十五、六世紀的異端裁判所的氣燄，曾經慘殺過多少為文化先驅的志士；但是過去的事件，是否還可以當作現在攻擊的資料？依據何種科學公理，而可以蔑視時代的觀念？這是我們所不解者七。如果承認過去的罪惡，還可以為現在攻擊的口實，則義和團時代的中國人，也曾慘殺過許多無辜的外國人，是否根據此理，諸公也承認全部的中國人，應當退出於地球之外？這是我們所不解者八。若說慘殺人類，是指現在一般頑固的宗教師而言，如去年報上所載，西安某牧師打破學生頭顱的事情；但不知現在的基督教徒，曾經作過如西安某牧師的事的有幾個人？是否以少數人的罪惡，便可加之於全部教徒，乃至其教義本身上？這是我們所不解者九。

如果承認這公理，則諸公是否也承認，因馮國璋一人的焚燒漢口，便主張全部中國人都是殺人放火的匪徒？這是我們所不解者十。如果承認少數人的行為可以代表多數人，則我們眼見過許多的基督教徒，在病院裡、在學校中、在講壇上，作過許多熱誠的努力的事業，何以不見諸公提起？是否科學家的態度，應當以好惡來轉移事實？這是我們所不解者十一。至於擁護階級主義一層，諸公究竟根據何種研究，而加此名於基督教？以我們看來，基督教經典之中，如八福的標準，如駱駝進針孔的喻，都是為貧人幫助的呼聲。是否這些教義可以不理，而專責他的幫資本家一方面？這是我們所不解者十二。

　　我們不是說，基督教便是老牌的社會主義；我們也不能便說他是擁護資本主義，若從教義的本身看來，我們覺得倒是平等的意味多些，即使不承認這一層，是否可以把他的，至少總含有一部分的平等色彩的方面一概抹殺，而武斷的加以惡諡？這是我們所不解者十三。若說擁護階級主義一層，是專指現在教徒的吮癰舐痔行為而言，我們不知這一種個人行為，何以便可以移為攻擊全部基督教，乃至全部宗教的口實？這是我們所不解者十四。於一部分偽教徒的墮落行為以外，諸公是否還承認，尚有另一部分熱誠高潔的真正教徒，即使是極少數的，根據何種調查，而可以武斷全部基督教徒都是貴族資本家的走狗？這是我們所不解者十五。

　　若說諸公的攻擊，既不是對基督教的教義，又不是對少數的熱誠信教者，只是對於大部分吮癰舐痔的基督教會及其信徒而言；則諸公自始何不即將目標明白標出，而必籠統其辭，致使一般的無辜教徒也受其殃？這是我們所不解者十六。若因教會的行為，而遂遷怒於其教義本身；遂武斷基督教即是資本主義的護符；則達爾文的進化論，尼采的權力意志說，乃至社會主義、無政府主義，也曾為某種人所利用以便其私圖，諸公對此，是否也將向其學說主義的本身攻擊？這種攻擊，是根據何種的邏輯而來？這是我們所不解者十七。

　　即使承認基督教與階級主義有不可解散的因緣；則何以「非宗教大同盟」的東電中，又曾懇切的說明，「無論貴族平民……」都可加入？階級主義的本身的貴族資本家尚可加入，何以擁護階級主義的宗教，反在被攻擊之列？這是我們所不解者十八。若說同一非宗教運動之中，而各人的立足點不同，有根據科學真理而攻擊宗教的，有根據共產主義而攻擊宗教的，則以兩種目標不同的非宗教運動中，何以對於與自己外表相近，而容易被人誤解的運動，不曾聞有彼此劃分界限的聲明。根據科學真理，標明「無論貴族平民……都可以加入」的「非宗教大同盟」，何以不聞對於四方響應的文電中，所舉的擁護階級主義等罪名，加以辯解或糾正？是否默認這種罪名，也在自己攻擊的範圍之內？這是我們所不解者十九。

　　既然各人的立足點不同，則根據科學真理的同盟，所攻擊的，自專在基督教原始的教義，而不在現在一般的教徒；根據共產主義的同盟，所攻擊的，又應專在現代的教會，而不在原始的教義；何以兩方面對於全體的基督教與基督教會，都不曾有分別攻擊的聲明，而一概加以籠統的謾罵呢？這是我們所不解者二十。至於罵基督教為侵略主義的先驅一層，我們尤其覺得可笑可憐！想不到一九〇〇年拳亂時代士大夫的腦筋，到二十二年之後，在自命為擁護科學真理的知識階級中還會出現，我們不解諸公所謂侵略主義者，是指基督教義的本身，抑是指現在的教會，抑是指現在教會中的個人，抑是指信基督教及利用基督教的國家及政府？若是指原始基督教的教義，則我們雖不肖，也曾將新舊約等書，從頭至尾翻閱過一回，實在看不出在他的教義中，含有幾多的侵略思想，不知根據何種佐證，便說基督教是侵略主義的先驅？這是我們所不解者二十一。

　　若說對他的教會而言，則教會固然對於列強的侵略手段，作過不少的幫手；但他同時也未嘗沒有替弱小的民族喊過不平的聲音。我們固然相信，傳教師是瓜分非洲的先鋒隊；我們卻也相信，傳教師是灌輸朝鮮人以獨立思想的天使，我們固然不能，因為基督教會祈禱和平便加以讚美；我們卻也不能，因為他曾祈禱本國戰勝，便說他是贊助侵略主義。我們的意思，覺得教會只是一個空洞的團體，被侵略主義者利用，便是侵略主義；被和平主義者利用，卻也不難變為和平主義。以外來的勢力，而當作固有的原質。這不知是根據何種化學的分析？這是我們所不解者二十二。

　　若說正因為他是空空洞洞的傀儡，容易被人利用，故我們當加以攻擊；則以我們看來，一切的學說教義，都是空空洞洞的性質，都有容易被人利用的嫌疑，即如諸公所大播大吹的科學真理，自發明以來，被野心家利用為侵略之具，也不知多少次了。諸公何以不加攻擊？這是我們所不解者二十三。若說現在的基督教會，都是些侵略主義的傀儡，故我們當一概加以攻擊，則諸公何不專攻擊侵略主義的教會，而另外提倡一個自由自立的中國基督教會？（此語似不能責望非基督教諸公），這是

我們所不解者二十四。若說現有的基督教會，無一能脫離侵略主義的利用；則我們願介紹給諸位看看，在美國一種非戰主義最盛的Qia kers宗，不知諸公也還說他是侵略主義的傀儡不是？這是我們所不解者二十五。

若說在中國的教會，便都是侵略主義的先鋒；則我們以為在弱小的國家內，無有一件事情，不可為強者侵略的利用之具。即如修鐵路開商埠等事，無一不是我們吃虧為多。諸公不知是否因此也便要維持向來的鎖國主義，拒絕交通和貿易的進行，而恢復到老死不相往來的地位？這是我們所不解者二十六。至於此次的「世界基督教學生同盟」，我們雖然不敢說他，便是什麼和平的天使，大同的福音；但也不過是幾個迂腐的宗教家，作那吃飽了飯沒得做的閒事罷了。諸公究竟根據何等祕密的消息，而把他當作是侵略者代表的宰割會議，大驚小怪地從事反對？這是我們所不解者二十七。

若因為與自己主張的科學真理相反對的緣故，而遂不惜加以侵略主義的惡名；真正科學家的態度是否應當如此？這是我們所不解者二十八。若說諸君所謂侵略主義，是指基督教的信徒中，曾經出過許多的野心家，或者說現在的基督教徒中，有許多是甘心為侵略主義利用作走狗的；則這種個人的行為，我們已經屢屢說過，不能拿來當作攻擊教會本身的資料。除了這些野心家走狗之外，基督教中也還出了許多熱心的志士，為社會犧牲的健者，不知反對宗教的諸公，對此注意過沒有？這是我們所不解者二十九。若說指利用基督教，作侵略的國家政府而言，則我們只有反對這種國家政府便已夠了，不知何以必須牽及宗教的本身？這是我們所不解者三十。

若說宗教是侵略主義的工具，非先推翻這種工具，不能打倒侵略主義的本身；則我們的意思，覺著為侵略主義利用的工具，恐怕不止宗教一種；即如根據科學真理所發明的輪船、火車、子彈、砲藥，無一不比宗教的功用大，諸公何故不先反對這些？這是我們所不解者三十一。若除了被人利用的範圍以外，在基督教及教會及教徒的本身方面，諸公能找出許多的侵略之點，是含在他們本身的屬性當中的？這是我們所不解者三十二。

從以上層層的推理下來，我們覺得自稱為擁護科學真理的「非宗教大同盟」的諸公，所舉給我們的反對基督教的理由，在我們看來，實在有不敢輕易贊同的地方。我們的意思，以為我們既然打了科學真理的旗號，來和一切宗教反對；則我們自己，便不能不先留心檢點一下，把一切帶有宗教氣味的「武斷」、「謾罵」、「兇暴」等態度收好了，專一依據客觀真理的標準，來平心靜氣地討論。若依這個標準討論下來，則我們以為，我們現在若反對宗教，所可依據的理由，也只有與科學真理衝突的一項。然而這一項，只是對於原始的教義而言；對於現代的教徒已不甚切合，其擁護階級主義及侵略主義兩項，只是階級主義、侵略主義本身的罪過，不能波及宗教的本身。至於慘殺人類等罪名，則直是張冠李戴栽贓誣陷的手段了！奉勸非宗教運動的人，先留心把自己的這種宗教色彩去掉，再來說別的話罷。

以上只是說得理由一方面，我們雖然大部分不敢贊成；但終還有一小部分可以相對的贊成的。故我們前幾天，還只持旁觀的態度，不願出頭反對；但是若再從諸公所以發表這種主張的態度上看起來，則我們覺得不妥的地方，實在太多了。為維持科學的真理起見，我們更願意把這種非科學的態度，提出來與大家糾正一下：我們以為：我們的主張，無論如何，都是可以的。我們如果相信基督教，乃至一切宗教是萬惡的淵藪，而願意挺身出來反對，這原是個人主張的自由，無所謂不可。不過我們言論之際，總要對於對手的方面，而尊重他的人格。乃觀於連日報紙所載的文電，佻口謾罵之辭，連篇累牘，如「欺騙之毒計」、「窮邪極祟之說」、「怙惡不悛」、「以為殺盡世人之預備」（北京平民大學喻森等電文）。如「惡魔」、「鬼倀」（俄文法政專門學校曾紀綬等電文）。如「邪僻自恣」、「肆愚蠱群眾之毒」、「誓不容彼惡魔再叫囂於此華嚴世界」（北京美術學生啟）。如「怪物」、「包藏禍心」（蕪湖五中祖茂林等電文）。如「餘孽」、「醜類」、「間諜」、「走狗」（北京高師電文）。如「毒燄」、「邪說」、「妖鋒」（保定高師電文）。如「卑汙手段」、「冥頑不靈」（長沙湘鄉中學電文）。等等名詞，若詳細舉起來，真是舉不勝舉。

　　我們相信純潔的青年諸君，絕不是慣於罵人的；不過應該怪平時對於〈祭鱷魚文〉一類的文字讀得太熟了，因此一遇熱憤填胸的時候，便不免隨筆寫出這些話來。殊不知，我們所以排斥宗教思想，而採用科學真理者，正因為宗教是主觀的、武斷的，不論是非，而一概謾罵的；若是自命為擁護科學的人，而也持這種同一的態度，我們又何苦以暴易暴，排斥那個而信仰這個呢？這是我們對於諸公的態度，覺得不妥的地方一。

　　再看到諸公所舉的對付的手段上，更令人不敢同意了。諸公裡邊，固然有許多人口口聲聲說，我們只是自己宣傳主張的一種運動，並不迫害他人的自由；但是我們看了一切「露布式」的文電中所用的語句，如「滅此人類之毒，朝食而甘心」（喻森等電文），如「急掣利劍以撲此魔」（蕪湖五中電文）；如「與彼惡魔決一死戰」（北京新華大學學生宣言）等等話頭，實令我們欲為諸公辯護而無從。我們固然相信二十世紀第二十二年時代，自命為擁護科學的青年，絕不會還有那十九世紀末葉，崇拜大師兄、二師兄的中國士大夫的殺人放火的思想；我們既不是基督教，乃至任何宗教的信仰擁護者，尤其不必深文周內，說諸公將有若何若何的不規則之舉動乃至意欲；不過我們若從幾千年一脈相傳的，自命為「攻異端闢邪說」的中國讀書人，所常用的「殺其人火其書」等口脗上考察起來，則不能不令我們懷疑，是否二十世紀的青年，能夠脫離古代學術專制的惡習，而真正了解思想自由的價值？我們以為：我們固然要維持我們的思想自由；而同時也要尊重別人的思想自由，一切近似攻異端、闢邪說的態度話頭，總以避免為是。否則這種態度發表出來，縱然限於環境，不會引起什麼實際上的舉動；但只有這種閉著眼不看別人的思想，傳播到青年的腦筋裡去，也就很可怕了！這是我們對於諸公的態度，覺得不妥的地方二。

　　再者，諸公對於攻擊基督教所舉的理由，我們上邊已經逐一考察過了，我們覺得這些理由之中，發現一個共同的誤點，即是推理的態度太籠統、太武斷了。如喻森等電文，把「歐洲前者之百年戰爭」、「近世威廉第二之併吞宇內，協約之聯盟攻德，兵燹連年」，都歸到「無非該

教推崇至尊，獎勵虛榮所致」，這些所舉的事實，都是稍研究過歷史的人，都曉得的。果然是由於基督教的緣故嗎？恐怕說歐洲大戰是由於基督教，還不如說是由於科學上的發明，倒較為近情理些。我們是否也因此而反對科學的發明呢？又如曾紀受等電文說：「毒害所播，遠過於軍閥財閥」；又說：「猶恐演成宗教戰爭」，真的基督教比軍閥、財閥還利害嗎？中國將有宗教戰爭，是從何種推理上得下來的？

又如〈中華心理學會宣言〉中說：傳教的「來自西國者，大都是知識低下」的人；「產自本國者」又「大都窮極無聊，藉此糊口」；我們以為：下句說本國的信教徒，倒還有理。正因為這個緣故，所以我們以為無用全力攻擊的必要，至於上句的「智能低下」，不知根據何種的心理測驗而來？所謂低下不低下，究以何為標準？又如說他們所傳的道，都是「寡廉鮮恥的道」；若如此說，則托爾斯泰的「無抵抗主義」也是「寡廉鮮恥」的道了。果然麼？（以上都見三月二十八日至四月二日的《晨報》）。以上所舉的話，我們認為是一時感情過度而生出措辭失當的話，原不必執此以為反對的材料；不過我們既然打了科學真理的旗號，應當一字一句都準照科學的態度去發表一切，武斷的話語，似乎總應免除才好，這是我們對於諸公的態度覺得不妥的地方三。

還有深文周內的毛病，在諸公的文電中，也是不免的。如蕪湖五中電文說，基督教的舉同盟於北京，是「藉以遂其侵掠之野心」，乃至同此論調，到處皆是。最顯著的，如北京高師宣言把「膠澳沉淪」、「廣港租割」，都歸宗教的原因上。我們固然知道這些「沉淪」、「租割」，都是由於教案起的；但請問單據這個，便可以為攻擊宗教的理由嗎？然則幸而當時山東、廣東人所殺的是牧師信徒之類；假使當時所殺是一隊為發見科學真理的探險隊，是否德、法政府便可以就此甘心下去？假使他們也一樣的要割我們的膠澳、廣港，我們是否也因此便連科學的探險都反對嗎？深文周內，總不是自命為擁護科學真理的人，所應持的態度，這是我們覺得不妥的地方四。

還有一層：最大的毛病，到處都是的。我們覺得諸公對於異己的言論，太不平心去聽，太使用詭辯的手段了。周作人先生等五人的宣言，

姑無論他平素的主張怎樣；只就此宣言而論：總算是平心靜氣毫無偏袒的話，乃諸公對於這個宣言所發表的意見，竟無一不是詭辯的論理，如「非宗教大同盟」東電所說，他們「對於非宗教同盟反對，而對於耶教學生同盟不反對」，便是「已有擁護宗教的嫌疑」；殊不知，「耶教同盟」的宣傳運動，並不曾干涉人不信教的自由。他們只是宣傳他們的教，我們有何權利去加以反對？若是引誘你入教，便算侵犯人的自由；請問你若打定主意不受他的利誘，他能彀用什麼強迫手段破壞你的節操？尋常的法官，也還知和姦與強姦的性質不同，我不信深明論理的人，會分不清利誘和威迫的區別。至於「非宗教大同盟」，若也真能遵守向來的宣言，只在「保護我們的自由」一方面去努力，我們原不必反對；不過諸公究竟是否言行能彀一致，請你們自己把自己的一切「檄文式」的言論，仔細看看，便可不再說什麼「釁自彼開」的一類的詭辯的話了。

還有「中華心理學會」〈告主張信教自由者〉一文，既說「信教自由是對於強迫宗教而起」，又說「始終不應當有何種表示，干涉我們的無神教」，我們不知為什麼強迫信任何宗教，便應當反對」，強迫信無神教，便不應當反對？又說耶穌教強迫兒童受洗讀經，我們不知假如你家父母不願你的兒童入耶穌教會，他們能彀用什麼方法來強迫你？信教自由者所反對的強迫，乃是指不是本人意思的強迫；若把自己願意受的行為，也叫做強迫，那真無處不是強迫了！又把「己所不欲勿施於人」，講作自己不要的東西，也不讓別人施給人講，這種講法，不知是根據那一家的註疏而來？

總之，信教自由，是一個普遍的原則。我們應當公平的使用，不能隨自己的意，想用便用，不想用便罷。只是我看了現今的「無神教」家，一切詭辯的態度，只怕弄到末了「圖窮匕首見」的時候，還有主張廢棄信教自由的人哩！若是真正不懂思想自由的需要，倒不妨老老實實索性主張廢棄，倒還不失為秦始皇一流的好漢罷，此外如陳獨秀先生致周作人先生等的信（四月七日《民國日報》），硬說他們是「不容許反對宗教的自由」，已竟是對於原來宣言不曾細心看過而發的很可笑的議

論了；又說「狂思想狂議論」是「趨理性的好現象」，我們不知理性二字是怎樣講的？

我們看來，「理性」二字，至少總該含有一點公正的批評的態度；而排斥一切武斷、謾罵的感情作用，以青年人固然不可過於消極，似乎也不便過於太狂了。義和團時候的中國士大夫，何嘗不是「義憤填胸」；難道這也是趨理性的好現象麼？至於租界的禁止開會，原應當反對；但是我們反對，是應當反對他們的干涉我們集會結社自由權的行動，起先的基督教，並沒有禁止我們不信宗教，與這件事情不是一個問題。自命為擁護科學真理的諸公，似乎不至於對這一點區別還分不清楚罷。

此外還有一派人，說「真理和宗教的戰爭，絕不是像十字軍義和團的宗教的戰爭，為了真理而引起戰爭，我們是不避的」，這些話不但可笑可憐，抑且是可怕了！我們固然自己相信自己所信的是真理；我們能彀也擔保別人也承認我們所說的是真理嗎？十字軍中的耶穌教徒，何嘗不自以為是真理，而回教非真理；〈上佛骨表〉的韓愈，何嘗不自以為是真理，而佛教非真理；捉拿過激黨的中國官廳，何嘗不自以為是真理，而共產主義者非真理；壓迫兒女的老頑固，何嘗不自以為真理，而青年非真理；乃至於殺人放火的義和團，也何嘗不自以為真理，而一切大毛子、二毛子為非真理；自己相信是真理，便可蔑視別人的真理嗎？便可不避戰爭嗎？以我們看來，信教自由的原則，正是因為這些各執一是的真理，無從判定，因而才想出來的緩衝之法。真理是辯論出來的，不是用強迫勢力所能做得到的，奉勸自以為是擁護科學真理的人們，先拋棄那武力萬能的迷夢罷！

我們以上的話，也說得多了。如今總結起來，表明我們自己的主張和理由如下：一、我們相信宗教的本質，是與科學真理衝突的；故我們在現代雖不認為必要，而可以相對的贊成非宗教的運動。二、我們以為：反對宗教的理由，只有與科學真理衝突的一項；此外擁護階級主義、侵略主義等，都不是宗教本身之過，我們不可任意捏造罪名。三、我們以為主張儘可不同，而對手的人格不可不尊重，故對於一切非宗教運動中，謾罵之辭，以為無取。四、我們根本上反對一切「定於一尊」

的思想，故我們雖承認科學的發現是真理；但如果因為自己的信仰，而干涉一切異己的人，我們認為與思想自由相違。五、我們覺得在現在一切反對宗教的文電中，確有這種思想專制的餘毒在內。我們認為這種態度，與此後思想自由的前途，大有關係，故不能不用全力來反對。

六、我們以為現時我們非宗教運動所能作的，一方面在熱心的宣傳科學的真理；一方面在客觀的批評揭破宗教的誤謬；對於對手的人格問題，不可妄加攻擊，尤其不可有用實力干涉的迷夢。七、我們對於「非宗教大同盟」的勸告，是友誼的勸告，是《春秋》責備賢者的意思，並非有袒護任何宗教意思在內，也不是對於宗教家的誤點便忽略過了，希望宗教家不必拿我們這話，來作辯護自己的口實。我們雖然不客氣的批評現時的非宗教運動；但對於諸公的熱心，我們都佩服的。我們文中所駁斥的諸文字，是只就該文字的內容而論；對於各作者的人格學識，我們都很尊敬。並且我們所批評的，還有許多我們所最崇拜的師友在內。

我們不希望群眾在狂熱的狀態中，能彀容納異己的意見到若何程度，我們只希望保持自己的良心，不致被群眾熱狂的潮流一概席捲了去。我們的意見能彀引起群眾的悔悟呢？不能引起悔悟呢？我們自己也不敢預知，只好看中國現在新知識階級的道德的度程是怎樣罷。我們反對這樣含有宗教性的「非宗教大同盟」，也和我反對一切含有宗教性的宗教一樣。（附白：此文原打算與一位朋友共同發表的，故篇中措辭，都是共同的口氣。現友人因別種關係，不能署名，故由我一人負責發表，著者附誌。這篇文章，是採自上海《時事新報》四月十二日的「學燈」），著者既自聲明不是基督教徒或基督教的擁護者，他規諍「非宗教大同盟」的說話，遇著關涉基督教本身之處，當然與我們做信徒的人所說的不同。我轉載他這篇文章的用意，只取他是立在超然的地位，指摘非宗教者的謬誤，能那麼詳盡那麼的當，是中國今日一極有關係文字，有介紹給國內外基督徒和非基督徒參考的必要。

文章出處：上海《時事新報》〈學燈〉（1922年4月12日）。

胡景翼先生的遺念

除了覺得他的肥胖似乎有些太滑稽了的這一點以外，胡景翼先生的生前及死後，在我，是如同對於段芝貴、龍濟光、譚浩明、楊砥中諸先生的生前及死後一樣，不感覺得有什麼特別可以殘念的地方了。然而這只是十幾日以前的話；到了最近，我從報紙上發現了兩樁事情。這兩樁事情，證以我事實的經驗，我於是乎覺得胡景翼先生，確是一個可以而且值得紀念的人。至少，在我們的人群裡，是不容易找得到的人，我於是乎突然改變了一向的觀察。

大約有三、四日以前，我從北京城的東部，所謂鄰近保安區域之中的一個街上經過，在這個街上我發現了一樁頗為滑稽的事情。這在愛國志士的眼光中看來，的確可以當作激昂慷慨的材料的，因為我們的良善的國民，竟被那幾個外國的醉兵侮辱了。雖然也只不過是攀車沿，張胳膊，種我們鄉下拖著鼻涕半尺長的大孩子們所慣做的事，而且我們的丘八太爺，丘九太爺，乃至智識階級，都也已經做過，而且比他更好的，本來算不得什麼侮辱。況且我們那些被侮辱了；或者雖不曾被辱而曾經參觀過的同胞，大家也都只是吐著舌頭笑笑，露出「犯而不校」的神氣，並不曾有半點憤怒的表現。

那麼雖是素來喜於成人之美的我，也只能加它「滑稽」二字的考語，過此以往，是再不能贊一詞的。況且這也的確是一件滑稽的事情，少數白臉的醉人張著胳膊捕人，多數黃臉的醒人，吐著舌頭躲人家的捕。我們鄉下的小朋友，不是常常這樣地鬧著玩麼，而況乎又加之以白臉和黃臉的臉譜乎。我至今只覺得這件事情是很滑稽的，滑稽得可以令人傷心。但在這篇文章裡，我並不是想申訴這個滑稽的趣味是如何雋永，我還有應當敘說的事情，因為當我目擊這件事情的時候，我並不是純粹站在傍觀的地位，我也是行路的一人，而照我行走的直線方向走去，是必須要經過這幾位被酒精支配了的人類同胞的勢力範圍內的。於是問題臨到我頭上來了：我若是一直走過去呢，能夠免得了受一樣的侮

辱嗎？恰好旁邊還有一條小道，我不如學一個臨時的非君子，還是由徑而行吧。

　　然而憑什麼我要怕他？憑什麼他們能夠剝奪了我行路的自由權利？這不是也應當先三思而後行的嗎？在這個躊躇的一剎那頃，我憶起了胡景翼先生的鐵棍——這便是在報紙上記下來的——我假如有那樣的鐵棍帶在身傍，或者即使沒有鐵棍，而有他一身的少林拳術，我這時定可放心大膽踏步過去，很可以裝出傍若無人的架子，如同「連環套」上的「黃天霸」似的。然而不幸我不但沒有鐵棍，而且也沒有少林拳術。雖然依我的理想，這事倘若碰在胡景翼先生的頭上，即使沒有鐵棍和少林拳術那些東西，他也定可以而且敢大踏步走過去的，這從他無鐵棍時而想起了製鐵棍的一件事情上可以看出。然而在我呢，我究竟不能不承認是一個純粹的中國人，我有從老祖宗以來，傳來的中和的脾氣，在他不犯到我頭上以前，我定不肯找他去多事的，我於是乎終於做了一個臨時的非君子，找一條小路另自溜了。

　　從這一件事情以後，我常常為我自己傷心，我覺得我是無可救藥的了，然而同時卻不由得，對於胡景翼先生和他的鐵棍，起了絕大的景仰心。我覺得不但像胡先生這樣的人，便是像他的鐵棍，在我們的人群內——至少在所謂上流階級的人群內——是很難碰到的了。他大約至少總有幾分是外國血造成的吧。因為我們的同胞，遇到了這一類的事情，是只會關門不出，這是我當時所親耳聽到的輿論。雖然較起排香案插順民旗來，已經不能不算是海通以來，受了夷人感化的進步態度，但是從插順民旗政策，到關門政策要經過二十五年，從關門政策到我的繞路政策，大約至少也還得二十五年，那麼我們究竟到什麼時候，才可以進化到胡景翼先生的鐵棍政策；或者更進化到無鐵棍，也要大踏步過去的政策呢？這即使問到我們聰明的教育家頭上，恐怕也不敢保險。但是人家的人，卻沒有鐵棍也會攔住我們的路了，恐怕還不等我們的鐵棍造成，也許就連造鐵棍的人，也一齊都壓在香案之下了吧！由此看來，胡景翼先生和他的鐵棍政策，真是可望而不可及的了。

　　在讀了鐵棍的紀事以後，不到數日，在報紙上又發現了一樁較新的

新聞，這便是有一般兵士，在開封的鐵塔上，對女生施行侮辱的事。倘若這記載是真確的話，這自然對於胡景翼先生，是一種不甚光榮的遺念。因為這事的發生，雖在胡景翼先生已死之後，他可以不負什麼責任，但猜想起來，這些兵士大約總該是他所帶來的部下，否則，至少，也是他所請來做幫手的。那麼，按《春秋》的筆法講來，我們就不能不將這個責任，推在這位已死的「英雄」身上。但本文既不是屬於所謂公正的輿論一類的，則此問題自不必深論。我們所要論的，是另一個問題。

自然，對於被侮辱者的同情，是人所共有的，雖然新文化家也許責她們的死輕於鴻毛，而舊文化家則當然引為女子輕出閨門之戒，但平心立論，這都是過苛之談。我們固然不贊成舊文化家的謬論，但也並不贊同新文化家的高見。被侮辱者固然可以不死，但處在中國的禮教之下的女子而一旦被污，你教她怎樣，去尋不死的路？她們的教育，早已明明白白告訴她們「女子被污辱後是只有死的」，她們的社會，早已露出冷酷的眼光，準備對於這些「失了節」而不曾死的女子，要實行寢皮食肉的政策，便是她們的家庭，難道不也是哈哈地在背地冷笑嗎？而尤其使她們不能再靦顏生在世上的，便是她們所各具的良知──這便是從孟軻、王守仁以來，大聲提倡良知，也就是以小腳為美觀，認吸鴉片煙為風雅，拜皇帝為神聖的良知──也在那裡作怪，倘若靦顏生在世上，那便時時要受良知的責備，再活一輩子也沒甚趣味的了。

我們的聖人，不但製造成教育的教條、社會的輿論、家庭的規矩，還造成了一副人人俱有的良心，這不能不算大大的成功。只可惜他的功用，僅僅能殺死幾個被污辱的女子，卻不能在那些污辱人的男子中，也發現了良心的作用，這不能不算是萬一的缺點，而我們的哲學家，所以要提倡新理學的緣故，大約也就在這裡了。話雖如此，我們對於這些被污辱而自殺的小姐，們究竟不能不加以過情的責備的。為什麼同是一樣的人，為什麼在人數也差不多少相當的情形之下，那一面就敢公然侮辱人，這一面就不能有抵禦的餘地？難道兵士是注定應當污辱人，而女學生便注定應當被污辱的嗎？我們由此不免為我們的教育寒心，──尤其是為女子的教育寒心。

　　處在這個亂離的世界之下，我們的女子教育，卻仍然是不出乎搔頭弄姿、讀書習禮的範圍之外，我們的女子，受得教育的程度愈高，文弱的程度也愈深，抵抗的能力也愈減少。命運不幸的，便如這幾位小姐被兵士奸淫了去，其餘的也不過是「幸而免」罷了，難道還有什麼把握嗎？我們的女子只有事後尋死的勇氣，沒有事前拼命的勇氣，即使有這樣的勇氣，也沒有這樣的本領。記住！這是中國民族的一大恥辱，也就是一大危機啊！

　　然而，也不必盡責備這些女子了，我們的男子又怎樣？在中國二十二省四萬萬人口之中，不是有一大部分人，呻吟於借糧綁票就地抽款的侮辱之下，而不敢噴一聲的嗎？我們這些號稱高等智識階級，而躲在北京城圈內的人，不也是所謂「幸而免」的嗎？況且我們又免了些什麼？我們的教育經費不是照舊的被人扣留？我們的集會結社不是照舊被人禁上？我們的書信不是照舊被人檢查？我們不是常常因大人老爺的出行，而禁止自由行走的嗎？我們的中交票、銅元票不是常常就任意打折扣了嗎？我們可有一些抵抗的能力嗎？我們可有一些抵抗的表示嗎？被侮辱的了女子回來還曉得引為羞恥，還曉得自殺，被侮辱了的男子卻已習慣成自然，恬不為恥了。我們還有什麼面目來責備女子，責備他人？

　　我們現在唯一的急務，是提倡威武不能屈的精神，養成威武不能屈的人格，同時也須練習威武不能屈的本領。我們雖不必存心去侮辱他人，但也須能抵抗住他人的侮辱。我們的軟弱，不但使自己有易受侮辱的危險，也使他人有易起侮辱自己的欲望的危險，這同樣的都算是罪惡。人人能夠自衛，人人能夠不受他人的侮辱，則天下自然太平。換一句淺顯的話說，什麼時候我們的女子能夠從鐵塔上擲下了來侮辱他的兵丁，那時天下便再沒有強奸一類的事發生，而我們的理學家，也就可以不必再慨歎人心的不古了。

　　前星期中，到中央公園去參觀胡景翼先生的追悼場，在女招待員的嚴重的監視之下行過禮以後，領到一張題著「笠僧墨妙」的畫羅漢的像，又看了李根源先生的跋語，曉得笠僧先生是有笠師佛降生的嫌疑的，本來這話已在報上先見過，故也不覺驚訝。大約在原人時代，拜物

教尚在盛行，所謂「ㄚㄋㄧㄇ丶ㄙㄇ」者，將萬有都看做一體的活物，故此一塊石頭也可變做聖賢，一頭牛也可化做英雄豪傑，這種思想到後來便一變而為「謫降下凡」的觀念，再變而為「輪迴轉生」的觀念，三變而為「與天地為徒與萬物合一」的自然融樂派哲學。無論後來的哲學家怎樣自命高深，怎樣粉飾得天花亂墜，其實不過是這種原人思想搖身一變，正如登山一件事，無論遊賞家怎樣附會風雅，其實總不過是「猴子脾氣的發作」而已。

說起禱於某山的一件事來，於我還有特別的趣味，因為我的父母在我未生之前，也曾禱於京西的一個名山，——大約就是妙峰山——於是到現在，我的家人還勸告我不要到妙峰山去，而我自己呢？也就難免常常想到「維嶽降神」的這一類的話；雖然即使是真從妙峰山降生的，然而究竟是妙峰山的菩薩；抑或一隻死狗，尚在未可預知之數。但即使是死狗，也未嘗不是可以自豪的，這觀於「淮南雞犬」都可以升天的故事，就可以證明。因此我在京師七、八年，從沒有上過一回妙峰山，雖然大原因是懶性的發作，然而暗中也未始沒有一點受這種的暗示，因為倘若登山之後而果至「歸真」，自然我現在尚不盼望他如此，若是全然沒有一點影響，則又顯然證明，我不但連妙峰山的菩薩，便是死狗的資格也沒有，這樣自尊心便因而失去，以後再無誇口的資格，更是得不償失。

從這樣看來，我們雖然號稱多少受過一點科學教育的人，但腦中這種原人的思想尚在盤據，真是可怕。我自己本不是革命的人物，而且是很頑固的，尚不足怪。而曾從事過革命事業，也做過革命人物的李根源先生，竟於追悼胡景翼先生之餘，寫出一篇這種東西來，則他的腦中，這種思想盤據到如何程度更可以證明了。其實何只李先生一個人，月前在孫中山先生追悼會中，看見一付輓聯有「道統直接孔子」的話，自然是拿來恭維孫先生的，底下的署名是「戴傳賢」，拿道統來恭維孫中山，真是千古未有之奇談，而猶不奇，所奇者，在做此輓聯者，即大名鼎鼎號稱民黨左派健將之戴天仇戴季陶先生，則真令人咋舌不下。

民黨為現在國人之最新者，所謂最新者之思想如此，守舊者更可想而知。便是孫中山先生自身也頗有這一類可笑的話頭，如同對日本人演

講什麼東洋文化之類。我常常笑說，孫中山先生與梁任公先生雖是政敵，但在提倡東洋文化的這一點上，倒可引為同志哩。其實遍國中除極少數的幾個歐化黨以外，在這一點上，四萬萬人誰不是同志？便是這幾個歐化黨，其實也不無可議之處。即如吳稚暉先生，是最澈底歐化的了，然而他又肯替《寒厓集》做序，又肯和廉南湖交好，而他自己也承認，和老頭子們的脾氣到相近些。又如錢玄同先生，是一般所謂最激烈的了、然而他的咬文嚼字的爛脾氣，始終不曾去掉，這從他近來發表的幾篇文字中可以看出，而他自己也還承認，兩位老先生尚且如此，何論他人！

然而這猶可委之於老前輩的習染較深不易去也，再看這一般新近的少年名流們又何如。前幾天我偶然繙閱泰東書局新標點的《王陽明全書》，發現了前面有一篇郭沫若先生的序，原來這一位四百年前的理學家閉眼瞎說的混話，竟還值得我們現代的大文豪來大捧特捧。我說這話並不是侮辱陽明先生在哲學史上的地位，更不是反對人家研究陽明學說，只是以為研究雖可以，大捧很不必。胡適之先生有一天說道：「我們研究哲學史最大的目的，是要看古人的思想，荒謬到如何程度」，這話我以為很不錯，若忘其荒謬而奉為神聖，則至少在現在科學昌明的時代，而且學過科學的少年人總是不應該的。再如泰戈爾那一次來華時，那種肉麻的捧場情形，是我們再也忘記不了的，姑無論巨擘如徐志摩、王統照諸先生，即如我的最好朋友鄭振鐸先生，我看了他在歡迎泰戈爾照像上，那種趾高氣揚傻子相，也不禁替他難過——這是戲話，振鐸看見不要生氣。

又如《醒獅週報》上許多愛國派的文章，雖然我們並不完全反對他們的主張，但那種態度終覺難受，尤其是上面登過的幾首淺薄無聊的舊詩，令人看了十分討厭——其中自然也不無可觀的。再如近幾年來風起雲湧的「非宗教大同盟」，他的宗教氣味比宗教徒還要勝幾分。乃至轟轟烈烈的學生運動，而其內幕之鉤心鬥角，不下於現政府袞袞諸公。像這些怪現像，三天三夜也說不完，新近青年又是如此。本是寫胡景翼先生的遺念，不知不覺牽涉到這許多問題，無故得罪了許多人。但同病

相憐是人類同情心的表現，我因為自己也有這種舊毛病，常常在那裡作怪，故此對於同病的人，不知不覺更關心些。本來是「垂涕泣而道」的話，也就不怕因此得罪多人。

文章出處：《莽原》第2、4、6期
（民國14年5月1日、5月15日、5月29日）。

什麼叫做東方文化？

地球是圓的不是方的，這是三歲孩子在現在都懂得的事情，雖以發明天地新學說之蘇明揚先生，也不過退一步將立體的圓，化作平面的圓，其於圓也則一。因此在我們地球上，並無所謂東西南北之確定的方面。「越之南，燕之北也」，這也是古已有之的話。如此說來，「東方」二字便根本不成問題，而所謂「東方文化」也者，「皮之不存毛將安傅」？

我們現在的地圖上，雖有東半球、西半球之分，但文化家所指為東方文化、西方文化之分野，當然不是指此，因為如照此分野而劃分兩文化半球，則高鼻碧眼的西洋人，正好也和我打在一家，而歐化與國粹並無分別，這定非維持東方文化之苦心家所能贊同。若捨此區劃而論東方與西方，則更將無所措手，埃及算東方算西方呢？亞細亞算東方算西方呢？美索不達米亞算東方算西方呢？阿拉伯算東方算西方呢？印度算東方算西方呢？中央亞細亞算東方算西方呢？我們的先輩菩薩，管印度叫做西天，但在現在，便是極通達的佛學家，也很喜歡把印度算做東方文化的光榮圈，這印度究竟是西方？還是東方？還是不東不西，介乎陰陽兩性之間？恐文化專門家也難以回答。

於是文化家有他們辯護的武器出來了，他們說，我們所謂東方與西方者，乃是文化上的分野，不是地理上的分野。因此縱使地理上位在西方，而精神與東方相同者，即可算為東方文化。文化的分野拿什麼做標準呢？便是：東方文明是精神的，西方文明是物質的。這不但贊成東方文化者如此講，即反對東方文化者也如此講。但我們究竟不明白所謂「精神的」三字，應當怎樣解釋？倘若吃酒，打牌，逛胡同，謀差使，練兵打仗都算做精神的生活，則誠然在東方都是古已有之的，但我聽說，西方這樣的精神生活卻也很多很多。麻雀牌雖是從中國輸入的，但撲克卻是西方自造的，兩下合算起來，也不見其誰高誰低。倘若吟詩作賦，講道談玄才算東方獨傳之秘，那麼西洋也有怕機器損了自然之美的

詩人，也有研究鬼學的博士，也並不讓黃帝子孫獨擅其美。同樣的，東方也有戡天主義的哲學家，也有福兮禍兮的批評家，也有利用厚生的政治家，也有信仰黑漆一團的老頭兒，也有抱著飲食男女的大欲的小夥子們。什麼叫做東方的精神文明，什麼叫做西方的物質文明？

梁漱溟先生是很聰明的，他首先打破了這種二元的謬說，而承認中國、印度和西洋是三元。但我以為梁先生可惜不是個歷史家，倘若他肯把已往世界各國歷史打開一看，便可見我們通常所謂文化古國者，並不只上舉的三國，此外還有埃及、巴比倫、波、匈奴、大月氏、大夏、安息、條支、墨西哥、祕魯、突厥、阿拉伯、東羅馬、回紇、吐蕃、西遼、花剌子模……無數無數的國家，他們都各有特別的文化，但也有共同相似的地方。因此所謂世界文化者，不但不是二元，抑且不是三元……它是多元的，又是一元的。因此我們拿什麼精神物質，或者向前、退後、持中，來作它的分野，都是勞而無功。那一個人不用腦筋去思想，那一個人不用口吃飯，如今我們偏說，有一個地方的人，是只思想不吃飯的，別一地方的人，卻又是只吃飯不思想的，這算什麼話？

西洋人對於東方事情本來是隔膜的，因此他們對中國人講什麼東方文化者，不是滑頭地來騙騙中國人，便是借他人酒盃發自己牢騷，否則也是頭腦糊塗的渾蛋。日本人則本是想借此以實現其大亞洲主義，和說朝鮮和日本同祖的一樣，是御用學者的特裝品，本來都不值一顧，中國人拾了他人的破鞋，當自己的祖宗牌位供，真是冤桶一個。依我們之見，說東方文化是精神的，自然是不對了，說西方文化是物質的，也是胡說。根本上，文化就沒有所謂東方、西方之分，從神學經過玄學到科學，從貴族政治經過君主政治到民主政治，從狩獵生活經過農業生活到工商業生活，從步行經過推車搖船到火車輪船飛艇，從林中野火經過油燈紙捻到電燈煤氣燈，從漆文竹簡經過手抄到印刷機器……這些是只要有吃飯穿衣求美好的欲望的人們，無論算他那一族、那一國，都不能不經過的階級。

不過跑得快些的佔了先著，慢搖廝擺的落在後面，甚或因落伍而擠出生存競爭場之外，都是可有的事情。若說某人根本上便是向後轉，那

恐怕沒有那種事情。因此我們覺得，東西文化之分野，只是一個時代的分野，而不是性質的分野。東方民族還在中古的時代，西洋人卻已跑在前面去了。但我們既曉得，西洋人從前也點過油燈紙捻之類，則我們這些現在點油燈紙捻的民族本來不必傷心，只要大踏步追了上去，萬無趕不到的道理。中國人也並非先天的慢症，西洋人也並不骨子裡比我們高明。因此不但懷想東方文化者大可不必，即是呪詛中國文化者，也未免不細思想。我們所要呪詛的，是這些十七世紀以前的殘餘品，這些殘餘品，即在西洋現代也還未曾驅除，我們也一樣的要反對。

文章出處：《莽原》第7期（民國14年6月5日）。

攙論雪恥與禦侮

西諦與平伯二君在《語絲》爭論的問題，讀了引起我一年以來含著而要說的話，趁這機會攙入也說幾句話，但我的話，自然並非針對二君說的，因此也無詳引二君文章的必要。在大體上，我是贊同平伯君的意見的，這是首先應當標明的話。一年以來，我們耳朵裡，實在聽厭了所謂「打倒帝國主義」的話了，這種宣傳自然不無效力，即如我這樣愚蠢的人，也能因之明白了，國際列強是中國內亂的禍源之一，即是證據。然而我的傻想裡頭，總覺得在中國的現狀之下，拋棄了當前的軍閥壓制問題，而高唱打倒海外的帝國，躲避了奉天、洛陽以及安福、交通等等醜惡的行為不管，而把倫敦、巴黎等，暫時伸手拿不到人的勢力來亂罵亂跳，以示愛國的熱誠，這並不是高掌遠蹠的眼光，實在是卑懦無恥的取巧行為。

因為一方面既可博愛國的美名，他方面又暫時不致惹禍。讀《文學週報》某期李劼人君的小說，便有這一段的描寫，某省的編輯者，對於本省的事務主張不聞不問，卻寧可向省外的事情上，去取用短評的材料，這便是最取巧的辦法。我固然不敢說西諦君和他的友人都是這一類的取巧者，但至少他們總是受了這種卑劣宣傳的暗示了。最初造作此語之人，本意是欲掩其與國內守舊軍閥結納之跡，這正如欲與日本結納而高唱大亞洲主義一樣，愛國的人不仔細考察，便中了他的計了。

我並不是世界主義者，寧可是毗於國家主義的人。我也並不說，列強的帝國主義與國內擾亂無關。但我始終不明白，倘若連國內區區的軍閥也吃不倒的民眾，更有何力量去打倒海外的帝國？並且肯與國內軍閥攜手的政黨，還有什麼勇氣去反對帝國主義？關於第二層，我們暫時不提，關於第一層，實在是大惑不解的問題。有人說不平等條約不取消，斷無力去禁止列強之不援助國內軍閥，這誠然也不錯，但我們將用何方法去取消不平等條約？宣戰自然靠不住，向列強哀求可以辦到麼？即便辦到，難道不是至恥辱的舉動麼？何況也決辦不到。倘若守舊軍閥的一

紙命令，便可封禁海員會，解散講演團，阻止遊行，我們用什麼力量去踏平倫敦，征服東京？

至於我們的主張則至明瞭的，壓迫四萬萬民眾的大本營，雖然設在倫敦、東京等地，但為他們作先鋒的，卻是自家不爭氣的軍閥，外國人絕不那樣傻，一旦開戰，只有以中國人殺中國人，絕不會傷了外國人的一絲一髮，即使打到民國二十四年。因此，我們目前的目標須要認清楚，我們當然是反對外國人，但所謂外國人者，絕對的包納一部分黃臉黑髮說中國話的外國人在內，他們在人種上雖然是中國人，但在事實上，卻是替外國人作先鋒，壓迫中國人的，他們當然是我們的敵人。兩軍開戰的時候，當然是先打倒他的先鋒，然後進攻大本營，這不但因先鋒是首先接觸的，而且先鋒的兵力，也一定較弱於大本營，較易驅除。

同樣的理由，我們在禦外患之前，斷不能不先除內奸。我的主張是這樣的，我們在今日，救國的方法斷然只有各地的人，本著聯省自治主義回去與本地軍閥爭鬥。先芟除小軍閥，再芟除中軍閥，以次及於大軍閥。小軍閥當然較大軍閥易驅除，然而不幸，因為越是小的，越容易直接壓迫，即本身的危險越多，因此志士們，不得不跑到通都大邑，來高唱打倒帝國主義了。倘若有不要命的人回去，聯絡上一百個人便可以打倒一縣的軍閥，一千人可以打倒一道的軍閥，一萬人可以打倒一省的軍閥，十萬人則可以橫行於中國——自然也並不是全教你們去武裝流血。這樣的運動，自然需要精明的領袖，忠實的信徒，堅固的組織，和不退縮的勇氣，然而這並不是很難的事情。等到全國的軍閥芟除盡後，再勵兵秣馬高唱打倒帝國主義的口號，那時才不是空談，才確有實現的可能性。

至於小軍閥背後，不能不有大軍閥的援助，和大軍閥背後，不能不有列強的援助，這自然是反對我們一種最好的口實。然而我要正告反對者以一句話，反對大勢力的時候，同時不能不也反對小勢力——因為大勢力正是利用小勢力來作先鋒的——反對小勢力的，卻不必同時反對大勢力的全部——大勢力所援助於小勢力者，決只是一部的力量，絕不會使用全部的力量，因為他還要留著力量，和別的大勢力相抗哩——這其

間分數的長短，可以請讀者細想了。為此之故，我覺著我的主張是可能的，而反對方面的主張卻只是空想。

關於這個問題非短篇可以說明，久欲詳細發揮以就正於國人，不久或可達到這個希望。至於我的意思，自然並不是反對這次於外交的運動，我以為中國的現狀，譬如一個柔弱的婦人，突然遇了強暴而發出憤恨的喊叫，乃是自然的情緒，若是連這一點情緒也沒有，那便是無人格的人，有死亡的必要，因此打倒帝國主義的喊叫，乃是絕對正當，但如欲設法脫去強暴的掌握，雪恥報雠，那便不是輕心浮氣所可以成功。突發的感情與久遠的打算是不妨並行的，因此兩種議論並無必須打架的必要，不過實際的收效仍是賴於第二種，因此便不能不希望唱高調的朋友也來細想了。落實說起來，我們現在即使想去根本解決也其實並無方法，宣戰固然絕不可能，經濟絕交也並非必勝之策，西諦君所說的「只要一致就可以」，其實一致，便是在目前決沒有的那回事，西諦君以為靠自己的呼叫，可以喚醒民眾嗎？

然而現在所謂已醒的民眾可是如何？恐怕外國貨最大的顧主，還是智識階級的人吧？我們以為愛好的心理是自然的，欲用人力去改變，必須一面使自國的貨物改良到差不多的地位，一面再用教育或輿論的力量去糾正才易成功，但欲自國貨物的進步，非先有平和的秩序和取銷關稅的束縛不成，欲達這兩種目的，則非有基於民意的強固政府不可，這樣的政府決非在仰軍閥鼻息的現狀之下所能達到的，於是便不得不與軍閥先決鬥了。我們以為這樣的論理是很自然的，所以在軍閥未解決以前，絕不會有超過外貨的工商業及全國一致的愛國教育，因此也就是經濟絕交的一個致命傷。我們現在高唱經濟絕交乃是無法中之一法，其實英國人不賣給我們貨，倒不是他們的致使傷，而我們日常生活中，倒確有些非用外國貨不可的，結果除了少數剛強的人以外，還是我們失敗的分數多。

我們倘若拿這個方法，當作無可奈何表示人格之一法倒也還在情理，倘若真以為是萬應的靈符、必勝的左券，那就未免太樂觀了。至於把全國青年的精神心力，都耗廢在白白的講演遊行之中，於外國人無損

毫髮，而當前的萬惡軍閥卻坐視其發榮滋長，間接替外國人維持和吸取無數的權利，那真是至可傷的一件事了。不知主張對外的同胞，曾想過這一層道理嗎？——我並不主張青年除讀書外不可作一事，但遊行講演確是毫無收穫的勞力，結果只是博得大家唱一句打倒英日強盜，然而強盜依舊還是坐著躺著，並不曾損動分毫。西諦君是幾年未見的舊友，平伯君也是久已拜服海量的，對於我這晦澀的文句，直爽的言辭，想都不會見怪。至於他人的見怪與否？本不在計較之內，低調不如高調之好聽，是當然的道理，也就不必再囉嗦著替自己佔腳步了。

文章出處：《莽原》第18期（民國14年8月21日）。

東西文化問題質胡適之先生：
讀〈我們對於西洋近代文明的態度〉

　　適之先生為日本《改造月刊》撰一文論東西文化問題，這個問題是我最喜歡看的，所以聽到了就想去買，可惜不知何處可以買到，所以就擱下了，如今蒙《現代評論》把胡先生原稿發表出來，這當然比譯文更為確正，我們應當感謝。胡先生此文，仍是維持一向的態度，替近代物質文明辯護，我個人覺得大體上是滿意的，尤其是對好以東方文明自吹的日本人講這話，更為對症下藥。其中說西洋近代文明絕非唯物的，乃是理想主義的及精神的，更為中的之談，我盼望拿這篇文字，印成小冊子給一般國粹家看看，或者有點效果。

　　但有一點我覺得不能同意的，很想有寫出來就教的必要，不知是否應該。胡先生在文中屢次使用「東西文化」的字樣，並且幾次拿他們來對舉。彷彿在胡先生的意思，是：世界上有兩大系的文明，一個是動的，一個是靜的……，但我們須拋棄了那靜的，來採取動的文明云云。然在他處，胡先生又屢使用「近代文明」字樣來代替西方的文明。究竟胡先生的意思，認這兩大文化的差點，是東西地域之不同呢？還是古今時代之不同呢，抑或合古今中外為一爐，如胡先生文中所又用的「西方近世文明」與「東方舊腦筋」之不同呢？原文對此點似乎不曾有一致的解釋，但我覺得這個問題很是緊要，所以想寫出來請教請教。

　　我對於世界文化問題的意見，向來主張世界上並沒有東西文化之區別，現今一般所謂東西文化之異點，實即是古今文化之異點，所以拿東西文化來作對稱的研究，實在根本不成理由──參看《國民雜誌》二卷四號拙著〈東方文明與西方文明〉及《狂飆》不定期刊第一號〈文化的橫展與豎進〉二文──其理由略如下：

　　第一、文化的根源在人類的生活問題，世界上人類對於生活的態度都是一樣的，沒有一種人類沒有求生存求進步的欲望，亦即沒有一種人類的文化不是向前發展的，所以如梁漱溟先生所說，人類有持中、退

後、向前三大類，實在不合事實。雖因環境之不同，世界各民族的文化也許各具特色，但這不同之點不過是細微的地方，根本基於求生欲望而發展出的文化，決無根本差異之理。所以假定世界上有兩大系文明，一動一靜，根本相反之說，實在絕對不能成立。

第二、就歷史上的事實而論，世界上只有多元的文明，並無二元的文明。上古時代埃及、巴比倫、印度、中國各文明都是獨立發生的。中古時代羅馬與中國似乎東西對立，但其實中亞一帶，印度的佛教文明和安息、大夏、大月氏等大國的文明，都各有他的特色，到阿拉伯人崛起之後，這種形勢更明顯了。至於近代的文明，其不能以歐洲限之，更為易見。總之，世界上的文化，大體說是一元的，細微說是多元的，而決無二元對立之理。說世界上只有中國與西洋兩大文明，實在誤謬的觀察。

第三、西洋近代文明之發展，並非基於其民族性之特殊點，乃人類一般進化必然之階級。譬如由神學經玄學進至科學，由封建經專制進至民治，乃一般進化之常則，有時因環境關係遲早不同，但不得謂某民族根本宜於如此發展，某民族根本不宜於如此發展。中國民族之打破封建政治，比西洋人早一千年，但我們不能謂西洋人民族性是根本只宜於封建的。反之，西洋人科學之發達，比我們早二、三百年，但不得謂只有西洋民族能發展科學，而中國人則只有靜的精神文明。

第四、一切文化因為根本都是向著「利用厚生」的目的而進的，所以只有「量」的不同，決無「質」的不同。科學和物質文明並不是近代的特產，乃是「古已有之」的。安斯坦的「相對論」是科學，但神農的《本草》也不能不說是科學；蒸汽爐是物質文明，但瓦盆也不能不說是物質文明，不過有精粗大小之不同罷了。既然如此，我們就應當承認「利用厚生」的文明，並不是「西洋近代文明」的特色，乃是一般人類文明的特色。至於少數與進化原則相背馳的懶人是到處都有的，不止是東方古代才有，東方的近代，西方的古代，西方的近代，隨時隨地都看得見的。但這種思想，只有生活在水平線上的少數享福的人，才可以發覺的，大多數不識不知的黎民們，他們只知道順著本性的要求，依著自然進化的軌道，向「利用厚生」的路上一步一步去發展的。然而人類大

部分的文化，卻是由這大多數的不識不知者所造成的，而不是由那少數所謂「哲人」們的懶惰者所造成的。

我想以上這四條理由，胡先生想必大部可以承認的。他在〈讀梁漱溟先生的《東西文化及其哲學》〉一文裡，指出人們「只看見了陶潛白居易，而不看見無數的西門慶和奚十一」，因而認中國文化為持中寡欲的非是，這個意見與我們完全相同。即在本文內，他也曾講到，一切文明都是人類的精神才智，利用物質基礎而製出的作品，「這裡面只有個精粗巧拙的程度上的差異，卻沒有根本上的不同」，這話是絕對不錯的。但他在以後又屢使用「西洋近代文明的特色」，「東方的懶惰聖人」等字樣，很容易使人誤解，他所謂東西文明仍然有「根本不同之點」。果然他的結論，不知不覺地達到這一句話上了，他明白的指出，東西文化是不同的，「一邊是自暴自棄的不思不慮」，「一邊是繼續不斷的尋求真理」，於是，這一系的文明，建築在「求人生幸福」的基礎之上，那一系呢？自然是築在「不求人生幸福」的基礎上了。雖然胡先生的原意未必如此，但照文字講去，是容易得到如此的結論的。那麼結果仍然跳不出文化二元論的圈子，而主張東方文化的反振振有辭了。所以對於這點，不得不出來補正一下。

我以為人類對於自己所創造的文化的有意識的自覺，和他對於文化上創造的事業，是不必相提並論的。人類儘有大多數沒有研究過「人生問題」的，但沒有一個人沒有一天不在那裡過「生活」；同樣，人類儘有大多類沒有注意過他們的「文化問題」的，但沒有一個人沒有一天不在那裡做「創造文化」的事業。因此，說「西洋近代文明的特色，便是充分承認這個物質享受的重要」，這是對的，但如說西洋近代文明的特色，便在「物質享受」和「利用厚生」，那是錯了。「求幸福」、「拯貧窮」、「防衰病」，是一切人類一切時代文明的共有的「特色」，並不是西洋近代文明獨有的「特色」。一切的文明，都是唯心的，也都是唯物的，並不止西洋近代文明，才包含有理想主義和精神文明的特點。

「求知」是人類根本的要求，野蠻人對於自然現象的驚異，和文明人同樣地具有求知之心，不過應用的程序有差別罷了。「科學家的滿

足」不止在西洋近代文明裡找得著，在東洋古代文明裡也同樣地存在，孔丘的「發憤忘食樂以忘憂」，釋迦的菩提樹下得正等覺，以至儒家的「一旦豁然貫通」，釋家的苦修證果，都是在「繼續不斷的尋求真理」。雖然因所用方法之不同，所取材料之不同，因而結果有精粗真偽之異，但根本的「求知精神」是一致的，我們並不見得他「是一個東西文化的根本不同之點」。至於「自暴自棄不思不慮」的人，在「西洋近代文明」中，仍然找得出這樣的許多人，也非止「東方的懶聖人」如此。倘若把這個當作東方文化的根本特點，那就無異說，東方人是生就的不長進的民族，我真要替東方民族呼冤了。

我的意思：一切的文明都是建築在「求人生幸福」的基礎之上，這是不能否認的。蓋一間草房和築十二層洋樓，求神方和用X光線治病，都是為的是求人生幸福，出發點無絲毫的不同之處。這因為古今中外人類雖有進化不進化之分，但根本求生的欲望和維持並發展生活的本能是無有不同的。所有結果的不同，乃是由於其環境、材料、方法及智力程度之不同，並非出發點之不同。我們還可以說，即在主張知足安分的懶人們，他們也是根據於求生的欲望而得到結論的。他們只是認自然力的偉大而不可抗爭，又認為惟有順應自然可以得到幸福，所以自然會跑到安分樂天的路上去。他們的安分樂天，並不如胡先生所說，出於消極的畏縮，乃是出於誤認順應自然為求幸福之捷徑。這是智識上的錯誤，不是人生態度的不同。

我們相信沒有一個人的出發點，不是向樂利主義走的，不但如胡先生所說，印度人的苦行自殺，是奮鬥的行為，即中國人的樂天知命，也是奮鬥的行為，根本都是為著求幸福。況且「持中」和「前進」這兩個界限，是不容易分的，同一個人對於某事前進，對於他事持中，同一民族，同一人類亦然。沒有一個民族是專樂天知命的，也沒有一個民族是專爭權奪利的。因此概括的說法是不容易成立，也無須成立。

在陶潛、白居易的詩裡，我們看見無數對於人生的不滿之辭，無數飲酒作樂的剎那主義，無數成佛修仙的妄想，無數向自然環境中找尋樂趣的意向，我們可以斷定說：「東方文明最大的特色」也是「不知

足」，一切人類都是不知足的，而且都在向找尋更滿足的生活中努力的，不過有的向醉鄉去找，有的向溫柔鄉去找，有的向空想鄉去找，有的向實證鄉、科學鄉去找，這是基於知識工具之不同，而不是基於文化根源之不同，正如我們承認梁漱溟先生和胡適之先生是同樣的向學問努力的人，我們不能說梁先生他不是學者。

倘若文化條件的歧異，是由於民族性或歷史遺傳性之不同，而非一時環境的不同，則西洋人應該自古就是奮鬥，而東方人則向來就只有樂天，這在一般人或者正是如此想，但事實上並非如此。一般人以為西洋近代文明是從希臘傳來，因為在希臘人時代，就具有一切「好動」、「愛知」、「奮鬥」等精神，因此近代的西洋文明裡，仍然是這種色彩最豐富。誠然，希臘人因為受海洋和地形的影響，他們的生活是要比較的活潑些，進取些，但如果認為西洋近世文明，就全跳不出他的範圍，那就錯了。在我們看來，希臘時代的人，無論他們的生活如何進步，總之是屬於古文明系的，他與中國的古文明的距離，反要比和西洋近世文明的距離近點。凡是古文明裡的缺點，如同：專制的政體、貴族的勢力、神權的迷信、階級的制度、繁瑣的禮儀等，在希臘歷史上同在中國歷史上一樣的可以找得出。

他一方面，凡是希臘人因受半島的地理影響，而產生的特別民族性，如活潑進取，好勇冒險，長於商業，富於想像力等，在中國古代濱海濱江的國家，如燕、齊、吳、越、楚等民族裡，也同樣地可以找得出這樣的精神來。我們從陰陽家的宇宙觀裡，能夠找出和德黎（Thales）一樣超越的哲學，從屈、宋的《楚辭》裡，能夠找出和荷馬一樣偉大的文學，從《左傳》、《史記》，〈國風〉、《吳越春秋》、《越絕書》等古籍裡，能夠找到和希臘人一樣的輕狡善鬥，勇於冒險的民族性。從此可見，我們一般所以為，希臘人特色的動的文明，乃基於其半島之地理關係，而非基於民族性關係。所以到後來羅馬帝國成立，便一樣的顯示了大陸農國的色彩。希伯來的文化輸入，更把西洋人弄成枯寂純靜的僧侶生活了。誰說西洋人是生來比中國人好動的呢？但同時我們也不可忘記，無論在中國或在西洋，在古代或在近代，在一個岑寂的寺觀或在

一個煩囂的市場，人類的智情意的活動，精神克服物質的努力，向上的
追求，不知足的慾望，都在那裡時時刻刻不停不息地動著，動著。人類
是時時刻刻在尋求天國的，誰又能說一個苦修和尚的貪心，不和一個專
制帝皇的貪心一樣大呢？

　　本於以上的理由，因此我們雖對於胡先生原文的主要部分，大體上
都可以表示贊同，但對於他的近乎諧俗的結論，就不得不提出抗議。我
抗議他用東方西方的字樣，來分判兩系的文明，抗議他把世界的文明無
端分成兩大系，抗議他把「求人生幸福」、「不知足」等人類文明公有
的特色，讓給了西洋人作為專利品，抗議他替東方人，無端加上個懶惰
知足的罪名。我們不得不對這位苦心苦口，傳佈人化宗教的老博士，下
一轉語道：「先生之志則是矣，先生之號則不可」。

　　我們的結論則是如此：人類的文化是淵源於生活問題的，這裡所謂
生活，不僅指簡單的衣食住問題，因為人類對於生活的態度都是一致
的，都是在求生存，都是在求生存以上的進步，所以文化的大體也是一
致，就是世界上只有活的、動的文化，而決沒有死的、靜的文化，但生
活又是受時代和環境的條件的限制的，所以文化也有因時因地之不同。
但只有多元的不同，而無二元對立的不同。所不同的地方，只是方法的
精粗，材料的多寡，沒有根本精神的歧異。古代人的能力低，所以受自
然的限制多，近代人的能力高，所以有些地方可以克制自然，但不得
說，古代人就無克服自然的欲望，而近代人也無樂天知足的懶惰念頭。

　　在近代裡，人類對於他所不能克制的事物，仍不得不取暫時調和的
態度，同樣古代人，對於所已能克制的東西，也絕不肯放鬆他們的權
利。「知足」與「不知足」，都是人生應有的道德。人若只管知足，自
然會懶惰到決無進取的希望，人若只管不自足，也絕不能一日生存於世
的。這樣在不知足的大幻想之下，人類時時以知足和解他的欲望，休息
他的腳力，正如阿彌陀佛之以「化城」接引修行人一樣，乃是自然的妙
用。所以無論一個人，或者一種民族，決無單有一方面，而缺乏了他方
面的。人類因進化的結果，活動的能力當然今勝於古，不知足的欲望，
也伴能力之發展而同發展。但他一方面，我們也不可忘記現代人的適應

力，忍耐力，即所謂「知足」的念頭，也遠勝於古人的。古代的當國者，妄想子孫帝王萬世之業，現代人則以五年一任為滿足；古代人在街上大小便是隨意的，現代人則必須服從警察的干涉；古代人在學校住上三年、五年即已大成，現代人則須二、三十年；古代人長到六、七歲，便已幫父母作工了，現代人則至少須受過初級教育。這是現代人的自制，這是現代人的知足，知足也是現代文明的精華，和不知足是一樣的重要。

　　東方因受環境的限制，進化要比西方慢些，這是事實，但這是機會的關係，不是民族性的關係。他們的差別是時代的差別，不是先天的差別。因此東西文明的分野說，根本不能成立。至於古今文明雖有量之不同，但根本精神也是一致的。研究文化問題的，最好是把文化中所含有的要素，一件一件分析出來，看他何者是根本？何者是枝葉？何者是先有？何者是後起？何者是遺傳？何者是薰習？何者是人類共同的要素，何者是一地方、一民族私有的性質？這樣分別看去，才能得到文化的真相，才不至以概括籠統之辭判定一切。在文化和思想問題上，我是根本贊同胡先生的意見的，我們現在只有根本吸收西洋近代文明，決無保存腐舊凝滯的國有舊文明之理。這篇中所討論的，不過名詞上的枝葉問題，但枝葉有時也容易牽連及於根本部分，所以也有補苴的必要。所有不對的地方，自當請專門文化學者指正。

　　文章出處：《現代評論》第4卷第90、91期（1926年8、9月）。

國家主義與非國家主義之區別安在？

　　靳宗岳先生是我的老同學，這次由歐美留學回國，感覺到中國國事之敗壞，思想界之混亂，因發起「新國家雜誌社」，以民主國家召示國人。我也是一個信仰國家主義者，雖然我所信仰的國家主義是不加「民主」兩字冠詞在上的國家主義，表面上看來，與宗岳所講稍有不同，其實既講國家主義，就沒有不根據於民治原則者。如有非「民主」的國家主義，一定是冒牌的國家主義（如主張一黨專政或個人專制之類）。因此在理論上，我之所信與宗岳所講無甚區別。但真國家主張與冒牌的國家主義（如北洋軍閥的國家主義，及國民黨的國民革命之類），還不僅止在這民治一點上有區別。宗岳日前曾印有國家主義與非國家主義主張之比較一表，對於各種區別業已分析詳盡。

　　我如今把他引申起來，加以較詳細之解釋，使讀者了然於真正國家主義之主張如何，庶可不致誤認。因宗岳徵文之便，姑藉《新國家雜誌》發表之，以與天下人共見。茲先將宗岳所印國家主義者的主張，與非國家主義者主張的對照附誌於左：一、贊成民主共和政體，而不贊成勞農專制。二、贊成五色國旗，而不贊成以黨旗代國旗。三、贊成五族共和，而不贊成蒙古人民，受蘇俄誘惑，而脫離中華民族。四、贊成領土完整，而不贊成以蒙古及唐努烏梁海送禮。五、贊成全民治國，而不贊成以黨治國。六、贊成學術專家治國，而不贊成以中學未畢業之學生治國。七、贊成取消一切不平等條約，而不贊成容許蘇俄在北滿及外蒙之特殊權利。八、贊成打倒一切帝國主義，而不贊成容許赤色帝國主義。九、贊成政治改造的自主，而不贊成假借外力。十、贊成軍事自主，而不贊成引導外族以殘殺同胞。

　　十一、贊成民族自決，而不贊成受第三國際的指揮。十二、贊成被壓迫民族自動的世界革命，而不贊成拜倒赤色帝國主義之下重受壓迫。十三、贊成人民之協力統一，而不贊成軍閥之武力統一。十四、贊成全民參政，而不贊成工人專政。十五、贊成維持國家，而不贊成打破國

家。十六、贊成階級合作，而不贊成階級戰爭。十七、贊成恆產制度，而不造成共產制度。十八、贊成保護工人，而不贊成工人暴動。十九、贊成保護商人，而不贊成壓迫商人。二十、贊成保護農人，而不贊成農人革命。

二十一、贊成勞資仲裁，而不贊成勞工獨裁。二十二、贊成獎勵本國資本，而不贊成摧殘本國資本。二十三、贊成限制大資本，而不贊成打倒大資本。二十四、贊成保護中產階級，而不贊成壓迫中產階級。二十五、贊成減輕稅率，而不贊成增加人民負擔。二十六、贊成宗教自由，而不贊成仇視宗教。二十七、贊成改良家庭，而不贊成破壞家庭。二十八、贊成青年愛國，而不贊成青年愛盧布。二十九、贊成學生上課，而不贊成學生罷課。三十、贊成教員為學生整理有系統的政治思想，而不贊成教員煽動學生作無意識的政治運動。三十一、贊成思想自由，而不贊成壓迫思想。三十二、贊成國家教育，而不贊成黨化教育。

我個人認為，今日中國國家主義與非國家主義之區別，約有以下最緊要的幾點：第一、真國家主義必主張全民政治，而反對獨夫或一黨專政，這個區別是宗岳與我同認為必要的。原來國家主義在英文為Nationalism，本含有全國民眾共同努力之意義。歷來的國家主義運動，也沒有不以民治主義作基礎的。法蘭西大革命，義大利的少年義大利運動都是前例。便是德意志的強盛，也是全國民的共同努力的結果，並非俾斯麥等少數人所能為力。全民政治是進化線上最新的潮流，主張一人、一黨、一階級專政者，不過是一時的反動，反動雖猛，終必為民治思想所撲滅，可毋容疑。

第二、真國家主義必主張採取革命手段，而反對苟且妥協之立憲運動，國家主義本不必俱採取革命手段，但在中國今日則非革命不可。蓋今日中國舊勢力之腐敗惡毒已達極點，欲依賴舊勢力以謀改革，其勢非同化於舊勢力，則必為舊勢力所排擠而去，二者必居其一。蓋舊勢力最不利於國家主義與全民政治之發展，勢處於不兩立之地位，非決戰不可也。取革命之手段，與舊勢力立於反對之地位，堂堂正正，旗鼓相當，則其成功轉較妥協為速。

　　第三、真國家主義主張全民革命，而反對階級鬥爭，國民建國運動，為全國民眾所共同努力之目標，決非一階級對他階級之鬥爭可比。國家主義所謀者，為全國國民各階級共同之福利，而非一階級之福利。國家主義者認國家之地位大於階級，故凡事須以全國民眾為前提。其所謂革命，乃國民革國賊之命，非一階級革他階級之命，在中國現下，產業尚未發達，階級革命更談不到。

　　第四、真國家主義對內必主張統一，而反對分裂，國家主義本以謀全國國民之團結為主要目的，故對於分裂之說極端反對。現在外人有倡中國南北分立，及蒙、藏脫離中國之說者，有國家主義者在，絕不容此說之流行。惟國家主義者雖主張統一，卻不必一定主張絕對的中央集權，對於地方應有之權限亦予以尊重。

　　第五、真國家主義對外必主張獨立，而反對受人保護指揮，國家主義是一種國家主權獨立的運動，對於損及國家獨立主權之行動，自然極端反對。凡有仰仗外人接濟指揮，而猶自稱是努力國民革命者，其為真國家主義，抑冒牌的國家主義，不問可知。

　　第六、真國家主義對內主張內不妥協，而反對勾結軍閥官僚。國家主義者認強暴軍閥，腐敗官僚為國民之敵，且為吾人革命之目標，決無可以合作之理，故欲依賴已成勢力，勾結惡分子以謀革命者，吾人皆反對之。

　　第七、真國家主義對外主張外不親善，而反對親某國之政策。國家主義者看清楚了現在國際間縱橫捭闔的把戲，知道決沒有傾心親善某國的可能，如此做去，必上大當，故對外根本反對親善政策。有時固可用外交手段，與某國聯合，但絕不可損及自己主權，否則後悔莫及。

　　第八、真國家主義之運動自民眾入手，而不自少數領袖入手。自少數人物入手之運動，為研究系之賢人政治，為國民黨之訓政，為開明專制，為包辦政策。真國家主義者反對此種舍本逐末的辦法，反對擁護任何人作領袖，作偶像：如國民黨之抬孫文，反對以少數人之意代表公意，吾人要求真正之全民政治，必自真正平民自動起，其事雖緩，其成效必穩。以上八端，是我個人認為，國家主義與非國家主義最大之區別

點，旁觀者欲認清國家主義，欲批評國家主義，先從這幾點入手，便不至走錯路了。

文章出處：北京《新國家雜誌》第1卷第2號（民國16年2月1日）。

《論語》與我

　　我是一個不懂「幽默」的人，並且差不多在某種意味上，還有點反對幽默的成見，然而我也喜歡看《論語》，因此以讀者一分子的地位，也願意對於《論語》貢獻一點意見，當然這種意見，必定是很老實而欠缺幽默態度的。在近來繙譯的東西洋名著之中，我特別喜歡看日本鶴見祐輔的幾種隨筆，讀了令人發生一種心胸廣大的悠然之感。我並不是因為鶴見先生說了「中人以下的人們」，才「吸著煙捲，講點小笑話」的話，而輕佻幽默，我只是覺得今日中國的幽默——拿《論語》做代表吧——尚未免有憤世嫉俗之感溢於言表，因此尚未能歸於上乘的幽默，此我所以不敢對《論語》等完全取認同的態度也。

　　生於可以憤慨之世，當然不能無憤慨之情，所以《論語》諸公之流，露憤慨，乃人情之常，正足以見諸君子之「人氣飴然」。但我以為一個人太憤激了，也不是人生的正常之道，一個人若是賴在床板上，走在大路上，甚至仰臥在西湖微光竹徑的石塔上時，也時時刻刻想到國家，想到社會，這個人必定是滿身傲骨的人，也必定是滿身苦惱的人。《論語》諸公，絕不提倡此種人生態度的。一個正常的人生，應當是扛起責任時，滿腔熱血，向前苦幹去，放下責任時，也不妨悠然悠然，與太虛同化，而暫時忘記了塵世上的一切俗情。在這樣的心境之下，才可以產生最高的幽默，無所為而為的幽默，回視由憤世嫉俗而產生的冷嘲，就未免感覺那樣心胸的太狹小了。

　　千古懂得這樣人生趣味的人，在中國當然要以陶淵明為第一。他的「不為五斗米折腰」，是何等對人生的認真？然而「採菊東籬下，悠然見南山」，又是何等的無所繫意於人生？「饑來驅我去，不知竟何之……」，這一首詩便是絕好的幽默作品，後人雖千萬輩不能趕及的。我以為「無所為而為」的幽默，才是上乘的幽默，中乘的是「有所為而為」，下乘的便是「不知所為而為」了。《論語》的幽默，多半是屬於中乘的「有所為而為」，甚至也有些流入於下乘的「不知所為而為」的

無聊笑話之類，去「無所為而為」的上乘境地，似尚未達於一，此我所願舉以加勉於《論語》諸公者也。

我從前覺得提倡「幽默」，不如來提倡「閒淡」，為這個問題，還和知堂老人開了一回筆仗，現在我的意思，仍然沒有變更，我覺得上乘的幽默，必定歸於閒淡，真正的閒淡，也必定含點幽默的成分，兩者是並不妨礙的，不知知堂翁見了我這話以後，以為何如。幽默而流於戲謔，大不可也，幽默而流於冷嘲，也非上論。王靜安先生論，有隔、不隔之說，我論幽默也有有隔、不隔之異，願今後《論語》勉為「不隔」之幽默，我告《論語》，惟此而已。（語堂跋：常君此論，深得我心，古之君子，欲在一顰一笑之中，盡合聖道，毋乃太苦。關心世道之笑，與靈機天成之笑，其間雖只有毫髮之差，卻不可不辨，或謂辦《論語》之意義，是使現代人之苦痛化為一笑，或謂幽默非諷刺時事不可，此皆不懂靈機天成之笑者之論也）。

文章出處：《論語》第54期（1934年12月1日）。

Do人物68　PF0171

被遺忘的學者：

常燕生教育政治論文集

編　　者／陳正茂
責任編輯／洪仕翰
圖文排版／莊皓云
封面設計／葉力安

出版策劃／獨立作家
發 行 人／宋政坤
法律顧問／毛國樑　律師
製作發行／秀威資訊科技股份有限公司
　　　　　　地址：114 台北市內湖區瑞光路76巷65號1樓
　　　　　　電話：+886-2-2796-3638　傳真：+886-2-2796-1377
　　　　　　服務信箱：service@showwe.com.tw
展售門市／國家書店【松江門市】
　　　　　　地址：104 台北市中山區松江路209號1樓
　　　　　　電話：+886-2-2518-0207　傳真：+886-2-2518-0778
網路訂購／秀威網路書店：https://store.showwe.tw
　　　　　　國家網路書店：https://www.govbooks.com.tw

出版日期／2016年11月　BOD一版　**定價**／600元

|獨立|作家|
Independent Author

寫自己的故事，唱自己的歌

被遺忘的學者:常燕生教育政治論文集 / 陳正茂
編著. -- 一版. -- 臺北市：獨立作家, 2016.11
　　面；　公分. -- (Do人物；68)
　BOD版
　ISBN 978-986-93630-3-7(平裝)

　1. 教育政治學　2. 文集

520.1857　　　　　　　　　　　105018634

國家圖書館出版品預行編目

讀 者 回 函 卡

感謝您購買本書，為提升服務品質，請填妥以下資料，將讀者回函卡直接寄
回或傳真本公司，收到您的寶貴意見後，我們會收藏記錄及檢討，謝謝！
如您需要了解本公司最新出版書目、購書優惠或企劃活動，歡迎您上網查詢
或下載相關資料：http:// www.showwe.com.tw

您購買的書名：_____

出生日期：_____年_____月_____日

學歷：□高中 (含) 以下　　□大專　　□研究所 (含) 以上

職業：□製造業　□金融業　□資訊業　□軍警　□傳播業　□自由業
　　　□服務業　□公務員　□教職　　□學生　□家管　□其它_____

購書地點：□網路書店　□實體書店　□書展　□郵購　□贈閱　□其他

您從何得知本書的消息？

　□網路書店　□實體書店　□網路搜尋　□電子報　□書訊　□雜誌
　□傳播媒體　□親友推薦　□網站推薦　□部落格　□其他_____

您對本書的評價：(請填代號　1.非常滿意　2.滿意　3.尚可　4.再改進)

　封面設計____　版面編排____　內容____　文／譯筆____　價格____

讀完書後您覺得：

　□很有收穫　□有收穫　□收穫不多　□沒收穫

對我們的建議：_____

_____

_____

_____

11466
台北市內湖區瑞光路 76 巷 65 號 1 樓

獨立作家讀者服務部　　　收

....

（請沿線對折寄回，謝謝！）

姓　　名：＿＿＿＿＿＿＿＿＿　年齡：＿＿＿＿　性別：□女　□男

郵遞區號：□□□□□

地　　址：＿＿＿＿＿＿＿＿＿＿＿＿＿＿＿＿＿＿＿＿＿＿＿

聯絡電話：(日)＿＿＿＿＿＿＿＿＿＿(夜)＿＿＿＿＿＿＿＿＿＿＿

E-mail：＿＿＿＿＿＿＿＿＿＿＿＿＿＿＿＿＿＿＿＿＿＿＿